연행을 통한 문학교육

연행을 통한 문학 교육

한귀은

도서
출판 박이정

저자약력

한 귀 은
1994년 부산대학교 사범대학 국어교육과 졸업
2000년 전교조 주최 제 1회 참교육문학상 시부문 최우수
2001년 부산대학교 문학박사(국어교육 전공)
현 부산여자고등학교 교사, 부산대학교 강사

연행을 통한 문학교육

초판 인쇄/2001년 11월 25일
초판 발행/2001년 11월 30일

지은이/한귀은
펴낸이/박찬익

편집/김미자, 김상수
영업/박태훈, 이규봉
총무/김지영
펴낸곳/도서출판 **박이정**

130-070 대한민국 서울시 동대문구 용두동 129-162
전화/(02)922-1192~3
팩스/(02)928-4683
온라인/(주택)576037-01-001536 (우체국)010447-02-011581
등록/1991년 3월 12일 제1-1182호
http://www.pjbook.com E-mail:book@pjbook.com

ⓒ 2001, 한귀은
ISBN 89-7878-535-2 93370
값 12,000원

책 머리에

우리는 많은 탈(persona)을 준비하고 살아간다. 필요할 때마다 옷을 갈아입듯 탈을 바꿔 쓴다. 가식이나 거짓의 탈이 아니다. 그 탈은 자연스럽게 우리에게 잘 맞으며, 또 그래야만 타인들과 어우러지며 살아갈 수 있다. 우리 학생들에게도 많은 탈을 가질 수 있는 기회를 주어야 한다. 그 기회는 문학텍스트를 연행하는 과정에서 자신만의 탈을 새롭게 창조하는 것으로 획득될 수 있다.

여기서 우리는 '문학텍스트의 연행'이라는 것의 의미를 추적하고자 한다. 추적을 위해 많은 사람들의 의견도 수렴해야 할 것이다. 많은 사람이 진실이라고 믿고 있는 신화들에 관해서 말이다.

이 책은 두 가지 신화에서 벗어나고자 하는 의도에서 세상에 나오게 되었다.

하나는, 연극이 문학을 가르치는 가장 좋은 방법이 될 수 있다는 신화이며, 또 다른 하나는 연극은 '연기'일 뿐, 문학의 심층적 의미를 파악하는 데 아무런 도움이 될 수 없다는 신화이다. 전자는 학생들의 외적인 활동을 강조함으로써 생긴 오류이며, 후자는 학생들이 연극을 하면서 수행하는 인지적 활동을 외면한 결과이다.

이러한 신화에서 벗어나기 위해 '연행'의 개념을 확대할 필요가 있다. 연행을 언어나 신체를 통한 활동에 한정시키지 않고 텍스트에 대한 인지적인 수행이라는 차원으로까지 넓히는 것이다. 이렇게 되면 연행을 통해 문학교육을 한다는 것이 단순히 학생들의 연기에만 국한시키는 것이라는 오해에서 벗어날 수 있고, 텍스트와 연행이 전혀 무관하다는 편견에서도 자유로울 수 있다.

일견 거창해 보일 수도 있는, 인지적 수행이라는 의미에서의 연행의 실제 태생지는 '타자와 동일시하기'라는 소박한 명제이다. 학생들이 연행을 할 때 일반적인 연극에서처럼 배우가 어떤 인물로 관객에게 보이기 위해 연기에 주력하는 것이 아니라, 자신이 그 인물이라는 허구적 정체감을 갖는 것, 그것을 연행의 시작으로 보는 것이다.

문학 속에는 '나'와 다른 인간들이 '나'와 다른 시공간에서 '나'와 다른 일들을 겪으며 살아간다. 독자로서의 우리들은 그 인간들을 이해하거나 비판해야 하고 또 그 인간들에 관해 말하는 화자의 목소리도 따라 가야 한다. 이를 위해 '나'를 '나 아닌 인간'으로 가정하는 것은 '나'를 문학 속 시공간에서 벌어지는 여러 가지 사건들 속으로 밀어 넣음으로써 '나'도 모르는 사이에 '나 아닌 인간'과 그 삶의 의미들을 해독하게 하는 힘을 갖는다.

우리는 문학을 대하면서 그 문학이 의미하는 것을 찾으려고 한다. 물론 그 의미라는 것은 오랫동안 정답이라고 여겨져 온 것들이다. 이러한 측면에서 문학텍스트의 의미는 이미 연역적으로 구성되어 있다고 말할 수도 있다. 그러나 학생들의 연행은 연역적 답을 얻어야 하는 세계에서 이루어지지 않고 아예 그 답에 대한 질문조차 잊게 만드는 공간에서 활성화된다. 학생들은 질문이 잊혀진 공간에서 답을 찾는 활동을 하게 되는 것이다. 이러한 공간 속에서 학생들은 다양한 연행의 무늬를 엮어 나간다.

김소월의 <진달래꽃>을 연행하면서 청자 역할(화자를 떠나는 사람)을 맡았던 학생이 "이 여자(화자)는 스토커(stalker)입니다. 이 여자는 내가 가는 길에 몸서리치게 붉은 꽃을 뿌려 주고 나더러 그 꽃길을 밟고 가라고 합니다. 이 말은 나를 절대로 놓아주지 않겠다는 뜻이 아니겠습니까? 나는 이런 여자가 무섭습니다."라고 당돌하게 말한 적이 있다. 이 학생은 텍스트의 청자 역을 하면서 자신을 청자와 동일시를 한 것이었다. 청자의 입장에서 화자는 아름다운 여인이 아니라 두려운 여인이었다. 연행은 계속 진행되었고 화자 역할을 맡은 학생은 자신은 절대로 스토커가 아니며 다만 너무 사랑할 뿐이라고, 그래서 마지막으로 선물을 주고 싶었던 것이라고 말함으로써 청자를 설득시켰다. 이렇게 <진달래꽃>은 교과서 밖으로 나옴으로써 그 속에 묻혀 있었던 의미의 먼지를 걷어내고, 학생들의 삶과 사랑이 어우러지는 하나의 공간으로 재탄생되었다.

필자는 연행이라는 방법을 통해서 학생들이 문학텍스트를 해독할 뿐만 아니라 흥미를 갖고 적극적으로 문학수업에 참여하게 하려는, 그 두 마리 토끼를 잡으려고 하였다. 그리고 문학텍스트를 읽는 학생들이 이미 주어진 텍스트의 의미를 착실하게 좇아가는 소박한 독자의 자리에서 물러날 수 있도록 조장하였다. 학생들은 대부분 교과서 속 문학텍스트의 이미 해석된 의미에 갇혀 있다. 더 정확하게 말하면, 텍스트에 대해 전문가의 입장에서 생산된 메타텍스트의 주술에 걸려 있는 것이다. 학생들이 이 완강한 주술에서 벗어나게 하고 싶어하는 사람들에게 이 책을 전한다.

한 가지 기억해야 할 것은, 연행이 인지적 수행이라는 차원으로 넓혀진 시점에서 교사들은 굳이 문학을 가르치면서 학생들에게 언제나 실제적 연행을 강요할 필요가 없다는 것이다. 실제적 연행 이전에 학생들은 이미 텍스트를 읽으면서 적극적 연행을 하고 있으며, 오히려 이 머리 속 연행을 섣불리 머리 밖으로 끄집어내려고 할 때 아이러닉하게도 학생들의 연행은 끝이 난다. 물론 수업의 시너지 효과를 위해서, 그리고 인지적 연행을 더욱 활성화시키고 정교화시키기 위해 머리 밖 연행은 이루어져야 한다. 다만 그것은 학생들이 충분히 이완되어 연행에 참여하고자 하는 준비가 되었을 때 이루어져야 하는 것이다.

이 책은 학생들의 실제 연행과 함께 씌어졌다. 나름대로는 학생들의 연행을 객관적으로 제시하고자 하였으나, '나'조차 학생들의 연행을 지켜보는 초점화자로서, 내가 가진 편협한 해석틀이 학생들이 만든 생동감 있는 연행의 의미를 왜곡시키는 것을 어쩔 수 없었던 것 같다.

그럼에도 불구하고 이 책이 문학교육을 함에 있어 연행을 적용시켜 보고자 하는 교사와 예비 교사들, 그리고 연행은 절대 문학교육에 활용될 수 없다고 생각하는 교사와 예비 교사들의 대화의 장이 되었으면 한다.

2001년 11월
한귀은

CONTENTS

차 례

I. 서론

1. 선행 문학교육 연구

문학교육 방법론에 관련된 연구[1]는 문학교육의 교수·학습 모형을 중심으로 다양하게 전개되어 왔다.

구인환[2]은 문학교육의 교수·학습 모형을 단계별로 제시하고 있다. 그는 문학교육의 절차를 계획, 진단, 지도, 평가, 내면화의 다섯 단계로 설정하고 있지만, 지도 단계에서 요구되는 구체적 수업 방법은 제시하고 있지 않다. 다만 내면화 단계의 방법으로서 상호텍스트성의 확대, 개인적 체험의 확대와 심화, 텍스트에 대한 평문 쓰기, 역할놀이 등을 들고 있는데 이것은 학습자들이 어떻게 수업 내용을 내면화할 수 있는지에 관해 시사하는 바가 크다.

그러나 내면화 단계가 제일 마지막으로 제시된 것은 학습자의 인지심리를 제대로 파악하지 못한 결과라 생각된다. 문학텍스트에 대한 내면화는 텍스트 읽기에서부터 시작되어 학습 과정 중에 지속적으로 이루어지는 것이지 모든 수업이 끝난 후에 달성되는 것이 아니기 때문이다.

한철우[3]는 문학교육의 교수·학습 모형을 유형별로 대비하고 있다.

---

1) 이대규는 국어교육의 지도 단계를 내적 조건 조정 단계와 외적 조건 조정 단계로 구분하고, 전자에서는 학습자의 선행 학습 정도의 진단이 후자에서는 본격적인 지도가 이루어진다고 보았다. 외적 조건 조정 단계는 다시 교사의 설명, 학생의 이해, 저장, 재생, 사용의 다섯 단계로 나누어지는데 이는 전형적인 설명 수업으로 이 방법은 국어 교육의 모든 영역에 적용될 수 있다. 저자가 지적한 것처럼 설명 수업도 장단점을 갖고 있으므로 이를 전제하는 바탕 위에서 설명 수업을 적절하게 적용하면 학습자의 국어 능력을 신장시킬 수 있을 것이다. 그러나 여기서는 문학교육의 목표를 문학의 분석과 해석에만 두고 있으므로, 이 책에서 추구하는 텍스트의 체화(incorporation, 내면화)를 위한 문학교육과는 거리가 있다.
   이대규, 『국어교육의 이론』, 교육과학사, 1988. 74-75, 561-714쪽.
2) 구인환 외, 『문학교육론』, 삼지원, 1992. 236-300쪽.

그는 글레이저(R.Glaser)의 모형과 한국교육개발원의 KEDI 모형, 목표 모형을 대비하고, 각각이 내용이나 학습자와 교사 변인에 따라 다르게 적용되어야 함을 지적하고 있으나, 구체적으로 어떻게 적용해야 할 것인지에 관한 논의는 하지 못하고 있다.

문학교육 일반에 관한 이러한 교수 · 학습 모형에 관한 연구는 각 문학텍스트 즉 서정적 텍스트, 서사적 텍스트, 극적 텍스트별로 구체화되어 전개된다.

서정적 텍스트인 시 교육의 방법론 연구에 있어서 이숭원[4]은 시 교육의 문제점을 교과서 수록 시의 선정 오류, 시 해석의 오류, 단원의 제재 선택의 오류로 제시하면서 교수 · 학습 방법 모색을 꾀하고 있지만, 구체적 방법론 마련을 위한 시론의 성격을 띤다.

서사적 텍스트인 소설 교육의 방법론 연구에 있어서 이정숙[5]은 소설의 교수 · 학습 방법으로서 토론 수업을 제시하고 토론의 성과로써 인식의 확장과 정서적 체험, 다양한 해석의 가능성 등을 들고 있으나, 이를 위한 구체적 토론의 방법은 제시하고 있지 않다.

극적 텍스트인 희곡 교육의 방법론 연구에 있어서 최인자[6]는 학습자 중심의 교수 · 학습 모형을 구안해야 한다고 역설하고 있지만, 학습자가 비평적 관점을 가질 수 있게 해야 한다는 당위론에서 벗어나지 못하고 있다.

위의 모형들은 모두 구체적 방법이 필요하다는 것을 역설하고 있으나,

---

3) 한철우, 「문학 영역의 교수 · 학습 모형」, 『선청어문』23, 서울대학교 국어교육과, 1995. 219-232쪽.
4) 이숭원, 「시의 교수 · 학습 방법과 문제점」, 구인환 편, 『문학 교수 · 학습 방법론』, 삼지원, 1998. 208-225쪽.
5) 이정숙, 「소설의 교수 · 학습 방법과 실천논리」, 위의 책, 226-250쪽.
6) 최인자, 「희곡의 교수 · 학습 방법: 극본 읽기의 경우」, 위의 책, 276-302쪽.

구체적 방법 마련을 위한 시론적인 성격이 짙다. 학습자의 적극적인 참여가 있어야 한다든지, 학습자 변인을 고려하거나 수업이 되어야 한다는 필요성을 제시하고 있지만, 실제 수업 현장에서 학습자의 적극적인 참여를 유도하는 구체적 방법은 제시하지 못하고 있는 것이다.

학습자 변인과 관련해서 학습자의 정서적 측면에 주목한 것은 최지현[7]에서이다. 여기서는 감상 지도의 절차로 동기화, 개입, 공감적 조정, 평가를 제시하고 있다. 이 중 본격적 감상 단계이면서 수업의 과정이라 할 수 있는 공감적 조정 단계에 정서 재인, 역할 설정, 내면화를 설정하고 있지만, 구체적인 실천 방법은 후속 과제로 남기고 있다.

지금까지 연구 성과들[8]이 가지고 있는 문제점들은 다음과 같다.

첫째, 문학교육의 구체적 방법이 제시되어 있지 않아 실제 수업 현장에 적용하기 힘들다.

둘째, 학습자에 대한 성찰이 없이 학습자 변인을 고려해야 한다는 당위론만을 제시하고 있다.

셋째, 학습자들이 텍스트 해독에 적극적으로 참여할 수 있게 해야 한다는 주장에도 불구하고 그 방법은 제시되지 않고 있다.

말하자면, 문학교육 방법론에 관한 선행 연구들은 교수·학습 모형을

---

7) 최지현, 「문학감상교육의 교수학습모형 탐구」, 『선청어문』25집, 서울대학교 국어교육학과, 1999. 309-357쪽.
8) 이 밖에도 문학교육방법론에 한정하여 그 선행연구를 살피면 다음과 같다.
경규진, 『반응 중심 문학 교육의 방법 연구』, 서울대 박사 학위 논문, 1993.
김동환, 「현대문학교육의 목표와 방법의 문제」, 『민족문학사연구』12호, 1998.
김중신, 『소설감상방법론 연구』, 서울대 출판부, 1995.
오탁번, 「현대문학의 이해와 교육방법」, 『교육논총』 14, 고려대 교육대학원, 1984.
정구향, 「문학교육의 방안」, 『교육개발』 7권 1호, 한국교육개발원, 1985.
최순열, 「문학교육을 어떻게 할 것인가」, 『경기어문학』7, 1986.

모색해야 한다는 당위론에서 크게 발전하지 못하고 있으며9), 실제 교육 현장에서 학습자 변인을 고려하여 학습자의 적극적인 참여를 유도하는 구체적 방법을 제시하지 못하고 있다. 이러한 이유 때문에 학교 교육에 있어서는 오랫동안 한국교육개발원의 KEDI 모형만을 수업 내용인 텍스트의 자질과는 무관하게 무비판적으로 적용시키고 있는데10) 이러한 문학교육의 현장을 개선할 수 있는 구체적 방법론을 제시하는 일이 시급하다고 보여진다.

2. 연구 목적과 방법

문학교육 방법론에 관한 선행 연구들이 가지고 있는 문제들의 해결점은 학습자 변인을 고려하여 학습자의 참여를 유도하는 구체적 방법론의 제시라고 할 수 있다.

본고에서는 그 구체적 방법으로 교육연극(educational dramatics)을 제시하고자 한다.11)

---

9) 윤여탁, 「문학교육 연구사의 비판적 검토와 전망」, 『문학교육학』창간호, 1997. 50-62 쪽.

10) KEDI 모형은 교수·학습을 계획 단계, 진단 단계, 지도 단계, 평가 단계, 내면화 단계로 구분하고 있는데, 학교 장학이라고 할 수 있는 수업연구의 경우, 교사들은 이 모형을 무조건적으로 수용하고 있고, 지역 교육청 차원에서 연구된 수업 방법의 이론적 바탕도 이 모형인 경우가 대부분이다.

11) 교육연극의 기본 원리와 지금까지의 연구성과는 다음의 논문에서 찾아볼 수 있다.
민병욱, 「교육연극의 기본 원리」, 민병욱·심상교 편, 『교육연극의 이론과 실제』, 연극과 인간, 2000.
김희정, 「연극의 교육적 활용-국어교육을 중심으로」, 『초등국어교육』6, 서울교대,

교육연극은 발화된 텍스트에 대한 연행(performance)이다. 텍스트에 대한 연행은 먼저 학습자의 인지심리 공간에서 이루어진다. 인지심리 공간에서 구성된 텍스트에 대한 연행이 수업의 장에서 연행되면, 학습자들이 텍스트에 대한 인지적 수행을 공유하여 기대지평을 상승시킬 뿐만 아니라 시너지 효과를 발생시켜 수업의 역동성을 기할 수 있다.

교육연극은 창의적 가정(creative if, magic if, what if)[12]을 본질로 한다.

1996.2.

방인태, 「초등국어과의 연극교육」, 『국어교육』83 · 84, 1994.6.

이수동, 「시 교육의 연극적 방법 적용 연구」, 서울교육대학교 교육대학원, 1999.

황정현, 「말하기 교육에 있어 감정소통방법 연구-교육연극적 방법의 활용을 중심으로」, 『한국초등국어교육』13, 서울교대, 1999.

김용현, 「희곡 교육에서의 공동 창작 및 연극 공연에 관한 사례 연구」, 공주대학교 교육대학원, 1988.

한귀은, 「고전시가교육의 상호텍스트적 네트워크」, 『어문교육논집』16, 1988.

한귀은, 「소설교육의 카니발적 방법과 실제 적용 방안」, 『문학교육학』2, 1988.

한귀은, 「유스 씨어터를 통한 담론의 해체와 재구성」, 『한국문학논총』23, 1988.

한귀은, 「상호적 읽기와 창의적 연극을 통한 인간소외 재인식」, 『한국극문학』1, 한국극문학회, 1999.6.

한귀은, 「교육연극에 의한 시텍스트의 연행적 표상 활성화」, 『한국극예술연구』11, 한국극예술학회, 2000.4.

한귀은, 「시의 알레고리 표상을 위한 교육연극」, 『국어교육』102, 한국국어교육연구회, 2000. 6.

한귀은, 「정체성 재구성을 위한 텍스트 읽기와 교육연극」, 『국어교과교육』1, 한국국어교과교육학회, 2001. 5.

Clift, Rene. High school students' responses to dramatic enactment, Jorunal of Classroom Interaction, 21(1), Winter 1985.

Barker, Andrew P. Bringing drama into the teaching of nondramatic literature: A report on classroom research in role-playing, The Leaflet(New England Association of Teachers of English), 87(2), Spring 1988.

Gourgey, Annette F. et al. The impact of an improvisational dramatics program on school attitude and achievement, American Education Research Association, 1984.

Clift, Rene. High school students' responses to dramatic enactment, Jorunal of Classroom Interaction, 21(1), Winter 1985.

창의적 가정은, '나는 ~이다, 나는 ~한 상황 속에 놓여 있다'라는 가정 속에서 학습자가 그 자신을 텍스트 속의 발화자나 인물로 동일시하는 것이다.

동일시(identification)는 타자가 지닌 측면을 자신의 모델로 취하는 과정을 가리킨다. 이 용어의 일차적 용법은 '무엇과 동일시하기'이지만 '인식하기'라는 보다 통상적인 의미를 포함하기도 한다. 동일시의 과정에서는 무엇인지 알지 못한 채로 찾고 있었던 것을 인식했다거나 발견했다거나 하는 느낌이 들기 때문이다. 동일시의 결과, 자신이 동일시한 본보기에 따라 내면의 변화가 오게 되는데[13] 텍스트 속 발화자와 동일시를 하게 되면 자신이 아닌 타자의 내면을 경험하게 된다.

이렇듯 교육연극은 학습자가 타자와 동일시된 상태에서 텍스트의 관련상황을 그대로 '사는 것(living)'을 기본으로 한다. 즉 학습자가 텍스트의 상황을 인식 공간 속에 주입하여 현실 세계를 지우고 그 위에 새로운 세계를 구축함으로써 텍스트를 체화하는 것이다. 이러한 체화 속에서 학습자들은 자연스럽게 텍스트의 약호화 방식을 터득하게 되기 때문에 학습은 더욱 활성화될 수 있는 것이다.

그러나 창의적 가정[14]이라는 것은 하나의 통일된 정체성을 전제로 한

---

12) 이 방법을 스타니슬랍스키는 몰입에 의한 창의적 가정 혹은 마술적 가정(magic if)이라고 칭한 바 있다.
   Strasverg, Lee. 하태진 옮김, 『연기의 방법을 찾아서』, 현대미학사, 1993. 83쪽.

13) Freud, Sigmund. *The Interpretation of Dream.* Trans. and ed. James Strachey. London: Hogarth Press. 1953. 『꿈의 해석』 상·하, 프로이트 전집 5·6, 김인순, 열린책들, 1997.

14) 정체성(identity)이란 용어는 개성(個性, Personality) 혹은 주관, 주체성, 자아라는 말로 대치되어 사용될 수 있다. 한 개인을 다른 개인들에게서 구별짓는 내적 특질의 혼합이라는 이 용어는 18세기말에 문학을 문인의 사상과 감정의 표현으로 보게 된 이래 문학의 가장 중요한 요소 가운데 하나로 등장하게 되었다.
   정체성이라는 개념은 주체(subject)라는 개념과도 혼용될 수 있다. 둘 다 유동적인 상태라는 자질을 공유한다. 특히 라캉(Lacan)은 주체는 언어에 의해 언어 속에서 구성된

개념이 아니다. 창의적 가정은 운동성을 내포한 개념이다. 창의적 가정은 특수한 단일의 대상으로 가정하는 것이 아니라 대상을 바꾸어가며(전치), 혹은 둘 이상의 대상을 동시에(병치) 가정이 이루어진다. 여기서 중요한 것은 학습자가 허구의 정체감을 갖는다는 것이며, 허구의 정체감을 조성하는 동일시의 대상으로서의 타자는 다수일 수 있다.

한편, 학습자가 타자인 텍스트 내 화자나 인물과 동일시를 하면서 동시에 학습자 자신의 실제 정체성이 완전히 지워지지는 않는데, 이것이 바로 자아이중화(self duplication)라고 할 수 있다.[15] 학습자는 한 타자에 대해서만 지속적으로 동일시를 하는 것이 아니라 여러 타자들과 역동적으로 동일시를 수행하면서 학습자 자신의 실제적 정체감도 완전히 소멸시키지 않는다. 학습자는 타자에서 타자로 자리바꿈[16]하면서 다양한 정체성을 경험하게 되는 것이다.

이렇듯 창의적 가정이나 동일시를 바탕으로 텍스트 해독이 이루어지

다고 하였는데 이것도 역시 정체성이나 주체가 고정되지 않고 지속적으로 구성중이라는 운동성의 개념을 내포한 것이라고 볼 수 있다. 이러한 주체나 정체성의 유동성은 탈중심의 주체(decentered subject)나 탈중심화(decentering)라는 개념을 탄생시킨다. 교육연극의 과정에서 학습자들은 허구적인 자아와 자신을 동일시하면서 자기자신에 대한 해석도 함께 하게 된다. 자기자신에 대한 해석을 자아서사라고 할 수 있다. 이렇듯 허구적인 자아와의 동일시와 자아서사와의 대화관계는 학습자가 자신에 대한 긍정적인 정체성을 형성하게 만든다.

이상섭, 『文學批評用語辭典』, 민음사, 1976.

Childers, Joesph. Gary Hentzi. *The Columbia Dictionary of Modern Literary & Cultural Criticism*, 황종연 옮김, 『현대 문학·문화 비평 용어사전』, 문학동네, 1999. 233쪽.

Giddens, A. 권기돈 옮김, 『현대성과 자아정체성』, 새물결, 1997, 145쪽.

15) 자아의 이중화란 한 주체 내에서 이루어지는 자아의 분리이다. 한 주체 내에서 이루어지는 의식의 분리현상인데 이러한 이중화는 동일한 순간에 나란히 이루어진다.

de Man, P. *Blindness and Insight*, Univ. of Minnesota Press, 1983. p.226.

16) 함부르거는 이것을 "나는 어떤 타자이다."라고 말하는 것에 비유하고 있다.

Hamburger, M. 이승일 옮김, 『현대시의 변증법』, 지식산업사, 1993. 74쪽.

는데, 이것으로 텍스트의 발화자와 관련된 다른 약호들도 함께 학습자들에게 체화될 수 있다. 문제는 교육연극을 방법론으로 하여 학습자는 텍스트를 해독하고 텍스트의 발화자와 관련된 다른 약호들을 체화하지만, 그 문학적 약호를 체계화하지 못한다는 데 있다. 뿐만 아니라 교육연극론에서는 문학교육의 내용이라 할 수 있는 문학텍스트의 약호들의 체계화 문제에 대한 이론적 바탕은 마련하지 못하고 있는데, 이를 극복하게 해 주는 것이 기호학이다[17]. 기호학은 문학텍스트의 약호들을 체계화함으로써 그것이 교육연극적 방법으로 실현되는 통로를 제시하는 것이다.

기호학은 텍스트의 공통적 약호들을 상정하기 때문에 텍스트의 경계를 무화시킨다. 텍스트의 경계가 무화된 상태에서 공통 약호를 지닌 텍스트들을 상호적으로 읽음으로써 문학텍스트 해독 능력을 더욱더 신장시킬 수 있다.

상호텍스트성[18]은 수업에 있어서의 학습자 변인과도 관련이 있다. 학습자들은 문학텍스트보다 영상텍스트 해독을 더 쉽게 하는 경우가 있다. 이것은 심적 표상(mental representation)의 차이에 기인한다. 텍스트 해독은

---

17) 문학교육의 내용은 문학이론에서 추출되는데, 문학이론 중에 문학교육으로 수용될 수 있는 것은 내재적 문학이론이다.
이대규, 앞의 책, 562쪽.
18) transtextuality와 intertextuality 모두 통상 상호텍스트성이라고 번역이 되는데, 본고에서는 제시되는 상호텍스트성은 intertextuality를 포함하는 transtextuality를 지칭한다. transtextualtity는 텍스트를 다른 텍스트와 관련짓게 하는 모든 특징을 의미하고, 이 transtextuality에는 상호텍스트성(intertextuality: 어떤 한 텍스트가 다른 텍스트와 맺고 있는 상호관련성), 패러텍스트성(paratextuality: 제목·부제·소제목·서문·발문·광고·주석·일러두기·그림·題詞 등 텍스트 곁에 있는 성질), 메타텍스트성(metatextuality: 한 텍스트를 그것이 말하고 있는 텍스트와 연결시켜주는 주석. 비평의 관계), 후텍스트성(hypotextuality), 하이퍼텍스트성(hypertextuality) 등이 포함된다
Stam, Robert. Robert Burgoyne & Sandy Flitterman-Lewis. *New Vocabularies in Film Semiotics: Structuralism, Post-Structuralism and Beyond.* London: Routledge. 1992. pp. 206-210.

텍스트에 대한 심적 표상을 구성하는 것이라고 할 수 있는데, 문학텍스트는 언어적 약호로 되어 있지만 심상(image)과 같은 약호는 학습자에게 도상적 약호(iconic codes)로 재약호화(re-encoding)되어 표상된다.[19] 이것은 도상적 약호가 학습자의 컨텍스트를 수반하여 또 다른 도상적 약호로 재약호화되어 표상되는 영상텍스트와는 구별된다. 언어적 약호를 다른 자질의 도상적 약호로 재약호화하는 것은 도상적 약호를 또 다른 도상적 약호로 재약호화하는 것보다 어렵다고 할 수 있다.

이렇듯 학습자 변인은 학습자의 심적 표상과 관련이 있다. 학습자의 심적 표상은 텍스트 해독과 직결된다. 텍스트에 대한 학습자의 심적 표상을 추리하여 그것을 텍스트 해독틀(script)[20]로 정교화한다면 문학교육의 방법을 개발하고 이를 적용하는 과정의 타당성을 확보할 수 있을 것이다. 틀[21]이란 빈번히 일어나는 일련의 사건들에 대한 도식이라 할 수 있

---

19) 글 이해란 주어지는 글 자극을 근거로 심적 표상을 구성하는 것이다. 일반적으로 정보처리 과정은 표상적(representational)이라 할 수 있는데, 이것은 세상의 대상들 자체를 조작하거나 처리하는 것이 아니라 그것들을 상징으로 표상화하여 정보를 처리한다는 것이다. 세상에 대해 어떤 표상적 관계성을 지니고 있는 것인 내적 표상(internal representation), 즉 상징구조에 정보처리적 조작(연산)을 가하여 인간이나 컴퓨터라는 체계가 의미 있는 행동 또는 출력의 결과를 내어놓을 수 있다고 말할 수 있다. 이러한 정보처리 과정은 정형적으로(formally) 기술할 수 있다. 표상되는 정보의 상징적 구조들이 지니는 내용, 즉 의미는 그 상징구조의 통사체계에 의해 규정되는데, 이는 곧 입력된 정보의 통사적 구조를 분석하고 이에 대응되는 출력의 통사적 구조를 형성해 내는 정보처리과정, 즉 알고리즘들에 의하는 것이며, 알고리즘이란 본질적으로 형식적 절차에 의해 규정되기에, 정보처리과정은 형식적으로 기술될 수 있다.
이정모, 「글 이해의 원리: 심리학적 모델」, 『인지과학 소식』, 1988.1.5. 3-4쪽.
Stillings, N. A., S .E. Weisler, C. H. Chase, M. H. Feinstein,, J. L. Garfield, & E. L. Rissland, *Cognitive Science: An Introduction (2nd Ed.).* Cambridge, MA: MIT Press. 1995. pp. 32-38.
20) Carpenter, Patricia A. *The Psychology of Reading and Language Comprehension,* Allyn and Bacon, Inc. 1987. pp.11-12.
21) Schank, R. & R. Abelson, *Scripts, plans, goals and understanding.* Hillsdale, NJ: Erlbaum. 1997. p.32

다. 틀은 변수항들(slots)로 구성되어 있으며, 변수항 각각은 정보를 담고 있다. 이러한 틀은 변수항들의 자료(data, default)에 의해 사건을 예상하고 추론할 수 있게 하는 기능을 지니는데, 문학교육에 있어서 주된 자료는 문학텍스트라 할 수 있을 것이다.

텍스트 해독틀이 학습자의 인지심리 공간에서 작용하면 학습자는 텍스트에 대한 주체로서 연행을 하게 된다.[22] 텍스트에 대한 주체라는 말은 학습자가 텍스트에 대해 적극적으로 반응하여 그의 인지심리 공간을 역동적으로 재구성함을 의미한다.

이러한 텍스트에 대한 학습자의 심적 표상이나 연행은 텍스트의 종류에 따라 다르게 나타난다.

문학텍스트는 그 지배적 약호가 무엇인지에 따라 서정적 텍스트, 서사적 텍스트, 극적 텍스트로 분류할 수 있다.[23] 발화 양식에 있어서 서정적

Bower, G. H., J.B.Black & T.J.Turner. Scripts in memory for text. Cognitive Psychology, 11. 1979. pp.177-200.

22) 발화된 텍스트는 발화수반력(power of illocution)을 행사하게 되는데 이 힘에 대해 독자 (실제 수업에서는 학습자가 됨)는 발화효과행위(act of perlocution)를 하게 된다. 독자가 발화에 대한 행위를 수행한다(performing)고 할 때 이것은 일반적 의미의 행위(acting)와 는 구별되고 오히려 심적 표상과 관련이 된다. 독자가 텍스트에 약호화된대로 심적 표상을 구성했다면 그것은 발화효과행위를 한 것에 해당하고, 독자가 자신의 컨텍스트를 적극적으로 수반하여 텍스트를 거스르는(against text) 표상을 형성했다면 그것은 발화에 대한 저항적인 행위를 수행한 것이라 할 수 있다.
   Austin, J.L. *How to Do Things with Words*. 2nd ed, London, Oxford & New York: Oxford University Press. 1975.

23) 일반적으로 학교 교육과정에서 문학은 시, 소설, 희곡, 수필로 분류하고 있으나, 이렇게 분류할 경우 각각의 장르로 변별한 기준을 명확하게 설정하기 어렵다. 시가 소설과 변별되는 이유는 시는 서정적 장르이고, 소설은 서사적 장르이기 때문이라고 인식되지만, 백 석이나 이용악의 시처럼 서사적 시가 있고, 서정성이 짙은 소설도 있다. 특히 시와 소설은 모두 화자가 등장한다는 점에서 유사한 점이 많다. 그레마스도 시와 소설의 경계가 얼마나 쉽게 무너지는지 검증한 바 있다. 수필도 서정적 수필, 서사적 수필, 극적 수필이 모두 존재한다.

텍스트는 나머지 두 텍스트와 대비된다. 서정적 텍스트는 화자의 단독 발화로 이루어진다. 반면, 서사적 텍스트는 화자(narrator)와 초점화자(focalizor), 다수의 인물들의 발화로 이루어지기 때문에 다성적(polyphonic)이다.[24] 극적 텍스트도 다수의 인물들의 발화로 이루어진다는 점에서 다성적이지만 화자와 다수의 초점화자를 가진 서사적 텍스트보다는 덜 다성적이다.

서정적 텍스트는 화자의 단독 발화로 이루어지기 때문에 단성적

텍스트 해석이 약호를 해독하는 것이라는 점에서 오히려 서정적 약호와 서사적 약호, 극적 약호를 학습시키는 것이 더 효율적이라는 관점 하에 본고에서는 텍스트의 약호화 방식을 분류 기준으로 하여, 문학텍스트의 종류를 서정적 텍스트, 서사적 텍스트, 극적 텍스트로 나누고자 한다.

Greimas, A.J. The cognitive dimension of narrative discourse, New Literary History 7. 1976. pp.433-488.

김대행, 「문학의 개념과 문학교육론」, 『국어교과학의 지평』, 서울대학교출판부, 1995. 317-320쪽.

우한용, 「문학교육과 장르론」, 『선청어문』 16·17 합집, 서울대학교 사범대학 국어교육과, 1988. 103-113쪽

우한용, 「문학교육의 현실대응력에 대한 고찰」, 『국어교육』77·78호, 한국국어교육연구회, 1992. 340쪽.

24) 초점화(focalization)란 하나의 인식 주체가 어떤 일정한 대상을 향해 자신의 지각을 보내고, 그것을 인식하는 행위를 지칭하는 용어이다. 전통시학의 용어로는 시점(point of view)이 이에 해당하는데, 시점이라는 용어 속에서는 대상을 향한 인식의 지향뿐만 아니라, 그 관찰의 결과를 진술한다는 의미도 포함되어 있기 때문에 구조주의자들은 시점 대신 이 용어를 사용한다. 이들은 하나의 텍스트 내에서 서술의 주체와 인식의 주체를 분리시켜서 생각하고자 하기 때문이다. 엄밀하게 말한다면, 초점화는 일정한 대상에 대해 지각을 지향하는 행위뿐만 아니라, 대상에 대한 인식, 감정, 관념적 지향 등등의 모두를 포함하는 폭넓은 개념의 용어이다. 이때 자신의 지각, 인식, 감정 등이 대상을 지향하는 초점화의 주체를 초점 화자라 하고, 그 지각 대상을 초점화 대상이라 한다. 초점 화자는 스토리 내부에 있을 수도 있고, 외부에 있을 수도 있는데, 다시 말해 초점화는 스토리 자체에 대해 밖에서 이루어질 수도 있고 안에서 이루어질 수도 있는데, 외적 초점의 서사물은 화자가 초점 화자가 되며, 내적 초점화의 서사물은 이야기의 서술자와는 관련 없이 대개 작중 인물 중의 하나가 초점 화자가 된다 (이 책 Ⅲ-4.4.1 참조).

(monophonic)이다. 따라서 텍스트의 약호들이 동일성이나 유사성을 띠는 은유의 원리에 의해 결합된다. 반면 다성적인 서사적 텍스트와 극적 텍스트는 비동일성을 띠는 약호들이 환유의 원리에 의해 결합한다.[25)]

약호화 방식이 다르기 때문에 학습자의 텍스트에 대한 연행도 달라진다. 서정적 텍스트의 경우 학습자는 화자의 발화에 대해서 자기 반영적인(self-reflexive) 수행을 한다. 즉 학습자는 화자의 발화 내용과 거의 동일한 표상을 형성하고 이와 조화되는 수행을 하는 것이다. 이러한 표상 형성과 수행 과정에 텍스트의 다른 약호들도 함께 수반된다. 서정적 텍스트의 약호는 화자, 어조, 심상, 비유, 상징 등이다. 이러한 약호들은 화자와 동일성의 원리에 따라 결합되므로 학습자는 화자의 발화를 선조적으로 추적하면 적절한 표상 형성을 할 수 있다.

서사적 텍스트와 극적 텍스트는 다수의 발화자가 동시에 혹은 환치되면서 발화하는 양상을 띠므로 학습자의 그에 대한 수행도 더욱 역동적이다. 즉 학습자는 다수 발화자의 목소리를 따라 다양한 수행을 하게 되는 것이다. 서사적 텍스트의 약호는 화자, 초점화자, 시점, 인물, 사건, 플롯, 시공소(chronotope)[26)] 등이고, 극적 텍스트의 약호는 인물, 행위, 갈등, 사

---

25) Jacobson, R. 신문수 옮김, 『문학 속의 언어학』, 문학과지성사, 1989. 92-116쪽.
26) 시공소란 텍스트 속에 나타나는 시공간의 내적 연관을 의미하는 용어이다.
원래 수학, 철학(특히 베르그송과 칸트의 인식론), 생리학 등에서 사용되었으나 바흐찐에 의하여 문학 연구에 도입된 이 용어는, 흔히 문학 형식에 있어 구성적 범주로 사용된다. 즉 바흐찐에 의하면 시공소는 장르를 규정하는 기능을 담당하게 된다. 바흐찐은 문학의 시공소는 본질적으로 장르적인 의미를 지니고 있으며 심지어 장르와 장르의 하부를 결정하는 것은 바로 시공소라고 주장할 수도 있다고 하였다. 또 그는 시간과 공간의 결합 방식 또는 시간과 공간이 사용되는 비율에 의하여 세계관의 차이가 생겨난다고 말함으로써 시공소의 칸트적 개념 즉 시간과 공간은 인식 작용의 필요 불가결한 범주라는 것을 문학 속에 수용시킨다.
이 책에서 사용되는 시공소라는 개념은 바흐찐 개념과 맥이 닿아 있지만, 그 내포에 있어서 차이가 있다. 바흐찐은 시공소를 소설에 한정되는 개념으로 보았지만, 이 책

건, 플롯 등이다. 학습자는 텍스트의 실제 발화자들(speakers)[27]을 유동적으로 추적하면서 그 외의 약호들에 대한 역동적인 수행을 하게 된다. 즉 텍스트의 발화자가 지속적으로 바뀜으로 해서 학습자들은 가변적인 심적 표상을 형성하게 되는 것이다.

아울러 각 텍스트에는 공통 약호가 존재하는데, 문학교육은 이러한 공통 약호를 바탕으로 한 상호적 읽기(inter-reading)에 의해서 더욱 활성화될 수 있다. 문학교육이 상호텍스트성을 바탕으로 한 상호적 읽기를 통해 활성화된다면, 교육연극 또한 상호적 읽기를 통해서 활성화될 수 있다. 즉 교육연극의 연행을 활성화시키기 위해서는 연행의 텍스트인 영화나 연극, 연행의 한 측면인 도상성을 띠고 있는 미술텍스트들도 문학교육에 활용될 수가 있는 것이다.

이렇듯 교육연극과 기호학의 결합으로 한, 텍스트의 상호적 읽기와 연행을 통하여 학습자들을 문학교육의 실제 수업에 적극적으로 참여시킬 수가 있다.[28]

에서는 시와 소설이라는 장르 개념이 아닌 서정적 텍스트와 서사적 텍스트라는 자질 개념으로 장르 문제에 접근하기 때문에, 시공소는 시와 같은 서정적 텍스트에도 나타날 수 있다. 예를 들어 김광섭의 <성북동 비둘기>의 경우, 화자와는 개별적으로 행위자인 '비둘기'가 등장하는데 이 행위자를 둘러싸고 있는 '돌 깨는 산울림', '구공탄 굴뚝 연기'와 같은 시공도 하나의 시공소로 작용하여 행위자의 삶이나 삶의 방식에 커다란 영향을 미치기도 하고 또 그것에 의해 텍스트 전체의 알레고리적인 의미가 생성되기도 하는 것이다.

여홍상 엮음,『바흐친과 문학이론』, 문학과지성사, 1997. 제 7장.

27) 서사적 텍스트의 경우, 화자(narrator)와 실제 발화자(speaker)는 다를 수 있다. 이야기(story)를 하는 형식상의 주체는 화자라고 할 수 있지만, 실제 그 이야기에 대해 발화 주체인 자는 인물이나 초점화자일 수 있기 때문이다.
반면 서정적 텍스트의 경우에는 화자가 실제 발화자라고 할 수 있다.

28) 문학텍스트 해독틀은 학습자의 심적 표상을 바탕으로 유추된 것이므로 학습자 변인을 고려한 것이라 할 수 있다. 이렇듯 본 연구는 간학문적인(interdiscipline) 성격을 띤다. 교육연극에 의해 심적 표상이 활성화되고, 발화효과행위를 수행하게 되며, 텍스트를 재

따라서 본고는 교육연극이론을 중심으로, 기호학에서 문학교육의 이론 체계를 추출하고 이를 실제 현장 수업에 적용하고자 한다. 이를 위해 이 책은 다음과 같이 기술된다.

제 2장에서는 서정적 텍스트, 서사적 텍스트, 극적 텍스트에 대한 심적 표상을 유추하고 이를 텍스트 해독틀로 정교화하고 도식화하여, 이 해독틀을 활성화시킬 수 있는 교육연극적 방법을 적용시킨다. 교육연극의 목표가 텍스트 해독에 있으므로 교육연극의 분류도 텍스트의 재약호화 양상이나 학습자의 표상과 관련을 짓는다. 텍스트의 재약호화에 따른 교육연극의 분류는 표상되어야 할 것들에 대해 적절한 교육연극의 방법들을 체계화해 줌으로써 학습자들이 적극적으로 텍스트를 표상하게 하는 방법을 마련해 줄 것이다.

제 3장에서는 실제 문학교육에 교육연극이 활용되어 학습 효과를 높인 사례를 들고 교육연극의 교육적 효과를 검증한다. 여기서는 실제 문학 수업 시간에 이루어진 여러 문학텍스트들의 상호적 읽기를 통한 교육연극적 해독 사례를 제시함으로써 교육연극의 효용성이 검증될 것이다.

약호화하게 되는데, 이는 각각 인지 심리학, 화행이론, 기호학에서 도출된 내용들이다. 이 학문간의 관계와 그것이 문학교육에 미치는 영향관계를 도식하면 아래와 같다.

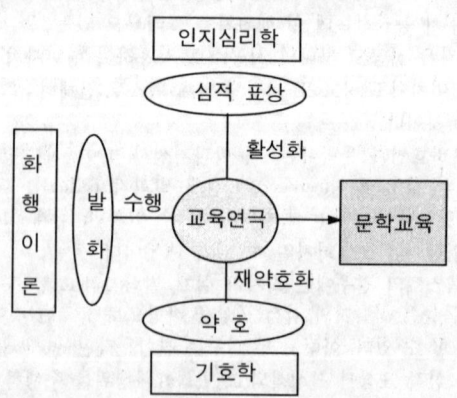

Ⅱ. 학습자의 심적 표상과 교육연극적 적용

1. 심적 표상 활성화를 위한 교육연극

1.1 텍스트 해독의 매체로서의 교육연극

교육연극은 연기를 가르치는 것이 아니라 수업을 위하여 연극적 방법을 활용하는 것이다. 연극이 관객을 위한 하나의 연극적 산물(product)에 초점을 맞추는 것이라면 교육연극은 학습을 위한 연극적 접근의 과정(process)에 초점을 맞추는 것이다. 교육연극[1]은 연극에 관해 배우는 것이 아니라 연극을 통해 배우는 것이라 할 수 있다.

이러한 교육연극[2]이 텍스트 해독의 매체로서의 활용될 수 있는 이유는 다음과 같다.

첫째, 교육연극은 학습자로 하여금 텍스트 내 발화자로 창의적 가정을 할 수 있게 한다. 텍스트 내의 발화자와 동일시됨으로써 학습자들은 허구적 정체감을 갖게 된다. 학습자가 실제 자아의 현실적 정체감이 아니라 텍스트 내 발화자로의 정체감을 갖게 되면, 학습자는 텍스트의 발화자뿐만 아니라 발화자와 관련된 다른 약호들도 표상하기가 쉬워진다.

둘째, 교육연극은 학습자로 하여금 텍스트의 발화자가 되어 텍스트의 관련 상황들을 실제로 연행하게 해 줌으로써 텍스트의 약호나 약호화 방식을 체화할 수 있게 해 준다. 텍스트의 체화는 학습자들이 앞으로 읽을 텍스트에 대해서도 자발적으로 심적 표상을 형성할 수 있도록 하는 것이다.

학습자들은 발화자로의 가정을 통해 허구적 자아로서 말하고 행동한다. 이것은 단순히 흉내내기, 모방하기 차원이 아니라, 학습자는 허구공

---

1) 교육의 일반적 목표와 이를 달성하기 위한 교육연극을 연계시키면 다음과 같다.

교육목표	허구공간 내의 창의적 연극을 통한 교육목표 달성
상상력 · 창의력 미적 감각 발달	· 허구공간에서 현실적으로 존재하기 어려운 다양한 이미지 구성을 통해 구성 능력(constructive power)인 상상력, 창의력이 개발되고 미적 감각도 발달하게 된다. · 허구적 자아정체감 형성을 통해 새로움을 인식하게 된다.
비판적 사고력 함양	· 학습자가 허구적 인물이 되어 서사적 텍스트의 허구적 인물을 허구 세계에서 비판할 수 있다. 특히 부정적 인물이 등장하거나 풍자적 어조를 지닌 서사적 텍스트에서 이 목표는 더 잘 성취될 수 있다.
자아정체성 인식	· 허구적 자아정체감은 현실공간의 정체감을 인식하게 되는 계기가 된다. · 바람직한 허구적 자아정체감이 현실공간으로 전이되어 발전된 정체감 형성이 형성되는 데 도움을 준다. · 문학 속의 부정적 인물은 반성적 사고를 통해 他山之石으로 활용할 수 있다.
사회성 · 협동성 함양	· 허구공간에서의 연극 놀이 특히 조화동작극(ensemble)을 통해 다양한 사회적 · 협동적 체험이 가능하다.
의사소통력 개선	· 현실공간에서 발화에 대한 부담감과 책임감 때문에 이루어지기 어려웠던 것이 허구적 탈(persona)을 통해 발화가 활성화되어 연습이 발전적으로 이루어진다.
도덕적 · 정치적 가치관 함양	· 문학 속 갈등 관계에 대한 토론극 등을 통해 도덕적 · 정치적 문제에 대한 비판적인 안목을 가질 수 있으며 특히 풍자적 문학을 통해 이 목표는 더 잘 성취될 수 있다.

한귀은, 「소설 교육의 카니발적 방법과 실제 적용 방안」, 『문학교육학』2, 1998. 416쪽.

Combs, Charles E. Theatre and drama in education: A laboratory for actual, virtual or vicarious experience, Youth Theatre Journal, 2(3), Winter 1988, pp.9-10.

Conard, FranCina. The arts in education and a meta-analysis, Ph.D. dissertation, Purdue University, 1992. p.45.

2) 교육학에 있어서 매체란 수업의 과정에서 학습자의 학습을 가능하게 하는 환경의 조성에 관련된 사람, 사물, 자료 등을 가리킨다. 이 광의의 정의에서 보면 교사, 교과서, 교실 환경 등도 매체에 포함된다. 수업 매체는 인적 자원, 시각 자료, 시청각 전자 매체, 자극-반응 매체, 상황 정보 매체 등으로 분류되는데, 여기서 교육연극은 상황 정보 매체에 포함된다.

진위교 · 김충희 · 변영계 공저, 『교육방법 · 교육공학』, 정민사, 1998. 131-132쪽.

간 내에서 그 발화자가 '되어' 그의 내면을 표현하는 것이다. 이 과정에서 학습자는 허구공간으로 진입한 상태에서 텍스트 내의 허구적 자아의 내면과 행위를 표현해야 하기 때문에, 이들에게는 사고력과 집중력이 요구된다.

이 집중력으로 교실은 텍스트 내의 시공소로 변화된다. 즉 교실은 무대장치나 소품, 조명 등 연극적 장치로 허구화되기보다는 학습자들의 창의력으로 텍스트에 맞게 재구성된다. 실제 연극 무대가 아니라 텍스트에 맞게 재구성된 교실 속에서 학습자는 이완을 통해 자의식에서 해방되고 텍스트에 더욱 집중할 수 있게 된다. 주의력을 텍스트에 맞춤으로써 창의적 분위기가 고조되고 이완을 통해 편안함을 느끼면서 창의적 가정을 하게 되는 것이다.[3]

학습자의 집중과 이완을 통한 허구적 자아로의 창의적 가정의 과정을 도식화하면 아래와 같다.

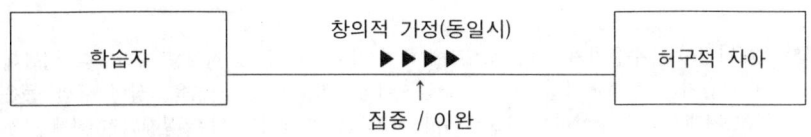

집중은 학습자의 긴장감을 조성하면서 텍스트의 의미를 지속적으로 재구성할 수 있도록 해 주고, 이완은 학습자의 창의성과 상상력을 최대한 발휘시키게 해 준다. 집중과 이완에 의한 창의적 가정으로 학습자는 현실계로부터 상상의 영역[4]으로 전이되어 텍스트에 대한 표상을 형성해 나가기 시작한다.

---

3) Saint-Denis, Michel. 윤광진 옮김, 『연기훈련』, 예니, 1997. 110~111쪽.
4) Cole, David. 허동성 옮김, 『연극이벤트의 미학』, 현대미학사, 1995. 44~45쪽.

그러나 학습자가 허구적 자아로 동일시되는 것이 텍스트 해독 과정에서 지속적으로 유지되지는 않는다. 학습자는 텍스트가 자신의 기대지평에 어긋나는 경우, 텍스트 내 발화자와 동일시되기보다는 그에 대해 거리를 취하게 된다.[5] 학습자가 텍스트 내 발화자와 거리를 둔다는 것은 텍스트와의 소원화(alienation effect)가 이루어진다는 것을 의미한다.

이렇듯 기대지평과 관련하여 학습자는 텍스트 내 발화자로의 동일시를 통해 허구적 정체성을 경험하기도 하지만, 다시 현실공간으로 나와서 텍스트와의 소원화를 통해 허구공간의 사건과 인물을 비판하기도 한다. 즉 학습자는 텍스트에 대해 동일시에서 소원화로, 다시 소원화에서 동일시의 태도로 자리바꿈 하게 되는 것이다.

학습자가 텍스트 내 허구적 자아와 동일시되는 것은 텍스트의 의미를 하나로 통일시키는 네겐트로피(negentropy)를 발산시키고, 허구적 자아와의 소원화는 지속적으로 재구성되어 온 텍스트의 통일적인 의미를 무너뜨리는 엔트로피(entropy)를 발산시킨다. 네겐트로피와 엔트로피[6]는 서로

---

5) 기대지평이란 수용자가 지닌 텍스트에 대한 이해의 범주 및 한계를 가리킨다. 이를테면 학습자의 선험·경험·의식·습관·취향·기호·상식·교육·심미 규범 등은 모두 기대지평을 구성하는 요소들이며, 텍스트를 이해하기 위한 실제적인 전제 조건들인 셈이다. 텍스트에 대한 독자들의 기대지평이 충족되면 친숙한 지평이 형성되지만 문학 환경의 변화나 새로운 자극으로서의 텍스트에 의해 학습자들은 텍스트의 새로운 지평에 부딪치게 된다. 이때 학습자들의 친숙한 지평과 텍스트의 새로운 지평 사이의 충돌로 인하여 이른바 지평의 전환이 생겨난다.
박찬기, 「문학의 독자와 수용미학」, 박찬기 외, 『수용미학』, 고려원, 1992. 28쪽.
6) 엔트로피는 원래 19세기의 열역학 에너지 연구에서 사용한 개념으로 세넌과 위버에 의해서 의사소통과 정보 이론에 도입되었다. 엔트로피의 수준이 높을수록 예측 가능성이 낮아지고 그에 따라서 정보의 가치는 높아진다. 예를 들어 교감적(phatic) 발화는 엔트로피가 낮지만 잉여는 대단히 높다. 텍스트에서는 엔트로피와 잉여의 이동 현상이 발생한다. 여기서 잉여는 네겐트로피적 경향을 가리킨다. 즉 엔트로피는 질서를 파괴하려는 성향을 의미하고 네겐트로피는 이와 반대로 질서를 회복하려는 성향을 말한다.

의 힘을 견제하며, 학습자가 메타텍스트(metatext)를 구성하는 것에 영향을 미친다. 네겐트로피가 수반되는, 학습자의 허구적 자아로의 동일시에 의한 메타텍스트는 소원화에 의해 해체되고, 엔트로피가 수반되는, 소원화에 의한 텍스트 거슬러 읽기(against text)는 동일시에 의해 해체된다.

이렇듯 학습자의 텍스트의 허구적 자아로의 동일시와 허구적 자아에 대한 소원화는 대화적 관계를 형성하게 된다. 즉 학습자와 텍스트 내 발화자의 동일시를 통하여 첫 번째 메타텍스트(metatext1)가 생산된다고, 소원화를 통하여 두 번째 메타텍스트(metatext2)가 생산된다.[7] 이 과정은 한 번으로 그치지 않고 텍스트를 감상하는 동안 역동적으로 반복되고 재생산된다. 요컨대 학습자는 동일시와 소원화의 이중적 속성을 토대로 끊임없이 재구성되는 메타텍스트를 만들어 나가게 된다. 이로써 학습자의 자아정체성과 텍스트의 의미는 자꾸만 증식되는 과정에 놓이는 것이다.

이를 도식하면 아래와 같다.

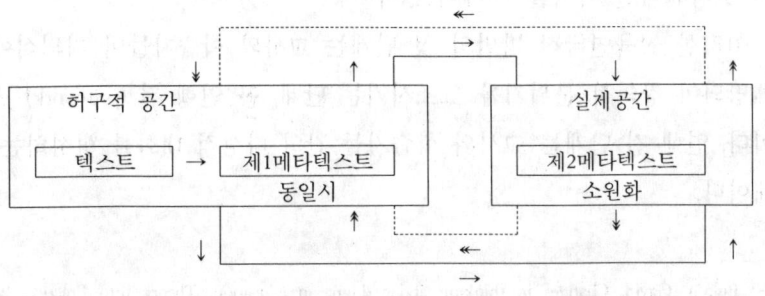

Maclean, M. *Narrative as performance*, 임병권 옮김, 『텍스트의 역학: 연행으로서 서사』, 한나래, 1997. 23-27쪽.

7) '메타텍스트 1'은 허구적 인식 공간에서 이루어지는 해독을 통해 생산된 텍스트이고, '메타텍스트 2'는 실제공간에서 텍스트나 인물을 비판하는 관점에서 생산된 텍스트이다. 텍스트의 의미는 이 세 텍스트 간의 상호작용을 통해 끊임없이 재구성되는 것이라 볼 수 있다.

도식에서 '—, →' 과 '┄┄, ⇒'은 대화적 관계의 그물망(network)을 나타내며, 특히 '┄┄, ⇒'은 피드백(feed-back)을 의미하는 기호이다.

위 도식과 같이 교육연극은 학습자로 하여금 동일시와 소원화의 대화적 관계 속에서 텍스트에 대한 표상을 구성하게 해 준다.[8]

아울러 텍스트에 대한 표상을 더욱 활성화시키기 위해 교육연극의 하위 방법으로서의 실제 연행을 문학교육에 도입할 수 있다. 이때 교육연극은 텍스트에 대한 미학적 경험을 하게 하는 시각적이고 활동적인 매체가 된다.[9] 강의식 수업이 교사 한 명의 일방적인 강의와 개별적인 학습자의 일대일(1:1)로 이루어지는 소통 방식을 갖는다면, 교육연극적 방법은 교사도 수업의 참여자로서 모든 학습자들 사이의 대화 단계를 형성하고 있다는 점에서 한층 더 학습자들의 다중적인 목소리를 수렴하는 수업이 될 수 있게 한다.[10] 이로써 교사와 학생들은 상상의 세계를 협동적으로 구성한다. 이 세계는 학생 개인이 이해한 것보다 학습할 것에 관해 더 고차원적인 이해를 하게 만든다.[11]

이러한 교육연극적 방법의 첫 단계는 교사와 학습자들이 자의식에서 해방되어 창의적 분위기를 고조시키는 단계, 곧 연행 전 (pre-work) 단계이다. 연행 전 단계는 교사와 학습자들 간의 다성적 대화를 형성하는 단계이다.

---

8) Bolton, Gavin. Changes in thinking about drama in education, Theory Into Practice, 24(3), Summer 1985. pp.151-157.

9) Gourgey, Annette F. et al. The impact of an improvisational dramatics program on school attitude and achievement, American Education Research Association, 1984. p.32.

10) Barnes, Douglas. *Drama in the English Classroom*, Champaign, Illinois: National Council of Teachers of English, 1968. p.3.

11) Barker, Andrew P. Bringing drama into the teaching of nondramatic literature: A report on classroom research in role-playing, The Leaflet(New England Association of Teachers of English), 87(2), Spring 1988. pp.31-37.

연행전 단계를 거쳐 텍스트 읽기로 들어간다. 텍스트를 읽을 때 학습자가 심적 표상을 형성시킬 수 있게 하기 위해서는 창의적 분위기를 유지시키는 것이 중요하다. 서정적 텍스트의 경우에 학습자는 화자나 그 화자와 대화를 나누는 청자로 자신을 가정하고, 서사적 텍스트의 경우에는 화자나 초점화자 혹은 인물로, 극적 텍스트의 경우에는 인물로 가정하는 것이다.[12]

학습자들이 연행 전 단계에서 구성된 표상을 연행과 관극을 통해 함께 재구성하고 그들의 표상을 정교화하거나 수정할 수 있게 하는 단계가 연행 단계이다. 허구적 자아로의 창의적 가정을 통한 수업은 학습자가 실제 현실 공간에서는 자의식 때문에 발휘하기 어려웠던 자신의 의사도 마음껏 개진하게 해 줄 뿐만 아니라 다수의 학습자들이 함께 연행하는 극적 방식은 협동적 경험을 제공하기도 한다.[13]

연행 후 단계에서는 연행에 대한 보충을 하면서 연행이나 관극의 경험을 공유한다.

---

12) 서사(récit, narrative)는 다음과 같이 구체적으로 규정된다.
   첫째, 하나의 사건이나 일련의 사건들을 말하되, 글로 쓰였거나 말로 된 담론, 즉 서술적인 진술을 지칭한다. 둘째, 진짜든 허구든 사건들의 연속으로 이 담론의 주제가 되는 것, 그리고 그들이 연결되고 대립되고 반복되는 여러 관계들을 지칭한다. 이런 의미에서 서사 분석은 행동과 상황들이 서로 얽히는 총체성의 연구이다. 셋째, 서사가 어떤 사건을 다시 한 번 언급하는 것이다. 그러나 이야기된 사건이 아니고 누군가가 무엇인가를 이야기하는 사건이다. 즉 서술하는 행위 그 자체이다.
   따라서 본고에서 말하는 서사적 텍스트는 소설에 한정된 것은 아니다. 다만, 서사적 텍스트 문학교육에 있어서 가장 광범위하게 활용되는 것이 소설이고, 또 소설이 대표적 서사적 텍스트라고 할 수 있기 때문에 논의의 출발을 소설로 잡은 것이다.
   Genette, G. *Narrative Discourse*, 권택영 옮김, 『서사담론』, 교보문고, 1992. 15-16쪽.
13) 자의식이란 자신을 마치 다른 사람이 보는 것처럼 의식하는 것이다. 일반적으로 사람들은 남이 자신을 어떻게 볼까를 우려해서 제대로 자신을 표현하지 못하는 경우가 많은데, 만약 허구적 정체감을 가진 상태에서 발화를 하게 되면 자의식에서 어느 정도 벗어날 수 있는 것이다.
   May, R. 백상창 옮김, 『자아를 잃어버린 현대인』, 문예출판사, 1994. 83쪽.

이러한 연행의 과정을 단순화시키면 다음과 같다.

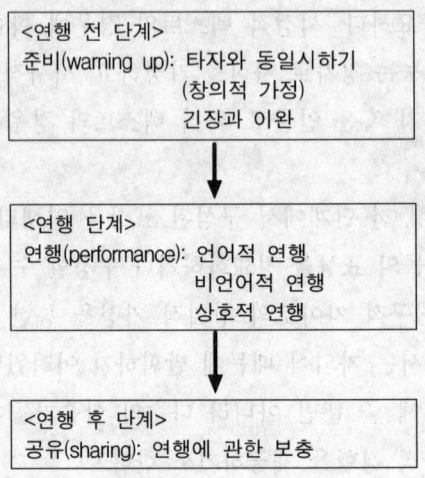

```
<연행 전 단계>
준비(warning up): 타자와 동일시하기
               (창의적 가정)
               긴장과 이완
```

```
<연행 단계>
연행(performance): 언어적 연행
                비언어적 연행
                상호적 연행
```

```
<연행 후 단계>
공유(sharing): 연행에 관한 보충
```

위의 도식에서처럼 연행 단계에서의 학생들의 연행은 언어적 연행, 비언어적 연행, 상호적 연행 그리고 그 하위 연행 방식들로 다양하게 적용되는데 교사는 텍스트에 대한 표상을 활성화시킬 수 있는 교육연극적 방법을 수업에 적용시켜야 한다.14) 이를 위해 학습자의 심적 표상에 따른 교육연극의 분류 작업이 요구된다.

1.2 교육연극의 체계와 특성

교육연극의 분류 기준은 크게 세 가지로 설정될 수 있다.

---

14) Heathcote, Dorothy, and Phyl Herbert. A drama of learning: the expert, Theory Into Practice, 24(3), Summer 1985. pp.173-180.

첫째는 심적 표상의 특성이다. 즉 교육연극은 텍스트에 대한 심적 표상이 언어적인지, 비언어적인지, 언어적·비언어적 표상이 모두 가능한 상호적인지에 따라 언어적 연행, 비언어적 연행, 상호적 연행(inter-theatre, inter-performance)으로 분류된다.[15]

둘째는 연행의 운용 방식이다. 언어적 연행은 언어의 운용이 한 명의 주체에 의한 것인지, 둘 이상의 주체에 의한 것인지에 따라 독백극과 대화극으로 분류된다. 비언어적 연행은 비언어 즉 학습자의 제스처의 운용이 정적인지 동적인지에 따라 정지극(tableau)과 동작극(mime)으로 분류된다. 상호적 연행은 그 운용이 동시적인지 선조적인지에 따라 계열적 방식의 상호적 연행과 통합적 방식의 상호적 연행으로 분류된다.

셋째는 학습자의 참여 방식이다. 독백극은 한 학습자의 참여로 이루어지느냐, 여러 명의 학습자의 참여로 이루어지느냐에 따라 일인독백극과 연결독백극으로 분류되고, 대화극은 대화자의 역할에 따라 배우-배우 대화극과 배우-관객 대화극(hot seating)으로 분류된다. 정지극도 한 학습자의 참여로 이루어지는 일인정지극과 여러 학습자의 참여로 이루어지는 조화정지극으로 분류된다. 동작극도 한 학습자의 참여로 이루어지는 일인동작극과 여러 학습자의 참여로 이루어지는 조화동작극(ensemble)으로 분류된다. 상호적 연행은 다수의 학습자가 여러 역할로 참여하는 것이기 때문에 학습자의 참여 방식에 따라 분류될 수 없다.

위의 세 분류 기준에 따른 교육연극의 하위 연행 방식을 도식화하면 다음과 같다.

---

15) 서사적 텍스트의 인물의 경우, 그의 성격이나 특징은 언어적으로, 그의 외양은 비언어적(시각적)으로 표상 되는데, 이렇듯 언어적·비언어적으로 모두 표상되는 것을 상호적 표상(inter-representation)으로 지칭하기로 한다.

분류기준 연행	심적 표상	운용 방식	학습자의 참여 방식
교육연극	언어적 연행	독백극	일인독백극
			연결독백극
		대화극	배우-배우 대화극
			배우-관객 대화극
	비언어적 연행	정지극	일인정지극
			조화정지극
		동작극	일인동작극
			조화동작극
	상호적 연행	계열적 방식	*해당 사항 없음
		통합적 방식	*해당 사항 없음

도식에서, 언어적 연행은 학습자가 언어적으로 표상한 것을 언어로 연행하는 것이다. 언어적 연행에는 독백극과 대화극이 있다.

독백극(monologue, soliloquy)16)에는 일인독백극과 연결독백극이 있다. 일인독백극은 말 그대로 한 명의 학습자가 텍스트의 발화자가 되어 연행하는 것이고, 연결독백극은 여러 명의 학습자가 동시에 텍스트의 발화자가 되어 하나의 퍼소나(persona)로서 발화하는 것이다. 즉 연결독백극에서는 여러 명의 학습자가 모두 텍스트 내의 발화자와 동일시된 상태에서 이어 말하기 방식으로 연행하게 되는데, 실제 수업 현장에서 학습자에게 심리적 부담감을 줄 수 있는 일인독백극 대신 유용하게 활용될 수 있다.

대화극은 배우 또는 관객으로서의 학습자 두 명 이상이 대화를 중심으로 연행하는 것을 의미한다. 이 대화극은 배우-배우 대화극과 배우-관객 대화극으로 분류된다.

배우-배우 대화극은 둘 이상의 학습자가 모두 텍스트 내 인물로 가정

---

16) 연극에서 솔리로크(soliloquy)는 등장인물이 어떤 연극적 관례를 사용해 내적인 단순한 독백을 폭로하면서 자신의 심리적·도덕적 상황에 대해 성찰한다는 점에서 모놀로그(monologue)보다 더 심도가 깊다. 솔리로크는 관객에게 등장인물의 영혼과 무의식을 폭로한다.

된 배우가 되어 대화를 중심으로 연행하는 것이다. 배우-배우 대화극은 텍스트 내 인물 사이의 갈등 관계뿐 아니라 인물들 전반적인 관계들을 형상화하는 데 광범위하게 활용될 수 있다.

배우-배우 대화극의 과정은 다음과 같다.

우선 배역을 설정해야 한다. 배우-관객 대화극의 배역 설정은 임의로 한다. 자의식이 없고 발표력이 있는 학습자를 따로 선정할 필요도 없고, 내향적인 학습자를 고의로 소설의 인물로 배역을 정할 필요도 없다. 여러 경향의 학습자들이 각각 자신의 텍스트 감상과 분석과 이해를 바탕으로 자유롭게 말할 수 있도록 하면, 분위기가 조성된 교실 안에서 서로 조화를 이루며 자기 역할에 충실히 하는 것을 발견할 수 있다. 만약 교사가 인위적으로 학습자들의 배역을 설정하고, 이런 교사의 의도를 학습자들이 간파했을 때는 배역으로 설정된 학습자들은 부담감을 느끼게 되고, 설정되지 않은 학습자들은 학습에 참여하려는 의욕이 상실될 뿐만 아니라 부정적 자아 개념이 형성될 위험도 있다. 학습자들은 자신이 배우로 선정되지 않은 것에 대해 실망감을 느끼기 때문이다. 따라서 연행 이전의 단계들이 잘 정비되었다면, 어떤 학습자가 배역으로 선정되어도 배우-배우 대화극은 서로 미비한 점을 보완해 가면서 조화로운 분위기에서 진행될 수 있다.

배우-배우 대화극에서 배역이 설정되고 나면, 각 학습자는 텍스트 내 인물로서의 자신을 소개한다. 이 소개는 텍스트 속 인물이 관련된 플롯을 토대로 행해지므로 이것 자체가 재구성된 인물 플롯이 될 수가 있다. 배우로서의 인물 소개를 마치고 나면 관객으로서의 학습자들은 연행 주체인 배우로서의 학습자들을 텍스트 내 인물로 보게 된다. 이러한 과정을 통해 교실 전체의 허구적 공간화가 이루어진다.

이러한 배우-배우 대화극의 경우, 학습자가 배우와 관객으로 나누어진 상태에서 배우로서의 학습자만 제한적으로 참여하지만, 배우-관객 대화극은 배우로서의 학습자와 관객으로서의 학습자가 대화하는 방식으로 이루어진다. 즉 배우-관객 대화극은 말 그대로 무대와 객석의 경계가 해체된 상태에서 배우로서의 학습자와 관객으로서의 학습자가 서로 대화를 주고받는 연행 방식이다.[17] 배우와 관객 사이의 대화가 이루어지기 때문에 무대와 객석 사이의 경계가 해체된다는 점에서, 모든 학습자들이 연행에 참여하게 되므로 협동적인 문학 수업에 시사하는 바가 크다.

배우-관객 대화극도 배우-배우 대화극처럼 배역을 설정해야 한다. 모든 학습자들이 텍스트 속 허구 공간 속에 있다고 가정하고 텍스트 내의 인물 역을 맡을 학습자를 정한다. 역할이 설정되면 배우로서의 학습자는 자신을 텍스트 내의 인물로 소개한다. 인물 소개를 마친 후 관객은 인물에 대해 질문하기 시작한다. 즉 인물 소개에서 빚어지는 질의들을 연관성 있게 해 나가는 것이다. 답변이 만족스럽지 못한 경우, 질의자나 또 다른 관객이 그 인물의 입장에서 다시 답 할 수 있다. 이는 한 명의 인물에 대해 많은 보충적 인물(alter ego)이 존재하는 것과 유사하다. 즉 텍스트를 이해하기 위해 계속적인 창의적 가정을 통해 즉흥적으로 배역을 융통성 있게 설정할 수 있다.

학습자들이 질의 하기를 주저할 경우, 교사는 질의사항을 미리 생각하여 메모해 보라고 지시할 수 있다. 준비된 것에 대해서는 학습자들이 자신감을 갖게 되기 때문이다. 이 때 학습자들은 자신이 한 질의에 대해 미리 답을 예상하게 되는데, 이렇듯 질의-답이 연결되면, 텍스트를 분석하고 해석한 하나의 메타텍스트가 될 수 있다.

---

17) 이러한 연행 방식은 이미 우리 민속극에서 발견된다. 예컨대 <봉산탈춤>의 '양반춤 과장'에서 극중 인물인 '말뚝이'는 관객들에게 말을 건네고 함께 춤도 추는데 이것도 배우-관객 대화극이라 할 수 있다.

배우-관객 대화극은 텍스트의 잠재적 의미를 구체화하는 데 가장 용이한 방법이다. 학습자 자신이 스스로를 텍스트 내 화자나 인물로 가정하기도 쉬우며, 관객들도 배우로서의 학습자를 모두 텍스트 내 인물로 보고 함께 대화를 나누기 때문이다.

배우-관객 대화극은 놀이의 관점에서 보면, 일종의 아곤(agon)이다.[18] 즉 경쟁이 되는 것이다. 그러나 이 경쟁은 놀이의 공간에만 한정되고, 규칙에 맞게 진행되어야 한다. 따라서 이런 유형의 즉흥극에서도 배역에 따른 인물과 사건에 중점을 두어야지, 그 외에 배우로서의 학습자 개개인의 성향이나 인신공격 등의 발언은 있을 수 없다. 이 경쟁은 일반적인 토론에서처럼 부정적인 자아 개념을 심어 주지 않는다는 점에서 의의가 있다. 허구공간에서 행해지므로 학습자는 하나의 등장인물로 설정되어 그 인물로서 말하고 행동하기 때문에 현실적인 자아 개념은 어느 정도 잊게 된다. 따라서 학습자 개개인의 누적된 성적이나 개인적 성향은 연행에서는 문제가 되지 않는 것이다.

요컨대, 배우-관객 대화극은 배우(인물)로서의 학습자가 허구적 자아개념으로 상상력과 에너지를 발산하게 되면 관객으로서의 학습자는 그것의 타당성을 검증하며 텍스트 속 인물에게 질의한다. 배우로서 학습자는 그것에 대해 창의적 가정을 바탕으로 답변하게 된다. 이 과정은 미미크리(mimicry)[19]를 통해 진행되고, 학습자간에는 아곤이 이루어진다. 이를 도식하면 위와 같다.

도식에서 →, ⇒ 는 배우로서의 학습자와 관객으로서의 학습자 사이의 대화적 관계를 나타낸다.

---

18) 아곤은 정해진 규칙과 공간 안에서 행하는 경쟁적인 놀이이다.
   Caillois, Roger. 이상률 옮김,『놀이와 인간』, 문예출판사, 1994. 39-42쪽.
19) 미미크리는 자신을 다른 사람이라고 상상하는 놀이를 의미한다.
   Caillois, Roger. 위의 책, 46-52쪽.

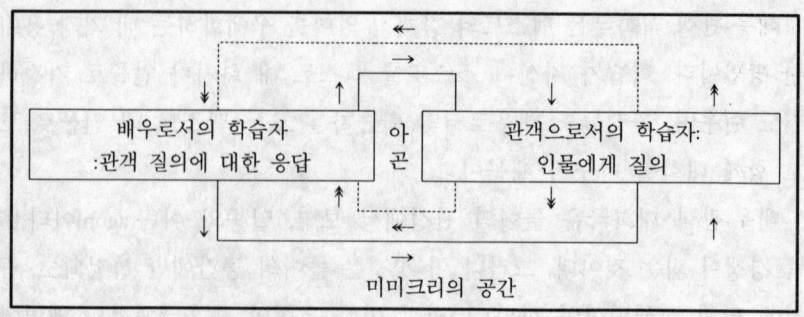

배우로서의 학습자
:관객 질의에 대한 응답

아
곤

관객으로서의 학습자:
인물에게 질의

미미크리의 공간

　지금까지 살펴본 바와 같이, 언어적 연행이 언어로 표상된 것을 언어로 연행하는 것이라면, 비언어적 연행은 비언어적으로 표상된 것을 언어가 아닌 몸으로 연행하는 것이다. 비언어적 연행에는 정지극과 동작극이 있다.

　정지극은 학습자들이 하나의 조각이나 그림을 암시하면서 과장된 포즈를 취한 채 움직이지 않은 채 연행하는 것이다. 학습자들은 여러 형상들을 한 곳에 모아 놓고 서로 접근시키거나 흩어지게 하면서, 어떤 것들은 고립시키고, 또 어떤 것들은 뒤섞으면서 일련의 그림들을 만들게 된다. 이것은 환경이나 상황들을 묘사하고 풍속화의 기법을 통해 인간에 대한 이미지들을 제시하는 연행 방식이다. 응고된 이미지, 부동화로 연행하는 정지극은 의식의 찰나에 내비친 장면들에 대한 묘사가 될 수 있다.

　정지극은 참여하는 학습자의 수에 따라 일인정지극과 조화정지극으로 분류된다.

　일인정지극은 한 명의 학습자가 연행하는 것이다. 학습자는 텍스트에 대해 표상한 것을 표정으로 나타낼 수도 있고 신체로 나타낼 수도 있다. 혹은 소품을 사용하여 표현을 극대화할 수도 있다. 이 때 학습자의 신체 자체가 하나의 도상적인 기호가 된다. 관객으로서의 학습자들은 일인정지극을 연행하는 학습자를 보고 텍스트에 대한 또 하나의 메타텍스트를 생산하는 것이다. 일인정지극은 한 명의 학습자가 텍스트에 대해 집중할 수 있다는 이점이 있다. 다른 학습자들과 조화를 이룰 필요가 없기 때문에 그만큼 표현의 자유를 얻을 수 있는 것이다.

일인정지극을 부담스러워 하는 학습자들에게는 여러 명의 학습자들이 각각 일인정지극을 하게 할 수 있다. 예컨대 서정적 텍스트의 이미지를 일인정지극으로 나타낼 때 교실에 있는 모든 학습자들에게 앉은 자세에서 혹은 선 자세에서 그 표정과 분위기를 살려 일인정지극을 하게 하면 교실 전체가 여러 학습자들에 의해 동시에 이루어지는 일인정지극의 자유로운 장이 된다.

조화정지극은 각 학습자가 텍스트에 대해 표상한 것을 여러 학습자들이 협동하여 정지된 이미지로 나타내는 연행 방식이다. 조화정지극에서 학습자들은 하나의 어우러진 사진처럼 자신의 역할에 충실하여 조화된 이미지를 만들어낸다. 학습자들은 이미지를 만들어내기 전에 간단한 협의를 거친다. 협의 중에 배역을 설정하고 즉흥적으로 이미지를 구축하는 것이다. 조화정지극을 보는 관객으로서의 학습자들도 연행된 극에 참여하고 싶으면 곧장 연행의 공간으로 들어가 표상된 이미지를 확충시킬 수 있다.

조화정지극은 조별로 행해질 수 있다. 교실의 학습자들은 몇 개의 조로 편성되어 한 텍스트의 이미저리에 대한 조화정지극을 하게 된다. 조별로 연행한 모습들을 서로 비교, 대조해 보고 그 결과를 토론하면 표상의 정교화가 달성될 수 있다.

이러한 정지극과 달리 동작극[20]은 학습자의 연속적인 동작으로 구성

---

20) 동작극은 마임(mime)의 번역이다. 마임은 판토마임(pantomime)과는 다른 의미를 갖는다. 마임은 영감을 받아 독창적으로 만들어진 창작으로 평가받는 데 반해, 판토마임

된다. 즉 동작극은 역동적인 움직임을 본질로 하기 때문에 정지극에 비해 다양하게 적용되며 자유로운 신체를 이용하여 텍스트의 이미지를 더욱 유연하게 표현할 수 있다.

학습자들은 행위의 규제 없이 동작극을 연행할 수 있다. 동작극에는 일인동작극과 조화동작극이 있다. 일인동작극은 한 명의 학습자가 자신의 신체를 이용하여 연행하는 것이다. 이러한 일인동작극은 그 자유로움 때문에 다양한 연출을 시도할 수 있다. 텍스트에 대해 자신이 표상한 대로 자유롭게 연행하는 것이다. 학습자들은 자신이 표상한 것에 집중해서 그것을 단순히 모방하는 것이 아니라 그 자체를 연행하게 된다.

조화동작극은 일인동작극보다 훨씬 역동적이다. 여러 명의 학습자들

은 언어적인 줄거리의 모방으로 설명용 제스처를 섞어 이야기하는 것으로 간주되는 것이다. 마임은 무용이나 일체의 구상적인 내용에서 해방된 신체적인 표현을 지향한다. 반면에 판토마임은 전형이나 사회적 상황의 모방을 통해 평가받으려는 것으로 보인다. 마임과 판토마임 사이의 대립은 양식화와 추상화 문제에 근거하고 있다. 마임은 시를 지향하며, 표현 수단을 확장하고 제스처의 의미 함축을 제안한다. 판토마임은 일련의 문장들을 대체하고 즐겁게 해 줄 목적의 일련의 제스처를 제시한다. 판토마임은 제시된 줄거리의 의미를 충실하게 외연으로 나타낸다. 학습자들이 비언어적으로 표상된 것을 연행하는 방법은 판토마임이라기보다는 마임이다. 판토마임은 오히려 언어적으로 표상되는 것에 알맞다. 판토마임은 언어로 줄거리를 말할 수 있는 것을 모방하여 표현하는 것이기 때문이다.

동작극은 미모드라마, 무용동작극, 순수동작극으로 분류된다.

미모드라마(mimodrama, mime play)는 제스처로 구성된 에피소드들을 토대로 이야기를 구성하며 희극이나 비극의 서술 구조를 답습한다. 따라서 미모드라마는 엄밀한 의미의 순수한 동작극이라고 할 수는 없다.

무용동작극(mime dance)은 발레처럼 양식화되고 추상적이며 세련된 제스처를 사용한다. 그것은 음악이 수반되며 종종 무용과 혼동되기도 한다. 이런 동작극은 무용에 소질이나 취미가 있는 학습자들에게 연행하게 하면 좋은 효과를 낼 수 있다.

순수한 동작극은 상황을 모방하지 않으며 인지 효과를 겨냥하지 않은 제스처에 해당한다. 그것은 추상적이며 간결하다. 주로 학습자의 텍스트에 대한 표상 연행에 활용된다.

Pavis, Patrice. 신현숙·윤학로 옮김, 『연극학 사전』, 현대미학사, 1999. 130-131쪽.

이 각자의 역할에 맞게 역동적인 동작을 펼쳐 나간다. 이것은 역동적인 이미지를 연행하는 방법이 될 수도 있고, 줄거리를 가진 판토마임의 성격이 짙은 연행이 될 수도 있다.

지금까지 살펴본 언어적 연행과 비언어적 연행을 계열적·통합적으로 결합시켜 연행하는 것이 상호적 연행이다. 따라서 상호적 연행에는 계열적 방식의 상호적 연행과 통합적 방식의 상호적 연행이 있다.

지배적			주변적
언어적 연행	독백극	일인독백극	일인정지극
			조화정지극
			일인동작극
			조화동작극
		연결독백극	*해당사항 없음
	대화극	배우-배우 대화극	일인정지극
			조화정지극
			일인동작극
			조화동작극
		배우-관객 대화극	*해당사항 없음

지배적			주변적
비언어적 연행	정지극	일인정지극	일인독백극
			배우-배우 대화극
		조화정지극	일인독백극
			배우-배우 대화극
	동작극	일인동작극	일인독백극
			배우-배우 대화극
		조화동작극	일인독백극
			배우-배우 대화극

계열적 방식의 상호적 연행은, 언어적 연행이나 비언어적 연행 중 하나는 연행의 지배소가 되고, 다른 하나는 주변소가 되어 동시에 연행되는 양식이다. 즉 지배적 연행과 주변적 연행이 함께 무대화되는 것이다. 예컨대 여기에는, 언어적 연행인 일인독백극으로 연행의 지배소를 설정하고, 일인정지극을 동시적으로 결합시켜 일인독백극을 활성화시키는 것 등이 포함된다.[21] 아울러 연행의 지배소를 일인정지극으로 설정한다

면 이를 위해 일인독백극 등을 동시적으로 결합시켜 일인정지극을 더욱 활성화시킬 수도 있다.

따라서 언어적 연행과 비언어적 연행의 지배적/주변적 결합 방식에 따라 위와 같이 계열적 방식의 상호적 연행을 분류할 수 있다.

언어적 연행 중 지배적 연행이 되어 주변적 연행과 결합될 수 있는 것은 일인독백극과 배우-배우 대화극이다.

언어적 연행에서 일인독백극이 지배소가 되는 경우, 일인정지극·조화정지극·일인동작극·조화동작극이 주변소가 되는데, 이것은 서정적 텍스트의 학습시에 화자의 어조와 그와 관련된 이미지를 함께 연행하는 경우에 적합하다.

언어적 연행에서 배우-배우 대화극이 지배소가 될 경우 일반적으로 인물 사이의 관계가 연행되는데, 이 경우 그 관계가 갈등이든 협조이든, 어느 정도 그 관계에 무게중심이 일정하기 때문에 그에 적절한 정지극이나 동작극이 주변적 연행으로 결합될 수 있다.

반면 연결독백극이나 배우-관객 대화극은 주변적 연행과 결합될 수가 없는데, 연결독백극은 여러 명의 학습자들이 이어달리기식으로 발화하므로 그에 조화되는 다른 주변적 연행을 결합시키기 어렵기 때문이고, 배우-관객 대화극도 대화의 초점 이동이 많으므로 그에 조화되는 주변적 연행을 결합시키기가 어렵기 때문이다. 즉 연결독백극과 배우-관객 대화극은 발화의 초점이 일정하지 않기 때문에 즉흥적으로 그에 맞는 주변적

---

21) 일인독백극이 지배소가 되는 계열적 방식의 상호적 연행은 서사극과도 유사한 점이 있다. 전자와 후자는 모두 화자가 등장하여 관객으로 하여금 극에 대한 동화를 막는다. 서사극(epic theatre)은 화자를 등장시켜 디에게시스로 미메시스를 대체한다. 화자는 이야기를 들려 주면서 발화 행위의 주체가 된다. 화자는 극적 상황을 말해 주고 장면을 전환시키거나 인물들에 대한 판단을 하기도 한다. 이로써 극적 환상이 파괴되고 관객들은 극에 대해 동화가 아닌 거리감을 갖게 되는 것이다.

연행을 결합시키기 어렵다.

비언어적 연행이 지배소가 되면 언어적 연행이 주변소가 되어 계열적 방식의 상호적 연행이 된다. 이 때 지배소는 정지극인 일인정지극과 조화정지극, 동작극인 일인동작극과 조화동작극이 되고 주변소는 일인독백극과 배우-배우 대화극이 된다.

비언어적 연행에 대해 일인독백극과 배우-배우 대화극만이 주변소가 될 수 있는 이유는, 이 두 연행 방식만이 통일성과 일관성 있는 발화가 가능하기 때문이다. 예컨대 연결독백극이나 배우-관객 대화극은 무게중심의 이동이 많고 학습자의 발화가 하나로 통일되지 않고 여러 갈래로 확산되는 경향이 강하기 때문에 비언어적 연행에 대한 주변소가 되기 힘들다. 비언어적 연행인 정지극이나 동작극은 표상된 이미지를 연행하는 것인데 이 이미지에 관해 좀 더 정교하게 발화하거나 표상된 이미지를 언어로 재약호화하여 발화하게 할 경우 일인독백극과 배우-배우 대화극만을 결합시킬 수 있다.

지금까지 살펴본 계열적 방식의 상호적 연행과 달리, 통합적 방식의 상호적 연행은 한 연행 양식을 끝내고 나면 그 다음 다른 연행 양식을 연결시키는 것이다.[22] 계열적 방식의 상호적 연행이 한 연행에 다른 연행을 동시에 결합시키는 것이라면 통합적 방식의 상호적 연행은 하나의 연행을 끝나고 나면 다른 연행을 하는 방식인 것이다. 예컨대 통합적 방식의 상호적 연행에는, 학습자들이 일인독백극을 끝내고 나서 조화동작극 연결시켜 연행하는 것 등이 포함된다.

따라서 통합적 방식의 상호적 연행은 계열적 방식의 상호적 연행보다 훨씬 다양하게 나타난다. 그것은 계열적 방식의 상호적 연행 형성에 있

---

22) 이러한 통합적 방식의 상호적 연행은 극중극과도 유사한 점이 있다. 극중극은 극 사이에 또 다른 극을 삽입시키는 방식이기 때문이다.

어서는 결합 가능성에 한계가 있지만 통합의 방식에는 한계가 없기 때문이다.

예를 들어 서사적 텍스트의 수업을 위해서 먼저 연결독백극을 실시하여 워밍업을 하고 인물간의 관계를 표상하기 위해 배우-배우 대화극을 실시하고 그 후에 서사적 텍스트의 시공소를 표상하기 위해 조화동작극을 연행한 후 배우-관객 대화극으로 마감하면 훌륭한 상호적 연행이 될 수 있다.

위와 같은 상호적 연행들을 활성화시키기 위해서 표상하려는 텍스트와 상호텍스트적 관계에 놓인 시각적 매체, 청각적 매체, 시청각적 매체와 같은 비언어적 텍스트를 활용할 수 있다.[23] 비언어적 텍스트가 국어교육의 자료가 될 수 있다는 관점은 국가고시 제 7차 교육과정에서도 보여진다.

문학교육에 있어 제시하고 있는 구체적 방법을 보면, 문학텍스트 이외에 다양한 텍스트, 곧 비언어적 텍스트가 활용되고 있다. 그림, 사진, 표 등 시각적 텍스트, 영화, 연극 등의 시청각적 텍스트, 그 외 청각적 텍스트와 인터넷 등과 같은 복합매체(multimedia)를 국어 수업에서 적극적으로 활용하도록 제시하고 있는 것이다.

제 7차 국어과 교육과정[24]에 다음과 같은 교육내용이 설정되어 있다.

· 그림이나 사진, 표 등을 넣어 자신이 쓴 안내장이나 신문기사를 보기 좋게 편집한다.
· 가치 있는 작품이나 영상 자료 등을 선별하여 읽는 태도를 지닌다.

---

23) Goodwyn, A. *English Teaching and Media Education*, Open University Press, 1992. pp.31-39
24) 교육부 고시 제 1997-15호 [별책 5], 『국어과 교육과정』, 1988.
   본문에 인용된 것에 대해 순서대로 학년(쪽수)을 제시하면, 5학년 쓰기(66쪽), 7학년 말하기(79쪽), 9학년 말하기(96쪽), 9학년 읽기(98쪽), 10학년 듣기(103쪽)이다.

· 인터넷, 컴퓨터 통신 등 다양한 매체를 이용하여 필요한 정보를 찾
  아 말한다.
· 비언어적 표현의 기능과 효과를 알아보고, 상황에 따라 비언어적 표
  현을 조절하여 말한다.
· 영상 매체나 청각 매체 등이 글의 내용을 이해하는 데 어떤 효과가
  있는지 토의한다.
· 연극이나 영화, 비디오를 보고, 등장 인물의 언어적 표현과 반언어
  적 표현, 비언어적 표현의 상호보완성에 대해 토의한다.

  이와 같이 하나의 텍스트에 대한 표상을 활성화하기 위해서 여러 매
체의 텍스트들을 자료로 활용할 수 있는데 이를 통하여 연행의 적극성이
달성된다. 그러나 텍스트 해독을 위한 연행은 학습자들의 텍스트 내 인
물이나 행위자의 모방하기가 아니라 학습자에게 표상된 것의 연행이라
는 점에서, 교사는 자료로 활용된 텍스트의 심적 표상이 먼저 구성될 수
있도록 해야 할 것이다.

2. 서정적 텍스트에 대한 심적 표상과 교육연극의 수용

2.1 심적 표상 유추와 해독틀 구성

2.1.1 화자가 내적 텍스트에 위치하는 경우

서정적 텍스트는 화자가 내적 텍스트(intratext)에 위치하여 발화하는 경우와 곁텍스트(paratext)에 위치하면서 텍스트 내의 행위자에 관해 발화하는 경우로 나눌 수 있다.

먼저 화자가 내적 텍스트에 위치하는 경우, 학습자가 어떤 표상을 어떻게 형성하는지 알아보기 위해 <추천사-춘향(春香)의 말 1>을 통해 학습자들의 내성보고를 분석하였다.[25]

〈실험 1〉

실험 방법:

① 대상은 고등학교 1학년 남녀 학생 400명이었다.

② 서정주의 <추천사>를 제시하였다. <추천사>를 인용하면 다음과 같다.

---

[25] 20세기 후반의 과학의 가장 큰 업적의 하나는 인간의 두뇌와 마음, 그리고 컴퓨터와 기타 인공물들(각종 도구, 사회적 문화적 체계 포함)을 연결하는 하나의 포괄적 과학적 보는 틀을 도출한 것이었다. 그러한 틀이 바로 계산(computation)과 표상(representation)의 개념을 중심으로 인간의 마음과 두뇌 및 컴퓨터를 유사한 원리가 구현된 정보처리 시스템으로서 이해하려 하는 정보처리적 패러다임(Information Processing Paradigm)이며, 이러한 틀의 개념적, 이론적 바탕과 응용적 구현의 원리를 제공하는 종합적 과학으로 등장한 것이 인지과학(Cognitive Science)이며 그 핵심에 놓여 있는 것이 인지심리학(Cognitive Psychology)이다. 그러나 본고에서는 인지심리학적 측면에서 문학교육과 관련된 텍스트에 대한 학습자의 인지적 과정 자체를 탐구하고 분석하는 것이 목적이 아니라, 일반적인 텍스트에 대한 심적 표상과 관련된 연구에 힘입어 그 연구 성과를 국어 교과 교육에 적용시켜, 궁극적으로는 문학교육의 방법을 제시하는 것이 목적이므로 인지심리학에 관한 전문적이고 세밀한 언급은 다음 기회로 미루도록 한다.
아울러 본고에서는 <추천사-춘향의의 말 1>을 <추천사>로만 표기한다.
강은주, 이정모, 「두뇌 기능 지도화와 정보 처리 과정 이해」, 『電子工學會誌』 27권 7호, 2000. 7. 49-61쪽.

향단아 그넷줄을 밀어라.
머언 바다로
배를 내어 밀듯이,
향단아.
이 다소곳이 흔들리는 수양버들나무와
벼갯모에 놓이듯 한 풀꽃더미로부터,
자잘한 나비 새끼 꾀꼬리들로부터
아주 내어밀듯이, 향단아.
산호도 섬도 없는 저 하늘로
나를 밀어 올려다오.
채색한 구름같이 나를 밀어 올려다오.
이 울렁이는 가슴을 밀어 올려다오!
서(西)으로 가는 달같이는
나는 아무래도 갈 수가 없다.
바람이 파도를 밀어 올리듯이
그렇게 나를 밀어 올려다오.
향단아.26)

③ 연구자는 학습자들에게 시에 대해 말하거나 쓰게 하였다.27) 발표 채
널을 음성 언어와 문자 언어로 이분화한 이유는, 채널 양식으로 인
한 학습자들의 의견 표출에 대한 장애를 최소화하기 위해서였다. 이
렇게 하여 학습자들의 내성보고를 녹음하거나 문자로 채록한 자료
를 분석하였다.

④ 각 내성보고를 명제 단위로 분석하였다. 문장 단위로 분석하지 않

---

26) 서정주, <추천사-춘향의 말 1>, 『문학(상)』, (주) 한샘출판(제6차 교육과정). 88쪽.
_____, 『문학(상)』, (주) 선영사(제6차 교육과정). 37쪽.
_____, 『문학(상)』, (주) 대한교과서(제6차 교육과정). 87쪽.
27) 학습자들에게 서정적 텍스트를 제시하면서 '서정적 텍스트'라는 용어 대신에 친숙한
'시'라는 용어를 사용하였다. 또 본고에서 제시한 서정적 텍스트들이 모두 일반적인
시라는 측면에서 여기서는 서정적 텍스트와 시를 같은 의미로 쓰고자 한다.

은 것은 학습자들의 표현이 통사적 단위로 이루어지는 것이 아니라 명제 단위로 형성되어 있기 때문이었다. 즉 한 문장에도 여러 명제가 내포되어 있을 수 있고, 한 명제가 여러 문장으로 되어 있는 경우도 있다.

⑤ 내성보고 분석은 '명제 수', '최초 명제', '명제의 논항'으로 구분하여 이루어졌다.[28] 명제 수는 학습자들이 시에 관해 얼마나 많은 심적 표상을 이끌어낼 수 있느냐 하는 이유로 분석되었고, 최초 명제를 도출한 이유는 학습자들이 서정적 텍스트의 약호 중 무엇을 지배적으로 활용하는가 하는 것을 알기 위해서였으며, 명제의 논항은 학습자들이 시에 관해 어떤 심적 표상을 구성하는지 구체적으로 알기 위해서였다. 여기서 명제의 논항 분석에서 따로 술어를 분석하지 않은 것은 술어의 정확성을 따지지 않기 위해서였다. <실험 1> 단계에서 도출해 내고자 하는 것은 학습자들의 심적 표상 자체이지 그것의 정확성은 아니었기 때문이다.

〈실험 1〉의 결과 분석과 해석:

학습자들은 대체로 화자인 '춘향'에 관한 언급부터 시작했다.[29] 화자

---

28) 명제와 문장, 문장과 화행 사이에는 1:1의 대응관계가 없다. 발화에는 많은 명제들이 한 문장에 할당될 수도 있고, 많은 문장들이 하나의 화행에 할당될 수도 있다. 명제는 논항과 술부로 구성된다.
    명제 단위를 중심으로 학습자들의 내성보고를 분석하기 위해서는 학습자의 발화를 하나의 텍스트로 하여 면밀하게 명제를 분석해야 하고 명제의 구성 요소도 분석해야 한다. 여기서는 내성보고의 자료인 각 문학텍스트의 약호가 한정되어 있으므로, 이 약호가 논항으로 작용하는 경우를 중심으로 학습자의 내성보고를 분석하였다.
    Vater, Heinz. 이성만 옮김, 『텍스트언어학 입문』, 한국문화사, 1995. 152쪽.
    이성만, 「텍스트구조의 이해」, 텍스트연구회 편, 『텍스트언어학』, 서광학술자료사, 1994. 8-9쪽.

의 태도인 어조를 분명하게 말하는 경우도 있었지만 대체로 화자의 정서
를 희로애락에 한정시켜 말하는 경우가 대부분이었다. 간혹 화자의 어조
나 이미지, 비유나 상징 따위를 거론하는 학생들도 있었다.

내성보고에서 그 명제 수, 최초 명제, 논항을 분석한 결과는 다음과 같
다.

내성보고의 명제 수

명제 수	0	1	2	3	4개 이상
해당 학습자 수	3	41	131	178	47

내성보고의 최초 명제

최초 명제	화자	비유	이미지	상징	기타
해당 학습자 수	249	60	33	36	22

내성보고에 나타나는 논항

논항	화자	비유	이미지	상징	기타
해당 학습자 수	378	125	187	89	24

위 실험 결과에서 알 수 있듯이, 학습자들은 화자 중심으로 심적 표상
을 구성하고 있었다. 화자 중심의 심적 표상을 한 이유가 무엇인지 분명
히 알기 위해 <실험 2>를 실시하였다.

---

29) '화자'의 개념과 '작자'나 '시인'의 개념을 구별하지 못하는 학습자들이 많았다. 학습
자들이 '작가'나 '시인'이라고 언급한 경우도 모두 '화자'로 연구 결과를 해석하였다.
'작가'나 '시인', '화자'라고 한 경우 모두 학생들이 시 속에서 말하는 사람을 염두에
두고 표현한 용어이기 때문이다.

〈실험 2〉

실험 방법:

<실험 2>는 연구자의 개별질의를 통한 면접법으로 이루어졌다. 연구자가 학습자들에게 다음의 질의를 하였다.

질의1 "당신이 이 시를 느끼게 되는 이유는 무엇입니까?"
질의2 "감동을 준다면 무엇 때문입니까?"

〈실험 2〉의 결과 분석과 해석:

학습자들은 대체로 시에 공감하기 때문이라고 대답했다. 혹은 자신이 화자인 '춘향'의 처지가 된 것 같은 느낌 때문이라고 말하기도 하였는데, 그것은 화자와의 동일시 체험이라고 할 수 있다.

감동의 원인이 '아름다운 정서'인 경우도 있었는데, 이것도 '화자와의 동일시' 항목에 포함시킬 수 있다. 아름다운 정서라는 것은 결국 화자의 정서를 자신에게 전이한 결과라고 볼 수 있기 때문이다.

'이미지의 아름다움'이라고 대답한 학습자들에게 '어떻게 해서 이미지가 아름답다는 것을 느끼는 것 같은가'라는 완곡한 질의를 했다. 그 결과, 학습자들은 대부분 공감하기 때문이라고 했는데, 이 공감이라는 것은 동일시와 같은 맥락에 있는 것으로 해석해 볼 수 있다.

〈실험 3〉

실험 방법:

표상 형성에 영향을 주는 요소가 무엇인지 알아보기 위해 <실험 3>을 실시하였다.

연구자는 다음과 같은 질의를 하였다.

"이 시를 보고 떠오르는 것이 무엇입니까? 공감이나 감동을 주는 요소와 관련 지어 생각해 보십시오."

⟨실험 3⟩의 결과 분석 및 해석:

학습자들은 자신의 경험과 관련지어 대답을 하였다. 대표적인 답변을 요약하면 아래와 같다.

"저도 꿈이 있습니다. 그 꿈을 향해 올라가려고 하지만 좌절할 때도 많습니다. 이런 점이 '춘향'과 유사한 것 같아 공감이 되었습니다."

이렇듯 학습자가 자신의 경험과 관련지어 텍스트를 표상하는 것을 알레고리적 표상이라고 할 수 있을 것이다. 알레고리[30]는 전후 관계의 문맥을 요구한다. 이것은 알레고리가 해석의 주체인 수신자에 이해 파악되는 것이라는 의미이다.[31] 알레고리에 의해 서정적 텍스트는 읽을 수 있는 작품(work)이라는 한계를 넘어 쓰여질 수 있는 텍스트로 저자의 권위와 원래의 작품을 해체하게 된다.[32] 해체는 창의적이며, 방법론적 절차로 제한되는 것이 아니다.[33] 오히려 그 자체의 방법이 고안되고 해체가 진행된다. 따라서 알레고리적 읽기는 패러디 정신과도 일치된다.

<실험 1·2·3>의 결과를 통해 학습자들은 화자와 동일시 혹은 공감

---

30) Eco, U. 서우석·전지호 역, 『기호학과 언어철학』, 청하, 1987. 247-257쪽.

31) Benjamin, W. 차봉희 역, 『현대사회와 예술』, 문학과지성, 1994. 95-112쪽.

32) Barthes, Roland. S/Z, trans. Richard Miller. New York: Hill and Wanh, 1974. pp.78-79.

33) Kenzari, M. Bechir. Deconstruction as a construction, Architectural Science Review, July, 1994. p.7.

된 상태에서 어조나 이미지를 느끼고 있음을 알 수 있었다. 따라서 <실험 1·2·3>을 바탕으로 학습자들의 심적 표상을 유추하여 도식화시킬 수 있다. 아래 도식은 학습자가 화자가 동일시되어(아래 도식에서 '='로 표시) 어조를 체화하며, 화자가 이미지에 둘러싸여 있듯 학습자도 이미지에 싸여 있음을 나타낸다.

학습자 = 춘향(화자)
수양버들, 풀꽃더미, 나비, 꾀꼬리, 그네, 하늘(이미지)

〈알레고리: 꿈이 좌절된 경험〉

위와 같은 유추는 학습자가 화자와 동일시된 상태에서 텍스트가 표상된 것을 나타낸다. 실질적으로 학습자는 텍스트 내적 수화자(narratee)[34]가 되어 화자와 대화적 관계에 놓이지만, 텍스트의 발화가 화자 단독으로만 이루어지기 때문에 학습자와 화자의 거리가 좁혀지면서 학습자는 화자와 동일시된 상태가 되는 것이다. 동일시된 상태에서 학습자는 화자의 발화행위를 체화하고 화자의 태도인 어조도 함께 경험하게 되는 것이라고 할 수 있다. 화차를 둘러싸고 있는 시공소는 이미지로 제시되는데 이것 또한 학습자가 체화하게 된다. 그러나 학습자는 자신만의 컨텍스트를 가지고 있기 때문에 텍스트를 표상할 때 이 컨텍스트가 함께 작용하

---

34) 수화자는 화자의 대상으로서 화자의 이야기를 전해 듣는 역할을 지칭한다. 그러나 이 이야기를 전해 듣는 사람이 언제나 서술의 문맥 위에 명시적으로 나타나는 것은 아니다. 텍스트의 표면에 나타나 있는 경우는 드러난 수화자, 그렇지 않은 경우는 내포된 수화자라 할 수 있다. 그러나 수화자는 텍스트 안에서 고정되어 있는 것이 아니며, 수시로 다른 인물로 바뀌어지기도 하고, 혹은 한 사람에서 여러 사람으로 그 수가 늘어나기도 한다.

게 되어 알레고리적 수행을 하게 되는 것이라 할 수 있다.

이러한 텍스트의 표상에 있어서 학습자의 인식론적 장을 유추적으로 도식하면 아래와 같다.

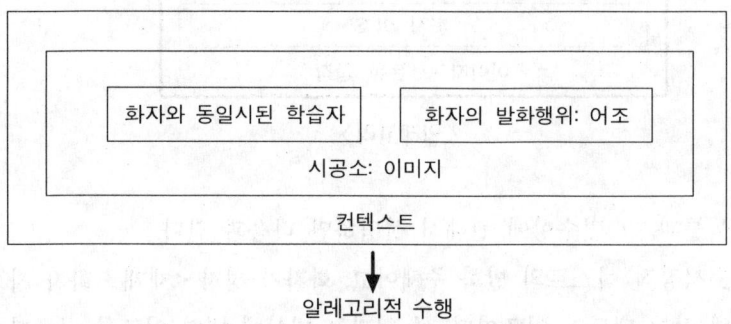

위의 도식에 빠져 있는 서정적 텍스트의 약호를 첨가하고, 화자와의 동일시를 고려하여 화자와 독자의 자리를 일치시켜 정교화하면 서정적 텍스트에 대한 해독틀이 될 수 있다.[35]

---

35) 이와 같은 틀의 유추는 인지심리학과 문학, 언어학의 연구 성과를 결합한 결과이다. 이렇듯 국어교육학에 있어서 간학문적 연구는 필수적이라 생각된다. 이는 텍스트에 대한 내성보고를 분석하거나 현상학적 방법 등을 통해 그 심적 표상을 유추하여 그에 맞는 해독틀을 학습자들에게 제시해 주어야 하기 때문이다. 이미 인지심리학 관련 연구에서는 인지심리학과 타학문간의 간학문적 연구의 필요성에 관해 논의한 바 있다. 다음의 도식을 보면 각 학문간의 연계 양상을 살펴 볼 수 있다.

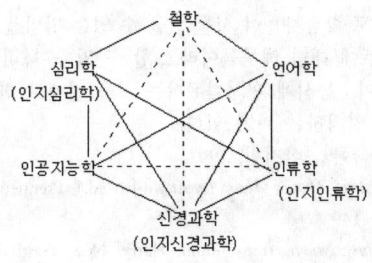

우선 이미지가 은유나 상징적 의미를 띠는 것을 고려하면 이미지 항과 관련하여 은유와 상징의 항을 첨가할 수 있다.[36]

```
┌─────────────────────────────────────┐
│  ┌───────────────────────────────┐  │
│  │         화자: 어조            │  │
│  └───────────────────────────────┘  │
│         이미지 → 은유, 상징          │
└─────────────────────────────────────┘
```

〈알레고리〉

이 해독틀과 그 변수항에 관해서 설명하면 다음과 같다.

화자는 서정적 텍스트의 발화 주체이고, 화자가 청자·제재·화자 자신에 대해 갖는 태도가 어조이다. 즉 화자는 대상에 대한 어조를 갖는다고 할 수 있다.

화자를 둘러싸고 있는 시공(chronotope)은 이미지로 제시된다. 이미지[37]는 화자나 화자의 어조와 관련을 맺으며 수화자로 하여금 특정한 감각을 불러일으키는 기호이다. 이미지의 기의는 명료하지 않고 지속적으로 지연되는 미결정의 상태이다.[38] 이러한 이미지는 은유나 상징적인 의미를 갖는다.

도식에서 굵은 선은 강한 연결관계를 나타내고 점선은 약한 연결관계를 나타낸다.
조명한 외, 『인지과학: 마음, 언어, 계산』, 대우재단학술총서 인지과학서설, 민음사, 1997. 13-27쪽.

36) 중층이론을 바탕으로 학습자들이 시를 읽을 수 있는 방법을 제시한 연구도 있는데, 이 또한 서정적 텍스트에 대한 해독틀이라고 할 수 있다. 특히 이 연구에서는 서정적 텍스트의 각 층위들이 동시에 활성화된다는 것을 전제로 하고 있다는 점에서 본고의 심적 표상 도식과 일치하는 바가 있다.
양왕용, 『현대시교육론』, 삼지원, 1997.

37) Robert, Edgar V. *Writing Themes About Literature*(4th ed.), Prentice-Hall, Inc., Englewood Cliffs. New Jersey. 1976. p.149.

38) Walter, Benjamin. *Illuminations,* trans. Zahn, Harry. New York: Schocken Books, 1968. p.82.

은유[39]는 두 기호가 연상 법칙에 의해 연결될 때 이루어진다. 여기서 한 기호는 원관념(tenor), 다른 기호는 보조관념(vehicle)이라고도 할 수 있다. 원관념과 보조관념[40]은 공통된 의미소를 갖는다. 공통의 의미소를 매개로 이 두 기호는 특정한 표지 없이 연상에 의한 유추의 원리에 의해 결합한다.[41] 결국 은유에 의해 하나의 기호는 원래의 기의 대신에 또 다른 기의를 갖게 되는 것인데[42] 이로 인해서 은유로 약호화된 기호의 기의가 모호해지는 것이다. 이 기의의 모호함은 서정적 텍스트 전체의 의미를 미결정 상태로 유보시키게 한다.[43]

이미지를 현현하는 것에는 은유 이외에도 상징이 있다. 은유가 두 기호간의 의미소 공유에 의해 이루어진다면, 상징은 한 기호의 모호한 기의에 의해 발생하는 것이다. 즉 하나의 기호가 많은 기의를 동시에 내포함으로써 기의가 모호해 지는 것이다. 은유와 상징은 화자의 입장에서 볼 때, 자아와 세계의 유기적 통합에서 이루어지는 것이다. 이 때 세계는 객관적 사물 자체가 아니라 화자에 의해 지각되는 대상물이라고 할 수 있다.[44]

은유가 유추나 동일성의 원리에 의한 약호화 방식이라면 아이러니(irony)는 차이(difference)의 원리에 의한 것이다. 은유는 비동일적 사물을 동일적인 것으로 이어주는 아날로지(analogy)의 시학에서 도출된다.[45] 아

---

39) 김경용, 『기호학이란 무엇인가』, 민음사, 1994. 67쪽.

40) Link, Jürgen, *Literaturwissinschaftliche Grundbegriffe*, 고규진 외 옮김, 『기호와 문학』, 민음사, 1994. 214쪽.

41) Roberts, Edgar V. op.cit., p.146.

42) Graham, Joseph F. *Onomatopoetics: Theory of language and literature*, Cambridge Uni. Press, 1992. p.241.

43) Derrida, Jacques. *The Earof the Other*, trans. Peggy Kamuf and Avital Ronell. New York: Schocken Books, 1985. p.115.

44) 고소웅, 「낭만주의」, 『문예사조』, 이선영 편, 민음사, 1987. 59-62쪽.

45) Paz, O. *Children of the Mire*, Harvard Univ. Press, 1974. pp.72-77.

날로지의 시학에 있어서는 기호간의 동일성을 추구하므로 자아와 세계 간에도 동일성이 적용된다.

반면 아이러니의 시학은 양자 사이의 분열을 강조한다.[46] 은유가 화자와 세계를 통합된 주체로 구성하는 것이라면, 아이러니는 화자와 화자를 둘러싼 세계를 거리(distance)와 차이의 견지에서만 연결짓게 되며, 어떤 종결도 총체성도 허락하지 않는다. 결국 아이러니는 주체(화자)의 이중화까지 초래하게 된다.[47]

요컨대 은유와 아이러니는 세계 인식의 방법이라고도 할 수 있다. 은유가 세계를 동일성이나 유추의 원리에 의해 인식하는 방법이라면 아이러니는 비동일성이나 차이의 원리에 의해 인식하는 방법이라고 할 수 있다.

아울러 서정적 텍스트의 소통 체계를 고려하면 서정적 텍스트와 그것의 컨텍스트, 수화자와의 상관 관계 속에서 도출되는 알레고리를 문제삼을 수 있다. 알레고리는 상징과의 관계 속에서 이해될 수 있다. 알레고리와 상징은 모두 기호가 여러 가지 의미로 해석될 수 있게 하는 약호이기 때문이다. 그러나 상징은 텍스트 내에서 파악되는 것이고 알레고리는 텍스트 외적인 것과 관련이 있다. 상징은 언어와 지시대상의 본질이 합치되는 것을 지향하는 반면 알레고리는 다양한 수화자의 측면에서 해독되기 때문에 알레고리에 있어서 언어와 지시대상과의 완연한 일치란 있을 수 없다.[48] 결국 상징은 드러낼 수 없는 의미, 언어로써 형상화되지 않는 영상을 현현하는 것으로서 이미지와 관련을 갖는 것이라면, 알레고리는 그 지시체 자체가 가시적이고 구체적인 것이라 할 수 있다.[49]

---

46) de Man, P. *Blindness and Insight*, Univ. of Minnesota Press, 1983, p.226.
47) de Man, P. ibid., p.216.
48) de Man, P. ibid., pp.207-208.
49) Duran, G. 진형준 역, 『상징적 상상력』, 문학과지성, 1994. 16쪽.

학습자들의 인식 공간 속에 위와 같은 텍스트의 약호들과 약호들의 체계인 해독틀이 자리잡고 있으면 개별적인 서정적 텍스트를 대할 때마다 이 해독틀이 활성화되어 각각의 '화자, 어조, 아이러니, 역설, 이미지, 비유, 상징, 알레고리' 등의 변수항을 메우게 된다. 변수항 메우기는 학습자들이 서정적 텍스트를 대할 때 자동적으로 활성화되어야 한다.

위에서 제시한 서정적 텍스트의 해독틀에 '아이러니와 역설'의 항을 첨가하면 아래와 같다.

```
┌─────────────────────────────────┐
│   화자: 어조(※아이러니와 역설)        │
│   이미지 → 은유, 상징                │
└─────────────────────────────────┘
```

〈알레고리〉

이 도식에 따라 <추천사>가 학습자들에게 어떻게 표상되었는지 추리해 볼 수 있다.

화자인 '춘향'이는 발화내용 속에 함께 약호화되어 있고 이 시를 읽는 독자는 자신을 '춘향'과 동일시한다. 그리고 '춘향'을 비롯한 학습자까지도 시공소 속에 둘러싸인다.

이 텍스트는 고소설 '춘향'을 모티브로 하는데 춘향은 본래 현실적 제약으로 삶의 고뇌를 지닌 여인이며 또한 봉건사회의 계급적 질곡에서 자신의 불행한 삶을 벗어나려는 인물이라고도 할 수 있다. 이 텍스트에서는 춘향의 '그네' 타는 행위를 지상의 인연에서 벗어나 보려는 고뇌와 의지의 행동으로 상징화함으로써 소설 속 주인공 춘향의 심정을 좀 더 보편적인 인간의 심정으로 형상화하고 있다.

'그네'는 수직과 앞뒤로 상승하는 기구이므로 여기서 '그네'란 지상과 천상을 연결하는 매개체를 표상한다. 춘향은 '밀어올려다오'라는 말을

반복하는데 여기서 현실을 떠나고자 하는 초월의 욕구가 간절히 느껴진
다. 화자의 어조는 욕구에 대한 갈망과 간절한 호소의 어조라 할 수 있
다. 배는 바다에서 자유롭게 나아갈 수 있다. 구름 또한 하늘에서 자유롭
게 떠다닌다. 그러므로 '머언 바다로 배를 내어밀 듯이 그네줄을 밀다'와
'채색한 구름과 같이 그네줄을 밀다'는 계열관계를 이루면서 자유롭게
초월적 세계로 나아가고자 하는 갈망을 표상한다.[50] 여기서 현실의 초극
과 이상향의 갈망이라는 알레고리가 성립된다.

시공소는 '그네'와 '그네'가 매여 있는 지상이라고 할 수 있는데 이 시
공소는 역설적 상황을 조성한다. 즉 지상은 화자에게 한계를 느끼게 하
는 곳이고 춘향이 타고 있는 '그네'는 하늘로 날아가고자 하는 인간의
욕구를 어느 정도 실현시켜 줄 수는 있으나 일정한 범위 내에서 움직이
는 한계가 있다. '그네'는 '춘향'에게 지상을 초월하고자 하는 의지를 북
돋우면서도 필연적으로 좌절시키는 것이다. '춘향'은 초월적인 공간인
서쪽으로 거침없이 흘러가는 달과 같이 갈 수 없다고 말한다. '춘향'은
자신이 지상에서 벗어날 수 없음을, 삶의 한계성을 자각한 것이다. 여기
서 화자의 자신에 대한 비애의 어조가 나타난다. 현실의 한계를 딛고 의
지적으로 이상향을 꿈꾸나 필연적으로 이상향에 닿지 못하고 좌절하고
비애를 느끼고 있는 것이다.

그러나 화자는 이상향에의 동경을 포기하지 않는데 이것을 낭만적 아
이러니라고 할 수 있다. 낭만적 아이러니란 현실과 이상, 유한한 것과 무
한한 것, 有限我와 絶對我, 자연과 감성 등 이원론적 대립의식에서 발
생한 것이다. 무한한 것, 이상세계에 대한 동경은 유한한 인간 존재에 내

---

50) 『문학(상)』, (주) 한샘출판(제6차 교육과정). 112쪽.
   『문학(상)』, (주) 선영사(제6차 교육과정). 38쪽.
   『문학(상)』, (주) 대한교과서(제6차 교육과정). 88쪽.

재하는 본질적 감정이지만, 유한적 인간의 한계의식에서 낭만적 아이러니는 필연적으로 비극적 어조를 띠게 된다. 이상 세계와 절대아는 유한한 인간 존재를 비참하게 되비추는 거울일 뿐으로, 화자는 불가피하게 알라존이면서도 동시에 이 알라존을 비웃는 에이론이다. 이런 이중적이고 모순된 인간의 존재성 때문에 아이러니는 미학적 가치이기 이전에 존재론적 가치를 띠고 있다. 이러한 낭만적 아이러니가 <추천사>의 알레고리를 이루는 중심이라 할 것이다.

위에서 제시한 <추천사>에 대한 심적 표상을 유추된 텍스트 해독틀을 고려하여 정교화시키면 다음과 같다.

화자: 어조 - 화자 자신에 대한 간절한 호소와 갈망의 어조
역설과 비애의 어조

이미지: 수양버들, 풀꽃더미, 나비, 꾀꼬리 (지상) → 은유: 제한과 속박된 삶
이미지: 하늘 → 상징: 이상향, 현실초월
이미지: 그네 → 은유: 현실초극을 좌절시키는 매개

〈 알레고리: 현실초월에의 갈망과 이상향에의 동경, 낭만적 아이러니〉

2.1.2 화자가 곁텍스트에 위치하는 경우

화자가 발화내용에 함께 약호화되지 않는 경우, 즉 화자가 내적 텍스트에 속에 있지 않을 때 화자는 곁텍스트(paratext) 위치에 놓인다.[51] 화자가 내적 텍스트 속에 존재하지는 않지만 분명히 화자의 목소리는 존재하고 그 목소리가 갖는 발화행위는 현존하기 때문에 곁텍스트를 상정할 수

---

51) Pavel, Thomas G. *Fictional Worlds*. Cambridge, Mass: Harvard Uni. Press, 1986. pp.87-89.

있는 것이다.

화자가 곁텍스트에 위치하는 서정적 텍스트이면서 서정주의 <추천사>
와 상호적으로 표상될 수 있는 것은 유치환의 <깃발>이다.

〈실험 4〉

실험 방법:

① <실험 1>의 방법과 동일하다.
② 화자가 곁텍스트에서 발화하는 유치환의 <깃발>을 제시하였다.

> 이것은 소리없는 아우성
> 저 푸른 海原을 향하여 흔드는
> 영원한 노스탤지어의 손수건
> 순정은 물결같이 바람에 나부끼고
> 오로지 맑고 곧은 이념의 푯대 끝에
> 애수는 백로처럼 날개를 펴다.
> 아! 누구인가?
> 이렇게 슬프고도 애닲은 마음을
> 맨 처음 공중에 달 줄을 안 그는.[52]

③ 교사는 학습자들에게 시에 대해 말하거나 쓰게 하였다.
④ 각 내성보고를 명제 단위로 분석하였다.
⑤ 내성보고 분석은 '명제 수', '최초 명제', '명제의 논항'으로 구분하
   였다.

---

52) 유치환, <깃발>, 『문학(상)』, (주) 동아서적(제6차 교육과정). 70쪽.
   ＿＿＿＿＿＿＿, 『문학(상)』, (주) 민문고(제6차 교육과정). 98쪽.
   ＿＿＿＿＿＿＿, 『문학(상)』, (주) 대일도서(제6차 교육과정). 92쪽.

〈실험 4〉의 결과 분석과 해석:

학습자의 내성보고에서 주로 나타난 것은 "푯대에 매달린 깃발이 보이는 것 같다."라는 말이었는데, 이것은 학습자가 화자의 발화를 듣는 청자로서의 위치였기 때문이라 할 수 있다. 따라서 '깃발이 보인다'고 반응을 보인 것은 내성보고의 최초 명제로 '청자'항에 포함시켰다.

또, "푯대에 매달린 깃발과 같은 느낌을 받았다."라는 반응을 보이기도 했는데, 이것은 학습자가 자신을 텍스트 내 행위자인 '깃발'과 동일시를 한 결과로 생각된다. 그리고 이 '깃발'은 텍스트의 지배적 이미지이기도 하다.

내성보고의 명제 수, 최초 명제, 논항을 분석한 결과는 다음과 같다.

내성보고의 명제 수

명제 수	0	1	2	3	4개 이상
해당 학습자 수	2	98	232	53	15

내성보고의 최초 명제

최초 명제	청자	행위자(이미지)	화자	비유, 상징	기타
해당 학습자 수	228	102	34	33	1

내성보고에 나타나는 논항

논항	청자	행위자(이미지)	화자	비유, 상징	기타
해당 학습자 수	372	98	41	53	5

위 실험 결과에서 알 수 있듯이, 서정적 텍스트의 화자가 곁텍스트에 위치하는 경우 학습자들은 자신을 텍스트 내 청자라고 가정하고 텍스트에 대한 심적 표상을 구성한다.

〈실험 5〉

실험 방법:

연구자는 학습자가 텍스트에 대한 표상을 형성하는 데 영향을 미치는 요소를 알아보기 위해 다음과 같은 질의를 하였다.

"이 시를 보고 떠오르는 것이 무엇입니까? 공감이나 감동을 주는 요소와 관련지어 생각해 보십시오."

〈실험 5〉의 결과 분석 및 해석:

학습자들은 자신의 경험과 관련지어 대답을 하였다. 대표적인 답변을 요약하면 아래와 같다.

"아무리 노력해도 안 되는 사람이 있습니다. 큰 꿈이 있어서 그것을 위해 최선을 다해도 한계가 있습니다. 그런 모습을 '깃발'에서 발견했습니다."

여기서 학습자들은 자신의 경험과 관련지어 알레고리적 표상을 구성한다는 것을 알 수 있다.

이를 도식화하면 아래와 같다.

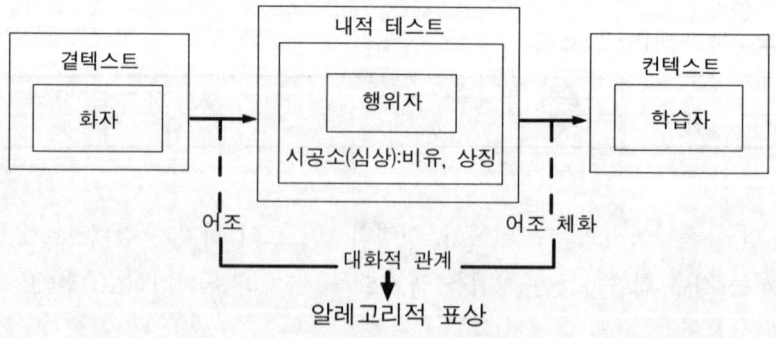

화자가 곁텍스트 위치에 있는 경우, 학습자는 화자와 대화적 관계를 맺게 된다. 화자와 학습자가 대화적 관계이지만 학습자가 화자의 발화행위에 역행하는 표상을 구성하는 경우는 드물다.[53] 표상은 텍스트의 약호에 의해서 성립되기 때문이다. 따라서 해독은 텍스트의 잠재적인 의미를 제한하는 방향으로 나아간다.[54] 즉 학습자는 적절한 약호라고 생각되는 것의 관계 속에서 텍스트를 해독한다. 약호는 텍스트의 생산자나 해독자가 사용하는 해석 장치라고 할 수 있다.[55] 이러한 해석 장치가 이미 텍스트 내에 제공되어 있기 때문에 학습자의 화자의 발화행위에 완전히 역행하는 해독을 하는 경우는 드물 수밖에 없는 것이다.

요컨대 화자는 곁텍스트의 위치에서 발화행위를 하고, 내적 텍스트 속에는 행위자가 시공소에 둘러싸여 약호화되고, 학습자는 컨텍스트를 수

---

53) 여기서, 독자의 더욱 다양한 컨텍스트를 생각해 볼 수 있다. 앞에서 화자는 실제 독자를 텍스트 내 독자로 제한하며 화자 자신의 발화수반행위가 독자에게 효과를 미치게 되는 것을 전제로 하였다. 그러나 화자의 발화수반행위에 완전히 역행하는 발화효과 행위도 있음을 간과할 수 없다. 즉 메타텍스트는 텍스트 속에서(within) 이루어지기도 하고 텍스트 위에서(upon) 생산되기도 하며 텍스트에 대항해서(against) 형성되기도 하기 때문이다. 텍스트 속에서(within) 이루어지는 읽기는 '단순한 선조적 읽기'이고, 텍스트 위에서(upon) 이루어지는 읽기는 '해석'이다. 텍스트에 대항(against)하는 읽기는 '비평'이라고 간단하게 말할 수도 있다. 이것이 바로 풍자적 패러디(parody)로 이어진다고 하겠다. 예를 들면, 김소월 <진달래꽃>의 화자의 발화수반행위를 '스토킹(stalking) 행위'로 보고 결국 화자를 스토커로 표상하는 경우 등이다. 그러나 이와 같이 완전히 텍스트의 발화수반행위와 역행하는 효과가 발생하는 경우는 드물다. 왜냐하면 텍스트 내에서 이미 텍스트에 수용될 수 있는 청자를 전제로 하고 독자는 텍스트를 대할 때 현실적인 자아를 어느 정도 잊고 텍스트 내 청자로 수용되기 때문이다. Scholes, Robert. *Texual Power: Literary Theory and the Teaching of English*, 김상욱 옮김, 『문학이론과 문학교육-텍스트의 위력』, 하우, 1995. 32쪽.

54) Turner, Graeme. *British Cultural Studies*. New York: Routhedge, 1992. p.17.

55) Deacon, David. Michael Pickering, Peter Golding & Graham Murdock. Researching communication: *A Practical Guide to Methods in Media and Cultural Analysis*. London: Arnold. 1999. p. 139.

반하는 수행을 함으로써 화자와 대화적 관계에 놓이게 된다. 이 대화적 관계를 통해 화자와 학습자는 '우리'라는 의식을 갖게 되며 이 공동체적 의식을 통해 내적 텍스트에 대한 유사한 태도를 취하게 된다. 내적 텍스트의 전언(message)이 학습자의 기대지평에 어긋나는 경우, 학습자는 지평의 융합을 통해 더욱 적극적인 대화적 관계를 형성하게 된다.

내적 텍스트에서의 행위자도 단순히 화자의 발화 대상으로서만 존재하는 것이 아니라 그 자신이 목소리를 갖는다는 점에서 화자가 곁텍스트 위치에 놓인 서정적 텍스트는, 서사적 텍스트에 비해서는 미약하지만 다소 다성적인 특성을 갖는다고 할 수 있다.[56] 학습자는 이런 대화적 관계 속에서 컨텍스트를 활성화시킨 알레고리적 표상을 형성하는 읽기를 하게 된다.

위의 해독들을 근거로 학습자들이 <깃발>에 대해 어떤 표상을 구성했는지 유추해 볼 수 있다.

화자는 곁텍스트 위치에서 내적 텍스트를 발화하고 있다. 내적 텍스트의 행위자는 '깃발'이며 이 깃발은 푯대 끝에 매어 있으므로 시공소는 푯대끝과 그 주위의 뭍이다. 깃발(a)[57]은 '소리없는 아우성(a1)', '노스텔지어의 손수건(a2)', '순정(a3)', '애수(a4)', '마음(a5)'과 은유 · 계열관계를 이루고, 깃발의 행위(b)는 '푸른 해원을 향하여 흔들다(b1)', '물결같이 바람에 나부끼다(b2)', '날개를 펴다(b3)', '공중에 매달리다(b4)'와 은유 · 계열관계를 이루며, an은 bn과 통합관계를 이루고 있다.

---

56) 일인칭 시점의 서정적 텍스트의 경우에도, 화자가 아이러니의 이중적 목소리인 알라존(alazon)과 에이론(eiron)의 목소리를 동시에 갖는 경우 다성적인 경향을 띤다고 할 수 있다.
57) '깃발'이 이와 같이 여러 가지로 표상되는 것을 확충은유로 설명하기도 한다.
양왕용, 앞의 책, 164쪽.

깃발이 푯대에 매여 바람에 나부끼는 것을 소리없이 아우성친다고 표현하는데 이 아우성은 무엇에 대한 동경과 갈망에서 나오는 행위이다. 그 무엇은 푸른 해원으로 형상화되고 있는 이상향이며 '순정은 물결같이 바람에 나부끼고 오로지 맑고 곧은 이념의 푯대 끝'이라는 것은 이 이상향이 순수한 애정과 오로지 맑고 곧은 이념으로만 실현될 수 있는 무한 초월적 세계라는 의미이다. 그러므로 깃발(an)은 유한한 인간을 상징한다 할 수 있고 이러한 행위(bn)는 무한하고 이상적인 초월적인 세계를 동경하고 그리워하는 행위를 상징한다고 할 수 있다. 즉 a는 '유한한 인간'으로 b는 '이상향에 대한 동경, 갈망'으로 대립시킬 수 있다. 이러한 깃발의 역동성에서 화자의 이상향이라는 제재에 대한 의지적, 갈망의 어조가 나타난다.

→ 통 합 관 계 ←		
a1 소리없는 아우성	↓	b1 푸른 해원을 향해 흔들다
a2 노스텔지어의 손수건		b2 물결 같이 바람에 나부끼다
a3 순정	계	b3 날개를 펴다
a4 애수	열	b4 공중에 매달려 있다
a5 마음	관	⋮
⋮	계	bn
an		: 무한한 초월의 세계에의 동경
: 유한한 존재	↑	

a와 b를 감싸고 있는 시공소는 푸른 해원과 깃발의 푯대이다. 시공소인 푯대는 이상향에 도달하지 못하게 하고 유한한 것에 속박된 현실을 표상한다. 깃발은 푯대 끝에 매여 펄럭일 수 있으나 푯대 때문에 멀리 날아갈 수 없다. 이상세계를 바라는 만큼 이상세계에 도달할 수 없고 이상과 현실에 괴리가 있는데 이것이 낭만적 아이러니이다. 이 아이러니로

깃발은 끝내 '애수'나 '슬프고 애달픈 마음'이 된다. 이러한 역설적 상황에서 화자의 어조는 비애와 환멸의 어조이다. 결국 이 시는 영원한 현실 초극과 이상향에 대한 동경과 이의 좌절이라는 낭만적 아이러니를 수반한 알레고리를 형성하고 있다고 하겠다.

이러한 관계들을 바탕으로 <깃발>에 대한 학습자들의 표상을 유추하면 아래와 같다.

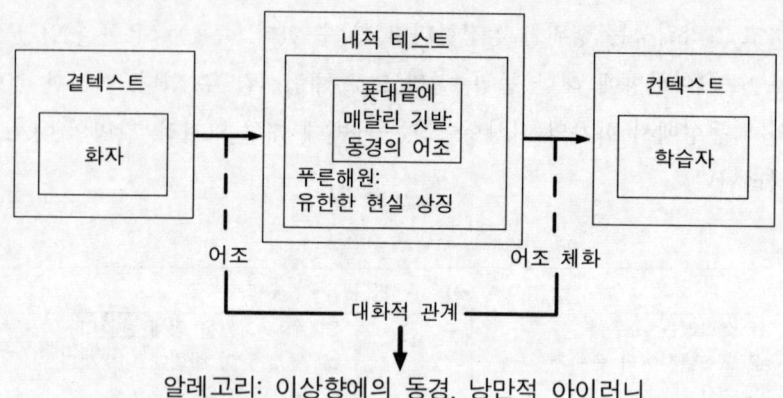

알레고리: 이상향에의 동경, 낭만적 아이러니

2.2 서정적 텍스트의 해독을 위한 연행

2.2.1 어조 체화와 독백극

서정주의 <추천사>에 대해 독백극을 연행할 때의 수업 절차와 방법을 제시하면 다음과 같다.

우선 연행 전에는 교사는 수업에 참여한 모든 학습자가 자신을 텍스트의 화자 '춘향'과 동일시할 수 있게 한다. 이 상태에서 교사가 텍스트를 낭독하고 이어서 학습자들도 동일시 상태를 유지하여 텍스트를 낭독한다. 학습자들은 낭독하면서 텍스트의 어조가 체화되고 동시에 텍스트가 표상된다.

체화된 어조를 연행하는 방법은 크게 일인독백극과 연결독백극으로 나눌 수 있다. 구체적으로는 의식의 흐름(stream of consciousness)을 활용한 일인독백극, 장면을 말하는 일인독백극, 심리극의 기법을 활용한 일인독백극, 이야기 구성을 위한 연결독백극을 들 수 있다.

① 의식의 흐름을 활용한 일인독백극: 학습자들로 하여금 자유스러운 분위기에서 말하게 하는 것이 중요하다. 이것은 학습자의 발화를 논리/비논리에 제한하지 않고 떠오르는 대로 발화하게 하는 방식이라 할 수 있다.

교사는 텍스트를 낭독한 학습자에게 텍스트의 화자가 되어 생각나는 대로 말하게 한다. 이 경우 학습자는 단편적인 문장들을 나열하게 된다. 다음은 <추천사>에 대한 학습자의 발화이다.

　　하늘이 보이구요, 땅에는 풀꽃이 보이구요, 새도 있구요, 나는 그네를 타고 있어요, 하늘에 올라갔지만 끝까지는 못 올라갔어요. 계속 내려와요. 계속 올라가고 싶은데 계속 내려오기만 해요.

위에서 학습자는 낭만적 아이러니란 말은 쓰지 않았지만, 절대적 이상향에 대한 좌절과 지속적인 추구라는 아이러니를 수반한 어조를 표상한 것을 알 수 있다. 표면적으로는 논리적 인과 관계가 없는 발화들이 뒤섞이게 되는데 이 속에서 텍스트 화자의 어조가 나타나는 것이다. 위 인용에서 보듯이 학습자는 주로 호흡이 급박하며 최소 단위로 압축된 직접적 문장들을 구성하고 있다.

② 장면을 말하는 일인독백극: 학습자는 독백을 하면서 구체적 장면을 말할 수도 있다. 구술로 묘사된 무대장면(verbal scenery)은 시각적인 수단을 통해서가 아니라 학습자의 논평을 통해 묘사된다. 이 묘사는 단순히 이미지 제시로 끝나지 않고 화자의 어조를 수반하기도 한다.

교사는 텍스트의 화자로 가정한 학습자에게 주위 환경에 관해 말하라고 한다. 이것은 위의 의식의 흐름을 활용한 일인독백극보다 좀 더 제한적인 연행이라 할 수 있다. 이 말을 통해 연행하는 학습자가 텍스트의 상황이나 장면을 정확하게 표상하였는가가 평가되고 관객으로서의 학습자들은 그 상황이나 장면을 떠올리게 된다.

독백의 분위기를 고조시키기 위해 소리에 의한 무대장치(sound effects)를 활용할 수 도 있는데, 이것은 음향으로 텍스트의 상황을 암시하는 방식이다. 이런 방식들이 수업에 활용될 경우 상황과 장면, 분위기의 표상에 훌륭한 장치가 될 수 있다.

③ 심리극의 기법을 활용한 일인독백극: 일인독백극에서는 심리극(psycho-drama)의 기법을 활용할 수 있다. 심리극의 기법은 학습자로 하여금 더 편안한 분위기에서 자연스럽게 발화하게 해 준다.

우선 심리극의 기법 중 빈 의자 기법(empty chair)을 활용할 수 있다.58)

---

58) '빈 의자 기법'은 심리극의 기법 중 하나이다. 이 기법에서 연출자는 빈 의자를 무대 중앙에 놓고 주인공에게 누가 그 의자에 앉아 있는가를 상상해보며 그가 가장 얘기하고 싶은 사람이나 보고 싶은 사람을 그려보라고 말한다. 주인공이 대상을 선택하고 그를 묘사할 수 있으면 주인공에게 그 대상에 대해 마음 속에서 하고 싶은 말을 하게 한다. 주인공이 그 대상에 대한 자신의 감정을 쏟아 놓고 나면 주인공으로 하여금 그 대상이 되어 의자에 앉아 자신이 한말에 대한 대답을 하도록 유도한다.이 기법은 심리극의 준비단계에서 사용되며, 주인공의 사고나 느낌을 효과적으로 표현하고 정리할 수 있도록 도와주는데, 이것을 교육연극적으로 변용할 수 있다.
Homes, Paul. 송종용 옮김, 『현대 정신분석과 심리극』, 백의, 1998. 102쪽.

빈 의자 기법을 수업에 활용할 때는, 교실 중앙에 빈 의자를 놓고 배우로서의 학습자에게 텍스트의 화자나 인물로 가정을 하게 한 후, 그 빈 의자에 누가 앉아 있는가를 상상하게 한다. <추천사>의 경우, 학습자는 텍스트 속 화자인 '춘향'을 떠올린다. 교사는 학습자에게 의자에 앉아 있는 '춘향'에게 말을 하게 한다. 그리고 다시 학습자로 하여금 그 의자에 앉게 하여 자신이 한 말에 대해 대답을 하도록 유도한다. 학습자는 먼저 화자인 춘향에게 말하고, 다음에 화자인 춘향이 되어 다시 말해 봄으로써 화자의 어조를 더욱 용이하게 표상할 수 있다.

빈 의자 기법은 단순한 하나의 소품을 활용하여 학습자가 허구적 자아로 동일시하는 것이 더욱 용이하게 해 준다.

다음은 학습자가 화자인 '춘향'이 빈 의자에 앉아 있다고 가정하고 그에게 한 말을 요약한 것이다.

> 춘향님, 당신은 참으로 어리석군요. 못 오를 줄 알면서 계속 오르려고 하는 당신의 어리석음. 정말 불쌍해요. 그냥 주저앉든지, 아니면 그네를 버리고 다른 것을 타든지 하세요. 오르려 하지만 결국 다시 내려오고 마는 당신의 모습이 애처롭습니다.

다음은 학습자가 빈 의자에 앉아 '춘향'으로서 대답한 것이다.

> 저도 압니다. 하지만 사실, 저는 무조건 하늘에 오르려고만 하는 것은 아니에요. 풀꽃들과 새들에게서 영원히 떠날 수도 없거든요. 저는 하늘에 오르고 싶지만 이 지상의 것들에 대해 완전히 이별을 할 수도 없답니다.

위 학습자의 말에서 학습자는 화자의 두 개의 목소리, 즉 알라존의 목소리와 에이론의 목소리를 모두 체화했다는 것을 알 수 있다. 여기에서 빚어지는 아이러니의 어조가 학습자의 독백에서 드러난다.

빈 의자에 앉은 학습자는 '춘향'의 목소리라고 생각되는 음성을 낸다.

빈 의자 자체가 하나의 무대가 되어 학습자가 창의적 가정을 하는 것을 돕는 것이다. 목소리도 하나의 기호이다. 목소리 또한 학습자가 창의적 가정하에서 연극화한 요소가 된다. 학습자는 적절한 음량과 속도, 악센트 등으로 연행을 하게 된다.

④ 이야기 구성을 위한 연결독백극: 연결독백극은 일반적인 독백극처럼 단 한 명의 학습자가 연행하는 것이 아니라 화자나 한 명의 인물 역을 맡은 여러 명의 학습자들이 계속적인 이어 말하기 방식으로 연행한다. 이는 일종의 이어달리기 방식으로 <추천사>에 대해 재생산된 메타텍스트를 토대로 한 학습자가 독백극을 연행하면, 다음 학습자가 즉흥적으로 그에 이어 말하게 된다. 앞서 발화한 학습자보다 더 잘 하기 위해 학습자들은 더욱 집중하게 되고, 더욱 강하게 창의적 가정을 하게 된다.

이 때 학습자의 발화가 텍스트의 잠재적 의미역에서 너무 벗어나게 되면 교사도 연결독백극의 참여자가 되어 이의 방향을 바로 잡아주어야 한다. 교사가 참여함으로써 학습자들의 독백 방향이 교정됨으로서 적절한 텍스트 해독에 이를 수 있게 된다.

학습자가 미미크리 상태에 잘 진입하게 하기 위한 방편으로 음향을 사용할 수 있다. <추천사>의 분위기에 어울리는 음악을 교사가 선별해서 사용할 수도 있고, 학습자들이 자발적으로 선택하게 할 수도 있다. 혹은 학습자들이 즉흥적으로 노래를 선택하여, 독백하는 학습자들을 제외한 나머지 학습자들이 배경음악을 불러주는 것(chorus)도 좋은 방법이다. 이 때 배우와 관객의 구별은 존재하지 않고 교실 전체가 연행의 장이 된다.

이 연결독백극을 확대하면 자유연상(free association)에 의한 연행이 될 수 있다. 연상이란 인접한 사물들을 연결시키는 상상의 힘으로서 텍스트에 대해 혹은 텍스트에 대한 심적 표상을 토대로 자신이 연행한 것에 대해 또 다른 연행을 환기시키는 능력이라 할 수 있다.[59] 앞선 연행과 이어지는 연행은 서로 논리적인 인과관계로 맺어진다기 보다는 서로 관련이 없는 이질적인 성격을 띤다. 이때는 <추천사>에 대해서 일차적으로 구성된 심적 표상과도 논리적인 인과 관계보다는 오히려 학습자의 컨텍스트가 더 많이 발동되어 전혀 새로운 메타텍스트가 생산되기도 한다.

자유연상은 특히 감각적인 인상을 말하는 것이다. 즉 학습자의 감각기관을 통해 지각된 인상을 언어화하는 것이다. 이 때 학습자들은 연상들 사이의 또렷한 상관 관계가 없는 임의적인 발화를 할 수 있다. 그러나 교사가 만약 텍스트에 대한 표상을 제한하고 싶다면, 제한연상(controlled association)을 위한 교사의 개입이 있을 수 있다.

⑤ 대중매체를 활용한 독백극: 학습자가 <추천사>의 화자가 되어 낭만적 아이러니를 적극적으로 표상하면서 독백을 잘 할 수 있도록 영화의 인물이나 대중가요 속 인물들을 살펴볼 수 있다.

첫 번째로 활용할 수 있는 것은 영화 <태백산맥>이다. 이 영화는 조정래의 소설 <<태백산맥>>을 원작으로 한다. 여기서 영화 마지막에서의 염상구, 김범우, 염상진의 대화에서 염상진이 갖는 낭만적 아이러니를 읽을 수 있다.

염상구 우리가 이렇게 된 것은 피차 먹고 살자고 한 짓이여. 피차 엄한 사람을 죽인 것밖에 한 것이 없지만 말이여. 그 짝도 잘한 일은 없어. 사람 사는 세상 만든다고 하면서 사람 목숨 알기를 파리 목숨 처럼 알고 말이여. 평등? 평등이 그리 쉽다면 이 짝은 왜 안 하겠어? 그리고 사람들이 당신네에게 등을 돌리는 것은 무슨 이유인감?

59) Brett, R.L. 심명호 역, 『공상과 상상력』, 서울대학교출판부, 1987. 19-20쪽.

김범우   당신들은 실패했소. 아주 철저히 말이오.

염상진   나는 마르크스를 처음 읽었을 때 감격을 지금도 기억하고 있소. 더 이상 계급과 착취가 없으며 보통 사람들이 완전한 평등 속에서 인간적인 삶을 누리면서 사는 세상, 그 세상을 만들기 위해 내 평생을 바치겠다고 맹세했었소. 그런데 대체 어디서부터 잘못된 걸까? 할 수만 있다면 처음부터 다시 시작하고 싶소.

'염상진'은 마르크스의 이론처럼 완전 평등한 세상을 만들기 위해 자신의 인생을 바친다. 실패와 좌절을 거듭하면서도 그 노력을 그치지 않는다. 이것은 <추천사>에서 '그네'를 타는 '춘향'과 같고 <깃발>의 '깃발'과도 같다. 현실은 여전히 평등이라는 말을 구호로만 남기고 사람들 간의 증오감만 더할 뿐이다. 그것에 좌절하면서 여전히 평등 세상을 위한 노력을 그치지 않는 '염상진'에게서 낭만적 아이러니를 발견할 수 있을 것이다.

또 대중가요 <고래사냥>에 나오는 '나'도 낭만적 아이러니의 태도를 갖고 있다.

    ㉠ 술 마시고 노래하고 춤을 춰봐도 가슴에는 하나 가득 슬픔뿐이네
    ㉡ 무엇을 할 것인가 둘러보아도 보이는 건 모두가 돌아앉았네
    ㉢ 자 떠나자 동해 바다로 삼등삼등 완행열차 기차를 타고
    ㉣ 간밤에 꾸었던 꿈의 세계는 아침에 일어나면 잊혀지지만
    ㉤ 그래도 생각나는 내 꿈 하나는 조그만 예쁜 고래 한 마리
    ㉥ 자 떠나자 동해바다로 신화처럼 소리치는 고래 잡으러
    ㉦ 우리의 사랑이 깨어진다 해도 모든 것을 한꺼번에 잃는다 해도
    ㉧ 모두들 가슴 속에 뚜렷이 있다 한 마리 예쁜 고래 한 마리
    ㉨ 자 떠나자 동해 바다로 신화처럼 소리치는 고래 잡으러
    ㉩ 자 떠나자 동해 바다로 신화처럼 소리치는 고래 잡으러
    ㉪ 자 떠나자 동해 바다로 신화처럼 소리치는 고래 잡으러

<고래사냥>이라는 가요의 가사에서 발화하는 자를 화자라고 할 때 화자의 현실은 ㉠과 ㉡에 나타난다. 이 슬픔뿐인 현실에서 벗어나려고 해도 모두가 외면한다. 화자가 꿈꾸는 것은 '고래'이다. 이 '고래'는 '동해'에도 있지만 ㉢에서처럼 '모두의 가슴 속'에 있는 것이다. 그러나 '고래'를 잡는다는 것은 역시 비현실적인 발상일 수밖에 없다. 이 점에서 '고래사냥'은 꾸준히 추구하지만 달성되지 않아 영원히 꿈으로만 남을 수밖에 없는, 그럼에도 역시 추구할 수밖에 없는 아이러니컬한 존재라고 할 것이다. 따라서 이 텍스트의 화자는 <추천사>의 '춘향'과 <깃발>의 '깃발'처럼 도달할 수 없는 꿈을 꾸는 낭만적 아이러니를 가진 존재라고 할 것이다.

2.2.2 이미지 체화와 정지극·동작극, 시각적 매체 활용

유치환의 <깃발>을 통해 체화된 이미지를 연행하기 위해서는 조화정지극이나 조화동작극이 효율적이다. 우선 연행 전 단계로, 교사는 학습자들에게 텍스트 화자의 발화에 주목하라고 말한다. 그리고 나서 교사가 텍스트를 낭독하고 그 후에 학습자가 텍스트를 낭독한다.

① 조화정지극: 교사는 학습자들에게 <깃발>을 떠올리며 자신을 깃발로 가정하라고 한다. 6~8명의 학습자로 하여금 '깃발'의 모습을 몇 장의 사진처럼 연행해 보라고 한다. 학습자들은 어떤 장면을 연출할 것인지 간단하게 협의하고 바로 연행에 들어간다.

다음은 학습자들이 조화정지극을 한 모습을 묘사한 것이다.

학습자들은 우선 바닥에 금을 그었다. 그리고 자신들은 그 금 안에서 더 밖으로 나가지 않은 채 몸 전체를 금 밖으로 내보내려고 하는 연행을 해 보였다.

위와 같은 연행은 학습자들이 '깃발'의 역동적이지만 한계가 있는 이미지를 체화했음을 알게 해 준다.

<깃발>이나 <추천사>의 이미지를 학습자들이 정지극으로 표상하기 어려워하면 그것을 그림으로 그려 보라고 해 볼 수 있다.

다음은 학습자의 그림이다.

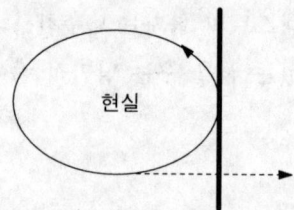

위의 그림에 대해 학습자의 설명은 다음과 같다.

> 현실은 언제나 그 자리인데, 꿈은 언제나 그 한계를 넘어서려고 합니다. 꿈이 좌절되리라는 것을 알면서도 꿈을 꾸는 것을 멈출 수 없습니다.

이러한 학습자의 말을 바탕으로 <깃발>에 대해 에이론과 알라존의 관계를 재도식하여 나타내면 다음과 같다.

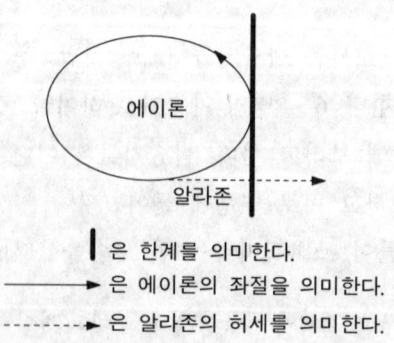

위 그림에서 보듯이 알라존은 한계를 넘어 갈 수 있으리라는 허세를 부리고 있지만 실제로 에이론은 한계를 넘지 못하고 제자리 운동을 하고 있음을 볼 수 있다. 이와 같은 역동적인 이미지에 수반되는 낭만적 아이러니를 위의 간략한 그림으로도 형상화할 수 있는 것이다.

② 조화동작극: 조화정지극과 유사하게, 교사는 학습자들 6~8명에게 '깃발'이 되어 연행해 보라고 한다. 학습자들은 서로 간단하게 협의하고 바로 연행에 들어간다.

그 모습을 간단하게 요약하면 다음과 같다.

> 조화정지극보다 더욱 역동적이다. 학습자들은 머리를 흔들기도 하고 몸 전체를 움직이기도 한다. 교실(무대)의 한 편에서 반대 편으로 역동적으로 나아갔다가 다시 무언가에 매여서 다시 돌아오는 듯한 연행을 해 보인다.

학습자들의 이러한 조화동작극을 통해 그들이 '깃발'의 이미지가 이상향에의 동경과 좌절이라는 아이러니를 수반하고 있다는 것을 체화했음을 알 수 있다.

'깃발'의 역동적인 이미지를 동작극으로 연행하기 위해 이호우의 <깃발>에서 보이는 역동적인 '깃발'의 이미지를 활용해 볼 수 있다.

> 깃발! 너는 힘이었다. 일체를 밀고 앞장을 섰다.
> 오직 승리의 믿음에 항시 넌 높이만 날렸다.
> 이 날도 너 싸우는 자랑 앞에 지구는 떨고 있다.
>
> 온 몸에 햇볕을 받고 깃발은 부르짖고 있다.
> 보라, 얼마나 눈부신 절대의 표백인가.
> 우러러 감은 눈에도 불꽃인 양 뜨거워라.
>
> 어느 새벽이더뇨. 밝혀 든 횃불 위에

때묻지 않은 목숨들이 비로소 받들은 깃발은
성상(星霜)도 범(犯)하지 못한 아아 다함없는 젊음이여.[60]

위 텍스트에서 '깃발'은 '힘', '승리', '절대', '젊음' 등을 상징하면서
무척 역동적인 이미지를 갖는다. 이 이미지가 상징하는 '깃발'의 '힘'은
어떤 것도 '범하지 못하'며, '다함없는' 것이다. 유치환의 <깃발>에서
'깃발'이 갖는 낭만적 아이러니는 없는 것이다. 유치환의 <깃발>을 해
독하면서 이호우의 <깃발>을 상호적으로 읽는다면 둘의 공통점인 이미
지의 역동성과 차이점인 아이러니의 유무에 관련해서 더 효율적인 수업
을 할 수 있을 것이다.

2.2.3 서정적 텍스트 표상 활성화를 위한 하위 연행 방식 체계화

서정적 텍스트의 연행성은 화자의 존재로부터 유래된다. 화자는 연극
에 있어서의 인물(ethos)에 해당한다. 화자뿐만이 아니라 서정적 텍스트에
내포되어 있는 청자 또한 인물에 포함된다. 화자의 말은 연극의 언어
(lexis), 화자의 말이 이루어내는 서사적 요소는 줄거리(mythos)에 해당한
다. 화자를 둘러싼 이미지 중 시각적인 것은 연극에서의 무대장치(opsis),
청각적인 것은 음향(melopoia)에 대응된다. 서정적 텍스트가 화자, 청자,
화자의 말, 이미지 등으로 약호화되어 서정적 텍스트의 아우라(aura)를
발산하듯이 연극은 인물, 언어, 줄거리, 무대장치, 음향으로 구성되면서
관념(dianoia)을 산출한다고 할 수 있다.[61]

---

60) 이호우, <깃발>, 김태형 · 정희성 편, 『현대시의 이해와 감상-교과서에 나오는 시, 교
    과서에 나오지 않는 시 243편』, (주) 문원각, 1994. 490쪽.
61) 벤야민은 기술발달과 대중매체, 그리고 이로 인한 예술의 변화를 기술복제로 인한 아
    우라의 상실이라고 설명한다. 예술작품이 갖는 아우라는 특정한 시간과 공간 속에서

학습자의 서정적 텍스트에 대한 연행적 표상은 연극화를 통해 집단적 수업을 가능하게 한다. 연극을 통한 서정적 텍스트 수업은 학습자 각자가 표상한 내용을 서로 대화적 방법을 통해 풀어 나감으로써 각자의 기대지평을 상승시킬 수 있을 뿐만 아니라 이상적 독자인 교사와의 지평융합을 꾀할 수 있다는 이점이 있다.

 화자나 화자의 어조를 표출시키기 위해서는 연극의 인물이 지배소로 기능하는 독백극이 적합하다. 독백극을 통해서 학습자는 심적으로 표상된 어조를 자연스럽게 드러낼 수 있다. 학습자는 자신을 화자라는 입장에서 연행을 하게 된다. 화자가 되어 허구적 정체감을 갖고 표현하기 때문에 자연스럽게 서정적 텍스트의 어조를 표출할 수 있는 것이다.

 독백극의 강점은 어조 표출에만 있는 것이 아니다. 학습자 혼자서 연행하는 것이기 때문에 어떤 표상도 자유스럽게 표출시킬 수 있다. 학습자들이 텍스트에 대해 발화한 내용은 메타텍스트로서 패러디로 연결될 수 있다.62)

그 예술작품이 갖는 유일무이한 현존성 즉 그 예술작품이 위치하고 있는 장소에서 그 것이 지니는 일회적 현존성에서 발생하는 특정한 분위기이다. 아우라 즉 분위기는 대상의 유일무이한 현존성을 말하는 동시에 그 대상을 느끼는 지각작용의 일회적 현존성을 의미하기도 한다. 벤야민이 예를 들어 설명하고 있듯이 이는 자연적 대상의 분위기 개념으로 더욱 이해하기가 쉽다. 어느 별 좋은 가을날 오후 고요한 산사에 바람이 불어 나무에서 낙엽이 떨어지는 것과 함께 풍경소리가 들린다면, 그래서 그 모든 것이 동시에 머릿속에 사진찍히듯 찍혀 이후 그 산사를 생각할 때마다 그 분위기 전체가 되살아난다면, 이는 그 분위기 즉 아우라를 지각한 것이라 할 수 있다. 기계가 원작을 아무리 똑같이 복제해내도 이 아우라는 복제할 수 없다는 것이다. 예술작품의 아우라가 위축되는 대신 복제기술은 복제품을 대량생산함으로써 일회적 산물을 대량 제조된 산물로서 대치시킨다.
Benjamin, W. 반성완 옮김, 『발터 벤야민의 문예이론』, 문학과 지성사, 1983. 158-159 쪽.
62) 제 7차 교육과정 고등학교 문학 과목의 체계는 '문학의 본질', '문학의 수용과 창작', '문학과 문화', '문학의 가치화와 태도'의 네 영역으로 구성된다. 특히 '문학의 수용과

연극에 있어서의 줄거리에 해당하는, 화자가 한 말의 서사적 내용을 연행하고자 할 때는 독백극에 의한 이야기 구성(story building)이 적합하다. 이야기 구성은 일인독백극의 경우에는 한 명, 연결독백극의 경우에는 여러 명의 학생들이 모두 자신을 서정적 텍스트의 화자라고 가정하고 화자와 관련된 이야기를 만들어 가는 것이다. 그 이야기 중에는 어조, 이미지, 비유, 상징 등에 관한 것이 자연스럽게 들어가고, 뿐만 아니라 학습자 자신의 컨텍스트를 적극적으로 발동시킨 알레고리적으로 재약호화된 이야기도 삽입될 수 있다.

연극에서도 언어로 표출되기 어려운 기호는 음향나 무대장치로 표현되곤 하는데, 서정적 텍스트에서도 언어로 표출하기 어려운 이미지의 심적 표상은 정지극이나 동작극으로 할 수 있다. 서정적 텍스트에서는 메

창작'에서는 문학 수용의 원리를 이해하여 문학을 수용하고 창조적으로 재구성하며, 문학 작품을 창작하는 문학 활동이 교사·학습의 중심이 된다. 이러한 점에서 패러디를 통한 창작 교육은 시사하는 바가 크다. 패러디는 비판(비평, 수용)과 창작을 동시에 아우르는 방법이기 때문이다. 텍스트를 재약호화하는 패러디를 통해 창작 교육이 더욱 원활해지리라 생각된다.

창작 교육에 시사하는 것은 이뿐만이 아니다. 블룸은 후배 시인이 선배 시인에 대한 영향의 우려로 불안해 한다고 하는데, 여기서 후배 시인이 선배 시인에 대한 영향 관계와 그 과정이 바로 창작 교육에서 활용될 수 있다.

블룸은 선후배 사이의 수정 비율을 여섯 단계로 짚어 나간다. 후배가 앞선 시인을 선택하고 둘 사이에 신성한 약속이 맺어지면 선의의 경쟁이 일어나고 선배를 육화시키며 해석하고 수정한다는 것이다. 그 단계는 다음과 같다.

① 아이러니(반동작용, clinamen) ; 선배로부터의 이탈하는 단계
② 제유(자아에 등을 돌리는 단계, tessera) ; 자신을 꾸짖고 선배를 완성시키려드는 단계
③ 환유(억압, kenosis) ; 자신을 비우는 고립방어의 단계
④ 과장(승화, daemonization) ; 선배의 장엄에 대항하는 자신의 장엄의 단계
⑤ 은유(순응, askesis) ; 자아로부터 등을 돌려 고립 속에서 자신을 정화하는 단계
⑥ 전유(방출, apophrades) ; 동일시의 성취단계

교육부 고시 제 1997-15호[별책 5], 『국어과 교육 과정』, 1988. 150쪽.

Bloom, Herold. *The Anxiety of Influence : A Theory of Poetry*, 윤호병 옮김, 『시적 영향에 대한 불안』, 고려원, 1991.

타언어화될 수 없는 부분이 존재하는데 이를 정지극이나 동작극으로 표현하는 것이다. 이로써 이미지가 내포하는 은유나 상징적 의미를 자연스럽게 나타낼 수 있다. 정지극나 동작극을 할 때 서정적 텍스트의 메시지를 모방하는 것이 되어서는 안 된다. 서정적 텍스트의 아우라(aura)를 느낀 그 자체로 놀이로서 연행해야 한다. 모방(mimesis) 차원의 연기는 표상된 이미지를 표출시키는 데 저항감을 불러일으킬 수 있다. 반면, 서정적 텍스트의 이미지를 은유적으로 표출하는 것은 자연스럽게 심적 표상을 구체화시킨다.

정지극나 동작극은 커뮤니타스(communitas) 상태에서 이루어질 수 있다. 커뮤니타스는 반구조적인 인간 상호 관계의 양식이다.[63] 이것은 '지금 이곳'에서 다른 사람과 직접 관계를 맺고, 문화적으로 규정된 역할·지위·계층 등 여러 구조적 영역의 장애물로부터 벗어나, 감정이입이나 현실적 자아의 보류를 하게 만든다. 이 자발적 커뮤니타스의 양식 속에서는 상호작용하는 개인들이 총체적으로 어떤 단일한 동시발생적 유동적 사건 속으로 흡수[64]되는 것이다.

이러한 커뮤니타스는 조화동작극을 통해서 더 잘 이루어진다. 조화동

---

63) 커뮤니타스는 집단적 엑스터시(ecstasy)상태를 전제로 하는 커뮤니온(com- munion)과 다르다. 커뮤니온은 개인의 심층들까지 접근해 들어갈 수 있는 마음들이 어떤 융합 상태 속에서 통합될 때 가능한 인간 상호 관계이다. 커뮤니타스는 개인적 특수성을 견지하고 있으나, 유년기로의 퇴행도 아니고, 환상으로 몰입하는 것도 아니다. 그것은 사람들의 사회 구조적 관계들 속에서 여러 가지 역할·계층·계급·문화적 성별·관습적 연령 구분·혈족 관계 등으로 일반화되고 나누어진 다양한 추상적 과정들에 의해 존재한다. 특히 자발적 커뮤니타스(spontqneous communitas)는 개인적 상호 작용의 격렬한 스타일이라기 보다는, 직접적이고 총체적인 인간적 아이덴티티들의 만남이다. 그것은 마술적인 느낌을 주며, 무한한 힘의 느낌이 있다. '우리'라는 집단의 상호주관성을 형성해 주는 것이다.
Turner, Victor. 이기두·김익두 역, 『제의에서 연극으로』, 현대미학사, 1996. 75-80쪽.
64) Turner, Victor. 위의 책, 80쪽.

작극은 심리적 시너지 효과까지 발생시켜 자의식을 줄이는 방법이 될 수도 있다.

이 조화동작극은 즉흥적으로 연행되기 때문에 중심이 없다. 만약 중심을 두고 연행한다면, 그만큼 놀이는 제한될 수밖에 없다. 탈중심적인 정지극은 참여자와 관극자 모두에게 비언어적인 소통을 하게 함으로써 놀이의 자율성을 최대화시키게 되는 것이다.[65]

연극에서의 관념을 도출하듯이 궁극적인 서정적 텍스트의 의미를 파악하기 위해서는 배우-관객 대화극을 할 수 있다. 배우-관객 대화극은 연행하는 학습자와 관극하는 학습자간의 대화로 이루어진다. 연행하는 학습자는 자신을 화자로 가정하고 질의에 답해야 한다. 관극하는 학습자는 연행하는 학습자를 화자로 상정하고 서정적 텍스트와 관련한 질의를 해야 한다. 이 방법은 학습자 혼자서 표상한 대본보다 훨씬 다양하고 융통성 있는 대본을 도출시킬 수 있고 그 과정에서 심적 표상도 자유롭게 활

---

65) 놀이와 인지적 활동 사이에는 밀접한 관련이 있다. 피아제(Piaget)는 놀이의 발달을 이해하는 준거로서 그의 인지발달이론을 사용하였다. 그에 의하면, 어린아이는 행동의 모방(imitation)의 단계를 지나서 정신적 표상(mental representation)을 보유하게 되어 모방의 정도가 자신의 상상력과 함께 더욱 풍부해지고 유연해진다. 그 이후로 가상놀이(pretend play)나 창의적 가정이 수반되는(make-believe) 놀이가 나타난다. 이것은 상징적인 놀이(symbolic play)로서, 일차적 상징성(primary symbolism)은 놀이의 의식수준의 통합(assimilation)과 가상놀이 이며, 이차적 상징성(secondary symbolism)은 신체와 연관된 상징의 무의식적인 통합, 가족관계 및 성적인 불안 요소 등을 나타낸다. 놀이발달의 마지막 시기는 규칙을 따르는 게임을 하는 단계인데 이때부터 정규적인 교육이 매개가 되어 놀이를 통한 적극적인 인지 발달의 활동으로 나아가게 된다. 또한, 에릭슨(Erikson)에 의하면, 아이는 맨처음 자신의 신체에 관심을 갖는 autocosmos의 시기에 놀이가 나타나며, 생후 2년째에는 놀이는 다양한 장난감들이 있는 세계인 microsphere에서 행해지고, 외디푸스 기(oedipal period)에서는 놀이가 타인과 어울려서 만들어지는 세계인 macrosphere로 점차적으로 옮겨간다. 이때에 교육적 매개가 적극적으로 투입되면 또래집단 속에서 협동성과 창의성을 동시에 발달시킬 수가 있다.
Piaget, J. *Play, dream and imitation in childhood.* New York: Norton. 1951.
Erickson, E.H. *Toys and reasons.* New York: Norton. 1977.

성화될 수 있다.

서정적 텍스트의 약호에 연극의 약호를 대응시키고, 이를 다시 수업 방법인 교육연극의 기법으로 연결시킨 것을 도식하면 아래와 같다.

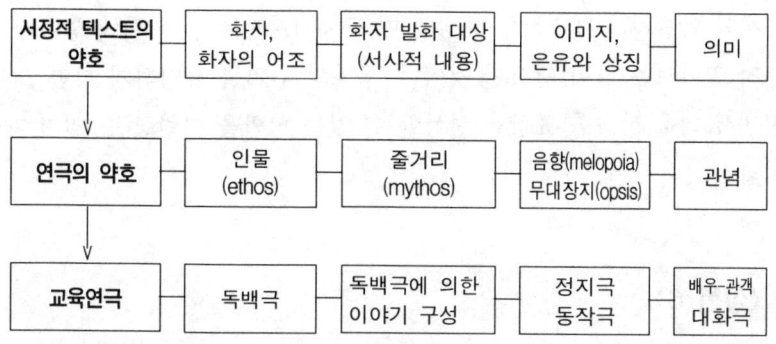

3. 서사적 텍스트에 대한 심적 표상과 교육연극의 수용

3.1 표상 유추와 해독틀 구성

3.1.1 독자의 위치

독자는 씌어진 언어적 텍스트의 수신자(addressee)이다. 독서가 그 대상 텍스트에 의존하는 것이 분명한 만큼이나 그 텍스트를 읽고 있는 독자에 의해 좌우된다는 것 또한 분명하다.[66] 일반적 의미에서 독서란 하나의 텍스트와 한 명의 독자를 전제로 하는 양자간의 상호작용이며, 텍스트가 독자를 형성하는 것과 마찬가지로 독자는 텍스트의 의미를 만들어 내는 데 참여한다. 따라서 텍스트와 독자는 상호 규정적이다.

독자가 서사적 텍스트를 표상할 때는 텍스트의 화자나 초점화자에 대응하는 수화자가 되기도 한다. 여기서 독자의 위치가 문제가 된다. 독자로서의 학습자가 텍스트를 표상할 때 구체적으로 어떤 위치에 놓이게 되는지 알아보는 일이 필요할 것이다. 독자의 위치를 규명하게 되면 그 위치에서 더욱 정교한 표상을 형성할 수 있는 방법을 마련할 수 있기 때문이다.

〈실험 6〉

실험 방법:

① 대상은 고등학교 1학년 남녀 학생 98명이었다.

② 황순원의 <소나기>[66]를 제시하였다. <소나기>는 화자가 이야기

---

[66] 텍스트 해독에 있어서 독자의 위치에 대한 해명은 인지심리학의 도움을 받아야 한다. 지금까지 독자의 위치에 대한 연구는 수용미학에서뿐만이 아니라 구조주의에서도 채트먼(S. Chattman) 이후로 지속적으로 이루어져 왔다.

연구자들은 대단히 유사한 서술 상황이 내포작가, 화자, 초점화자에 기인할 수 있다는 사실을 밝혀 내고 이것으로 서사적 텍스트에 있어서 목소리를 둘러싸고 있는 혼란이 얼마나 극심한지를 보여주었다. 이에 따라 독자의 위치도 애매할 수밖에 없는데 한 가지 공통적으로 인정하는 것은 텍스트의 의미는 대상으로서의 텍스트에 존재해 있다기 보다는 독자-텍스트의 상호 관계에 의하여 만들어진다고 하는 볼프강 이저에 의해 설파된 현상학적 접근법의 유용성이다.

Lanser, Susan Sniader. *The Narrative Act-Point of View in Prose Fiction*, 김형민 옮김, 『시점의 시학』, 좋은날, 1998. 57쪽.

[67] <소나기>는 제 6차 교육과정에서는 중학교 1학년 국어 교과서에 제시되어 있다. 이 텍스트는 고등학교 2학년 학생이 4년 전에 읽은 것이 된다. 따라서 친숙한 텍스트라 할 수 있다. 친숙한 텍스트를 실험 자료로 삼은 것은 학습자가 인지적 부담없이 텍스

밖에 존재하고, 초점화자도 '소년'으로 제한되어 있고, 인물은 '소
년'과 '소녀'를 중심으로 사건이 제시되어 있으므로, 서사적 텍스트
의 약호라고 할 수 있는 화자, 초점화자, 인물이 모두 있으면서 그
수가 적어서 학습자들의 서사적 텍스트에 대한 표상을 알아보기에
적절하다고 보았기 때문이다.

③ <소나기>를 읽은 후 바로 생각나는 점이 무엇인지 물었다. 이 질
의는 학습자들의 <소나기>에 대한 메타텍스트가 어떤지 알아내기
위해서였다.

〈실험 6〉의 결과와 이에 대한 해석:

③의 질의에 관련하여 학습자들은 다음과 같은 반응을 보였다.

  ㉠ "소년과 소녀의 사랑이 너무 아름답고 슬프다."
  ㉡ "요즘에 이런 아이들은 없다. 너무 비현실적이다."
  ㉢ "소녀가 죽지 말았어야 했다. 두 사람이 커서도 영원히 사랑을 나누었으면
  좋겠다."
  ㉣ "소년이 소녀를 정말 좋아하는 것 같다." (여기에 대해 연구자가, 왜 그렇게
  생각하는지 다시 물었다)"소년이 소녀를 대해 주는 방식이나 소녀를 보는
  눈이 예사롭지가 않다."

㉠과 같은 반응은 학습자가 서사적 텍스트의 화자나 수화자의 위치에
있었기 때문에 나타날 수 있다. 여기서 학습자는 '소년'과 '소녀'를 대상
화시켜 말하고 있는데 이것은 학습자가 화자나 수화자에 위치에서 텍스
트를 표상했다는 증거가 될 수 있다. 인물을 대상화시킬 수 있는 위치는

트에 대한 자유로운 표상을 형성할 수 있게 하기 위해서였고, 동시에 이 텍스트의 이
야기가 고등학교 2학년 학생들에게 여전히 흥미를 끄는 요소를 담고 있으므로 학습
자들이 적극적으로 표상을 형성할 수 있으리라는 기대 때문이었다.

화자나 그 화자의 이야기를 듣는 수화자의 위치이기 때문이다. 그러나 학습자가 인물인 '소년', '소녀'의 위치에서 텍스트를 표상했다 하더라도 ㉠과 같은 반응이 나올 수 있다. 특히 '너무 아름답고 슬프다'라는 감정이 수반된 반응은 학습자가 인물로 감정이입했다는 증거가 될 수도 있다.

㉡과 같은 반응은 학습자가 서사적 텍스트의 수화자의 위치에 있었기 때문에 나타날 수 있다. 텍스트 화자의 발화행위를 거스르는 표상이라고 할 수 있다.

㉢과 같은 반응은 학습자가 서사적 텍스트의 인물 위치에 있었기 때문에 나타날 수 있다. 텍스트의 인물을 자신과 동일시하면서 이야기를 행복하게 끝맺음하고 싶은 욕망이 생기는 것이다.

㉣과 같은 반응은 학습자가 서사적 텍스트의 초점화자 위치에 있었기 때문에 나타날 수 있다. 학습자는 초점화자인 '소년'과 동일시를 하면서 '소년'의 눈으로 '소녀'를 본 것이다.

이렇듯 학습자는 화자, 수화자, 초점화자, 인물 등으로 위치를 바꾸어 가면서 텍스트에 대한 표상을 형성한다.[68] 화자와 이에 대응되는 수화자는 서사적 텍스트 차원에서 대화적 관계에 놓여 있으며, 초점화자와 이에 대응되는 수화자는 이야기 차원에서 놓여 있으며, 인물은 사건의 차원에 놓여있다. 따라서 독자인 학습자는 서사적 텍스트 차원에서, 이야기 차원에서, 사건의 차원에서 자유롭게 텍스트에 참여하면서 표상을 형

---

68) 즈네뜨에 의하면 서사적 텍스트의 연구란 본질적으로 담론과 스토리의 관계, 담론과 서술하기의 관계, 그리고 스토리와 서술하기의 관계를 연구하는 학문이다. 이러한 연구를 바탕으로 학습자의 위치를 규명하는 것은, 텍스트의 독자로서의 학습자가 서사적 텍스트에 대한 어떻게 표상하는가 하는 것을 밝혀냄으로써 정교화된 서사적 텍스트의 해독틀을 구성할 수 있다는 데 의의가 있다.
Genette, G. 앞의 책, 18쪽.

성해 나간다고 할 수 있다. 이러한 독자의 자리옮김(전치)을 도식하면 아래와 같다.

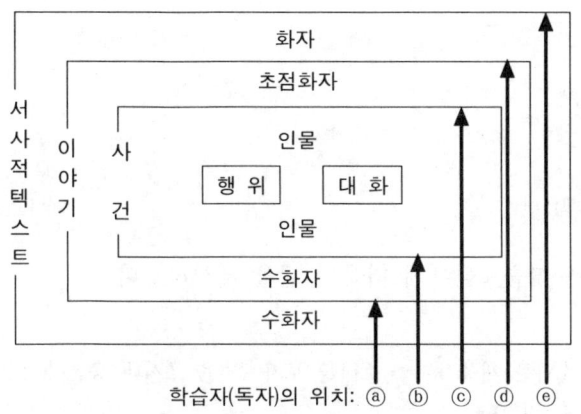

학습자(독자)의 위치: ⓐ ⓑ ⓒ ⓓ ⓔ

화살표는 학습자가 텍스트를 표상할 때 그 위치가 어디까지인지 표시하고 있다. ⓐ는 서사적 텍스트 차원에서 화자에 대응되는 수화자 위치에서 학습자가 텍스트를 표상하는 것을 나타내고, 이것은 <실험 6>에서 학습자의 반응 중 ㉠에 해당된다. ⓑ는 이야기 차원에서 초점화자에 대응되는 수화자의 위치에서 학습자가 텍스트를 표상하는 것을 나타내고, 이것은 <실험 6>에서 학습자의 반응 중 ㉡에 해당된다. 그리고 ⓒ는 학습자가 사건 차원의 인물의 위치에서 텍스트를 표상함을 나타내고, <실험 6>에서 학습자의 반응 중 ㉢에 해당된다. ⓓ는 학습자가 이야기 차원의 초점화자 위치에서 텍스트를 표상함을 나타내고, <실험 6>에서 학습자의 반응 중 ㉣에 해당된다. ⓔ는 서사적 텍스트 차원의 화자 위치에서 텍스트를 표상하고 있음을 나타내고, 이것은 <실험 6>의 학습자의 반응 중 ㉠에 해당된다.

이렇듯 학습자는 자리옮김을 하면서 텍스트를 다층적으로 표상한다는 것[69]을 알 수 있는데, 구체적으로 학습자가 텍스트의 어떤 부분에서 어떤 위치에 놓이는지를 알아보기 위해 <실험 7>을 실시하였다.

〈실험 7〉

실험 방법:

연구자가 학습자들에게 다음의 글을 제시하였다.

　　⊙ 소년은 개울가에서 소녀를 보자 곧 윤 초시네 증손녀(曾孫女)딸이라는 걸 알 수 있었다.
　　ⓛ 소녀는 개울에다 손을 잠그고 물장난을 하고 있는 것이다. 서울서는 이런 개울물을 보지 못하기나 한 듯이.
　　벌써 며칠째 소녀는, 학교에서 돌아오는 길에 물장난이었다. 그런데, 어제까지 개울 기슭에서 하더니, 오늘은 징검다리 한가운데 앉아서 하고 있다.
　　ⓒ 소년은 개울둑에 앉아 버렸다. 소녀가 비키기를 기다리자는 것이다.
　　요행 지나가는 사람이 있어, 소녀가 길을 비켜 주었다.
　　다음 날은 좀 늦게 개울가로 나왔다.
　　ⓓ 이 날은 소녀가 징검다리 한가운데 앉아 세수를 하고 있었다. 분홍 스웨터 소매를 걷어올린 목덜미가 마냥 희었다.
　　한참 세수를 하고 나더니, 이번에는 물 속을 빤히 들여다본다. 얼굴이라도

---

69) 단 한 명의 서술 주체도 다양한 문맥 내의 인물, 사건, 수신인들과 동시에 다층적 관계에 참여한다. 서술은 복합적이고도 광범위한 능력을 가지기 때문에, 즉 하나의 단일 텍스트 내에 일정 양의 페르소나의 담론을 통합하기 때문에 서사텍스트는 수많은 주체/체계 관계를 포함한다. 그런 경우에 텍스트의 전망은 담론 속에 기호화된 다양한 목소리와 전망-시점-의 상부 구조적 종합체가 될 수 있다.
Lanser, Susan Sniader. 앞의 책, 18쪽.

비추어 보는 것이리라. 갑자기 물을 움켜 낸다. 고기 새끼라도 지나가는 듯.

소녀는 소년이 개울둑에 앉아 있는 걸 아는지 모르는지 그냥 날쌔게 물만 움켜 낸다. 그러나, 번번이 허탕이다. 그대로 재미있는 양, 자꾸 물만 움킨다. 어제처럼 개울을 건너는 사람이 있어야 길을 비킬 모양이다.

그러다가 소녀가 물 속에서 무엇을 하나 집어낸다. 하얀 조약돌이었다. 그리고는 벌떡 일어나 팔짝팔짝 징검다리를 뛰어 건너간다.

㉤ 다 건너가더니만 획 이리로 돌아서며, "이 바보."

조약돌이 날아왔다.

소년은 저도 모르게 벌떡 일어섰다.

㉥ 단발머리를 나풀거리며 소녀가 막 달린다. 갈밭 사잇길로 들어섰다. 뒤에는 청량한 가을 햇살 아래 빛나는 갈꽃뿐.

이제 저쯤 갈밭머리로 소녀가 나타나리라. 꽤 오랜 시간이 지났다고 생각됐다. 그런데도 소녀는 나타나지 않는다. 발돋움을 했다. 그러고도 상당한 시간이 지났다고 생각됐다.

저 쪽 갈밭머리에 갈꽃이 한 움큼 움직였다. 소녀가 갈꽃을 안고 있었다. 그리고, 이제는 천천한 걸음이었다. 유난히 맑은 가을 햇살이 소녀의 갈꽃머리에서 반짝거렸다. 소녀 아닌 갈꽃이 들길을 걸어가는 것만 같았다.

소년은 이 갈꽃이 아주 뵈지 않게 되기까지 그대로 서 있었다. 문득, 소녀가 던진 조약돌을 내려다보았다. 물기가 걷혀 있었다. 소년은 조약돌을 집어 주머니에 넣었다.

㉦ 다음 날부터 좀더 늦게 개울가로 나왔다. 소녀의 그림자가 뵈지 않았다. 다행이었다.

그러나, 이상한 일이었다. 소녀의 그림자가 뵈지 않는 날이 계속될수록 소년의 가슴 한 구석에는 어딘가 허전함이 자리 잡는 것이었다. 주머니 속 조약돌을 주무르는 버릇이 생겼다.

그러한 어떤 날, 소년은 전에 소녀가 앉아 물장난을 하던 징검다리 한가운데에 앉아 보았다. 물 속에 손을 잠갔다. 세수를 하였다. 물 속을 들여다보았다. 검게 탄 얼굴이 그대로 비치었다. 싫었다.

소년은 두 손으로 물 속의 얼굴을 움키었다. 몇 번이고 움키었다. 그러다가 깜짝 놀라 일어나고 말았다. 소녀가 이리로 건너오고 있지 않느냐.

'숨어서 내가 하는 일을 엿보고 있었구나.' 소년은 달리기를 시작했다. 디딤
돌을 헛디뎠다. 한 발이 물 속에 빠졌다. 더 달렸다.

　　몸을 가릴 데가 있어 줬으면 좋겠다. 이 쪽 길에는 갈밭도 없다. 메밀밭이다.
전에 없이 메밀꽃 냄새가 짜릿하게 코를 찌른다고 생각됐다. 미간이 아찔했다.
찝찔한 액체가 입술에 흘러들었다. 코피였다.

　　소년은 한 손으로 코피를 훔쳐내면서 그냥 달렸다. 어디선가 '바보, 바보' 하
는 소리가 자꾸만 뒤따라오는 것 같았다.[70]

　　학습자들로 하여금 위의 ㉠-㉦을 읽게 한 후 연구자는 다음과 같은 질
의를 하였다.

　　질의 1: "자신이 소년이나 소녀처럼 느껴지는 부분은 어디인지 모두 말하셔요."
　　질의 2: "자신이 소년과 소녀를 멀리서 보고 있는 것처럼 느껴지는 부분은 어디
　　　　　인지 모두 말하셔요."
　　질의 3: "자신이 소년이 되어 소녀를 보고 있는 것처럼 느껴지는 부분은 어디인
　　　　　지 모두 말하셔요."

　　질의 1은 학습자가 텍스트 내 인물이 되어 텍스트를 표상하는 부분이
어디인지 알아보기 위한 질의였다.

　　질의 2는 학습자가 화자나 초점화자, 혹은 화자나 수화자에 대응되는
수화자가 되어 텍스트를 표상하는 부분이 어디인지 알아보기 위한 질의
였다. '멀리서' 보고 있는 것처럼 느껴지는 곳을 지적하라고 한 이유는 학
습자가 인물과 동일시 된 상태에서가 아니라 인물을 바라보는 화자나 초
점화자로서 텍스트에 대한 표상을 형성하는 부분을 알아보기 위해서였다.

　　질의 3은 텍스트 내 인물이 초점화자가 될 경우, 초점화자의 위치에서
텍스트를 표상하는 부분이 구체적으로 텍스트의 어디인지 알아보기 위
한 것이었다.

---

70) 인용된 황순원의 <소나기>는 중학교 일학년 국어 교과서(제 6차 교육과정)에 나온
　　것을 바탕으로 한다.

〈실험 7〉결과와 그 분석 및 해석:

질의 1,2,3에 대해 예문 ㉠-㉘ 중 각각을 선택한 학습자 수를 제시하면 아래와 같다.

질의 1(자신이 소년이나 소녀처럼 느껴지는 부분)에 대한 학습자의 반응

선택 글	㉠	㉡	㉢	㉣	㉤	㉥	㉦
학습자 수	8	130	24	400	245	383	400

질의 2(자신이 소년과 소녀를 멀리서 보고 있는 것처럼 느껴지는 부분)에 대한 학습자의 반응

선택 글	㉠	㉡	㉢	㉣	㉤	㉥	㉦
학습자 수	357	342	311	139	244	74	12

질의 3(자신이 소년이 되어 소녀를 보고 있는 것처럼 느껴지는 부분)에 대한 학습자의 반응

선택 글	㉠	㉡	㉢	㉣	㉤	㉥	㉦
학습자 수	243	382	221	367	246	331	78

이 결과를 통해 학습자들은 인물, 화자, 초점화자, 수화자 등의 위치에서 텍스트를 표상한다는 것을 알 수 있었다. 특히 질의 1에 대한 반응과 질의 2에 대한 반응은 거의 상반되고 있는데, 이것은 이야기를 서술하는 화자나 그 이야기를 듣는 수화자로 텍스트를 표상하는 경우와, 텍스트 내 인물로 텍스트를 표상하는 경우가 각각 다르게 나타남을 의미한다. 그러나 질의 1에 대한 반응과 질의 3에 대한 반응, 질의 2에 대한 반응과 질의 3에 대한 반응은 겹치는 부분이 있는데, 이것은 하나의 서술에 대해서도 다양한 표상이 형성될 수 있음을 의미한다.

<실험 6·7>을 통해서 보았을 때 학습자는 화자, 초점화자, 수화자, 인물의 위치에서 자리옮김 하면서 서사적 텍스트에 대한 표상을 형성한다는 것을 알 수 있다. 이러한 학습자의 위치를 고려해서 서사적 텍스트에 대한 표상이 어떻게 구축되는지 서사적 텍스트의 약호들과 관련지어 정교화할 수 있을 것이다.

이것은 서사적 텍스트의 다성성(ployphonics)과도 관련이 있다. 서사적 텍스트에서는 화자와 인물들이 모두 목소리를 갖기 때문에 학습자가 동일시하는 대상도 다양하게 나타날 수밖에 없다.

3.1.2 서사적 텍스트에 대한 해독틀

학습자들이 심적 표상을 구성하는 것이 각각 화자, 초점화자, 수화자, 인물 등의 위치에서 이루어진다면, 서사적 텍스트 전체에 대해서는 화자의 담론, 초점화자의 담론, 수화자의 담론, 인물의 담론 등이 성립될 것이다. 실제로 목소리를 갖는 발화자는 화자에 한정되지만 드러나지 않는 목소리를 갖는 초점화자나 텍스트 내적 수화자, 인물이 존재하기 때문에 서사적 텍스트의 담론은 다중성을 띤다.

서사적 텍스트의 해독틀은 텍스트를 표상할 때 학습자의 위치와 관련해서 서사적 텍스트의 약호들을 정리하여 정교하게 구성되어야 한다. 한 가지 간과하지 말아야 할 것은 서사적 텍스트에 대한 표상은 서사적 사고(narrative mode of thought)와 관련이 된다는 점이다. 서사적 사고는 온전히 논리적인 인과 관계에 의한 사고를 지양한다. 오히려 그것은 인간의 예측할 수 없는 욕망, 그것에 대한 일관적이지 않은 행위 등과 관련이 있다.[71] 이것은 플롯의 문제와는 무관하다.

플롯은 텍스트 내의 문제이다. 텍스트 내의 질서 속에서는 설명할 수 있는 인과 관계가 존재하지만, 그것은 사건시에 대한 발화시적인 관점에서 가능한 것이다. 즉, 인물의 행위가 벌어진 그 사건시 자체에서 인과 관계를 논하기보다 그 사건을 발화하는 시점에서 성찰한 이야기 속에 인과 관계가 존재하는 것이다.

따라서 서사적 사고에 의한 서사적 텍스트 해독은 비선조적이다. 서사적 사고를 통해 소설 약호들에 대한 해독이 동시에 이루어진다고 볼 수 있다.

서사적 사고에 의해 서사적 텍스트를 해독하는 틀을 추리하기 위해 서사적 텍스트의 기본 구조를 살펴볼 필요가 있다.

서사적 텍스트를 이원구조로 분석한다면 화자와 이야기로 나누어 볼

---

71) 브루너(Bruner)는 서사적 사고를 패러다임적 사고와의 대비하고 있다. 그에 의하면, 우리들이 구성하는 실재는 대체로 두 가지 범주, 즉 자연에 관한 것과 인간에 관한 것으로 구분될 수 있다. 전자는 논리과학적 형태인 이른바 패러다임적 사고의 산물이며, 이야기와 서술체의 형태인 후자는 서사의 산물이다. 전자가 원인-결과의 인과적 관계로 현상을 설명한다면, 후자는 인간의 의지, 욕망, 영고성쇠 등 삶의 문제를 이야기한다. 전자가 강력한 이론, 치밀한 분석, 논리적 증명, 타당한 주장, 가설에 의한 경험적 발견 등에서 그 특징이 나타나는 반면, 후자는 작가 또는 예술가들의 상상인 위대한 서사적 텍스트, 감동적인 드라마, 설득력 있는 역사 해설 등에서 그 성격이 드러난다. 이처럼 패러다임적 사고와 서사적 사고는 실재를 구성하는 상이한 두 가지 모델이다. 전자가 인간의 의도적 상태와 무관한 불변의 세계를 다룬다면 후자는 독자의 관점에 따라 변화하는 예측 불가능한 세계를 다룬다. 전자가 사물과 사건들의 불변성에 연관된 '존재'의 세계라면, 후자는 옳다고 느끼거나 상상할 수 있는 어떤 관점과 부합되는 설명을 요구한다. 그리고 전자가 우리의 바깥 세계를 지향한다면, 후자는 세계에 대한 관점과 입장을 추구한다. 이렇게 패러다임적 사고와 서사적 사고는 각기 다른 목적을 염두에 두고서 서로 다른 세계 만들기(world making)를 수행한다. 지식의 발견적 특성이 원인-결과를 다루는 패러다임적 사고에 기인한다면, 지식의 생성적 특성은 의미 구성을 중시하는 서사적 사고와 긴밀히 관련된다.
Bruner, J. Narrative and Paradigmatic Modes of Thought, in Eisner, ed., *Learning and Teaching the Ways of Knowing:Eighty-fourth Yearbook of the National Society for the Study of Education*, Chicago: University of Chicago Press, 1985. pp. 97-115.

수 있다. 서사적 텍스트는 화자가 이야기에 관해 담론을 구성하는 형태로 되어 있는 것이다. 말하는 주체로서의 화자와 이야기 사이에는 보는 주체인 초점화자를 매개시킬 수 있다. 초점화자가 보는 대상은 이야기 속 인물이라 할 수 있는데, 이 인물 또한 이야기 속에서의 말하는 주체이므로 자신의 담론을 구성한다. 이렇듯 서사적 텍스트는 화자의 담론, 초점화자의 담론, 인물의 담론이라는 다성적인 형태를 띠고 있다.

이러한 다중적인 담론의 소통 방식 혹은 화자에서 독자로의 채널은 두 가지로 나누어 볼 수 있다. 화자의 말하기(telling)와 보여주기(showing)가 그것이다. 전자는 독자에게 미메시스(mimesis) 양식(mode)으로, 후자는 디에게시스(diegesis) 양식으로 소통된다.

이러한 두 채널을 통한 서사적 텍스트 읽기는 온라인(on-line) 처리된다.[72] 학습자는 인물의 담론, 초점화자의 담론, 화자의 담론 등을 선조적으로 구성하고 이것을 종합하여 최종적으로 심적 표상을 구성하는 것이 아니라 이 모든 처리를 병렬적으로 진행시키는 것이다. 서사적 텍스트라는 자극의 첫머리가 학습자에게 입력되는 순간부터 심적 표상이 형성되며 후속하여 입력되는 부분들에 대한 즉각적 처리를 통해 그 표상이 정

---

72) 서사적 텍스트를 포함하여 텍스트 이해시 독자의 표상이 온라인 과정으로 생성된다는 것을 실증한 연구는 다음과 같다.

서창원, 이재호, 장윤희, 「덩이글의 외현적 정보와 내현적 지식이 추론과정에 미치는 효과: 대명사 참조해결과 스크립트 지식」 『한국심리학회지: 실험 및 인지』, 9. 1997. 139-165쪽.

Sharkey, N. E., & D. C. Mitchell, Word recognition in a functional context: The use of script in reading. Journal of Memory and Language, 24, 1985. pp. 253-270.

Sharkey, N. E., & A. J. C. Sharkey, What is the point of integration? The loci of knowledge-based facilitation in sentence processing. Journal of Memory and Language, 26, 1987. pp.255-276.

Sharkey, A. J. C. & N. E. Sharkey. Weak contextual constraints in text and word priming. Journal of Memory and Language, 31, 1992. pp.543-572.

교화된다. 요컨대 서사적 텍스트 읽기는 온라인 처리 책략을 통해 병렬적으로 상호작용하며 점차적으로 이를 정교화시키는 과정이라 할 수 있다.

서사적 텍스트의 온라인 처리 책략을 더욱 정교화시키기 위해 서사적 텍스트의 약호화 방식 및 소통채널과 관련지어 생각해 볼 수 있다.

서사적 텍스트는 화자와 이야기로 구성된다. 이야기는 인물과 시공소로 약호화되고, 인물이라는 약호는 다시 하위약호(subcode)인 인물의 욕망·행위·사건·갈등으로 나누어진다.

욕망은 인물의 성격이나 심리 등이 매개된 개념이므로 대상 인물에 대한 더 많은 정보를 제시한다는 점에서, 단순히 인물의 지향의식만을 반영한 동기나 목적이라는 용어보다 효과적인 개념이라 생각된다. 행위는 인물 자신의 대화와 구체적인 행위를 모두 포함하는 개념인데, 행위와 사건의 관계만을 고려하면 행위의 집합이 사건이라고 할 수 있다. 이 책에서는 개별적 인물의 욕망 달성을 위한 구체적인 행동을 행위로, 다른 인물들과의 관계를 통해 얽히는 행위의 집합을 사건이라 명명하기로 한다.

인물의 욕망은 행위로 이어지는데 이 욕망 성취를 방해하는 세력이 있을 때 갈등이 발생한다. 이 방해 세력이 인물을 둘러싼 시대나 사회, 다른 인물 등 인물의 외부에 있을 때 외적 갈등이라 하고, 인물의 또 다른 욕망으로 인해 두 욕망이 상충될 때 내적 갈등이라고 한다.

이렇듯 인물이 욕망을 가지고 있어서 다른 세력과 충돌하고 사건을 일으키는 이야기가 서사적 텍스트의 지배소가 될 때 서사적 텍스트에서는 서사성이 강화되지만, 인물의 욕망이 없거나 극미하여 행위나 사건이 서사적 텍스트에서 주변화될 때에는 시공소가 전경화되거나 인물이 아예 시공소로 용해되어 버림으로써 서사적 텍스트는 서정성이 짙어지게 된다. 서사적 텍스트는 일반적으로 서사이지만 모더니즘 서사적 텍스트와 같이 인물이 개별성을 상실하여 더 이상 단자(monad)적 인물이 아닐 때에나 의식의 과잉으로 서사의 요소인 시간과 행위가 거의 제로화될 때에는 인물의 의식의 흐름이나 시공소가 지배소로 나섬으로써 서정성이 강화된다고 할 수 있다.[73]

인물을 둘러싼 시공소는 인물에 대한 비유나 상징의 역할을 수행한다. 시공소는 기호학적 공간으로서 인물과 의미있는 영향 관계를 맺는다. 특히 시공소의 도상성(iconity)으로 인해 인물이나 사건 등에 대한 비유와 상징의 기능은 더욱 두드러지게 되는 것이다.

인물이나 사건이 하나의 기호로서 기의를 갖는다고 할 때 그 기의와 시공소가 일대일의 대응 관계를 맺게 되면 시공소는 비유의 역할을 수행하는 것이고, 인물이나 사건의 기의보다 훨씬 다양한 의미를 시공소가 내포하게 되면 상징의 기능을 갖는 것이라 할 수 있다.

요컨대 이야기를 구성하는 약호와 약호화 양상을 도식하면 아래와 같다. 인물의 욕망((+)욕망)은 행위로 이어지고, 방해세력이 개입되면((+)방해세력) 갈등이 발생하는 등 서사성이 강화된다. 반면, 인물이 욕망이 없

---

73) 모나드라는 개념은 계몽 사상가 라이프니츠(Leibniz) 철학의 중심이다. 모나드 하나하나는 그 나름의 내부 법칙에 따라 발전하면서도 모나드들로 이루어진 체계 전체를 그 나름대로 반영한다. 이 학설은 현대비평에서 발터 벤야민에 의해 부분과 전체의 관계에 관한 연구로 확대되었다. 따라서 모나드적인 인물이란 리얼리즘 소설에서 흔히 볼 수 있는 전형적 인물, 즉 개성이 있으면서도 집단의 전체성을 반영하는 인물이라 할 수 있다.

Hegel, F. 임석진 옮김, 『정신현상학 · 1』, 지식산업사, 1988. 243-305쪽.

Leibniz, Gottfried Wilhelm. *Monadology and Other Philosophical Writings*. Trans. Paul Schrecker and Anne Martin Schrecker. Indianapolis: Bobbs-Merrill, 1965. 『라이프니쯔와 단자형이상학』, 정종 · 최재근, 원광대학교 출판국, 1984.

Benjamin, Water. *The Origin of German Tragic Drama*. Trans. John Osborne. London: New Left Books, 1977.

을 때((-)욕망), 시공소가 전경화됨으로써 서정성이 강화된다. 시공소는 인물이나 사건에 대해 비유나 상징의 의미를 갖는다. 이러한 심적 표상을 도식으로 유추하면 다음과 같다.

```
┌─────────────────────────────────────────────┐
│  ┌──────────────────────────────────────┐   │
│  │   인물: (+)욕망 → 행위(사건)            │   │
│  │         ↑                ; 서사성 강화  │   │
│  │   (+)방해세력→내/외적갈등               │   │
│  │   ( - )욕망 → 시공소의 전경화 ; 서정성 강화│   │
│  └──────────────────────────────────────┘   │
│        | ……비유, 상징                        │
│        시공소                                 │
└─────────────────────────────────────────────┘
```

인물의 담론은 단독으로 실현되기도 하고 초점화자나 화자의 매개로 실현되기도 한다. 만약 인물의 구체적 행위에 대해, 말하는 주체인 화자와 보는 주체인 초점화자가 일치하지 않는다면 그 행위는 화자와 초점화자라는 이중의 매개자를 취하게 됨으로써 결국 화자와 초점화자의 담론이 매개된 인물의 담론으로 기능한다고 할 수 있다.

이렇듯 화자는 이야기를 말하는 주체이지만, 이야기를 보는 주체는 초점화자라 할 수 있다. 화자는 초점화자가 매개된 이야기를 말하는 경우도 있고, 매개되지 않은 발화를 하는 경우도 있다. 초점화자는 다시 이야기 속 인물인 경우와 이야기 밖에 존재하는 경우 두 가지로 나누어 볼 수 있는데, 전자를 내적 초점화자, 후자를 외적 초점화자[74]라고 한다.

요컨대 서사적 텍스트에서 화자의 발화는 내적 초점화나 외적 초점화와 같이 초점화자가 매개되는 경우도 있고((+)초점화자), 초점화자가 매개되지 않는 경우도 있다((-)초점화자). 이러한 초점화자의 매개/비매개

---

74) Genétte, J. 앞의 책, 177-188쪽.

((±)초점화자)를 통해 화자의 담론이 나타나는데, 이것은 또한 화자가 이야기 속에 있는 내적 화자(intradiegetic speaker)인 경우와 화자가 이야기 밖에 놓이는 외적 화자(extradiegetic speaker)인 경우 다른 양상으로 표상된다. 즉 내적 화자의 경우, 초점화자나 화자가 모두 이야기 속에 놓이고, 결국 시공소가 인물, 초점화자, 화자를 감싸는 양상으로 표상되지만, 외적 화자의 경우 화자와 외적 초점화자는 이야기 밖에 놓여 시공소는 인물과 내적 초점화자만 감싸는 형태로 표상된다.

이러한 서사적 텍스트 읽기는 언어 정보의 입력에 의해서 시작되지만 독자는 언어 정보에 수동적으로 표상을 구성하기보다는 능동적으로 표상을 형성한다. 학습자의 서사적 텍스트 재약호화는 자신의 텍스트에 대한 틀(script)과 자신의 컨텍스트(context)를 활성화시켜 텍스트와 통합하여 심적 표상을 형성하는 절차를 포함한다.[75] 표상 구성은 온라인 처리 과정으로 진행되며 병행적으로 일어난다. 즉 인물의 담론 구성, 시공소의 비유/상징적 의미 분석, 서사성/서정성 파악, 인물과 시공소의 관계 파악, 초점화자의 담론 구성, 화자의 담론 구성 등이 선조적 순서로 이루어지는 것이 아니라 이 모든 처리 과정들이 병렬적으로 상호작용하며 동시에 진행되는 것이다. 따라서 아래 도식의 화살표(←)는 학습자의 표상의 선조적 과정을 의미하는 것이 아니라, 태도(attitude, 어조(tone))를 의미하는 것이라 할 수 있다. 즉 초점화자는 인물에 대한 태도를 가지며 화자는 초점화자에 대한 태도를, 학습자는 초점화자와 화자에 대한 태도를 가진다는 의미이다.

---

75) 독자는 텍스트를 해독할 때 텍스트의 정보에 자신의 해독틀(script)을 결합하여 응집적인 표상을 구성한다
Mckoon, G. & R.Ratcliff, R. Inferences during reading. Psychological Review, 99, 1992. pp.440-466.

다음은 내적 화자가 발화하는 서사적 텍스트에 대한 심적 표상의 도식이다.

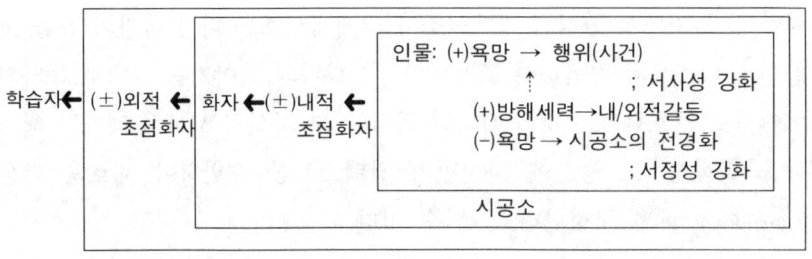

내적 화자의 서사적 텍스트에서도 외적 초점화자는 이야기 밖에 놓인다. 내적 화자의 서사적 텍스트에서 외적 초점화는 인물의 대화를 제시하고 인물의 행위를 극적으로 보여주는 양상으로 나타난다.

반면 외적 화자의 서사적 텍스트는 외적 초점화자뿐만 아니라 화자도 이야기 밖에 놓이는 양상을 띤다. 다음은 외적 화자가 발화하는 서사적 텍스트에 대한 심적 표상의 도식이다.

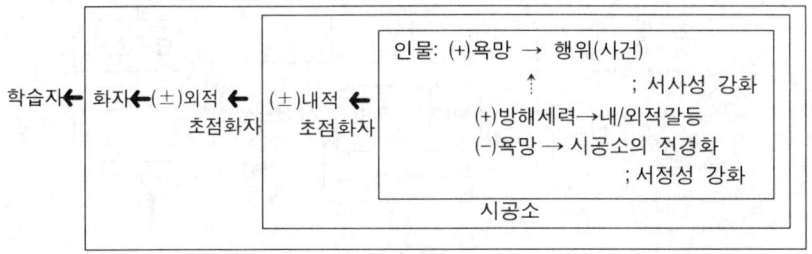

인물의 욕망, 행위, 갈등과 사건, 시공소 등을 포함한 이야기의 채널 혹은 소통 방식에는 보여주기(showing)와 말하기(telling)가 있다. 보여주기

는 인물의 대화와 행위만으로 이야기가 제시되는 것이며, 말하기는 화자의 요약적인 담론에 의해 이야기가 제시되는 경우를 일컫는다. 보여주기에 의해 독자는 미메시스를 형성하고, 말하기를 통하여 디에게시스를 형성한다. 독자에게 형성된 미메시스와 디에게시스는 다시 독자의 틀을 포함한 컨텍스트와 결합하여 조정된다. 즉 화자의 이야기는 그대로 독자의 이야기로 약호화되는 것이 아니라 독자는 그 자신의 서사적 텍스트 해독 틀을 발동시키고 동시에 자신만의 컨텍스트를 수반하여 새로운 담론(trans-discourse)을 구성한다고 볼 수 있다.

　지금까지 논의한 이야기의 약호들과 하위약호들—인물의 욕망, 욕망으로 인한 행위·갈등·사건, 인물과 사건 등을 둘러싼 시공소—, 이러한 이야기를 제시(present)하는 화자와 초점화자, 이야기의 채널인 보여주기와 말하기, 그 채널을 통한 독자의 담론 형성을 반영한 서사적 텍스트 구성 등을 도식화시키면 다음과 같다.

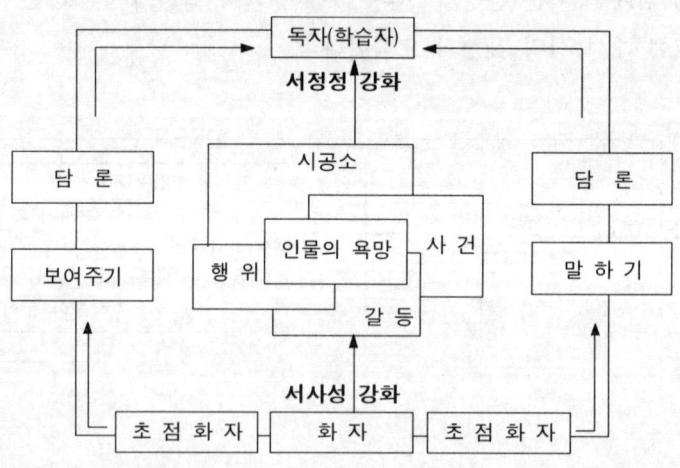

위 도식은, 이야기가 인물의 욕망으로부터 시작된다는 전제에서 출발한다. 그러나 모든 서사적 텍스트에 인물의 욕망이 있는 것은 아니다. 따라서 인물의 욕망이 무화될 때에는 인물의 행위도 욕망과 직접적인 관련성이 있는 것이 아닌 무의미한 행위가 되며, 욕망이 없으므로 갈등이 없으며 사건 또한 인과적 법칙에 지배를 받지 않는 파편적인 것이 된다. 이런 측면에서 이야기는 시공소가 지배소로 전경화될 수밖에 없는데 여기서 서사적 텍스트의 서정성이 강화되는 것이다. 위 도식에서도 가운데 놓인 이야기의 요소들, 즉 욕망, 행위, 갈등, 사건, 시공소에서 아래에 놓인 욕망, 행위, 갈등, 사건 등이 이야기의 지배소가 되면 서사성이, 위에 놓인 시공소가 지배소가 되면 서정성이 강화된다는 것이 나타난다.

학습자들은 서사적 텍스트의 화자의 위치에서 인물의 욕망과 행위, 갈등, 사건, 시공소 등 이야기를 표상하기도 하고, 초점화자의 위치에서 이야기를 표상하기도 한다. 혹은 인물의 위치에서 인물의 욕망이나 갈등 등을 표상하기도 한다.

위의 도식에 따라 황순원의 <소나기>가 학습자에게 어떻게 표상되었는지 다음의 예문을 통해 알아보기로 한다.[76]

밖을 내다보던 소년이 무엇을 생각했는지 수수밭 쪽으로 달려간다. 세워 놓은 수숫단 속을 비집어 보더니, 옆의 수숫단을 날라다 덧세운다. 다시 속을 비집어 본다. 그리고는 이쪽을 향해 손짓을 한다.

수숫단 속은 비는 안 새었다. 그저 어둡고 좁은 게 안 됐다. 앞에 나앉은 소년은 그냥 비를 맞아야만 했다. 그런 소년의 어깨에서 김이 올랐다.

소녀가 속삭이듯이, 이리 들어와 앉으라고 했다. 괜찮다고 했다. 소녀가 다시, 들어와 앉으라고 했다. 할 수 없이 뒷걸음질을 쳤다. 그 바람에, 소녀가 안

---

76) 여기서 <소나기>의 부분만을 인용한 것은, <소나기>에 대한 학습자의 심적 표상이 지속적으로 바뀌기 때문이다. 즉 위에서 인용된 부분은 하나의 심적 표상으로 구성될 수 있으나, <소나기>의 또 다른 부분에 대해서는 이와 다른 표상이 구성된다고 하겠다.

고 있는 꽃묶음이 망그러졌다. 그러나, 소녀는 상관없다고 생각했다. 비에 젖은 소년의 몸 내음새가 확 코에 끼얹혀졌다. 그러나, 고개를 돌리지 않았다. 도리어 소년의 몸기운으로 해서 떨리던 몸이 적이 누그러지는 느낌이었다.

위의 인용문에 대한 학습자의 표상을 유추하면 아래와 같다.[77]

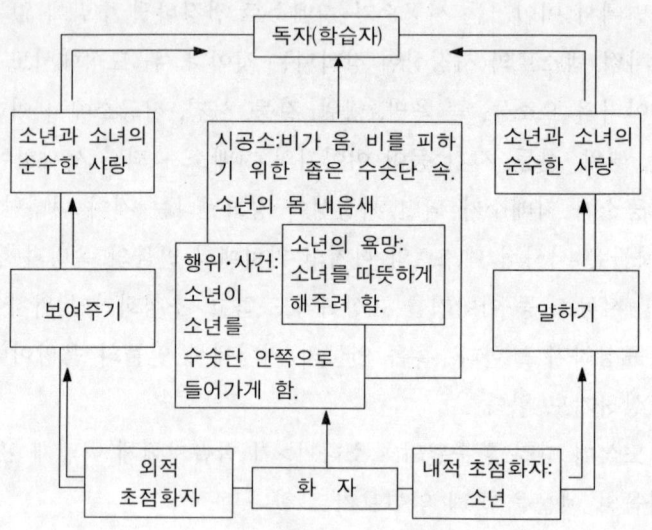

위의 표상의 도식에서 보이는 것처럼 인물은 '소년'과 '소녀'이며, 그들인 놓인 시공은 비가 오는 중의 좁은 수숫단 속이다. '소년'은 비에 젖어 추워 하는 '소녀'를 따뜻하게 해 주려고 한다. 이에 따라 '소년'은 '소

---

77) 본고에서 제시한 <소나기>에 대한 심적 표상의 유추적 도식은 텍스트 전체가 아니라 부분만을 고려한 것이므로 행위와 사건 항(slot)을 구분하지 않았다. 즉 일련의 행위가 사건이 될 수 있기 때문이다.
또 갈등의 항도 생략하였는데, 이것은 제시한 인용문에는 갈등이 없기 때문이라 할 수 있다. 그러나 <소나기>를 전체적으로 조명할 때, '소년'의 내면적 갈등을 찾아볼 수 있다.

녀'를 수숫단 안쪽으로 들어가게 하고, 자신은 바깥쪽에 앉는다. 이것으로 인해 수숫단 속에는 '소년'의 '몸내음'이 퍼지는데, 이 냄새도 텍스트 내에서 시공소로서 기능한다. 즉 비가 오고 추운 외적 시공은 자연히 인물들을 밀폐되고 좁은 공간인 수숫단 속으로 가게 하고 이 좁은 공간에서 퍼지는 '소년'의 '몸내음'은 '소년'의 '소녀'에 대한 사랑을 의미하는 것이라 할 수 있다.[78]

이러한 이야기는 외적 초점화자의 보여주기를 통해 '소년과 소녀의 순수한 사랑'이라는 담론을 구성하게 되고, 내적 초점화자인 소년의 시각을 통해서 말해지는 담론도 '순수한 사랑'이라 할 수 있다.

3.2 서사적 텍스트 해독을 위한 연행

3.2.1 인물·이야기 체화와 독백극

서사적 텍스트의 인물과 이야기에 관련된 표상을 활성화시키기 위한 교육연극적 방법이 독백극에 제한되는 것은 아니다. 이외에도 배우-배우 대화극과 배우-관객 대화극, 정지극이나 동작극도 부분적으로 활용될 수 있다.

인물과 이야기를 표상하는 것에 독백극을 매개시키면 인물의 욕망이나 심리, 성격 등을 표현하는 것이 용이하고, 시간 변조(anachrony)에 의한 이야기 구성, 인물이나 이야기에 대한 논평 등을 자유롭게 할 수가 있다.

---

78) <소나기>에 등장하는 꽃, 산으로의 이동, 수숫단 같은 것은 현대의 결혼식에서 신부가 몸에 지니는 것, 신혼 여행, 신방을 상징하는 것일 수 있다. 특히 수숫단 속은 신방의 의미로 읽힐 수 있다.
이대규, 『문학의 해석』, 신구문화사, 1998. 371-375쪽.

① 인물의 욕망·심리·성격 표상을 위한 독백극: <소나기>의 '소년'과 '소녀'에 대한 학습자의 표상을 활성화시키기 위해서 일인독백극을 실시할 수 있다. 교사는 학습자들로 하여금 '소년'이나 '소녀'가 된 상태에서 자신을 소개하거나, 일기를 써 보거나, 다른 인물에 관해 말해 보라고 해서 학습자가 인물로 동일시한 상태에서 인물에 대한 표상을 활성화하는 것을 도울 수 있다.

교사는 학습자로 하여금 '소년'이 되어 일기를 써 보라고 할 수 있다. 그리고 그것을 독백극으로 연행하면 되는 것이다. <소나기>는 다음과 같이 끝을 맺는데, 이것을 읽고 학습자들은 일기를 쓰고 그것을 독백극으로 연행한다.

개울물은 날로 여물어 갔다.

소년은 갈림길에서 아래쪽으로 가 보았다. 갈밭머리에서 바라보는 서당골 마을은 쪽빛 하늘 아래 한결 가까워 보였다.

어른들의 말이, 내일 소녀네가 양평읍으로 이사 간다는 것이었다. 거기 가서는 조그마한 가겟방을 보게 되리라는 것이었다.

소년은 저도 모르게 주머니 속 호두알을 만지작거리며, 한 손으로는 수없이 갈꽃을 휘어 꺾고 있었다.

그 날 밤, 소년은 자리에 누워서도 같은 생각뿐이었다. 내일 소녀네가 이사하는 걸 가보나 어쩌나. 가면 소녀를 보게 될까 어떨까.

그러다가 까무룩 잠이 들었는가 하는데, "허, 참 세상일도……."

마을 갔던 아버지가 언제 돌아왔는지, "윤 초시 댁도 말이 아니야, 그 많던 전답을 다 팔아 버리고, 대대로 살아오던 집마저 남의 손에 넘기더니, 또 악상까지 당하는 걸 보면……" 남폿불 밑에서 바느질감을 안고 있던 어머니가, "증손(曾孫)이라곤 계집애 그 애 하나뿐이었지요?"

"그렇지, 사내 애 둘 있던 건 어려서 잃어버리고……." "어쩌면 그렇게 자식 복이 없을까."

"글쎄 말이지. 이번 앤 꽤 여러 날 앓는 걸 약도 변변히 못써 봤다더군. 지금 같아서 윤초시네도 대가 끊긴 셈이지.……그런데 참, 이번 계집앤 어린 것이

여간 잔망스럽지가 않아. 글쎄, 죽기 전에 이런 말을 했다지 않아? 자기가 죽거든 자기 입던 옷을 꼭 그대로 입혀서 묻어 달라고……."

다음은 한 학습자가 '소년'이 되어 일기를 쓴 것을 인용한 것이다.

꿈이었는지도 모른다. 그애가 죽었다는 건 사실이 아니고 꿈에서 들은 얘기인지도 모른다. 아버지께 여쭈어봐야 겠는데 이상하게 겁이 난다. 그렇게 작고 예쁜 아이가 죽을 수는 없을 것이다. 아니다. 그애는 아프다고 했다. 아파서 얼굴도 해쓱해져 있었다. 그러나 분명히 나한테 그애는 이사를 간다고 했다. 아마도 아버지는 이사를 간 걸 잘못 말하지 않았을까? 아니면 내가 잘못 들은 것은 아닐까? 그래, 이사를 간다고 했다. 이사를 간다고 했지만 그날 내 등에서 묻은 진흙물을 보여 주지 않았던가. 그건 그애가 나를…. 그리고 대추도 주었는데…. 그리고 나는 그애를 위해 덕쇠 할아버지네 호두도 땄는데…. 나중에, 나중에 아버지한테 물어봐야겠다. 그애가 정말 이사를 갔는지, 어쨌는지….

위 학습자의 일기에서 학습자는 '소녀' 옷에 묻은 '진흙물'이나 '소녀'가 준 '대추'가 '소년'에 대한 애정을 표시한 것이라는 점을 표상했음을 알 수 있다. 또 '소년'이 '호두'를 딴 것도 '소녀'에 대한 사랑 때문이었다는 것을 표상했음을 알 수 있다.

위 학습자의 <소나기>에 대한 표상과 관련된 부분을 인용하면 다음과 같다.

"그 동안 앓았다."
어쩐지 소녀의 얼굴이 해쓱해져 있었다.
"그 날, 소나기 맞은 탓 아냐?"
소녀가 가만히 고개를 끄덕이었다.
"인제 다 났냐?"
"아직도……."
"그럼, 누워 있어야지."
"하도 갑갑해서 나왔다. ……참, 그 날 재밌었어……. 그런데 그 날 어디서 이런 물이 들었는지 잘 지지 않는다."

소녀가 분홍 스웨터 앞자락을 내려다본다. 거기에 검붉은 진흙물 같은 게 들어 있었다.

소녀가 가만히 보조개를 떠올리며, "그래 이게 무슨 물 같니?"

소년은 스웨터 앞자락만 바라보고 있었다.

"내, 생각해 냈다. 그 날, 도랑을 건너면서 내가 업힌 일이 있지? 그 때, 네 등에서 옮은 물이다."

소년은 얼굴이 확 달아오름을 느꼈다.

갈림길에서 소녀는

"저, 오늘 아침에 우리 집에서 대추를 땄다. 벌 제사 지내려고 ……." 대추한 줌을 내준다. 소년은 주춤한다.

"맛봐라. 우리 증조(曾祖)할아버지가 심었다는데, 아주 달다." 소년은 두 손을 오그려 내밀며, "참, 알도 굵다!"

"그리고 저, 우리 이번에 제사 지내고 나서 좀 있다. 집을 내주 게 됐다." 소년은 소녀네가 이사해 오기 전에 벌써 어른들의 이야기를 들어서, 윤 초시 손자(孫子)가 서울 서 사업에 실패해 가지고 고향에 돌아오지 않을 수 없게 되었다는 걸 알고 있었다. 그것이 이번에는 고향집마저 남의 손에 넘기게 된 모양이었다.

"왜 그런지 난 이사 가는 게 싫어졌다. 어른들이 하는 일이니 어쩔 수 없지만……." 전에 없이, 소녀의 까만 눈에 쓸쓸한 빛이 떠돌았다.

소녀와 헤어져 돌아오는 길에, 소년은 혼잣속으로, 소녀가 이사를 간다는 말을 수없이 되뇌어 보았다. 무어 그리 안타까울 것도 서러울 것도 없었다. 그렇건만, 소년은 지금 자기가 씹고 있는 대추알의 단맛을 모르고 있었다.

이 날 밤, 소년은 몰래 덕쇠 할아버지네 호두밭으로 갔다.

낮에 봐 두었던 나무로 올라갔다. 그리고, 봐 두었던 가지를 향해 작대기를 내리쳤다. 호두송이 떨어지는 소리가 별나게 크게 들렸다. 가슴이 선뜩했다. 그러나 다음 순간, 굵은 호두야 많이 떨어 져라, 많이 떨어져라, 저도 모를 힘에 이끌려 마구 작대기를 내리 치는 것이었다.

돌아오는 길에는 열 이틀 달이 지우는 그늘만 골라 디뎠다. 그늘의 고마움을 처음 느꼈다.

불룩한 주머니를 어루만졌다. 호두송이를 맨손으로 깠다가는 옴이 오르기 쉽다는 말 같은 건 아무렇지도 않았다. 그저 근동에서 제일 가는 이 덕쇠 할아버지네 호두를 어서 소녀에게 맛보여야 한다는 생각만이 앞섰다.

독백극은 학습자 한 명으로 연행하는 일인독백극을 실시할 수도 있지만 연결독백극으로 해 볼 수도 있다. 연결독백극의 경우는 일인독백극보다 더 역동적이다. 예컨대 '소년'의 일기를 학습자 한 명에게만 연행하도록 하는 것이 아니라 여러 학습자들로 하여금 '소년'으로 동일시하게 하고 일기를 쓰게 한 연후에 이것을 독백극으로 연행하도록 하는 것이다. 그렇게 되면 먼저 '소년'이 되어 말한 학생의 발화가 뒤이어 말하는 학습자에게 작용하여 '소년'으로서의 텍스트 표상이 더욱 정교화될 수 있다.

<소나기>의 인물인 '소년'으로서의 독백극을 활성화하기 위해서 '소년'과 유사한 심리를 가지고 있다고 보이는 서사적 텍스트의 인물을 살펴볼 수 있다. 예컨대 알퐁스 도데의 <별>[79]에 나오는 '나'는 <소나기>의 '소년'과 같은 미성숙한 남자로서 <소나기>의 '소녀'에 해당하는 '스테파네트 아가씨'에 대한 순수한 사랑의 감정을 지니고 있다.

다음은 <별>에서 '나'와 '스테파네트'가 함께 있는 장면을 인용한 것이다.

> 금방 생글생글 웃던 모습은 간데없고, 흠빡 물에 젖어서 추위와 공포로 오르르 떨고 있었습니다. 아마, 언덕 밑에서, 소나기에 물이 불은 소르그 강에 부딪히자, 기를 쓰고 굳이 건너가려다가 그만 물에 빠질 뻔한 모양이었습니다. ---(중략)---
> 기어이 밤이 오고야 말았습니다. 이제는 아득한 산꼭대기에 겨우 싸라기만큼이나 햇볕이 남아 있어, 서쪽 하늘에 증기처럼 한 줄기 빛이 비껴 있을 뿐이

---

79) 이 텍스트는 제 6차 교육과정에서 중학교 3학년 국어 교과서에 제시되어 있다. 중학교 1학년 때 읽게 되는 <소나기>와는 적절하게 계열적 관계를 이루어 나선형 교육이 이루어질 수 있다.

었습니다. 나는 아가씨가 울 안에 들어가서 쉬기를 바랐습니다. 새 짚 위에, 한 번도 써 보지 않은 새 모피를 깔아 놓고, 안녕히 주무시라고 인사를 하고 나서, 나는 밖으로 나와 문 앞에 앉았습니다.

비록 누추할망정 그래도 내 울 안에서, 신기한 듯이 그 잠든 얼굴을 들여다 보는 양들 바로 곁에서, 우리 주인댁 따님이 —— 마치 다른 어느 양보다 더 귀하고 더 순결한 한 마리 양처럼 —— 내 보호 밑에 마음놓고 고이 쉬고 있다 는 생각에 오직 자랑스러운 마음이 벅차 오를 뿐이었습니다. 이 때까지 밤 하 늘이 그렇게도 유난히 깊고, 별들이 그렇게도 찬란하게 보인 적은 없었습니다.

---(중략)---

가슴이 설렘을 어쩔 수 없었지만, 그래도 내 마음은, 오직 아름다운 것만을 생각하게 해 주는 그 맑은 밤 하늘의 비호를 받아, 어디까지나 성스럽고 순결 함을 잃지 않았습니다. 우리 주위에는 총총한 별들이, 마치 헤아릴 수 없이 거 대한 양 떼처럼 고분고분하게 고요히 그들의 운행을 계속 하고 있었습니다. 그 리고 이따금 이런 생각이 내 머리를 스치곤 했습니다.[80]

위 인용문에서도 알 수 있듯이 '스테파네트 아가씨'는 물에 젖어 있었 다. 이것은 <소나기>에서 '소녀'가 비에 젖은 것과 유사하다. '아가씨' 를 따뜻하게 해 주기 위하여 '나'가 자신의 좁은 '울 안'에서 쉬게 하듯 이 <소나기>에서 '소년'도 '소녀'를 따뜻하게 해 주기 위해 좁은 '수숫 단' 속에서 비를 긋게 한다. 모두 좁고 타인들이 근접하지 않는 시공이라 는 점에서 일치된다. 그리고 이러한 사건으로 두 인물의 관계가 더 밀접 해 진다는 점도 동일하다.

요컨대 <별>에서 '나'의 욕망은 '아가씨'를 따뜻하게 해 주고 지켜준 다는 데 있고, 이를 위해 '아가씨'를 '울 안'에서 자게 하거나, 자신의 어 깨에 기대어 쉬게 하는데, 이들을 둘러싸고 있는 공간은 하늘과 별이 보 이는 공간이다. 이 시공소로서의 '별'은 '나'의 '아가씨'에 대한 순수한

---

80) 여기서 인용된 알퐁스 도데의 <별>은 중학교 삼학년 국어교과서(제 6차 교육과정)에 나온 것을 바탕으로 한다.

사랑의 환유이다. 이러한 측면에서 <별>에 대한 학습자의 심적 표상을 유추하면 다음과 같다. 아래의 도식에서 볼 수 있듯이 이것은 <소나기>의 표상과 상당히 닮아 있다.

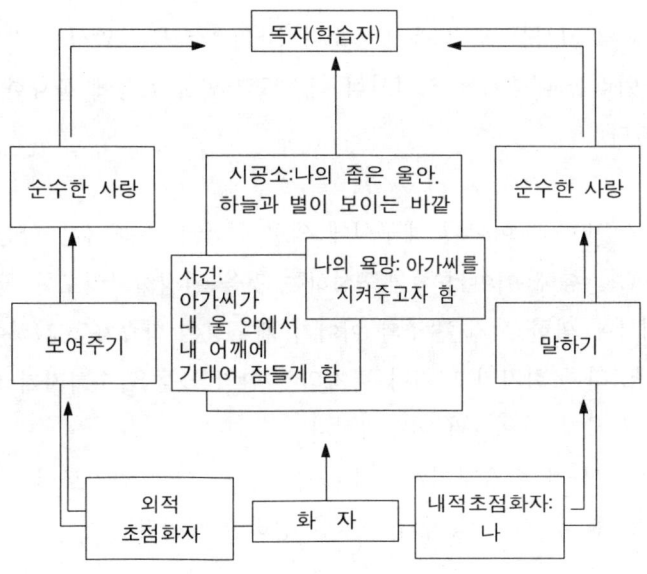

이렇게 유사한 심리를 갖는 인물을 함께 표상해 봄으로써 텍스트 내 인물로서의 독백극을 연행할 수 있는데, 이러한 상호적 읽기의 자료로 활용될 수 있는 것은 대중가요에서도 찾아볼 수 있다. 다음은 대중가요 <산골 소년의 사랑 얘기>이다.

풀잎새 따다가 엮었어요. 예쁜 꽃송이도 넣었구요.
그대 노을빛에 머리 곱게 물들면 예쁜 꽃모자 씌워 주고파.
냇가에 고무신 벗어놓고 흐르는 냇물에 발 담그고
언제쯤 그 애가 징검다리를 건널까 하며 가슴은 두근거렸죠.

흐르는 냇물 위에 노을이 분홍빛 물들이고
어느새 구름사이로 저녁달이 빛나고 있네.
노을빛 냇물 위엔 예쁜 꽃 모자 떠가는데, 어느 작은 산골 소년의 슬픈 사랑 얘기.

　위 가요의 가사를 보면 흡사 <소나기>의 '소년'이 말하는 것처럼 보여진다. 이러한 대중가요도 서사적 텍스트의 인물 표상에 훌륭한 매체가 될 수 있다.

　② 시간 변조와 이야기 재구성에 의한 독백극: 독백극은 학습자들이 시간 변조를 통해 이야기를 재구성하는 것을 활성화시키도록 할 수 있다. 독백극에 의한 시간 변조와 이야기 재구성은 학습자들로 하여금 텍스트의 또 다른 화자가 되거나 화자의 이야기를 들은 수화자가 되어 이야기를 해 보게 함으로써 이루어진다.
　다음은 교사가 학습자에게 <소나기>의 또 다른 화자로서 이야기를 해 보라고 한 후 그 학습자의 연행을 정리한 것이다.

　　소녀를 사랑하는 소년이 있었다. 소녀는 죽으면서 자기가 입던 옷을 꼭 입혀 달라고 했다. 그 옷에는 소년의 등에서 묻은 진흙물이 묻어 있었기 때문이다. 며칠 전 소년과 소녀가 들로 나갔을 때 갑자기 비가 오는 바람에 개울에 물이 불어 소녀가 소년에게 업힌 적이 있었다. 그 때 묻은 물이었던 것이다. 그날은 소년과 소녀가 들로 나가서 꽃과 함께 놀았다. 소년은 소녀에게 꽃 이름을 묻곤 했다. 또 소년이 꺾어 준 꽃을 버리지 말라고 신신당부하기도 했다. 꽃을 꺾으려다 소녀가 미끄러지는 바람에 상처가 생겨 소년이 자기도 모르게 입술을 갖다 대어 빨고 송진을 발라주기도 했다. 소녀에게 황소를 태워주기도 하고 그래서 자랑스러워했다. 그러다가 비가 왔는데, 소년과 소녀는 수숫단 속에서 비를 피했지만 소녀는 그것으로 며칠을 앓게 되고 그 때문인지 소년은 소녀를 영영 못 보게 된 것이다. 얼마 전까지만 해도 소녀는 소년에게 이사를 갈 것이라고 하면서 대추를 주기도 했다. 또 소년은 소녀를 위해 호두를 따기도 했다. 그런데 그 호두를 미처 주기도 전에 소녀가 죽었다는 것이다. 소년은 이 말을 잠결에 듣게 된다.

위 학습자의 연행에서는 원래의 <소나기>와는 다른 이야기 구성이 보인다. <소나기>에서는 '소녀'의 죽음이 '소년의 아버지'의 말에 의해 간접적으로 제일 마지막에 제시되어 있으나 위 학습자의 연행에서는 제일 처음으로 제시되어 있다. 학습자에게 가장 강하게 표상된 것이 전경화되어 순차(order)의 변경이 일어난 것이라 할 것이다.

원래 <소나기>는 이야기와 담론이 동일한 순차를 갖는 표준적 계기성(normal sequence)으로 구성되어 있었지만, 학습자의 연행은 시간변조적 계기성(anachronous sequence)을 바탕으로 사건의 소급제시(analepsis)를 하고 있다.

표준적 계기성에서 사건의 시간과 플롯의 시간은 병행한다. 따라서 이야기 시간과 담론 시간의 순서가 동일하게 진행되며 처음부터 끝까지 이러한 관계는 유지된다.

이와 다르게 이야기의 시간과 담론의 시간이 동일하게 일치하지 않는 것이 시간변조적 계기성에 의한 이야기 제시인데, 대표적인 경우는 소급제시와 사전제시(prolepsis)이다. 소급제시는 현재 사건의 진행 중에 과거의 사건이 끼어서 현재의 사건의 흐름을 일시적으로 차단하는 경우를 말하고, 사전제시는 현재 사건의 진행 중에 뒤이어 일어날 사건을 앞질러 제시하는 경우를 가리킨다.[81] 학습자들은 시간변조적 계기성을 바탕으로 표준 계기성에 의한 이야기를 재구성한다고 볼 수 있다.

이러한 이야기 재구성은 일인독백극으로 이루어질 수도 있지만 연결

---

81) 소급제시와 사전제시의 경우, 전자는 영화의 플래시백(flashback)과 회상(retrospection), 후자는 플래시-포워드(flash-forward)와 예견(anticipation)에 상응한다.

독백극으로 연행될 수도 있다. 일인독백극에 배해 연결독백극에 의한 이야기 재구성은 다선적 성격을 띤다. 학습자 한 명의 이야기 구성이 아니라 여러 명의 이야기 구성이기 때문에 학습자들의 발화가 뚜렷한 논리적인 인과관계(casuality)로 엮이지 않을 수도 있기 때문이다. 일인독백극에 의한 이야기 구성은 그것이 표준 계기성을 띠든 시간변조적 계기성을 띠든 인과관계에 의하여 이루어지지만, 연결독백극의 경우에는 이러한 인과관계가 해체될 수 있다.

학습자들은 서사적 텍스트의 핵사건과 주변사건들을 서로 결합하여 소연속(micro-sequence)을 이루고 이 소연속을 결합하여 대연속(macro-sequence)을 이루어 완전한 이야기(story-line)를 형성하기도 하지만 그 이야기는 단선적이지 않고 다선적이다.

여러 명 학습자에 의한 연결독백극에서는 학습자들이 연행 중간중간에 앞 사건과 무관한 에피소드 등을 넣기도 하고, 갑작스럽게 학습자 개인에게 표상된 사건을 함께 발화하기도 한다. 이렇듯 연결독백극에 의한 이야기 재구성은 단일한 연속성을 바탕으로 이루어지기보다는 복합적이고 다선적 진행 양상을 띠게 된다.

이러한 다선적 이야기 진행에 있어서, 학습자들은 텍스트 내 사건과 거의 관련이 없는 사건들을 자의적으로 말하기도 하는데 이것은 서사적 텍스트를 표상함에 있어 학습자들의 개인적인 컨텍스트가 과도하게 수반된 결과라고도 볼 수 있다. 즉 텍스트에서 연상되는 자신의 경험이나 생각들을 자의적으로 이야기 재구성에 개입시키는 것이다. 이러한 자의적인 사건의 결합(achrony)에 의해 이야기는 몽타쥬와 같은 양상을 띠게 된다.

이러한 과정은 패러디 텍스트를 생산하는 일과도 유사하다. 즉 원래의 서사적 텍스트의 계기성을 해체하고 학습자 자신의 컨텍스트를 수반하여 자유롭게 새로운 이야기로 재구성하는 것이다.

③ 인물이나 이야기에 대한 논평을 위한 독백극: 논평(Commentary)은 원래 화자가 자신의 견해를 명시적으로 드러내 보이는 서술 행위나 화자가 어떤 의도를 가지고 제시하는 서술 행위를 일컫는 용어이다. 일반적으로 현대소설과 같은 서사적 텍스트에서는 논평이 직접적으로 제시되는 일이 드물다. 그러나 학습자가 서사적 텍스트에 대해 독백극을 할 경우에는 자신의 논평이 연행 중간에 삽입되는 경우가 많다.

독백극에 의한 논평은 다음과 같은 절차로 이루어진다.

㉠ 교사는 학습자들에게 자신을 텍스트의 화자라고 생각하고 텍스트를 읽으라고 한다.
(여기서 텍스트를 읽는 행위는 학습자가 자신을 화자라고 생각하고 이루어지기 때문에, 수동적인 독자의 위치라기보다는 능동적인 화자의 위치가 된다. 따라서 텍스트를 읽는 행위는 텍스트를 말하는 행위라고 할 수 있다.)
㉡ 학습자들은 자신을 화자라고 생각하고 텍스트를 읽는다. 이 과정에서 학습자는 자신을 텍스트를 발화하는 주체라고 가정한다.
㉢ 읽기가 끝나면 교사는 학습자들에게 텍스트의 화자로서의 자신의 생각을 말하라고 한다.

다음은 <소나기>에 대한 화자로서의 학습자의 논평적 독백이다.

소년과 소녀는 서로 사랑하였습니다. 짧은 시간 동안 사랑이었습니다. 소녀가 죽었기 때문입니다. 부끄러움이 많은 소년은 소녀가 추위에 떨 때 옷을 벗어서 덮어 주었는데, 소녀 또한 그것을 잊지 못해서 죽을 때까지 그 옷을 입고 있기를 원했습니다.

처음에 사랑은 소녀가 먼저 시작하였습니다. 소녀는 소년에게 돌을 던지며 '바보'라고 하였습니다. 아마도 자신의 마음을 알아주지 못하는 소년에 대한 반어적 표현이었을 겁니다. 소녀가 소년보다 더욱 적극적이었습니다. 소년은 소극적이었지만 소녀에게 황소를 태워줄 때는 뿌듯해 하기도 하였습니다. 소년이 소녀보다 잘 할 수 있는 것이었기 때문에 특별히 소녀에게 자신이 해 줄 수 있는 일이었습니다. 또 불어난 개울물을 건너 주는 것도 소년을 뿌듯하게 하였을 겁니다. ---(후략)---

위에서 학습자는 '소년'과 '소녀'의 성격이나 심리에 대해 직접적으로 발화하고 있다. 이렇듯 독백극을 통해 텍스트에 직접 드러나지 않은 화자의 논평까지도 할 수 있다. 이 독백극에 의한 논평으로 교사는 학습자들이 텍스트의 표면에 드러나지 않은 것들까지도 학습자가 표상하였음을 확인할 수 있다.

3.2.2 시공소 체화와 정지극·동작극

시공소는 인물과 사건을 둘러싸고 있는 모든 것이다. 시공소는 인물, 사건과 기호학적인 관련을 맺는다. 즉 인물과 사건이 투사되기도 하고 시공소가 인물이나 사건에 전이되기도 한다. 따라서 시공소의 체화는 서사적 텍스트의 인물과 사건의 체화와 함께 온라인 상태에서 이루어진다.
체화된 시공소를 언어적 연행인 독백극이나 대화극으로 연행해 볼 수도 있지만 시공소의 특징인 도상성을 고려하여 정지극이나 동작극으로 연행해 볼 수 있다.
여기서는 <소나기>의 시공소 표상을 더욱 활성화시키기 위한 동작극의 예를 제시하고자한다.
교사는 7-8명의 학습자들에게 <소나기>에서 가장 인상적인 부분을 그 인물이나 주변의 상황이 되어 연행해 보라고 한다.

다음은 학습자들이 연행한 것을 간략하게 제시한 것이다.

> 학습자 중 2명은 소년과 소녀의 역할을 맡았다. 두 사람은 손을 잡고 즐겁게 무대 위를 거닌다. 비 내리는 소리가 음향으로 들려온다(카세트 준비). 소년과 소녀 역의 학습자들은 분주하게 움직이다가 나머지 학습자들은 한 명씩 데리고 와서 세운다. 그 학생들은 소년과 소녀 역을 맡은 학습자들을 에워싸서 좁은 공간을 만든다. 그 속에서 소년과 소녀가 웅크려 앉고 소녀가 추운 듯한 제스처를 보이고 소년이 옷을 벗어서 소녀의 어깨를 감싼다.

위에서 학습자들은 '소년'과 '소녀'가 들에서 놀다가 갑자기 비가 내려 두 사람이 '수숫단' 속으로 들어가는 모습을 연행한 것이다.

다음은 <소나기>에서 관련된 부분은 인용한 것이다.

> 밖을 내다보던 소년이 무엇을 생각했는지 수수밭 쪽으로 달려간다. 세워 놓은 수숫단 속을 비집어 보더니, 옆의 수숫단을 날라다 덧세운다. 다시 속을 비집어 본다. 그리고는 이쪽을 향해 손짓을 한다.
>
> 수숫단 속은 비는 안 새었다. 그저 어둡고 좁은 게 안 됐다. 앞에 나앉은 소년은 그냥 비를 맞아야만 했다. 그런 소년의 어깨에서 김이 올랐다.
>
> 소녀가 속삭이듯이, 이리 들어와 앉으라고 했다. 괜찮다고 했다. 소녀가 다시, 들어와 앉으라고 했다. 할 수 없이 뒷걸음질을 쳤다. 그 바람에, 소녀가 안고 있는 꽃묶음이 망그러졌다. 그러나, 소녀는 상관없다고 생각했다. 비에 젖은 소년의 몸 내음새가 확 코에 끼얹혀졌다. 그러나, 고개를 돌리지 않았다. 도리어 소년의 몸기운으로 해서 떨리던 몸이 적이 누그러지는 느낌이었다.

'수숫단' 속은 좁은 공간으로 '소년'과 '소녀'가 밀착될 수 있는 공간이다. '수숫단' 속은 '소년'과 '소녀'가 가까워지는 장(field)이 되는 것이다. 따라서 '수숫단'은 단순한 공간이라기보다는 두 사람의 관계를 밀착시키면서 사건을 진행시키는 역할을 한다. 즉 '수숫단'은 인물과 환유관계에 놓인 시공이 되는 것이다. 이러한 시공을 연행함으로써 학습자들은 인물과 시공의 관계 표상이 적극적으로 활성화된다고 하겠다.

아울러 이러한 시공소에서의 인물들의 행위를 적극적으로 표상하게 하기 위해서 영화를 자료로 활용할 수도 있다. 즉 서사적 텍스트의 시공소와 유사한 것을 시각적으로 형상화된 텍스트를 학습자에게 제시할 경우, 학습자들의 시공소 표상이 더욱 활성화될 수 있는 것이다.

<소나기>의 시공은 도시가 아닌 전원이다. 이 전원에서 두 인물의 순수한 사랑이 이루어지는데, 이와 유사하게 표상되는 영화가 <마르셀의 여름(La Gloire de mon Pere)>, <마르셀의 추억(Le Chateau de Ma Mere)>, <마이 걸(my girl)>이다.82)

영화 <마르셀의 여름>, <마르셀의 추억>은 마르셀 빠뇰(Marcel Pagnol)의 《어린 시절의 추억((Souvenir d'Enfance)》을 원작으로 하고 있다. <마르셀의 여름>은 여름방학을 맞아 겪는 성장을 그리고 있으며, <마르셀의 추억>은 행복했던 여름방학에 대한 그리움에서 출발한다.

이 두 영화는 모두 전원을 시공소로 하여 어린 아이들의 순수한 측면을 그리고 있다. 이러한 점이 <소나기>의 인물과 시공소와 닮아 있으며, 이 영화를 통해 교사의 아무런 인위적인 동기부여 없이도 학습자들이 자연스럽게 <소나기>의 시공소를 상호적으로 표상할 수 있게 되는 것이다.

영화 <마이 걸>은 미국 펜실바니아 작은 마을의 전원을 시공소로 한다. 이 속에서 열한 살 '베이다'는 성장하는데, 특히 또래인 '토마스'와의

---

82) 황순원의 <소나기>는 이미 영화화, 드라마화가 되어 있으므로 이 텍스트를 활용해도 좋을 것이다.
또, 영화의 제목은 우리 나라에서 상연될 당시의 제목을 그대로 사용하였다.

순수한 사랑이 주는 감흥이 <소나기>의 그것과 유사하다.

특히 호숫가 버드나무 아래에서 '베이다'와 '토마스'의 행위는 <소나기>에서 '수숫단' 속에서의 '소년', '소녀'의 행위와 상호적으로 표상된다.

베이다	키스해 본 적 있니? TV에 나오는 것처럼? 그게 얼마나 굉장한 건지 우리가 알아 봐야 할 거야.
토마스	나는 어떻게 하는지 몰라.
베이다	이렇게 네 팔에다 연습을 해봐.
	(베이다와 토마스는 연습 삼아 각자의 팔뚝에다 키스를 한다.)
베이다	연습을 충분히 해야 해. 눈을 감아 봐.
토마스	그럼 아무 것도 볼 수 없는데.
베이다	빨리 눈을 감아.
	(둘은 눈을 감는다.)
베이다	셋까지 세고 하는 거야. 하나, 둘, 둘 반, 셋!
	(둘은 키스를 한다.)
베이다	누구에게도 얘기하지 않는 게 좋을 거야. 침을 뱉어 맹세하자.
	(베이다와 토마스가 각자의 손바닥에 침을 뱉은 뒤 악수를 한다.)

이와 같은 '베이다'와 '토마스'의 '키스 사건'이 있은 후에 두 사람은 이성간에 발생할 수 있는 감정을 느끼지만, 그 감정이 무르익기도 전에 '토마스'는 죽게 된다. '토마스'는 아버지에게 꾸중을 들은 '베이다'를 위로하기 위해 예전에 벌집 근처에서 '베이다'가 잃어버린 반지를 찾아 주려다가 벌에게 쏘여 죽고 만 것이다. 이러한 사건으로 '베이다'는 더욱 성숙하게 되는데, 이러한 죽음과 성숙과의 관계 설정 또한 <소나기>와 유사하다고 하겠다.

요컨대 상호적으로 표상되는 인물과 시공소가 제시되는 영화텍스트를 통해 학습자들 은서사적 텍스트의 표상을 더욱 적극적으로 구성하게 된다. 특히 영화는 그 자체가 이미 연행적 방식이므로 학습자들의 연행을 활성화시키는 데 도움을 주는 매체라고 하겠다.

3.2.3 시점 · 초점화 체화와 배우-관객 대화극

서사적 텍스트의 이야기에 대한 실제 발화자인 화자와 이야기에 포함되는 인물과 사건 등을 바라보는 시선을 갖는 초점화자를 구분할 때, 화자나 초점화자가 이야기에 관한 태도나 관점이 어떠한지를 표상할 수 있다.

앞서 독백극에 의해서 화자의 이야기에 대한 태도나 관점을 표상하는 것을 활성화시킬 수 있음을 보았다. 독백극뿐만 아니라 배우-관객 대화극을 통해서도 화자나 초점화자의 이야기에 대한 태도나 관점을 적극적으로 표상하게 할 수 있다.

<소나기>의 화자는 이야기 밖에 놓여 있으며, '소년'은 인물뿐 아니라 '소녀'를 초점화 대상으로 하는 초점화자로서 기능도 하는데, 여기서는 <소나기>에서 초점화자인 '소년'의 관점과 태도에 대한 표상을 활성화시키기 위한 '소년'과 관객들 간에 실시한 배우-관객 대화극을 간단하게 제시하고자 한다.

관객　처음 소녀를 보았을 때 소녀의 모습은 어떠했습니까?
소년　소녀는 얼굴이 희고 분홍색 스웨터에 남색 스커트를 입고 있었어요.
관객　소녀와 함께 꽃을 꺾으면서 놀았는데, 그때 기분이 어떠했습니까?
소년　소녀가 갈꽃을 안고 있었는데 소녀 아닌 갈꽃이 들길을 걸어가는 것 같았어요.

관객　　황소 위에 탔을 때는 무엇을 보았습니까?
소년　　앞에 소녀가 있었는데, 소녀의 흰 얼굴과 분홍 스웨터, 남색 스커트가
　　　　안고 있는 꽃과 함께 범벅이 되어서 소녀가 꼭 하나의 꽃묶음 같았어요.

위의 배우-관객 대화극에서는 '소년'으로서의 학습자가 초점화자로서
의 역할을 표상했음을 알 수 있다. '소년'으로서의 학습자의 첫 번째 대
답은 다음의 인용문과 관련이 된다.

　　　　이 날은 소녀가 징검다리 한가운데 앉아 세수를 하고 있었다. 분홍 스웨터
　　소매를 걷어올린 목덜미가 마냥 희었다.

아울러 '소년'으로서의 학습자의 두 번째 대답은 다음의 인용문과 관
련이 있다.

　　　　저 쪽 갈밭머리에 갈꽃이 한 옴큼 움직였다. 소녀가 갈꽃을 안고 있었다. 그
　　리고, 이제는 천천한 걸음이었다. 유난히 맑은 가을 햇살이 소녀의 갈꽃머리에
　　서 반짝거렸다. 소녀 아닌 갈꽃이 들길을 걸어가는 것만 같았다.

'소년'으로서의 학습자의 세 번째 대답은 다음의 인용문과 관련이 있
다.

　　　　소녀의 흰 얼굴이, 분홍 스웨터가, 남색 스커트가, 안고 있는 꽃과 함께 범벅
　　이 된다. 모두가 하 나의 큰 꽃묶음 같다.

이와 같이 배우-관객 대화극을 통해 교사는 학습자가 시점이나 초점화
와 관련된 것들을 적극적으로 표상했는지 알아볼 수 있을 뿐만 아니라,
질의와 대답을 과정 중에 학습자들은 시점과 초점화의 표상을 수행할 수

있게 된다. 이렇듯 교육연극적 연행은 그 과정에서 학습자로 하여금 적극적으로 표상을 형성할 수 있도록 돕는 매체가 될 뿐만 아니라, 그것이 학습자의 표상을 수행하는 것이기 때문에, 교사가 학습자의 능력을 수행 평가하는 방법도 될 수 있다.

3.2.4 서사적 텍스트 표상 활성화를 위한 하위 연행 방식 체계화

서사적 텍스트는 어떤 텍스트보다 다성적이다. 이것은 서사적 텍스트에서 발화하는 주체가 다수이기 때문이다. 서사적 텍스트에서 발화 주체는 화자, 초점화자들, 인물들이다. 모두가 각자의 목소리를 갖고 있기 때문에 서사적 텍스트의 의미는 하나로 규정될 수가 없다.

따라서 서사적 텍스트의 수업에 있어서는 다성성이 고려되어야 한다. 그것은 텍스트 낭독부터 시작되어야 한다. 학습자들은 텍스트 속 화자나 인물이 실제 존재하는 인물로 가정하고 읽어야 한다. 만약 이런 서사적 텍스트 감상의 차원을 무시하고 단순히 분석과 해석을 위해서만 낭독한다면, 오히려 인물의 다성성을 저해하며 인물의 성격이나 플롯의 의미, 장면의 상징적 의미에 대해 무리한 일반화나 도식화가 될 우려가 있다. 학습자들은 처음 텍스트를 낭독할 때는 분석, 해석을 하겠다는 목적 의식보다, '나는 서사적 텍스트 속 ○○이다. ', '나도 그 공간 속에서 그 사건을 보거나 경험하고 있다' 등의 창의적 가정을 하는 것이 중요하다.

단 한 번의 낭독으로 텍스트의 의미를 이해한다는 것은 무리이다. 따라서 학습자들 스스로 조를 편성하여 쉬는 시간 등에 함께 낭독하도록 지도하고, 학습자 혼자서도 창의적 가정 안에서 텍스트를 여러 번 읽도록 지도한다.

이렇듯 학습자들은 텍스트를 소리내어 읽기는 동안에 텍스트의 숨은 의미를 생각해 보고 서사적 텍스트 속 인물들과 혹은 함께 텍스트를 읽고 있는 참여자들과 대화를 하고 싶어질 것이다. 그리고 텍스트를 읽으면서 계속 불어나는 의미들에 대해서, 그들은 어느 하나로 지향해 가고 싶어 어쩔 줄 몰라 할 것이다. 그것이 서사적 텍스트의 해체이며 재구성이다. 텍스트가 하나의 의미로 완성되었다고 생각한 순간 또 다른 잠재적 의미로 해체되는 것을 다시 한 번 느끼며, 학습자들은 텍스트와 자신의 해독에 대해 배신감을 느끼며 텍스트의 모습을 파악하기 위해 애를 쓰게 되는데, 이러한 과정에서 학습자들의 고차원적 정신 능력이 점차 신장된다고 할 수 있다.

낭독이 끝나고 본격적인 교육연극적 수업에서 수업내용이 되는 것이 서사적 텍스트의 약호이다. 서사적 텍스트의 약호는 화자, 초점화자와 이야기(인물, 인물의 욕망, 행위, 갈등, 사건, 플롯, 시공소)이다.

화자·초점화자·인물은 연극의 약호 중 인물에 해당하고, 행위·갈등·사건·플롯 등은 연극의 약호 중 줄거리에 해당하며, 시공소는 음향과 무대장치에, 의미는 관념에 해당한다.

화자나 초점화자를 표상하기 위해서는 독백극이 적절하다. 화자나 초점화자의 인물이나 사건에 대한 태도를 독백극을 통해 연행할 수 있다. 이 때 일인독백극과 연결독백극이 모두 활용될 수 있는데, 특히 연결독백극의 경우에는 화자나 초점화자로서의 배우를 여러 명 설정해서 이어달리기식으로 인물과 사건에 대한 태도를 말하게 할 수 있다.

인물의 욕망에 대한 표상을 정교화하기 위해서도 독백극이 용이하다. 인물로 가정된 학습자에게 자신의 욕망이 무엇인지 말하게 한다. 일인독백극으로 연행하면 한 명의 학습자가 그 욕망을 말하고, 연결독백극의 경우에는 여러 명의 학습자들이 인물의 욕망에 관해 말한다.

인물이나 인물의 욕망을 표상하기 위해서도 독백극을 활용할 수 있다. 특히 욕망을 말하는 방식으로 심리극적 방법을 도입할 수도 있다.

심리극적 기법 중 마술상점(magic shop) 기법은, 마술상점을 마련하고 그 상점에서 자신이 사고 싶은 물건과 팔고 싶은 물건을 말하게 하는 방식인데, 서사적 텍스트의 수업에서 인물의 욕망을 마술상점에서 말하게 함으로써 극적 분위기를 고조시킬 수 있다. 마술상점 기법은 배우로 하여금 무대 위에 있는 진열대에 훌륭한 모든 것들이 있다고 상상을 시킨 후 누구든지 원한다면 가게에 들어와서 물건을 살 수 있다고 가정하게 하는데, 이 때의 물건이나 상품은 물질적인 것뿐만 아니라 꿈이나 욕망하는 것 모두를 포함한다.

이중자아(double) 기법을 사용할 수도 있다.[83] 이중자아는 한 인물에 대한 또 다른 자아이다. 이중자아는 한 인물과 심리적인 쌍둥이가 되어 그의 내면의 소리로 숨겨진 생각, 관심, 감정 등을 드러내는데, 이것을 서사적 텍스트 수업에 활용하게 되면, 한 인물에 대한 자아를 두 명을 설정하고 한 명은 외면적 자아로, 한 명은 내면적 자아로 역할을 담당하게 하여 내면적 자아가 외면적 자아의 욕망에 관해 말하는 방식으로 연행하면 된다.

인물의 행위, 갈등, 사건, 플롯 등의 표상을 정교화하기 위해서는 연결 독백극에 의한 이야기 구성과 배우-배우 대화극이 적합하다. 특히 배우-배우 대화극은 인물 사이의 관계와 갈등을 표상하기에 알맞다.

시공소의 연행을 위해서는 조화극과 정지극이 유용하다. 인물이 처한 시공이나 상황을 암시하는 비언어적인 분위기의 표상에는 비언어적 연행인 조화극, 정지극이 효율적이라 할 수 있다.

---

83) 마술상점 기법과 이중자아 기법은 인물에 관련된 것을 연행하는 데 적합하므로 극적 텍스트에 있어서 인물을 연행하는 데에도 활용될 수 있다.

서사적 텍스트의 의미적인 부분을 표상하기 위해서는 배우-관객 대화극이 유용한데, 여기서 의미라 함은 단순히 주제를 의미하는 것이 아니라 텍스트의 표면에 드러나지 않는 모든 것을 말한다. 화자나 초점화자의 태도, 인물의 욕망, 사건의 의미 등을 모두 여기서는 의미라는 말로 나타내었다.

이렇듯 텍스트의 표면에 나타나지 않는 것을 배우-관객 대화극으로 연행할 경우, 배우로 참여한 학습자들뿐만 아니라 관객으로서의 학습자들에게도 텍스트에 대한 표상을 역동적으로 재구성하게 만드는 것이다.

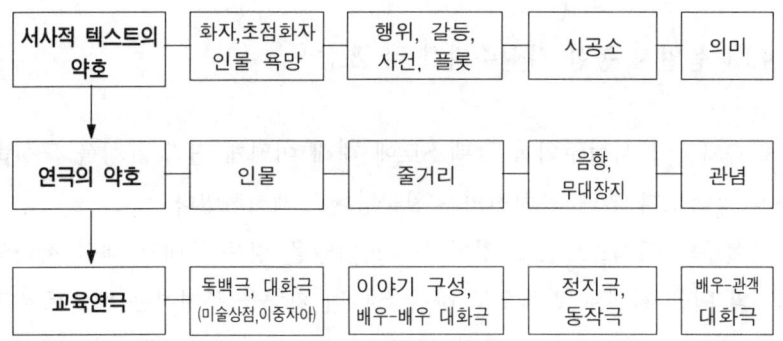

서사적 텍스트의 약호	화자,초점화자 인물 욕망	행위, 갈등, 사건, 플롯	시공소	의미
연극의 약호	인물	줄거리	음향, 무대장지	관념
교육연극	독백극, 대화극 (미술상점,이중자아)	이야기 구성, 배우-배우 대화극	정지극, 동작극	배우-관객 대화극

서사적 텍스트 중 서사적 약호가 전경화되어 나타나는 경우는 독백극이나 대화극을 지배소로 하여 연행하고, 서정적 약호가 전경화되어 나타나는 경우는 정지극이나 동작극으로 연행하면 효율적이다. 대부분 서사적 텍스트는 서사적 약호와 서정적 약호가 모두 섞여 있는데, 이를 상호적 연극을 통해 구현할 수 있다.

계열적 방식의 상호적 연극으로 연행하면, 화자를 설정하여 이 화자가 서사적 내용(이야기)을 일인독백극으로 발화하고, 그에 대해 다른 학습자들이 조화동작극으로 연행할 경우 훌륭한 즉흥극이 될 수 있다.

이 연극이 끝난 다음 배우-관객 대화극으로 마무리하면 서사적 텍스트의 표면에 나타나지 않는 의미들도 정교하게 표상할 수 있다.

4. 극적 텍스트에 대한 심적 표상과 교육연극의 수용

4.1 표상 유추와 해독틀 구성

4.1.1 동일시 통한 사실주의적 극 표상

학습자들이 사실주의적 극텍스트에 대해 어떻게 심적 표상을 구성하는지 알아보기 위해 유치진의 <원술랑>을 제시하였다.

사실주의 극텍스트는 그것이 무대화되었을 경우 무대와 객석 사이의 제4의 벽을 전제로 관객으로 하여금 극적 환영을 부여하는 텍스트이다. 극적 환영을 위하여 사실주의 극텍스트는 잘 짜여진(well-made) 플롯을 기본으로 한다. 잘 짜여진 플롯이란 상황의 분명한 제시, 앞으로 있을 사건들에 대한 치밀한 준비, 예기치 않았지만 논리적인 역전, 계속적이며 점증적인 긴장(suspense), 의무 장면, 논리적인 해결로 이루어진 것을 말한다. 이렇듯 사실주의 극텍스트는 치밀한 도입부와 분명한 인과관계로 구성된다.[84]

이러한 사실주의 극텍스트의 특성을 비교적 잘 반영하고 있는 텍스트 중 중고등학교의 학습자들이 접할 수 있는 교과서에 나오는 텍스트가 유

---

84) Brockett, Oscar G. 김윤철 옮김, 『연극개론』, 한신문화사, 1997. 408-409쪽.

치진의 <원술랑>이다.

〈실험 8〉

실험 방법:

① 대상은 고등학교 1학년 남녀 학생 50명이었다.
② 유치진의 <원술랑>을 제시하였다. <원술랑>은 역사적 사건을 허구화한 대표적인 현대 사실주의극이라 할 수 있기 때문이다.
③ <원술랑>을 읽은 후 바로 생각나는 점이 무엇인지 물었다. 이 질의는 학습자들의 <원술랑>에 대한 표상이 어떤 바탕 위에서 이루어지는지 알아보기 위해서였다.

〈실험 8〉의 결과와 이에 대한 해석:

③의 질의에 관련하여 학습자들은 다음과 같은 반응을 보였다.

　㉠ "원술이 결국 승전함으로써 모든 것이 행복하게 끝나서 정말 다행이다."
　㉡ "진달래와 원술의 계급을 초월한 사랑이 아름답다."
　㉢ "원술과 그의 아버지인 김유신 장군과의 관계는 잘 이해되지 않는다. 아무리 싸움에서 패전했다 하더라도 원술의 말처럼 다음 기회를 엿보기 위해 다시 살아서 오는 것이 합리적이라 생각되는데, 기어코 죽으라고 하는 원술 아버지는 이해가 되지 않는다. 하지만 이것은 당시 시대상황으로서는 어쩔 수 없는 결론일 것이다."
　㉣ "전쟁의 상황을 어떻게 무대화하였는지 실제로 보고 싶다."

　㉠, ㉡과 같은 반응은 학습자가 '원술'과 자신을 동일시하였기 때문에 보이는 카타르시스라고 할 수 있다.

다음은 ㉠, ㉡과 관련된 <원술랑>의 일부이다.

원 술   (깜짝 놀래어) 오- 정말! 진달래! (하고 덥비려 한다.)

진달래   (손으로 막으며) 저는 죽어야 할….

원 술   죽다니, 그 무슨 소린가? 황공하옵게도 이 어전에서….

진달래   도령님과 같은 훌륭하신 분께서 부마가 되시어야 우리 나라는….

원 술   오, 내가 부마가 되는 줄 알고 자결하려한 것이로고! (전신이 불이 되
       며) 진달래! 나를 이렇게도 몰라 준단 말인가? 나는 그대를 만나면 갈
       삿갓 쓰고 길거리에서 살던 그 시골로 다시 찾아가 외로운 새벽 하늘
       의 별처럼 의좋게 살 결심을 하고 있는데 그대는 나를! (분노에 못 이
       겨 뚫어지라고 진달래를 쏘아본다.)

진달래   (원술의 불타는 눈에서 그의 진심을 비로소 알고) 도련님, 용서하소서.
       용서하소서! (하고 그의 품에 쓰러진다.)

공 주   (조금 전에 등장하여 이 광경을 보고 있다가) 아바마마, 저 분을 놓아
       주소서. 자유로운 몸이 되게 하여 주소서.

왕   그러면 그대, 앞으로 그대는 그대의 마음대로 하겠거니와 그대 떠나기
       전에 그대의 허락을 받아야 할 일이 있노라.

원 술   무슨 일이오니까?

왕   그대에게 주려던 소판이란 작위만은 원술이란 이름과 아울러 우리의
       사기에 남김을 허락하라.

원 술   신의 성명을 거룩한 우리 나라 청사에 남기신다는 말씀이시니이까.

왕   물론이야..

원 술   그 천부당 만부당하신 분부로소이다.

왕   연이나 이 번듯한 공을!

원 술   만일에 부득이 남겨야 하실 일이라면 신의 공을 내세우기 보다 신의
       지은 죄를 서서히 기록하시어 사람으로서 계율을 어김이 얼마나 기맥
       힌 일인가를 후세에 전하시와 신과 같은 불충 불효한 자가 두 번 다
       시 나지 않도록 증계하여 주시기 바라 아뢰나이다.

왕   (그제서야 용기를 얻은 듯이 공주의 손을 꽉 쥐며 소리 죽여) 사관 거
       기 있소?

사 관   예. (하고 왕의 앞으로 나간다)

왕   원술 화랑의 이 뜻깊은 부탁을 명심하오. (주악)
사 관   예. (하고 읍한다.)
         (높은 주악 소리에 따라 원술과 진달래 왕 앞에 엎디어 절한다. 그리
         고 물러간다.)[85)]

위 인용문은 <원술랑>의 제일 마지막 부분이다. 이 글 속에는 '원술'
이 '진달래'와의 사랑을 결실 맺고 동시에 화랑으로서의 임무를 다 하는
것이 담겨 있다.

이 마지막 부분에서도 알 수 있듯이 <원술랑>은 크게 두 개의 하위
텍스트들(sub-texts)로 이루어져 있다. 하나는 원술-장군-왕으로 연결되는
국가와 화랑 차원의 텍스트이고, 하나는 원술-진달래로 연결되는 계급을
초월한 사랑이라는 차원의 텍스트이다. <원술랑>은 이 두 개의 하위 텍
스트가 병행하면서 텍스트 전체를 이루고 있다.

ⓒ에서는 학습자가 '김유신' 장군에 대해 거리두기를 하면서 극적 환
상을 깨고 있는 것이 보이는데, 이것은 학습자의 가치관과 '김유신'이 보
이는 가치관이 서로 다른 데서 오는 지평의 차이 때문이라 할 것이다.

다음은 ⓒ과 같은 표상과 관련된 <원술랑>의 일부를 인용한 것이다.

장군   도대체 네가 무어냐?
원술   예!
장군   네가 무어냐 말이다!
원술   … 이 나라의 화랑이올시다.
장군   그러면 화랑의 다섯 가지 신조를 알겠구나.
원술   … 예.
장군   외 보아라.

---

85) 여기에 인용된 유치진의 <원술랑>은 중학교 일학년 국어 교과서(제 6차 교육과정)에
    제시되어 있는 것과 연극정보검색 사이트 "http://www.kcaf.or.kr/hyper/Kdrama_main.
    html"에서 발췌한 것이다.

원술 … 무엇 때문에요?

장군 외라거든 외 보아!

원술 나라에 충성하고, 부모께 효도하고, 싸움에 나아가 물러가지 말고, 동무를 사귀되 신으로써 하고, 사람을 함부로 죽이지 말라 하였습니다.

장군 분명 싸움에 나아가 물러가지를 말라 하였겠다?

원술 …예.

장군 그럼 죽지 않고 왜 살아 왔느냐? 네가 떠날 때에도 내가 너에게 일른 말이 있지 않느냐? 자고로 화랑에게는 죽음은 있어도 패전은 있을 수 없다고.

원술 (깊이 고개를 떨어뜨린다)

장군 그런데 왜 이렇게 살았느냐? 네가 하잘 것 없는 졸병이라도 그렇지 못할 것이어늘 하물며 비장의 몸으로서!

원술 그것은 —

장군 적이 무서워서냐?

원술 아닙니다.

장군 목숨이 아까워서냐?

원술 아니올시다. 목숨이 아까워서가 아니올시다.

장군 이 세상에 미련이 있어서냐?

원술 아니올시다. 결단코 그런 것이 아니올시다.

장군 그러면 무어냐? 다시 일어설 기회를 노리기 위해서냐?

원술 (반가운 듯이) 예, 바로 그것입니다. 소자는 당나라 장수 고간의 목을 버히지 않고는 죽을 수 없습니다. 다시 일어나서 그놈의 목을 빌 기회를 맨들려고 죽지 않고 물러나왔습니다.

장군 (추상 같은 소리로) 에이 비겁한 녀석 같으니라구! 옆에 선 전우들이 죽어 넘어지는 꼴을 보고 어찌 뻔뻔스럽게 —

원술 정말 장수란 물러날 때와 싸울 때를 알아야 한다고 하지 않습니까? 하잘 것 없이 죽느니보다 살아 뒷일을 도모함도 현명한 일이라고 생각했습니다.

장군 구구한 변명 듣기 싫다. 변명이란 떳떳치 못한 인간만이 하는 소리다. (원술의 차고 있는 칼을 빼어) 이것은 적의 목을 베라고 내가 너에게 준

칼일 게다. 내 앞에서 이 칼로 단박에 죽어라. 네 놈은 우리 김씨 가문
을 더럽혔음은 물론, 빛나는 화랑의 체면을 훼손하였고 거룩한 이 나라
의 이름을 망친 놈이다. 냉큼 그 칼을 거꾸로 물고 죽지 못하겠느냐?

학습자들은 위 부분의 입체낭독을 하면서 연행하는 학습자와 그것을
듣고 있는 학습자가 동시에 웃음을 터뜨리기도 했는데, 이것은 학습자
자신의 기대지평과 맞지 않는 장군의 가치관 때문이라 하겠다. 장군은
자신의 아들인 '원술'에게 전쟁에서 패하고 왔으니 죽으라고 하는데 그
것이 신세대 학습자들에게는 진지하고 장엄하게 표상되는 것이 아니라
희화화되어 표상되는 것이다.

아울러 장군의 반복적인 언어 표현은 학습자들에게 있어서 분위기를
더 장엄하게 만들기보다는 오히려 인물에 대한 풍자를 초래하기까지 하
였다. 이것은 21세기에 청소년기에 있는 학습자들의 아비투스(habitus)와
관련이 있다.86) 청소년 또래 집단의 아비투스는 집단을 위해 개인을 희

---

86) 영어의 habit 과 어원을 같이하는 아비투스는 같은 철자의 라틴어에서 유래했으며, 프
랑스어로는 아비투스로 발음된다. 현대 철학을 가르는 기준에는 여러가지가 있겠지
만, 개인의식과 사회구조 중 어느 것이 본질적인가를 묻는 논쟁은 닭과 달걀의 그것
만큼이나 지리한 대립이었다. 부르디외는 양 진영을 모두 비판하면서, 개인의식과 사
회구조를 통합한 아비투스를 가진 개인을 제시했던 것이다. 아비투스는 개인의 일정
한 행동 속에서 내면화되고 체화(육화, incorporation)된 성향체계를 지칭한다. 그러나
개인의 성향체계로서의 아비투스는 윤리학에서 말하는 체계적인 도덕심이나 양심과
는 구별된다. 그것은 윤리학과는 대립적으로 윤리적 차원의 성향과 실천적 원리가 객
관적으로 체계화된 총체를 지시하기 위해 사용되는 에토스(ethos)와 유사하다. 아비투
스의 개념은 또한 아비튀드(habitude: 습관)라는 개념과 근본적으로 구별된다. 아비튀
드는 무의식적으로 반복적이고 기계적이고 자율적인 것으로, 또한 생산적이라기보다
는 재생산적인 것이다. 그런 점에서 아비투스는 대단히 생성적인 어떤 것이다. 이렇
듯 아비투스는 정신적, 또는 인지적 구조로, 이것을 통해 사람들은 사회세계를 다루
게 된다. 사람들은 일련의 내면화된 체계(scheme)를 부여받았는데, 그것을 통해서 사회
세계를 인지하고, 이해하고, 감상하며, 평가하게 된다. 이 체계를 통해서 사람들은 실
천을 하고, 인식하고, 평가한다. 변증법적으로, 아비투스는 사회세계 구조의 내면화의
산물이다. 이것들은 연령집단, 성, 사회계급과 같은 계층구조에서의 객관적 분류를 반

생시킬 수도 있다는 가치관에 대해 비판적인 경우가 많다. 그들은 '나 중심 세대(me-generation)'로서 선택의 문제 등에 부딪쳐 내적 갈등을 일으킬 경우에 자신의 개인적인 측면에서 유리한 것을 종종 선택하며, 타자나 대의를 위한 선택에는 오히려 의아심을 나타낸다. 따라서 학습자들은 '장군'이 대의를 위해 그 아들을 죽으라고 하는 것을 풍자적으로 표상하는 것이다. 이러한 표상은 학습자들의 컨텍스트가 발동된 것으로서 텍스트 거슬러 읽기와도 관련이 된다. 즉 '장군'이 '원술랑'에게 죽으라고 하는 부분에서 나타나는 비장미 대신에 학습자들은 골계미를 느껴서 웃음을 터뜨렸다고 볼 수 있다. 특히 '장군'의 반복적인 말은 학습자들에게 언어유희로 받아들여져 더욱 웃음의 유발을 초래했다고 생각된다.

<실험 8>의 결과 ㉣에서 보면, 학습자가 무대화된 극적 텍스트를 표상하였음을 알 수 있다. ㉠, ㉡, ㉢은 무대화된 극적 텍스트의 표상이라기보다는 텍스트의 사건과 갈등 등을 현실처럼 받아들여 표상한 것임에 반해, ㉣은 <원술랑>이 무대화를 위한 극적 텍스트인 것을 정확하게 표상한 것이다.

㉣과 같이 표상할 경우에는 학습자들은 '원술랑'을 인물이면서 동시에 그 인물을 연행하는 배우로서 표상하게 된다. 즉 인물과 배우라는 이중적 관계를 인식하게 되는 것이다. 이것은 ㉠, ㉡, ㉢에서와 같이 텍스트의 인물을, 무대가 아닌 허구적 현실 속에서 표상한 것과 차이가 있다.

요컨대 학습자들은 사실주의적 극텍스트에 대해 현실의 바탕 위에서 그 표상을 구축하거나 아니면 무대화되어 형상화될 모습을 표상한다는 것을 알 수 있다. 어떤 경우이든 사실주의적 극텍스트의 인물에 대해서

영한다.

강준만, 「피에르 부르디외, 왜 중요한가?」, 한국사회언론연구회 편, 『한국사회와 언론』 제5호, 한울. 1995.

학습자들은 대개 동일시를 하지만, 자신의 가치관과 관련된 기대지평에
어긋나는 인물인 경우에는 거리두기를 통한 표상을 형성한다.

　이러한 학습자의 위치는 다음과 같이 도식화된다.

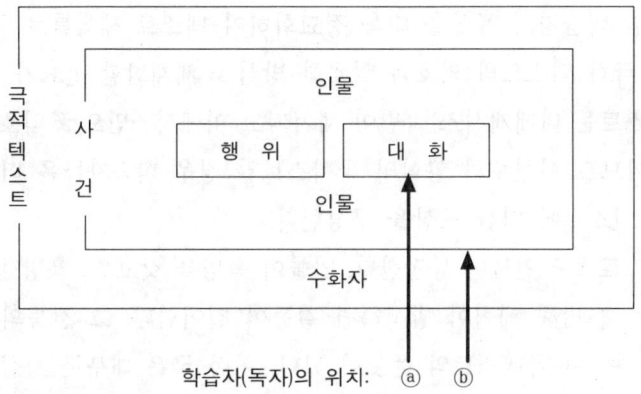

　위에서 학습자가 인물의 가치관이나 내면 세계에 동일시되는 경우 ⓐ
의 위치에서 텍스트를 표상한다. 이것은 <실험 8>에서 학습자의 반응
중 ㉠과 ㉡에 해당된다. 학습자가 인물의 가치관에 동일시되지 않을 경
우에는 ⓑ의 위치에서 텍스트를 표상한다. 이것은 <실험 8>에서 학습
자의 반응 중 ㉢에 해당된다.

　학습자가 ⓐ의 위치에서 있을 경우, 학습자는 텍스트 내의 인물이 되
어 다른 인물들과의 관계 속에서 인물의 심리나 갈등 등을 표상하고 사
건들을 겪으며 동시에 텍스트 속 배경들도 체화한다. 그러나 학습자가
ⓑ의 위치에 있을 때에는 학습자는 인물과 사건에 대한 거리두기를 통
해 객관적이고 비판적인 입장을 견지한다.

　학습자는 긍정적인 인물에 대해서는 ⓐ의 위치에, 부정적인 인물에 대

해서는 ⓑ의 위치에 있게 된다. 학습자는 ⓐ의 위치에서 텍스트를 표상하다가 자신이 동일시한 인물이 파멸을 할 경우에 카타르시스를 느끼게 된다. 또 ⓑ의 위치에서 텍스트를 표상하다가 자신이 비판하는 인물이 파멸을 할 경우에 쾌감을 느낀다.[87]

이러한 학습자의 표상을 더욱 정교화하여 텍스트 해독틀로 구성하기 위해서 극적 텍스트의 약호와 약호화 방식을 체계화할 필요가 있다.

극텍스트는 디에게시스 측면이 제거되고 미메시스만으로 약호화된 이야기[88]이므로 사실주의 양식의 극텍스트일 경우 학습자들은 더욱 역동적으로 텍스트에 대한 표상을 구성한다.

극텍스트에도 인물이 등장한다. 인물이 욕망을 갖고 그 욕망을 성취하고자 할 때 방해 세력이 발생하면 갈등이 일어난다. 그 갈등의 발생과 해소의 과정이 극텍스트의 플롯이 된다. 이런 극은 대부분 사실주의 극에서 발견된다.

사실주의 극텍스트의 시각적·청각적 장면은 구체적인 극적 상황을 조성하고 행위나 사건에 대해 비유나 상징적 의미를 갖는다.

학습자들은 미메시스 차원의 텍스트를 표상하면서 한 인물과 자신을 동일시하기도 하고 독서 시간이 흐르면서 동일시 대상을 바꾸기도 한다. 동일시 대상은 학습자의 기대지평과 일치하는 공감적 인물일 경우가 많은데, 인물이 기대지평과 어긋하거나 비공감적 인물이 등장하는 희극텍스트일 경우, 학습자는 인물에 대한 소원화의 태도를 취하거나 그 인물을 비판하는 극적 인물로 자신을 동일시하면서 텍스트에 대한 표상을 형성하게 된다.

---

87) 그러나 이것은 엄밀하게 구분되는 것은 아니고 학습자의 컨텍스트가 수반될 경우 달라질 수 있다. 예컨대 학습자들은 헐리우드 영화에서 종종 등장하는 '매력적인 악인'과 동일시하는 경우가 있는데 이것은 학습자의 아비투스와 관련이 있다.
88) 예외적으로, 화자가 등장하는 극텍스트도 있는데, 이를 서사극이라 한다.

학습자: 기대지평과 융합되는 인물에 대한 동일시, 기대지평과 어긋나는 인물에 대한 소원화	── 표 상	인물: (+)욕망 → 행위(사건) → 플롯 ↑ (+)방해세력→내/외적 갈등 |······비유, 상징 장면

4.1.2 소원화를 통한 반사실주의적 극 표상

모든 극텍스트가 사실주의적 극텍스트와 같이 학습자의 동일시를 기본으로 하여 표상되는지 알아볼 필요가 있다. 만약 그것이 아니라면 극텍스트의 표상 방법은 한 가지가 아닌 것이 되는 것이다.

<원술랑>은 공감적 인물이 주인공으로서, 주인공의 욕망과 욕망의 성취라는 플롯을 가지고 있다. 이러한 플롯을 따라 가면서 학습자들은 '원술랑'이 되어 보기도 하고, '진달래'가 되기도 하면서 텍스트를 표상한다.

그러나 이근삼의 <원고지>는 공감적 인물이 전혀 등장하지 않는다. 이런 경우에도 학습자가 인물과 동일시하면서 텍스트를 표상하는지 알아보기 위해 다음과 같은 실험을 하였다.

〈실험 9〉

실험 방법:

① 대상은 고등학교 남녀 학생 100명이었다.

② 교사는 학습자들로 하여금 이근삼의 <원고지>를 읽게 하였다. 읽기를 마치고 나서 자신이 동일시 된 인물이 있는지, 있다면 누구인지 질의하였다. 구체적으로 교사는 학습자들에게 다음과 같이 물었다. "<원고지>를 읽으면서 자신이 그 인물이라고 생각된 인물이 있으면 해당되는 인물에 손을 드십시오."

〈실험 9〉결과 및 그 분석과 해석:

다음은 학습자들이 동일시한 인물이다.

동일시 대상	교수	처	장녀	장남	감독관	천사	없음
학습자 수	6	4	18	12	0	0	60

'교수'나 '교수 처'와 동일시한 학습자는 거의 없는 데 비해, '장녀'나 '장남'과 동일시한 학습자는 소수 있었다. 그 이유가 무엇인지 학습자들에게 개별적으로 질의한 결과, 대부분 자신이 부모님께 그와 비슷하게 행동하고 있기 때문이라고 말했다. 이것은 학습자 개인의 컨텍스트가 발동된 읽기라고 할 수 있다.

그렇다면 '교수'나 :교수 처'와 동일시한 학습자는 무엇 때문인지 물어보았다. 그 결과 학습자들은 대부분, 자본주의 사회에서 경제적으로 부유하기 위해서는 어쩔 수 없이 비인간적일 수밖에 없다는 회의적인 말을 하였다. 따라서 '교수'나 '교수 처'의 모습이 미래 자신의 모습이라는 것이다. 이것도 역시 학습자 개인의 컨텍스트가 수반된 표상이라고 할 수 있다.

대부분의 학습자들이 동일시 대상이 없었다는 것은 무슨 이유 때문인지, 동일시 대상이 없었다는 60명의 학습자에 한하여 <실험 10>을 실시하였다.

〈실험 10〉

실험방법:

① 이근삼의 <원고지>에 나오는 인물 중 동일시 대상이 없다는 남녀 고등학생 60명이 대상이었다.
② 연구자는 무슨 이유로 <원고지>에 동일시 대상이 없었는지 질의 하고 그것에 대해 자유롭게 답하게 하였다.

〈실험 10〉의 결과 및 그 분석과 해석:

학습자들은 위 ②의 질의에 대해 다음과 같은 대답을 하였다.

ㄱ "장녀의 옷이 너무 이상하다. 생긴 것도 이상하고 이런 사람은 세상에 없을 것이다. 게다가 말도 너무 이상하게 한다. 이것은 장남도 마찬가지이다."

ㄴ "교수와 교수 처는 일반적인 부부 관계라고 하기 어렵다. 교수는 돈을 버는 기계이고 처는 그 기계를 조종하는 사람 같다."

ㄷ "소파에 씌운 천이 원고지라니, 이런 집은 거의 없다. 문도 철문이고 교수는 쇠사슬을 감고 있고, 너무 비현실적이다."

ㄹ "갑자기 감독관이나 천사가 나오는 것도 이상하다. 천사는 특히 비현실적인 존재인데, 교수 앞에 나타나는 것은 꿈이 아니라면 불가능한 일이다."

ㅁ "장녀가 관객(독자)에게 직접 말하는 부분이 있다. 현실이 아니라 연극이라 는 것을 알겠다."

ㄱ과 같은 학습자의 반응과 관련되는 부분을 <원고지>에서 인용하면 다음과 같다.

幕(막)이 오르기 전 요란스러운 通俗音樂(통속음악)이 들린다 音樂(음악)이 차차 요란해질 무렵 스폿트 라이트가 舞臺(무대) 前面(전면) <幕(막)앞>중앙 에 서 있는 長女(장녀)을 포착한다. 꽉 몸에낀 화려한 색의 부라우스와 케프리

팬쓰를 입고 있다. 무지무지한 젖퉁이와 뒤로 사정없이 바그라진 엉덩이에 관중들은 위압을 느낀다. 입이 보통 女子(여자)의 서너倍(배)는 된다. 빨간 침을 한 아가리가 全顔面(전안면)의 三分(삼분)의 二(이)는 차지한다. 스폿트 라이트에 번쩍이는 귀걸이 목걸이 손걸이가 관중들 눈에 거슬린다. 나이는 스물 셋쯤 이야기하는 동안 끊임없이 몸을 이리저리 흔든다. 음악이 멎는다.

---(중략)---

장녀   (처에게 命令調(명령조)로) 양말 하이힐!
장남   (처에게 명령조로) 잠바 마후라!

처는 말이 떨어질 때마다 알았다는 듯이 머리를 끄떡이며 순응한다.

장녀   용돈 교과서 과자!
장남   떡국 만두국 설렁탕!
장녀   영화값 연극값 다방값!
장남   교제비 차비 동창회비!
장녀   돈!
장남   돈!
장녀   자식에 대한 책임.
장남   자식에 대한 책임.[89]

위에 인용된 부분을 보면 '장녀'의 모습이 비현실적이고 과장되어 있고, '장녀'와 '장남'의 말도 보통의 대화 방식이라기보다는 언어유희에 의한 과장된 표현을 하고 있다는 것을 알 수 있다. 학습자들은 위와 같은 인물의 과장된 모습이나 과장된 대화에서 인물과 동일시하기보다는 오히려 소원화를 취한다는 것을 알 수 있다.

ⓒ에 나타난 학습자의 반응과 관련된 부분을 인용하면 다음과 같다.

처   왜 돌아오세요? 나가시기가 바쁘게.

---

89) 연극정보검색 "http://www.kcaf.or.kr/hyper/Kdrama_main.html"에서 발췌하여 인용하였음.

교수	여덟 시를 치기에 아침 여덟신 줄 알았지 대학에 강의(講義)하러 나간다고 나섰더니 밖이 캄캄하지 않어. 생각해 보니 밤 여덟시군. (쏘파에 누우면서) 오늘 밤은 좀 폭 쉬어야겠군.
처	공부는 안 하세요?
교수	공부?
처	아 번역 말이에요.
교수	좀 쉬어야겠어.
처	그럼 좀 쉬시다 일어나세요. 전 옆방에 갔다 오겠어요. 참 당신두 옷 좀 갈아입으세요. (전 번 모양 鐵鎖(철쇄)를 바꾸어 맨다. 이어 退場(퇴장))

위의 인용문에서 '처'와 '교수'는 돈을 매개로만 연결되어 있는 듯이 보인다. '옷'을 갈아 입힌는다는 것이 또 다른 '철쇄'를 바꾸어 매는 것도, '처'가 '교수'에게 새로운 책임을 주는 것이라 할 수 있다. 이러한 두 사람의 관계나 두 사람의 대화나 행위 등은 비현실적이라서 학습자들이 인물에 대해 동일시하기가 힘든 것이다.

ⓒ에 나타난 학습자의 반응과 관련된 부분을 인용하면 아래와 같다.

관객석 가까운 곳에 책상과 의자 하나가 前面(전면)을 향해 자리잡고 있다. 책상 위에는 原稿紙(원고지)가 그득히 쌓여 있다. 쏘파는 흔히 볼 수 있는 型(형)이지만 씌운카바의 무늬는 原稿紙(원고지)의 칸 그대로다. 무대 右側(우측)에 보이는 壁(벽)의 일부분과 후면에 서 있는 긴 壁(벽)의 모습도 흡사 原稿紙(원고지)를 곧추세운 것 같다. 벽의 무늬들도 原稿紙(원고지)의 칸 그대로 後面壁 右端(후면벽 우단)에 바깥하고 통하는 도어가 있다. 동물원의 코끼리 우리 같은 鐵窓(철창)을 방불케 하는 도어 刑務所(형무소)의 철문 같다고 함이 좋을지도 모른다. 후면 벽에 큼직한 窓(창)이 뚫려 있다.

위와 같은 무대장치 설정은 현실감을 주어 학습자들을 텍스트의 인물들과 동일시하기보다는 오히려 텍스트 속 인물들이나 그 인물들의 행위가 현실이 아니라는 것을 강조하기 위한 것이라 할 수 있다. 이러한 현실감의 제거를 통해 관객(독자)들로 하여금 텍스트에 대한 소원화를 취하게 하는데, 실험의 피험자인 학습자들도 역시 이러한 측면에서 텍스트의 인물에 대한 거리두기를 취하게 된 것이라 할 수 있다.[90]

ㄹ에 나타난 학습자의 반응과 관련된 부분은 다음과 같다.

> 천사   나를 완전히 잊을 줄 알았어요.
>
> 교수   (일어서며) 분명 그래 아직 잊지를 않았어 나의 희망 나의 정열의 옛
> 모습이야.
>
> 천사   쥐꼬리만한 기억력이 아직 남아 있군요.
>
> 교수   언제 어떻게 돼서 당신과 헤어졌는지 모르겠습니다. 나에게도 불타는
> 듯한 정열이 있었어요. 그래요. 생각이 납니다. 밤을 새워가며 아름다
> 움을 노래하고 진리를 위해 온 생애를 바치겠노라고 떠들던 그때. 아,
> 꿈 같은 시절이었습니다 당신은 왜 나를 버렸어요?
>
>   ---(중략)---
>
> 어둠 속에서 창을 여는 소리가 나며 감독관이
>
> 감독관   (회초리를 흔들며) 원고! 원고는 언제 쓰는 거야!

위에서 보면 '교수' 앞에 갑자기 '천사'와 '감독관'이 등장하는데, 이것은 비현실적인 설정이다. 이렇듯 현실에 존재하지 않는 인물이 등장하는 것으로 관객으로 하여금 극적 환영을 깨뜨리게 하는데, 이와 같은 측면

---

90) 이러한 특징은 서사극적 기법과 표현주의적 기법과도 관련이 된다. 서사적 기법으로 쓰여진 <원고지>는 한국 희곡을 새로운 차원으로 이동시키는 역할을 했다. 감정의 몰입을 요구하던 기존의 사실주의적 연극 기법과 다른 서사극적 기법의 등장은 변화가 일어나던 시대에 조응하는 획기적 기법이었다. 표현주의적인 수법과 서사극적인 기법이 서로 얽혀 만들어진 작품이 <원고지>인 것이다.
심상교, 「이근삼의 초기 희곡 연구」, 『한국극예술연구』제 6집, 1996.7. 252쪽.

에서 피험자인 학습자들도 인물과의 동일시가 아닌 소원화를 취했다고 할 수 있다.

㉤에 나타난 학습자의 반응과 관련된 부분은 다음과 같다.

장녀   (멋들어지게 관객들에게 인사를 하고 나서) 바쁘신데 이렇게 많이 모여주셔 참 감사합니다. 말씀드리기 전에 제 소개를 먼저 할까요? 여러분들은 저한테 소개할 필요가 없어요. 아까 여러분들이 이 극장 (혹은 이 학교 혹은 이 집) 문을 들어오실 때 저는 옆에서 자세히 여러분들을 보았지요.. 최다 年슈(연령)이 다르고 직업이 다르고 성격이 다르고 여기 오시기 전에 잡수신 저녁식사의 찬거리도 다르지 않겠어요? 저는 여러분들을 잘 알아요.

텍스트 내 인물이 텍스트 밖의 관객(독자)들에게 직접 발화하는 것은 무대와 객석간의 제 4의 벽을 무너뜨림으로써 극적 환영을 제거하는 역할을 한다. 피험자인 학습자들도 이와 같은 측면에서 텍스트에 대한 소원화를 취했다고 말할 수 있다.

요컨대 이근삼의 <원고지>는 과장된 분장의 인물과 인물의 대화 및 행위, 비현실적인 인물 관계, 비현실적인 무대장치, 비현실적인 인물의 등장, 극중 인물의 무대 밖 관객(독자)을 향한 직접 발화 등이 학습자들로 하여금 극적 텍스트의 인물에 대한 동일시를 막는 요인이라고 할 수 있다.

이와 같은 극을 반사실주의극이라고 할 수 있다. 반사실주의극은 사실주의극이 지향하는 것과 상반되는 모든 극 스타일을 포함하는 개념이다. 따라서 제 4의 벽이 해체되어 무대와 관객석의 경계가 없다든지, 사실감의 효과를 고의로 제거하는 과장된 무대장치를 사용한다든지, 인과적 구성을 파괴한 사건의 불연속성 등이 나타난다든지, 이로써 관객의 무대에

의 동일시를 가로막는 경우를 총칭해서 반사실주의극이라고 할 수 있다.

반사실주의극의 경우에는 학습자가 극텍스트를 현실이라고 가정하지 않고 무대 위에서 벌어지는 해프닝이라고 설정하기 때문에, 인물이나 사건 등에 대해 거리두기를 통해 비판적인 시각을 갖게 된다.

4.2 극적 텍스트 해독을 위한 연행

4.2.1 인물의 관계·갈등의 체화와 배우-배우 대화극

극적 텍스트는 그 자체가 연행을 위한 대본이기 때문에 그 자체로 연행하여도 무리가 없다. 다만 극적 텍스트를 연행할 경우 텍스트에 제시되어 있는 대로 모방하는 것은 의미가 없다. 모방한다는 것은 학습자가 그 인물로 가정하지 못했다는 것이고, 창의적 가정에 실패한 경우에는 텍스트에 대한 표상이 제대로 형성되지 않기 때문이다. 요컨대 극적 텍스트를 대본으로 하여 그대로 연행할 경우에는 학습자가 자신이 맡은 인물이라고 충분히 가정하게 한 뒤에 실시하는 것이 좋다.

또 대사 등을 외기 위해 너무 많은 시간을 투자하는 것도 문제가 있다. 학습자들이 대사 외기에 급급하게 되면 표상 형성이 자발적으로 이루어지기 어렵고, 대사를 외는 동안 텍스트에 대한 흥미를 잃고 부담스러워 할 경우가 발생하기 때문이다.

이처럼 극적 텍스트의 연행은 그 자체로 연행될 수도 있지만 교육연극적 방법을 활용하여 이루어질 수도 있다. 극적 텍스트의 약호를 표상하기 위한 교육연극적 기법이 적용되는 것이다.

배우-배우 대화극은 서정적 텍스트의 연행일 경우에는 현상적 화자와 현상적 청자 사이의 대화로 나타나고, 서사적 텍스트나 극적 텍스트의 경우에는 인물과 인물간의 대화로 나타난다. 배우-배우 대화극은 서사적 텍스트나 극적 텍스트의 경우에는 인물간의 갈등을 형상화하기에 적합한 연행 방식이 된다.

유치진의 <원술랑>의 경우, '원술'과 '장군'의 갈등이 나타나는 부분이 있는데 이에 대해 교사는 학습자들에게 배우-배우 대화극을 하게 할 수 있다. 그러나 아무런 상황 설정 없이 학습자들에게 무조건 배우-배우 대화극, 즉 '원술'과 '장군' 사이의 대화를 연행해 보라고 하면 학습자들은 연행을 할 수 없을 것이다.

<원술랑>을 자료로 하여 배우-배우 대화극의 과정을 제시하면 다음과 같다.

㉠ 교사는 학습자들로 하여금 입체적 낭독을 하게 한다.
㉡ 입체적 낭독이 끝난 다음, 그 극적 분위기를 유지하여 사회자로서의 교사는 '원술'과 '장군'이 대화할 수 있게 다음과 같은 질문을 한다. "원술은 아버지에게 더 하고 싶은 말이 없습니까?"
㉢ 원술이 아버지인 장군에게 하고 싶은 말을 한다.
㉣ 다시 교사는 장군에게 원술에게 더 하고 싶은 말이 없는지 묻는다.
㉤ 장군이 원술에게 하고 싶은 말을 한다.

다음은 '원술'로서의 학습자가 '장군'에게 한 말을 요약한 것이다.

아버지의 마음은 이해합니다. 그러나 저는 정말로 대의를 위하는 것이 무엇인지 먼저 생각하였습니다. 제가 패전하고 또 죽어 가는 벗을 버리고 혼자서 살아 온 것에 대한 죄과는 꼭 달게 받겠노라고 생각했습니다. 아버지는 저의 이러한 생각을 이해하실 줄 알았습니다. 하지만 한편으로는 그때 아버지께서 저에게 엄하게 대해 주신 것이 저의 결의를 더욱 다질 수 있었던 계기가 된 것이라, 감사드리는 마음도 없지 않습니다.

위 연행에서 학습자는 '장군'에 의한 '원술'의 외적 갈등뿐만 아니라 내적 갈등도 표상했음을 알 수 있다. 즉 원술은 임전무퇴라는 화랑의 신조와 대의를 위한 노력이라는 두 가지 욕망 사이에서 갈등을 했던 것이다.

다음은 '장군'으로서의 학습자가 발화한 것을 정리한 것이다.

나는 너의 아버지다. 어찌하여 네가 죽기를 바랬겠느냐? 그때 내 마음은 찢어지는 것 같았다. 하지만 너와 같은 젊은이가 신라에는 너무나 많다. 그 모든 이들이 패전하고서도 다시 살아온다면 우리의 패기는 떨어지지 않겠느냐? 나는 너를 믿었지만 모두가 내 마음 같지 않은 바, 나는 사사로운 감정보다는 신라를 위하는 길이 더 우선이라고 생각했다. 그래서 네가 살아서 비참하게 다른 사람의 손가락질을 받을 바에야 차라리 죽음으로써 화랑으로서의 명예를 지키기를 바랬던 것이다.

위 연행에서도 '장군'의 내적 갈등이 나타난다. '장군'은 화랑으로서의 명예와 자식에 대한 사랑 사이에서 갈등한 것이다.

이러한 배우-배우 대화극을은 여러 차례에 걸쳐서 이루어질 수 있다. 즉 ㉤의 '장군'의 발화에 이어 다시 '원술'의 발화가 이어질 수 있는 것이다.

이뿐만이 아니라 '진달래'가 '원술'과의 사회적 신분 차이에 의해 외적 갈등을 겪는 것도 배우-배우 대화극을 통해 연행해 볼 수 있다.

4.2.2 인물에 대한 풍자 체화와 배우-관객 대화극

배우-관객 대화극은 배우와 관객 사이의 경계가 무너진 상태에서 배우와 관객 간의 자유로운 대화가 이루어질 수 있는 연행 방식이다.

<원고지>를 배우-관객 대화극으로 연행할 경우, 텍스트에 등장하는 인물인 '교수', '처', '장남', '장녀', '감독관', '천사'를 맡은 학습자들이 관객들의 질의를 받고, 그 인물로서 답하는 방식으로 이루어지는데, 이것으로써써 관객으로서의 학습자들이 인물에 대한 풍자적 태도가 더욱 역동적으로 표상될 수 있다.

다음은 <원고지>에 대해 배우-관객 대화극이 진행된 것을 일부 정리한 것이다.

관객   교수에게 묻겠습니다. 당신의 삶의 목적은 무엇입니까?
교수   모르겠습니다. 나도 왜 사는지 모르겠습니다.
관객   교수의 처에게 묻겠습니다. 당신 남편의 삶의 목표는 무엇입니까?
처   공부를 하고 원고를 쓰는 거지요. 교수니까요. 교수는 학문을 해야 하지요.
관객   학문을 해서 무엇합니까?
처   돈을 벌게 됩니다. 물론 남편도 좀 쉬어야 하지요. 저는 남편의 편안
       함을 위해 옷을 여러 벌 준비한답니다. 그런데 남편은 언제나 피곤하
       다고 해요.
관객   당신이 준비한 옷이란 그 쇠사슬을 말합니까?
처   그렇죠. 얼마나 좋은 옷입니까?
관객   교수의 장녀에게 묻겠습니다. 아버지에 대해서 어떻게 생각합니까?
장녀   아버지는 돈을 벌어와야 합니다. 그것이 바로 자식에 대한 의무이죠.
       자식을 낳은 이상 우리를 잘 키워야 합니다.
관객   돈만으로 자식을 키울 수 있다고 생각합니까?
장녀   그럼요, 그래야 자식들이 과자도 사 먹고 설렁탕도 먹고 영화도 보고

연극도 보고 다방에도 가지요.
　　---(후략)---

　　관객들은 각 인물 역을 맡은 배우들에게 날카로운 질문을 하지만 그에 대해 배우들은 그 인물로서 적절하게 대답할 뿐이다. 이러한 배우-관객 대화극으로 많은 관객들로서의 학습자들이 극에 참여하여 풍자적 시각을 표현할 수 있을 뿐만 아니라 직접 극에 참여하지 않는 학습자들도 함께 웃음으로써 인물에 대한 풍자를 표상하는 것이 더욱 용이해진다.
　　인물에 대한 풍자적 태도를 적극적으로 표상하기 위해서 연행을 할 때 풍자 대상이 되는 인물들을 희화화하여 분장시킬 수 있다. 희화화된 분장은 풍자적 인물로서 연행하는 학습자뿐만 아니라 그것을 지켜보는 관객으로서의 학습자들에게도 적극적으로 연행을 할 수 있도록 해 준다.
　　연행에 있어 분장과 유사한 역할을 수행하는 것이 만화이다. 교사는 학습자들에게 풍자대상이 되는 인물들을 만화로 표현해 보라고 할 수 있다.
　　다음은 <원고지>의 '교수'에 대한 풍자적 시선을 보여주는 한 컷 만화이다.

위 그림에서 보듯이 도수가 높을 것 같은 큰 안경을 쓴 '교수'는 땀을 흘리며 정신없이 원고지를 채우고 있다. '교수'가 시간에 쫓기면서 자신의 의지대로가 아닌 강요나 의무에 못 이겨 일을 하고 있다는 것을 시계바늘이 바로 필기구가 되어 형상화 된 것으로 알 수 있다. 이와 같은 풍자적인 만화는 <원고지>의 '교수'에 대한 풍자를 하기에 적절하다고 하겠다.

4.2.3 극적 텍스트 표상 활성화를 위한 하위 연행 방식 체계화

극적 텍스트의 약호는 연극의 약호와 거의 일치한다. 극적 텍스트가 무대화되면 바로 연극이 되기 때문이다. 따라서 극적 텍스트의 표상은 극적 텍스트 자체를 대본으로 한 공연이나 입체적 낭독으로도 가능하다. 입체적 낭독을 할 때에는 연행하는 학습자들이 단순히 텍스트 내의 인물의 모방하기에 그쳐서는 안 된다. 학습자들이 완전히 그 인물로 동화된 상태에서 낭독할 수 있도록 해야 한다.

이처럼 입체적 낭독으로 심적 표상을 형성할 수도 있지만 교육연극의 다양한 하위 연행 방식들을 활용하여 극적 텍스트의 약호인 인물, 인물의 욕망, 갈등, 사건, 플롯, 장면 등을 적극적으로 체화할 수 있게 할 수 있다.

극적 텍스트의 약호 중 인물은 연극의 약호에 있어서도 인물에 해당하고, 행위·갈등·사건·플롯 등은 연극의 약호 중 줄거리에 해당하며, 장면은 음향과 무대장치에, 의미는 관념에 해당한다.

인물이나 인물의 욕망을 표상하기 위해서는 독백극을 활용할 수 있다. 특히 욕망을 말하는 방식으로는 심리극적 방법인 마술상점 기법과 이중자아 기법을 도입할 수도 있다.

인물간의 갈등 표상을 활성화시키기 위해서는 배우-배우 대화극이 유용하다. 학습자들이 갈등이 첨예하게 나타난 부분을 표상하고 나서, 표상한대로 배우-배우 대화극을 연행하는 것이다.

극적 텍스트의 플롯을 연행하기 위해서는 연결독백극에 의한 이야기 구성을 연행할 수 있다. 극적 텍스트에는 화자가 존재하지 않지만 연결독백극을 연행할 경우, 극적 텍스트의 플롯 속의 사건과 갈등을 그것을 지켜본 화자의 입장에서 발화하게 된다.

극적 텍스트의 장면을 연행하기 위해서는 정지극이나 동작극을 활용할 수 있다. 이 때는 학습자의 몸이 무대장치로 기능하게 된다. 학습자가 자신을 인물을 둘러싸고 있는 장면으로 동일시 될 수 있게 하기 위해서 음향과 무대장치 등을 활용할 수 있다.

극적 텍스트 전체의 의미를 연행하기 위해서는 배우-관객 대화극이 효율적이다. 배우-관객 대화극을 통해 관객으로서의 학습자가 배우로서의 학습자들에게 질의를 하고 그것에 대한 대답의 과정을 거치게 된다.

이러한 극적 텍스트의 약호를 연극의 약호에 대응시키고 그것에 해당하는 교육연극의 하위 방법들을 적용시키면 다음과 같다.

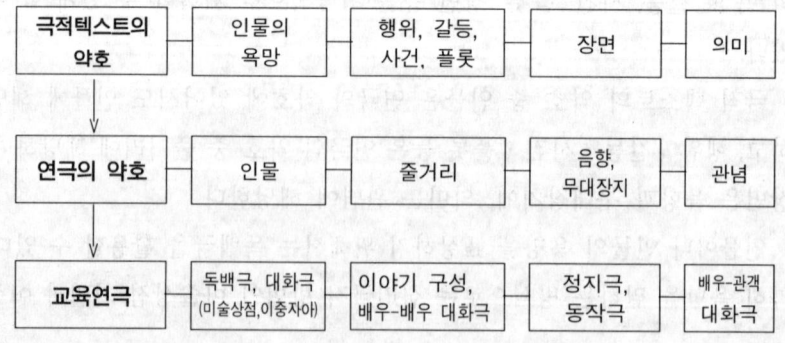

실제로 극적 텍스트의 교육연극적 수업에서는 위의 연행들이 계열적·통합적으로 결합된 상호적 연행이 활용된다. 상호적 연행을 할 경우에는 각 인물로서의 배우가 자기 소개를 한 후에, 극적 텍스트를 대본으로 전체나 부분을 연행하고, 그 후에 교육연극적 방법을 개별적으로 혹은 계열적으로 결합한 연행 등을 적용시키게 된다.

Ⅲ. 문학수업의
교육연극론적 전략

1. 서정적 텍스트의 교육연극적 접근

1.1 김소월 <진달래꽃>의 연행적 지도

1.1.1 텍스트에 대한 심적 표상

교사는 서정적 텍스트에 대한 교육연극적 수업에 들어가기 전에 학습자들의 심적 표상을 예측하고 이에 따라 적절한 교육연극적 방법을 적용할 수 있도록 준비해야 한다.

우선 화자가 내적 텍스트에 위치하는 텍스트의 교육연극적 접근을 위해 고등학교 『국어 상』에 나오는 김소월의 <진달래꽃>을 살펴보자.

> 나 보기가 역겨워
> 가실 때에는
> 말없이 고이 보내 드리우리다.
>
> 영변에 약산
> 진달래꽃
> 아름따다 가실 길에 뿌리오리다.
>
> 가시는 걸음 걸음
> 놓인 그 꽃을
> 사뿐히 즈려밟고 가시옵소서.
>
> 나 보기가 역겨워
> 가실 때에는
> 죽어도 아니 눈물 흘리오리다.[1]

이 텍스트의 화자는 청자에 대해 순종적이고 희생적인 어조를 갖는다. 자신이 역겨워 가는 청자를 거역 없이 보내 줄뿐만 아니라 그 앞길에 진달래꽃을 뿌려 준다고 한 것에서 알 수 있다.

제재인 이별에 대해서는 역설적이고 반어적인 어조를 보인다.[2] '이별'이라는 것과 환유적 관계에 놓일 수 있는 화자의 정서는 사랑, 희생이라기보다 원망, 저주라고 할 수 있을 것이다.

---

1) 김소월, <진달래꽃>,『국어 상』, 교육부, 1999. 154쪽.
2) 송효섭은 <진달래꽃>이 恨을 직설적으로만 표출한 텍스트로 그치지 않는 것은 이 텍스트의 역설 때문이라고 하였지만, 실상 恨 자체는 이미 역설적인 요소를 동반한다. 이것은 김열규의 恨을 정의한 것에서도 확인할 수 있다.
김열규는 심청전, 흥부전, 장화홍련전, 춘향전, 홍길동전에서부터 현대에 이르는 한국의 대표적 문학작품 속에서 恨적인 주제와 문학적 에토스를 찾아내고 이로부터 한국인과 한국문화 속의 恨심리에 대한 자신의 이론을 도출해 내고 있다. 그는 恨을 단선이 아닌 복합적 감정상태로 보고, 恨의 특성을 '외로움 같은 恨, 서러움 같은 恨, 허전함 같은 恨, 괴로움 같고 슬픔 같은 恨, 서정인가 하면 핍박이기도 한 恨, 아쉬움이면서도 처절한 아픔인 恨, 뉘우침이 엉겼는가 하면 원망이 서린 恨'으로 규정하고 있다. 이러한 恨의 복합적인 감정 때문에 이것은 怨과도 구별된다. 먼저 怨과 怨恨의 개념이 사용되는 문장에서, 恨은 맺히는 것이고 怨恨은 품어지는 것이라고 분석하기도 한다. 더 나아가 恨은 의도에 독립적인 것임에 반하여 怨恨은 의도에 의존적이다. 또한 怨恨은 지향성의 개념인데 반해 恨은 어떠한 대상에도 향하여 있지 않은 대상비지향적 개념이다. 따라서 怨은 분노의 감정과 보복의 감정이 중요한 감정특성이 될 수 있으나, 恨에서는 비애, 자책, 체념과 같은 허무감, 무기력감 등이 중요한 감정요소로 부각될 가능성이 크다.
한완상 등은 과거의 외적 상황이 정동(affect) 특성 또는 성격 특성과 같은 개인 내적 특성으로 또는 집단의 심리적 특성으로 恨이 내재화되어 있다고 하는데 이 恨이 변화를 지향하는 동기로 작용할 잠재적 에너지를 가진 것으로 본다.
김열규,『怨恨, 그 짙은 안개』, 범문출판사, 1980. 26-27쪽.
송효섭, <진달내꽃>의 기호학과 恨의 소재론」, 이승훈 편,『한국문학과 구조주의』, 문학과 비평사, 1988. 138쪽.
이어령, 중앙일보, 1982. 9.22.
정대현,『한국어와 철학적 분석』, 이화여자대학교 출판부, 1987. 69-83쪽.
한완상, 김성기,『現代資本主義와 共同體이론-恨에 대한 민중사회학적 試論』, 한길사, 1988. 253-290쪽.

그러나 여기서 화자는 꽃을 뿌리는 것과 같은, 상대방을 축복하는 행위를 취한다. 이것은 이별에 대한 역설적인 태도라 할 수 있다. 또 화자는 이별함에도 불구하고 '죽어도 아니 눈물 홀리'겠다고 하는데 이것은 화자의 내면과는 상반되는 발화로서 반어의 어조이다. 이 역설과 반어는 화자의 내면이 해체되고 있음을 알 수 있게 한다.

화자 자신에 대해서는 의지적인 어조를 보여 준다. 이별의 상황이지만 화자는 담담하게 꽃을 뿌리고 눈물도 참는다. 화자의 퍼소나는 이중화되고 있다. 이별에 대해 오히려 허세 섞인 의지를 보이는 알라존과 여전히 이별의 슬픔 속에 놓여 있는 에이론으로 분열되고 있는 것이다.

화자를 둘러싼 시공은 '진달래꽃'을 지배적인 이미지로 하여 표현된다. '진달래꽃'은 화자가 '아름따다'가 청자의 가는 길 앞에 뿌리는 꽃이다. 청자는 이 '진달래꽃'을 '즈려밟고' 가게 된다. 화자의 정성이 담긴 '진달래꽃'은 화자의 분신이라고도 말할 수 있다. 결국 청자는 화자를 밟고 가는 것이 된다. 따라서 '진달래꽃'은 화자의 청자에 대한 사랑, 희생 등을 상징하는 기호라고 할 수 있다.[3]

요컨대 <진달래꽃>에 대한 학습자들의 認識場에서의 변수항 메우기는 다음과 같이 도식화된다.[4]

---

3) 이승훈, 「김소월의 <진달래꽃> 분석」, 이승훈 편, 앞의 책, 89쪽.
4) 알레고리의 표상은 수화자인 학습자의 인식론적 장 속에서 이루어지는 것이기 때문에 학습자마다 다양한 알레고리를 표상할 수도 있다. 특히 1920년대의 독자와 2000년대 독자는 대상을 인식하는 패러다임에 차이가 있는데, 이별에 대한 역설적이면서 반어의 태도에 동화되는 학습자인 경우는 이 텍스트를 통해 이별의 아름다움과 화자의 인내라는 의미를 도출해 내겠지만, 텍스트의 역설과 반어의 태도에 거리두기를 하는 경우, 오히려 패러디 정신이 발동되어 이 텍스트를 풍자적으로 이해하게 될 수도 있다. 특히 2000년대의 학습자들에게 이 텍스트는 풍자의 대상이 될 가능성이 있다. 즉 이별의 상황에 직면할 때의 화자의 태도에 대해 비판적 거리를 취하게 되는 것이다. 이것은 이들의 아비투스 자체가 특정한 대상에 대한 진지함이 결여되어 있기 때문이다. 반어나 역설은 단순히 수사적 장치로 그치지 않고 세계인식의 방법이기 때문에 학습

```
┌─────────────────────────────────────────────────────────┐
│  화자: 어조 ─ 청자에 대한 순종적이고 희생적인 어조, 이별이라는 제재에  │
│         대한 반어와 역설의 어조, 화자 자신에 대한 반어의 어조      │
│      진달래꽃(지배적 이미지) ➔ 화자의 사랑, 희생 등을 상징        │
└─────────────────────────────────────────────────────────┘
```

〈알레고리: 사랑, 이별, 희생〉

변수항 메우기를 활성화시키기 위해 상호텍스트성을 활용할 수 있다. 특히 학습자들의 변수항 메우기에서 실패율이 높은 것이 어조인데, 수업에서는 어조를 지배적인 상호적 약호(intercode)로 하여 관련 텍스트를 선정하면 좋을 것이다.

이형기의 <낙화>에도 <진달래꽃>과 같이 역설의 어조가 나타난다.

가야 할 때가 언제인가를
분명히 알고 가는 이의
뒷 모습은 얼마나 아름다운가.

봄 한철
격정을 인내한
나의 사랑은 지고 있다.

분분한 낙화……
결별이 이룩하는 축복에 싸여
지금은 가야할 때,

할 가치가 있다. 이것은 집단의 아비투스와도 무관하지 않으므로 <진달래꽃>은 텍스트 해독에 머물지 않고 아비투스 재구성 자료로도 활용될 수 있다. 즉 학습자들은 이 시를 통해 이별의 역설을 경험하게 되어 내면의 변화를 가져올 수 있는 것이다.

무성한 녹음과 그리고
머지않아 열매 맺는
가을을 향하여
나의 청춘은 꽃답게 죽는다.

헤어지자
섬세한 손길을 흔들며
하롱하롱 꽃잎이 지는 어느 날

나의 사랑, 나의 결별
샘터에 물 고인 듯 성숙하는
내 영혼의 슬픈 눈.5)

이 텍스트에서 화자는 제재인 이별에 대해 역설적인 어조를 보이고 있다. '결별이 이룩하는 축복'이라는 부분에서도 알 수 있듯이 이별을 축복에 환치(displacement)하고 있다.6) 이것은 만남(사랑)/이별의 이항대립을 해체시키고 있는 것으로, <진달래꽃>에서 이별의 상황에서 꽃을 뿌리겠다는 것과 상호성을 띤다. 특히 <낙화>에서 보이는 '낙화'의 장면은 매우 역동적이다. 이 역동성이 '하롱하롱'이라는 의태어를 통해 더욱 구체화된다. <진달래꽃>에서도 '아름따다 뿌'려지는 '진달래꽃'이 이미지로 제시되었는데, 모두 역동적 이미지라 할 수 있겠다. 이 때 이별의 상황에 꽃을 뿌리는 <진달래꽃>이나 역시 이별의 상황에 꽃이 날리는 <낙화> 모두, 이별이 슬픔이나 추함에 대응되는 것이 아니라 축복이나 아름다움에 환치된다.

지배적인 이미지도 <진달래꽃>의 경우 '꽃'이며 <낙화>도 '꽃'이다.

---

5) 이형기, <낙화>, 『중2국어』(제 6차 교육과정)
6) 이승훈, 『한국 현대시 새롭게 읽기』, 세계사, 1996. 275-276쪽.

'진달래꽃'이 사랑, 희생을 상징하는 반면, <낙화>에서는 이별의 아름다움이라는 역설을 상징한다. 이러한 이미지와 상징의 상호성은 학습자들로 하여금 이미지에 대한 학습을 더욱 효율적으로 진행시킨다.

<낙화>의 변수항 메우기를 도식하면 아래와 같다.

```
┌─────────────────────────────────────────────────────┐
│  화자: 어조 ← 이별이라는 제재에 대한 역설의 어조          │
├─────────────────────────────────────────────────────┤
   낙화(지배적 이미지) → 이별의 아름다움을 상징
```

〈 알레고리: 이별의 아름다움과 성숙 〉

황동규의 <즐거운 편지>에서도 이별에 대한 역설과 반어의 어조가 나타난다.

> 내 그대를 생각함은 항상 그대가 앉아있는 배경에서 가 지고 바람이 부는 일처럼 사소한 일일 것이나, 언젠가 그대가 한없이 괴로움 속을 헤매일 때에 오랫동안 전해오던 그 사소함으로 그대를 불러 보리라.
> 진실로 진실로 내가 그대를 사랑하는 까닭은 내 나의 사랑을 한없이 잇닿은 그 기다림으로 바꾸어 버린 데 있었다. 밤이 들면서 골짜기엔 눈이 퍼붓기 시작했다. 내 사랑도 어디쯤에선 반드시 그칠 것을 믿는다. 다만 그 때 내 기다림의 자세를 생각하는 것뿐이다. 그 동안에 눈이 그치고 꽃이 피어나고 낙엽이 떨어지고 또 눈이 퍼붓고 할 것을 믿는다.[7]

화자가 청자인 '그대'를 '생각하'는 것이 '사소한 일'이라고 했지만, '그대가 괴로움 속을 헤매일 때에' 부를 수 있으려면 그것은 분명 '사소한 일'이 아니다. 따라서 화자는 자신의 내면을 반어적으로 표현한다.

───────────────

7) 황동규, <즐거운 편지>, 『삼남에 내리는 눈』, 민음사, 1975. 15쪽.

또 '그대가 괴로움 속을 헤매일 때에' '그 사소함으로 그대를 부'른다는 것은 역설이다. 화자가 '그대'를 '생각함'은 오랜 기간 동안이다. 오랫동안 '그대를 생각함'과 '사소함'은 자연스러운 환유가 아니며, '사소함으로 그대를 부르'는 것도 자연스러운 환유라고 할 수 없다. 이렇듯 서로 병치되기 부자연스러운 기호들의 환유는 역설을 동반한다.

'그대를 사랑하는 까닭'을 '기다림' 때문이라고 연결시키는 것도 역설이다. 화자는 자신의 사랑이 그칠 것을 믿는다고 했지만 그것은 반어이다. 바로 그 뒤에 눈이 내리고 꽃이 피어나고 또 눈이 그치고 그 다음 또 눈이 내리는 계절의 순환이 그것을 암시한다. 화자의 사랑은 계절의 순환처럼 지속된다. 즉 사랑이 그치더라도 그것은 다시 시작된다는 역설을 내포하고 있다. 따라서 자신의 사랑이 '반드시 그칠 것을 믿는다'는 것은 알라존의 허세이며 에이론은 여전히 '그대'를 사랑할 수밖에 없는 것이다. 이로써 화자는 이중화되고 있음을 알 수 있다.

이 텍스트의 이미지는 '해가 뜨고 바람이 부는' 날씨의 순환과 '눈이 내리고 꽃이 피어나고 눈이 그치는' 사계절의 순환 속에 현현된다. 계절의 순환은 변함 속에 변화지 않음이라는 역설적 의미를 갖는다. 즉 이 텍스트의 이미지는 화자의 사랑이 변하지 않음과 은유 관계에 놓여 있다고 말할 수 있다.

이러한 표상을 도식하면 아래와 같다.

```
화자: 어조 ― 화자 자신에 대한 반어
      사랑 혹은 기다림에 대한 반어와 역설적 어조
자연의 순환 ➜ 변하지 않는 화자의 사랑과 은유적 관계
```

〈알레고리: 변하지 않는 사랑과 기다림〉

이외에도 사랑과 죽음에 의한 이별을 제재로 한 텍스트들로 역설적 어조 등이 나타나는 경우가 있는데, 그 중 도종환의 <옥수수밭 옆에 당신을 묻고>에서는 변증법적인 만남을 갈구하는 화자의 이별에 대한 역설적 태도가 엿보인다.

> 견우 직녀도 이날만은 만나게 하는 칠석날
> 나는 당신을 땅에 묻고 돌아오네.
> 안개꽃 몇 송이 땅에 묻고 돌아오네.
> 살아 평생 당신께 옷 한 벌 못해 주고
> 당신 죽어 처음으로 베옷 한 벌 해 입혔네.
> 당신 손수 베틀로 짠 옷가지 몇 벌 이웃에 나눠 주고
> 옥수수 밭 옆에 당신을 묻고 돌아오네.
> 은하 건너 구름 건너 한 해 한 번 만나게 하는 이 밤
> 은핫물 동쪽 서쪽 그 멀고 먼 거리가
> 하늘과 땅의 거리인 걸 알게 하네.
> 당신 나중 흙이 되고 내가 훗날 바람 되어 다시 만나지는 길임을 알게 하네.[8]

화자와 그의 아내는 아이러니컬하게도 '칠석날' 사별한다. 그러나 오히려 견우와 직녀가 한 해 한 번 만나는 날, 둘이 이별하였으므로 역설적으로 다시 만날 수 있으리라 생각한다. '하늘과 땅의 거리'가 오히려 '다시 만나지는 길'이라고 하는 역설은 '거리'에 대한 일반적인 상식을 해체시킨다. 즉 '하늘과 땅의 거리'는 매우 먼 거리임에도 불구하고 오히려 이 '거리'가 만남의 길이라고 말하고 있는 것이다.

그러나 '흙'과 '바람'은 영원히 함께 할 수 있는 쌍이 아니다. 즉 화자와 은유 관계인 '바람'과 '당신'과 은유 관계인 '흙'은 그 '바람'과 '흙'의

---

8) 도종환, <옥수수 밭 옆에 당신을 묻고>, 김태형 · 정희성 편, 『현대시의 이해와 감상-교과서에 나오는 시, 교과서에 나오지 않는 시 243편』, (주) 문원각, 1994. 158쪽.

속성 때문에 늘 함께일 수가 없다. '바람'이 '흙'에 머무른다면 그것은 이미 '바람'이 아니다. '바람'은 '흙'에 흔적을 남길 수 있을 뿐이고, 둘의 만남은 언제나 순간적이다. 그들의 만남에는 중심이 없다. 그렇다면 화자와 아내의 만남은 견우와 직녀가 하루를 보기 위해 삼백육십사 일을 떨어져 있듯이, 순간의 결합을 위해 오랫동안 이별해야 한다. 그 기다림의 시간은 만남이 있기에 가능하다. 기다림의 시간 속에 이미 존재하는 만남의 기억, 기다림의 시간 속에 새겨진 만남의 흔적, 그 흔적의 선명한 돌출이 바로 그들의 만남이 되는 것이다.

<옥수수밭 옆에 당신을 묻고>에 대한 심적 표상을 도식화하면 아래와 같다.9)

화자(=바람): 어조 — 이별과 청자(당신=흙)에 대한
안타까움과 역설적 어조

은핫물 ➜ 삶과 죽음의 경계를 상징
하늘과 땅의 거리 ➜ 삶과 죽음의 거리와 은유적 관계

〈 알레고리: 죽음에 의한 이별과의 역설적 극복 〉

<옥수수밭 옆에 당신을 묻고>에서 '하늘과 땅의 거리'를 만남의 길이라고 역설적으로 표현한 것과는 달리, 김소월의 <초혼>에서는 그 '거리'로 인해 두 세계가 단절되어 있음을 보이고 있다.

산산이 부서진 이름이여!
허공중에 헤어진 이름이여!
불러도 주인 없는 이름이여!
부르다가 내가 죽을 이름이여!

---

9) 도식에서 '='은 은유관계를 나타내는 기호이다.

심중에 남아 있는 말 한마디는
끝끝내 마저 하지 못하였구나.
사랑하던 그 사람이여!
사랑하던 그 사람이여!

붉은 해는 서산 마루에 걸리었다.
사슴의 무리도 슬피 운다.
떨어져 나가 앉은 산 위에서
나는 그대의 이름을 부르노라.

설움에 겹도록 부르노라.
설움에 겹도록 부르노라.
부르는 소리는 비껴가지만
하늘과 땅 사이가 너무 넓구나.

선 채로 이 자리에 돌이 되어도
부르다가 내가 죽을 이름이여!
사랑하던 그 사람이여!
사랑하던 그 사람이여!10)

　　화자는 이미 죽은 '사랑하던 그 사람'을 끊임없이 부른다. '부르는 소
리'가 '비껴'간다는 것은 부르는 소리가 곧장 하늘을 향해 직선으로 상승
하지 않고 수평적으로 상승하며 수평적으로 퍼진다는 의미를 환기시킨
다. '소리'는 온전히 전달되지 못하고 흔적으로 퍼져 끊임없이 연기되는
것이다. 화자는 그 흔적 때문에 오히려 더 안타까워한다. 차라리 '비껴가
지'도 않는다면 그의 안타까움은 덜할 것이다. 그 흔적 때문에 죽은 이를

10) 김소월, <초혼>, 『문학(상)』, 선영사(제6차 교육과정). 110쪽.
　　　　　　　　, 『문학(하)』, (주) 한샘출판(제6차 교육과정). 102쪽.
　　　　　　　　, 『문학(하)』, (주) 천재교육(제6차 교육과정). 41쪽.

더 잊지 못하고 그를 더 처절하게 부른다고 볼 수 있다. 그 슬픔의 응결체가 '돌'로 형상화된다. 즉 '돌'과 화자는 은유적 관계를 형성한다.

<초혼>에 대한 표상을 도식화하면 아래와 같다.

```
┌─────────────────────────────────────────────────┐
│   화자(=돌): 어조 ─ 이별에 대한 안타까움과 비탄의 어조      │
│   하늘과 땅 사이 ➜ 삶과 죽음의 거리와 은유적 관계           │
└─────────────────────────────────────────────────┘
       〈 알레고리: 죽음에 의한 이별과 비탄 〉
```

반면, 서정주의 <귀촉도>에서는 화자가 '귀촉도'로 비유되면서, '임'과의 완전한 단절을 나타내고 있다.

> 눈물 아롱아롱
> 피리 불고 가신 임의 밟으신 길은
> 진달래 꽃비 오는 서역(西域) 삼만 리.
> 흰 옷깃 여며여며 가옵신 임의
> 다시 오진 못하는 파촉 삼만 리.
>
> 신이나 삼아 줄 걸 슬픈 사연의
> 올올이 아로새긴 육날 메투리
> 은장도(銀粧刀) 푸른 날로 이냥 배어서
> 부질없는 이 머리털 엮어 드릴 걸.
>
> 초롱에 불빛, 지친 밤 하늘
> 굽이굽이 은핫물 목이 젖은 새,
> 차마 아니 솟은 가락 눈이 감겨서
> 제 피에 취한 새가 귀촉도 운다.
> 그대 하늘 끝 호올로 가신 임아.[11]

'임'은 '다시 오진 못하는 파촉 삼만 리'로 '호올로' 갔다. '임'은 <초혼>에서처럼 '다시 오진 못하는' 곳으로 가 화자가 있는 세상과 완전히 단절된 것이다. 여기서 '귀촉도'는 화자와 계열 관계를 이루며 '파촉 삼만 리'는 죽음의 세계를 상징한다고 할 수 있다.

<귀촉도>에 대한 심적 표상을 도식화하면 아래와 같다.

```
┌──────────────────────────────────────────────────────────┐
│  ┌────────────────────────────────────────────────┐       │
│  │ 화자(=귀촉도): 어조 ← 이별에 대한 안타까움과 애상, 비탄의 어조 │       │
│  └────────────────────────────────────────────────┘       │
│         파촉 삼만 리, 하늘 끝 ➡ 죽음의 세계 상징                    │
└──────────────────────────────────────────────────────────┘
```

〈 알레고리: 죽음에 의한 이별과 비탄 〉

이와 같은 텍스트에 대한 심적 표상은 학생들의 연행을 통해 활성화된다.

1.1.2 교육연극적 접근: 배우-관객 대화극, 일인독백극, 조화동작극의 활용

① 배우-관객 대화극: <진달래꽃>에 대한 배우-관객 대화극을 실시하였다.[12] 배우-관객 대화극의 과정은 연행 전 단계(warming-up), 관객의 질의, 화자로서의 학습자의 답변으로 이루어진다. 연행 전 과정에서는 학습자 스스로가 자신을 텍스트의 화자라고 가정하게 하는 것이 중요하다.

---

11) 서정주, <귀촉도>, 『문학(상)』, (주) 동아서적(제6차 교육과정). 63쪽.
12) <진달래꽃>과 <낙화> 이외에 위에서 거론한 모든 텍스트가 배우-관객 대화극으로 연행될 수 있지만 여기서는 이 두 텍스트에 대한 실제 수업 과정만 제시하도록 하겠다.

철저한 동일시가 없이는 화자의 어조 등을 체화할 수 없기 때문이다.

배우로서의 학습자와 관객으로서의 학습자 사이에는 다음과 같은 대화가 이루어졌다.

관객 (화자에게) 사랑하는 사람이 있습니까?
화자 예, 있습니다.
관객 만약 그 사람과 이별한다면 어떻겠습니까?
배우 그 사람이 내가 싫어서 간다면 그냥 보내 주겠습니다.
관객 왜 그렇죠?
배우 너무 사랑하니까요. 슬프지만 그 사람의 앞길을 축복해 주고 싶습니다. 마음으론 슬프겠지만 그 사람 앞에서 눈물도 보이지 않을 것입니다.

화자로서의 학습자가 "너무 사랑하니까요. 슬프지만 그 사람의 앞길을 축복해 주고 싶습니다. 마음으론 슬프겠지만 그 사람 앞에서 눈물도 보이지 않을 것입니다."라고 말한 것에서 화자의 아이러니적인 어조를 체화했음을 알 수 있다. 즉 이별이 슬퍼 울고 싶어하는 겸손한 자아인 에이론과 울지 않겠다고 허세를 부리는 알라존 사이에서 알라존의 발화만이 전경화되어 아이러니가 생성되는 것을 표상했다고 할 수 있다.

이와 유사하게 <낙화>에 대한 배우-관객 대화극도 실시할 수 있다. 다음은 실제 수업에서 <낙화>에 대해 배우-관객 대화극을 연행한 것의 일부이다.

관객 당신은 어떤 상황에 빠져 있습니까?
화자 사랑하는 사람과 이별하였습니다.
관객 당신의 감정은 어떤가요?
배우 슬프고 안타깝습니다.
관객 단지 슬프고 안타깝기만 합니까?
배우 아름답기도 합니다.

관객	아름다운 이유는 무엇인가요?
배우	꽃이 떨어지고 있습니다. 꽃이 떨어져 열매를 맺는 것처럼 나의 사랑도 그침으로써 성숙하게 됩니다.

화자 역의 학습자가 '꽃이 떨어져 열매를 맺는 것처럼' 자신의 사랑도 그침으로 써 성숙하게 된다고 하였는데, 이것도 그가 낙화의 이미지가 이별과 은유 관계임을 표상했다는 근거가 된다.

이러한 화자 역을 맡은 학습자가 관객으로서의 학습자 앞에 서서 관객으로서의 학습자의 질문에 대답하는 배우-관객 대화극에서, 관객으로서의 학습자들은 텍스트의 심적 표상을 구성할 때 자신의 스키마에 쉽게 동화되지 않는 것에 대해 질의하는 경우가 많았다.

예를 들면, <진달래꽃>에서 '이별의 상황에 어떻게 꽃을 뿌릴 수 있느냐' 등의 질문이었는데, 이에 대해 화자로서의 학습자는 그것이 바로 진정한 사랑이라고 답함으로써 자연스럽게 역설과 상징의 의미를 이끌어내었다.

문제점도 있었다. 화자 역을 맡은 학습자가 한 명일 경우, 학습자는 너무 많은 질의에 곤란해하였는데, 이것은 화자 역을 하는 학습자를 다수를 설정함으로써 극복할 수 있었다. 즉, 화자 역으로서의 학습자를 4-5명 정도 설정하고 그 학습자들이 관객으로서의 학습자의 질의에 자유롭게 대답하게 하였는데, 이런 방법은 화자 역을 맡은 학습자들 사이의 대화를 유도해 냄으로써 더욱 역동적인 연행을 할 수 있게 하였다.

② 일인독백극: <진달래꽃>에 대한 일인독백극에 의한 이야기 구성을 실시하였다. 여기서도 워밍업을 통해 화자로의 창의적 가정이 전제되어야 한다. 이런 상태에서 학습자들에게 텍스트를 낭독하게 하고 그 다음을 이어서 상황과 사건, 심정 등을 이야기하도록 하였다.

다음은 학습자의 이야기 구성을 제시한 것이다.

　　사랑하는 사람이 있습니다. 그 사람을 사랑하지만 만약 제가 싫어서 그가 떠
난다면 붙잡을 생각은 없습니다. 그의 앞길을 축복해 주겠어요. 그의 앞길에 진
달래꽃을 뿌리고 그가 그것을 밟고 가도록 하겠습니다. 그의 앞길이 더욱 빛날
거예요. 그 아름다움 속에서 저는 울지 않을 것입니다. 마음은 아프겠지만 울음
을 참고 기다리겠어요. 그것이 제가 할 수 있는 일이죠.

　화자 역의 학습자가 '그의 앞길을 축복해' 주고 '진달래꽃을 뿌려 준
다'고 한 것에서는 역설적 태도를, '그가 그것을 밟고 가도록 하겠'다는
데서는 희생적 어조를, '울지 않고 기다리겠다'고 한 데서는 아이러니를
표상했다고 말할 수 있다.
　<낙화>에 대해서도 일인독백극을 연행할 수 있다.
　다음은 학습자가 연행한 것을 요약한 것이다.

　　저는 이별을 했어요. 너무 사랑했지만 어쩔 수 없었죠. 봄에 꽃이 피지만 곧
떨어지지요. 꽃이 떨어지는 것처럼 이별하는 것은 아름답기도 하더군요. 우리
는 꽃잎이 지듯이 손을 흔들며 헤어졌습니다. 이별할 때 이별하는 것은 아름다
운 것입니다. 그 사람의 뒷모습도 아름답더군요. 이별 이후 저는 더 성숙하였습
니다. 샘터에 물이 고인 듯 제 영혼은 슬프지만 맑게 빛났죠.

　화자 역의 학습자가 '꽃이 떨어지는 것처럼 이별하는 것은 아름답기도
하'다고 말한 데서는 이미지와 역설적 어조를, '꽃잎이 지듯이 손을 흔들
며 헤어졌'다고 한 데서는 비유를 표상했음을 알 수 있다.
　이러한 독백극의 경우, 학습자들이 처음에는 자의식 때문에 자신을 표
출하는 것을 어려워하였으나, 미미크리 상태로의 진입을 용이하게 하기
위해 배경음악을 제공한 결과 화자로의 동일시를 통한 연행을 쉽게 하였
다.13)

화자로의 동일시를 염두에 두었기 때문에 현실적 자아로서의 발언은 대부분 하지 않았으나, 학습자 자신의 가치관이나 상식 등과 거리가 있는 내용일 경우, 화자가 아닌, 독자로서 말하는 경우도 있었다. 이러한 현상이 나타나면 다시 거리두기를 통한 표상의 방법으로서 배우-관객 대화극을 연행해 볼 수 있었다.

③ 조화동작극: <진달래꽃>에 대한 조화동작극을 실시하였다. 조화동작극은 여러 학습자가 함께 연행하도록 하였는데, 학습자들은 우선 화자 역의 한 명의 학습자, 화자의 연인(청자) 역의 한 명의 학습자, 진달래꽃으로서의 여러 명의 학습자들로 설정되었다.

학습자들은 화자와 청자, 이미지로서의 진달래꽃 등을 함께 연행함으로써 조화로운 상태에서 텍스트 전체를 표상한 것을 형상화할 수 있다.

다음은 학습자들이 조화동작극한 것을 간단하게 제시한 것이다.

> 장면1. 빈 무대(empty space). 화자의 연인이 화자를 뿌리친다. 화자는 슬픈 표정을 짓지만 이내 그를 붙잡지는 않는다.
> 장면2. 화자의 연인이 걸어간다. 그 앞에 화자가 서 있다. 진달래꽃 역을 맡은 학습자들이 한 명씩 화자와 화자의 연인 사이에 끼어들면서 손을 들어 아아치형의 문 모양을 만든다. 그 속으로 화자가 먼저 걸어가고, 그 뒤를 화자의 연인이 걸어간다.

여기서 학습자들이 아아치형의 문을 만들어 화자의 연인을 축복하는 듯한 행위에서는 역설적 어조를, 울지 않는 화자의 모습에서는 아이러니를 표상했음을 알 수 있다.

<낙화>에 대한 조화동작극도 가능하다. 학습자들은 우선 화자와 화자의 연인, 꽃잎들로 배역을 설정하였다. 장면별로 묘사하면 다음과 같다.

---

13) 이인성, 「연극학 서설」, 『연극의 이론』, 청하, 1988. 28쪽.

장면1. 빈 무대. 화자와 그의 연인이 헤어진다. 헤어지는 모습 배후에 꽃이 떨어진다(학습자들은 자신의 손으로 얼굴을 떠받치는 행위로 꽃을 형상화하였다). 떨어지는 꽃의 얼굴 표정은 밝기만 하다.

장면2. 화자만 혼자 남았다. 처음에는 슬픈 듯한 모습이더니 점차 얼굴이 밝아진다. 떨어지는 꽃을 손으로 어루만진다. 슬프면서도 행복한 표정이다. 화자도 장면1에서 떨어졌던 꽃처럼, 천천히 주저않는 행위를 한다.

위에서 학습자들이 처음에는 슬픈 듯한 모습이더니 점차 얼굴이 밝아지고, 슬프면서도 행복한 표정을 짓는 것은 그들이 역설을 표상했기 때문이라 할 수 있다. 또 헤어지는 모습 배후에 꽃이 떨어지는 모습을 연행한 것은 이미지 표상과 관련이 있다.

이러한 정지극나 동작극은 우선 신체적으로 자유로운 학습자들이 연행하게 하였다. 즉, 학급에서 무용이나 체육 등으로 신체의 유연성을 기른 학습자들을 중심으로 연행하게 하였는데, 역시 화자로의 동일시를 어려워하였다.

이 어려움을 학습자들이 극복하게 하기 위해 교사는 학습자들로 하여금 자신이 지금까지 직접 경험했거나 간접 경험했던 장면을 떠올리게 하였다. 이런 상호텍스트성의 활용은 학습자의 감상 폭을 넓히게 하였으나, 본말이 전도되는 현상을 초래하기도 하였다. 즉 텍스트 자체의 심적 표상이 주가 되는 것이 아니라 그것의 상호텍스트적 장면이 주가 되는 현상이 일어난 것이었다.

화자로의 동일시와 텍스트 자체 해독으로의 집중은 인형극과 가면극[14]을 통해 가능하였다. 텍스트의 화자를 인형이나 가면으로 표현하게 하고 이 매체로 정지극나 동작극을 연행한 것이었다.

---

14) 자의식에서 해방시키기 위해 가면을 사용할 수 있다. 얼굴을 가면으로 가림으로써 심리적인 억제(inhibition)에서 벗어나 자신의 한계를 넘어설 수 있는 것이다.
Saint-Denis, Michel. 윤광진 옮김, 『연기 훈련』, 예니, 1997. 158쪽.

화자로의 동일시를 촉발시키기 위해 음악뿐만 아니라 조명을 사용할 수 있었다. 특별한 무대장치가 없는 빈공간에서 간단한 조명을 사용하여 정지극과 조화동작극을 실시하게 한 것이었다. 학습자들은 빈 공간에서 특히 텍스트의 이미지를 은유적으로 연행하였다.

요컨대, 정지극나 조화동작극은 음악과 조명이 설치된 빈공간에서 인형과 가면을 사용함으로써 가능하였다.

④ 상호적 읽기의 상호적 연극: 여섯 명의 학습자들에게 <진달래꽃>, <낙화>, <즐거운 편지>, <옥수수밭 옆에 당신을 묻고>, <초혼>, <귀촉도>의 각 텍스트의 화자 역을 연행하게 하였다. 그 화자 역의 학습자들이 서로 자신의 이별에 관해 대화하였다. 화자 역의 학습자들은 각 텍스트의 화자로 동일시된 상태에서 사랑과 이별에 대한 감정, 주위의 배경에 대해 말하였다.

여섯 명의 화자들의 대화는 처음에는 1:1로 이루어지다가 차츰 세 명, 네 명, 다섯 명, 여섯 명 모두의 대화로 확충되었다. 즉 대화의 패턴은 아래와 같은 관계 속에서 이루어졌다.

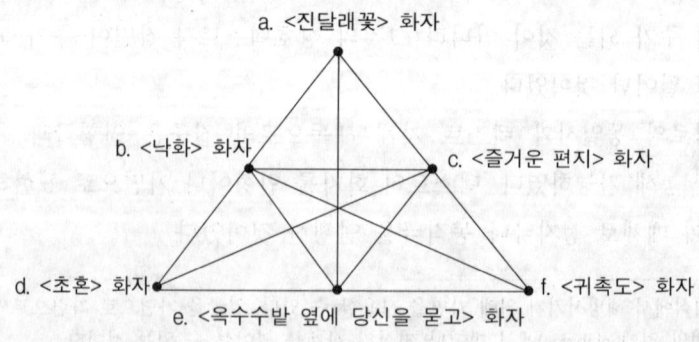

a. <진달래꽃> 화자

b. <낙화> 화자   c. <즐거운 편지> 화자

d. <초혼> 화자   f. <귀촉도> 화자
e. <옥수수밭 옆에 당신을 묻고> 화자

위 도식에서 교점이나 꼭지점 a~f는 각 텍스트의 화자를 나타낸다. 위 도식에서 알 수 있듯이 화자들 사이의 대화는 다양하게 이루어진다. 즉, 점 두 개로 이루어진 선이나, 세 개로 이루어진 삼각형, 네 개로 이루어진 사각형 모두 화자들 사이의 대화적 관계를 의미하고 있다.

이들의 대화는 개별 화자들의 대화적 연행에서 벗어나 차츰 하나의 텍스트로 재약호화되는 양상을 보였다. 즉 여섯 편의 텍스트가 하나의 패러디 텍스트로 재구성되었다. 화자는 이별을 한 사람으로 이별이나 자신에 대해 반어적이면서도 역설적인 태도를 가진 사람으로 설정되었다. 이미지는 화자와 화자의 연인의 경계를 상징하는 하늘과 땅의 거리로 형상화되고, 이별 당시의 모습은 꽃이 떨어지는 것으로 설정되었다. 이와 함께 음향도 설정되었는데, 그것은 정적이면서 절제된 감정의 김광민의 피아노곡 <다시 안녕(Goodbye Again)>이었다.

이로써 학습자들은 이별한 화자로서의 인물, 화자의 어조나 말로서의 언어, 이별한 이야기인 줄거리, 구체적 장면인 무대장치, 음향 등을 설정하여 상호적 연극으로 연행하였는데, 이 연행 결과는 또 하나의 패러디 텍스트로 생산될 잠재성을 안고 있었다.

학습자들의 상호적 연극의 연행 양상과 그것이 패러디 텍스트로 어떻게 생산될 수 있는지 도식하면 다음과 같다.

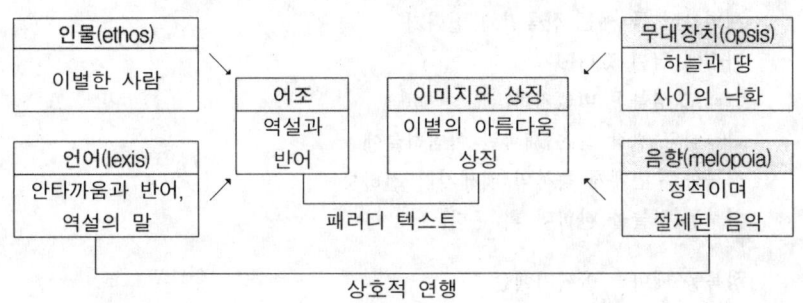

위 도식은 여섯 편의 텍스트가 하나의 연행이 되면서 하나의 패러디 텍스트로 생산되는 양상을 보여준다. 즉 '이별한 사람'을 인물로 설정하고, 그의 '안타까움과 반어, 역설의 말'로 언어를 구사한다. 그리고 '하늘과 땅 사이의 낙화'로 무대장치를 구성하고, '정적이며 절제된 음악'으로 음향을 설정하여 연행하는 것이다. 이 연행 과정에서 학습자들은 '역설, 반어'의 어조와 여러 이미지를 통해 '이별의 아름다움'이라는 상징적 의미를 체화하게 되어 하나의 패러디 텍스트를 재구성할 수 있는 것이다.

1.2 김광섭 <성북동 비둘기>의 연행적 지도

1.2.1 텍스트에 대한 심적 표상

화자가 곁텍스트 위치에 놓이면서 쉽게 알레고리적 표상을 할 수 있는 텍스트 중에 고등학교 『국어 상』에 수록되어 있는 김광섭의 <성북동 비둘기>가 있다.

성북동 산에 번지가 새로 생기면서
본래 살던 성북동 비둘기만이 번지가 없어졌다.
새벽부터 돌 깨는 산울림에 떨다가
가슴에 금이 갔다.
그래도 성북동 비둘기는
하느님의 광장 같은 새파란 아침하늘에
성북동 주민에게 축복의 메세지나 전하듯
성북동 하늘을 한바퀴 휘 돈다.

성북동 메마른 골짜기에는

조용히 앉아 콩알 하나 찍어먹을
넓찍한 마당은커녕 가는 데마다
채석장 포성이 메아리쳐서
피난하듯 지붕에 올라앉아
아침 구공탄 굴뚝 연기에서 향수를 느끼다가
산 일번지 채석장에 도루 가서
금방 따낸 돌 온기에 입을 닦는다.

예전에는 사람을 성자처럼 보고
사람 가까이
사람과 같이 사랑하고
사람과 같이 평화를 즐기던
사랑과 평화의 새 비둘기는
이제 산도 잃고 사람도 잃고
사랑과 평화의 사상까지
낳지 못하는 쫓기는 새가 되었다.[15]

　　화자는 곁텍스트 위치에서 내적 텍스트를 발화하고 있다. 내적 텍스트
의 행위자는 '비둘기'이며 '비둘기'를 둘러싸고 있는 시공소는 '돌 깨는
산울림', '채석장 포성', '구공탄 굴뚝 연기' 등[16]이다. 독자에게 있어서
'비둘기'라는 기호와 '채석장' 등의 기호는 각각 독자적으로 표상되는 것
이 아니라 둘의 관계 속에서 표상되는데, '비둘기'를 둘러싼 시공소의 계
열체는 '비둘기'와 대립 관계를 이루며 '비둘기'의 생존을 위협하는 이미
저리(imagery)로 표상된다. 화자의 발화행위는 '비둘기'에 대한 연민과

---

15) 김광섭, <성북동 비둘기>, 『국어 상』(제6차 교육과정), 교육부. 333-334쪽.
16) '비둘기'도 시공소로 기능한다. '비둘기'도 다른 기호들과 함께 시공소로 약호화되는
　　것이다. 그러나 여기서는 '비둘기'가 내적 텍스트의 행위 주체라는 점에서 '행위자'로
　　따로 상정하고 그 외에 '비둘기'를 둘러싸고 이미지화되어 있는 것을 시공소라고 규
　　정한다.

'채석장' 등에 대한 비판의 어조로 약호화되어 있다.

다음은 <성북동 비둘기>에 대한 심적 표상을 도식화한 것이다.

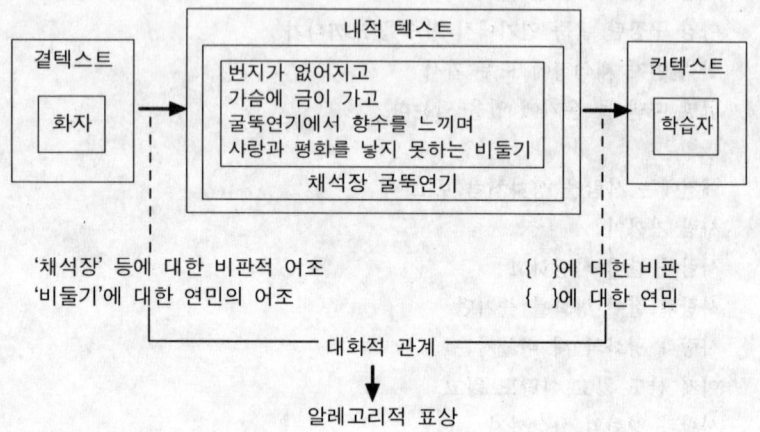

이와 같은 표상이 구성되는 이유를 텍스트 내 약호화 차원에서도 생각해 볼 수 있다. 이 텍스트는 '비둘기'와 '채석장', '굴뚝 연기' 등이 이항대립을 이루고 있다. 이 대립은 지속되는 것이 아니라 후자의 폭력에 의해서 전자가 희생당하는 양상을 보인다. 그 희생의 양상이 내적 텍스트에 계열관계로 나타난다. 이 계열관계는 통합관계로 투사되면서 텍스트 전체를 약호화하고 있다.

계열관계와 통합관계를 간략하게 도식할 수 있는데, 아래 그림에서 보듯 이 텍스트는 A계열체(a1=a2, '='은 대치의 관계임을 나타냄)와 B계열체(b1=b2=b3=b4=b5=b6=b7=b8)로 해독되고, A계열체와 B계열체는 통합관계를 이루고 있다.

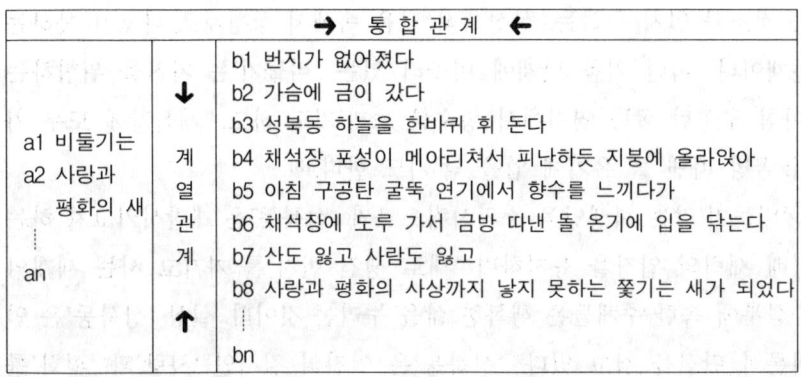

	→ 통합관계 ←	
a1 비둘기는 a2 사랑과 　평화의 새 ⋮ an	↓ 계 열 관 계 ↑	b1 번지가 없어졌다 b2 가슴에 금이 갔다 b3 성북동 하늘을 한바퀴 휘 돈다 b4 채석장 포성이 메아리쳐서 피난하듯 지붕에 올라앉아 b5 아침 구공탄 굴뚝 연기에서 향수를 느끼다가 b6 채석장에 도루 가서 금방 따낸 돌 온기에 입을 닦는다 b7 산도 잃고 사람도 잃고 b8 사랑과 평화의 사상까지 낳지 못하는 쫓기는 새가 되었다 ⋮ bn

　여기서 일련의 계열체들은 각각이 은유의 차원에서 대치될 수 있다. A 계열체는 두 기호로 구성되어 있고 B계열체는 여덟 기호로 구성되어 있지만, 독자의 표상 속에서는 또 다른 기호로 대치될 수 있다. 그것은 독자의 컨텍스트와 한 기호를 다른 의미로 전이시키는 은유의 기능에 의해 독자는 각각의 계열체들을 표상하면서 자신의 컨텍스트를 수반한 또 다른 기호들을 대치시키기 때문이다. 이렇듯 계열관계에 있어서 독자들이 자신의 컨텍스트를 수반하여 다른 기호로 대치할 수 있음을, 위의 도식에서는 an과 bn으로 표현하였다. 독자는 텍스트에 약호화된 은유적 관계 속에서 연상적으로 또 다른 기호를 선택하여 수직적 차원에서 원텍스트에 대한 메타텍스트로 약호화시킨다고 할 수 있다.[17]

　표상의 구성에서 도출되는 다양한 기호들을 하나의 거시적 약호(microcode)로 나타내면, B계열체는 '폭력 주체'로, A계열체는 '희생양(pharmakos)'으로 대립시킬 수 있다. 특히 이 텍스트의 희생양은 자신의 희생되었다

---

17) 은유는 계열적(수직적, 선택적, 연상적, paradigmatic, vertical, selective, associative) 차원이고, 환유는 통사적(수평적, 계합적, syntagmatic, horizontal, combinative) 차원에서 이루어진다.

　　Fiske, John & John Hartley. *Reading Television*. London: Methuen, 1978. p.50.

는 것조차 알지 못하는, 상상계적 믿음 속에서 상징계로 나오지 못하는 존재이다. 이런 거울 단계에 머물러 있는 '비둘기'는 자신을 위협하는 '아침 구공탄 굴뚝 연기에서 향수를 느끼'기도 하고, '채석장에 도루 가서 금방 따낸 돌 온기에 입을 닭'기도 한다.[18]

'비둘기'라는 희생양을 소외시킴으로써 '성북동'은 개발시키고자 하는 지배 세력의 입장을 유지하며 '새로 생긴 번지'를 가지고 사는 세계의 중심부에 속한 주체들은 행복한 삶을 누리는 것이다. 실상 '성북동'은 인식론적 단절을 겪고 있다. '성북동'은 이전의 질서인 '사랑'과 '평화'를 바탕으로 하는 공동체 인식론을 버리고 개발을 위주로 하여 소외층을 발생시키는 근대인의 인식론으로 전환되고 있는 것이다. 이것은 개발 맹신주의로서 인간적인 것을 배제하는 합리주의적 인식론이라 할 수 있다. 이러한 거대한 세계의 흐름, 즉 개발과 합리주의 추종이라는 질서에 '비둘기'는 희생되고 있는 것이라 할 수 있다. 이 '비둘기'의 희생으로 '성북동'의 중심부 주체들 세계의 안녕이 도래되는 것이다.[19]

이렇듯 '비둘기'는 희생양으로서 타자화된 존재이며, 이 텍스트는 폭력과 타자화된 희생양의 제의라는 알레고리로 성립한다. 따라서 위 표상의 도식에서 상하 두 개의 { }에는 각각 '폭력'과 '희생양'을 입력할 수 있다. 이런 폭력과 희생양은 여러 대체적 존재(alters)로 재표상될 수 있다. 학습자들은 <성북동 비둘기>라는 텍스트의 폭력과 희생양의 계열체

---

18) 자아와 대상이 동일시됨으로써 나르시시즘적 환상에 빠지는데, 라캉은 이러한 특성이 드러나는 단계를 '상상계(the Imaginary)', 혹은 '거울단계(mirror stage)'라 한다.
  Lacan, Jacques. *Ecrits: A Selection,* trans. by Alan Sheridan, Tavistock, 1977. pp.1-4.
19) 희생양은 이중의 의미를 갖는다. 경멸의 대상이면서 공경의 의미를 내포한다. 희생양은 집단의 지도자나 집단에서 소외된 사람으로 설정되는 경우가 많은데, 이러한 존재를 희생시킴으로써 사회의 질서 패턴이 유지된다.
  Girard, René. *Violence and the Sacred.* Trans. Patrick Gregory. Baltimore: Johns Hopkins University Press. 1977. pp.95-98.

에 자신의 컨텍스트를 수반시킴으로써 새로운 대체적 존재를 끼워 넣게 되는 것이다. 이러한 <성북동 비둘기>의 알레고리의 표상을 활성화시키는 상호적 읽기를 할 수 있다.

> 아무도 그에게 수심을 일러준 일이 없기에
> 흰나비는 도무지 바다가 무섭지 않다.
> 청무우 밭인가 해서 내려갔다가는
> 어린 날개가 물결에 절어서
> 공주처럼 지쳐서 돌아온다.
>
> 삼월달 바다가 꽃이 피지 않아서 서글픈
> 나비 허리에 새파란 초승달이 시리다.[20]

삼월에 꽃이 피지 않는 것과 그것도 바다에 꽃이 피지 않는 것은 거역할 수 없는 우주적 질서이다. 이 질서를 알지 못하는 '흰나비'는 '바다'에 의해 희생된다. <성북동 비둘기>에서 '비둘기'처럼 '나비'는 상징계적 질서를 알지 못하고 '바다'가 '청무우밭'이라는 거울단계의 믿음을 가진 존재이다. '나비'는 3월에는 꽃이 피지 않는다는 계절의 원리와 바다에는 꽃이 피지 않는다는 상징계의 법을 알지 못한 채 모든 것을 자기화하지만, 결국 세계는 바다를 철저히 타자화시키고 세계의 질서를 순환시키게 되는 것이다.

화자의 발화수반력은 직접적으로 드러나지 않지만 '바다'의 깊이를 알지 못해서 '바다'가 두렵지 않은 '흰나비'에 대한 연민과, '나비'의 희생에도 불구하고 전혀 변화가 없는 우주적 질서의 냉혹함에 대한 비판적 어조로 약호화되고 있다.

---

20) 김기림, <바다와 나비>, 『문학(상)』, (주) 금성교과서(제6차 교육과정). 92쪽.

상상계적 믿음으로 타자화되는 희생양은 <성북동 비둘기>에서는 '비둘기'로, <바다와 나비>에서는 '나비'로 표상된다. 그 희생양을 만드는 폭력 주체는 <성북동 비둘기>에서는 '새 번지', '채석장 포성', '굴뚝 연기' 등이고, <바다와 나비>에서는 '3월의 바다'이다. 여기서 '비둘기'와 '나비'는 내적 텍스트에서 행위자로 기능하고, '채석장' 등과 '바다'는 시공소로 기능한다. 특히 <바다와 나비>에서는 색채 이미지의 대립도 나타나는데, 희생양은 '흰색'으로, 폭력 주체인 '바다'는 '시퍼런 색'으로 표상된다.

다음은 <바다와 나비>에 대한 표상을 도식화한 것이다.

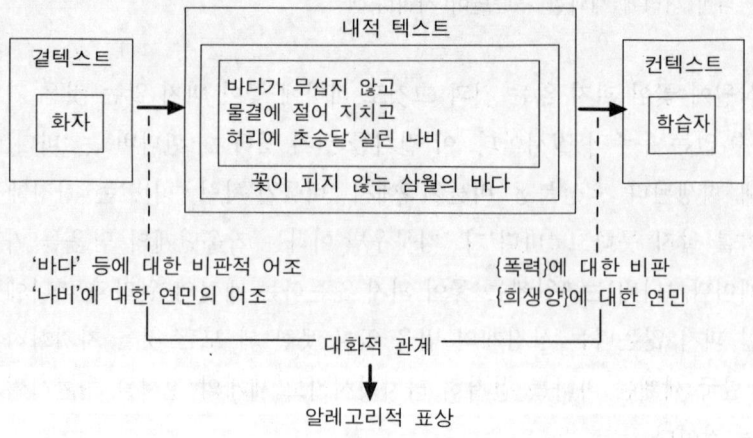

박봉우의 <나비와 철조망>도 비슷한 심적 표상으로 구성된다.

모진 바람이 분다. 그런 속에서 피비린내 나게 싸우는 나비 한 마리의 생채기. 첫 고향의 꽃밭에 마즈막까지 의지하려는 강렬한 바라움의 향기였다.

앞으로도 저 강을 건너 산을 넘으려면 몇 '마일'은 더 날아야 한다. 이미 날개는 피에 젖을 대로 젖고 시린 바람이 자꾸 불어간다 목이 빠삭 발라버리고 숨결이 가쁜 여기는 아직도 싸늘한 적지.

　벽, 벽……처음으로 나비는 벽이 무엇인가를 알며 피로 적신 날개를 가지고도 날아야만 했다. 바람은 다시 분다. 얼마쯤 날으면 아방(我方)의 따시하고 슬픈 철조망 속에 안길,

　이런 마즈막 '꽃밭'을 그리며 숨은 아직 끝나지 않았다 어설픈 표시의 벽, 기(旗)여……21)

　이 텍스트에서는 희생양의 기호로 '나비'가 표상되면서 '나비'는 '기'와 은유관계에 놓인다.

　<성북동 비둘기>의 '비둘기'와 <바다와 나비>의 '나비'와 다른 점은 그 희생의 원인이 세계 질서의 재편에 있다는 점이다. <성북동 비둘기>나 <바다와 나비>에서는 기존 질서의 유지를 위해 희생양을 소외시키는 희생제의였다면, <나비와 철조망>에서는 새로운 질서를 구축하기 위한 희생제의가 보인다.

　'나비'는 '바람'과 '벽', '철조망'으로 인해서 더 날아가기가 힘들고, '기'는 '깃대'로 인해서 나아가기 힘들다. 그런 상황에도 불구하고 '나비'는 '날아야만' 하고, '기'는 펄럭이어야만 한다. 이것은 낭만적 아이러니로서 이상과 현실의 괴리에서 나타나는 것이다. 세상은 '나비'나 '기'에 대해서 관대하지 않고, '나비'와 '기'의 희생에도 불구하고 그 질서를 재편성하지 않는다. 세계는 거대한 폭력체인 것이다. 이러한 폭력과 희생양의 이항대립이 이 텍스트에서도 표상되고 독자는 화자의 발화행위로 인하여 '나비'에 대한 비판과 연민의 태도를 수행하게 되는 것이다.

　다음은 <나비와 철조망>에 대한 심적 표상을 도식화한 것이다.

---

21) 박봉우, <나비와 철조망>, 『나비와 철조망』, 미래사, 1991. 11쪽.

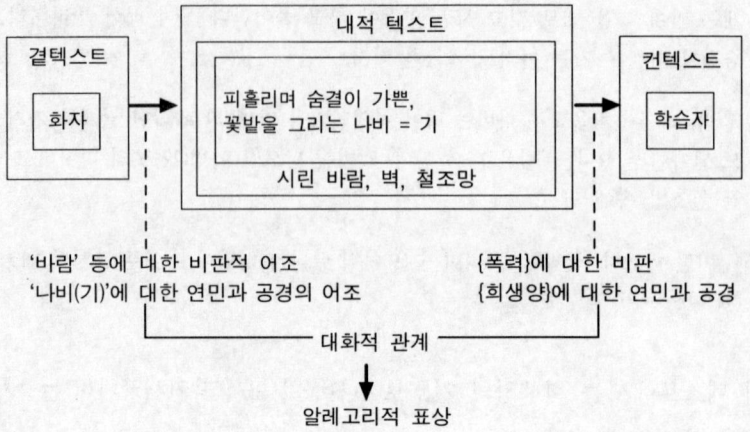

김규동의 <나비와 광장>도 비슷한 표상 구조를 형성한다.

현기증 나는 활주로의
최후의 절정에서 흰나비는
돌진의 방향을 잊어버리고
피 묻은 육체의 파편들을 굽어본다.

기계처럼 작열한 작은 심장을 축일
한 모금 샘물도 없는 허망한 광장에서
어린 나비의 안막을 차단하는 건
투명한 광선의 바다뿐이었기에

진공의 해안에서처럼 과묵(寡默)한 묘지 사이사이
숨가쁜 Z기의 백선과 이동하는 계절 속
불길처럼 일어나는 인광(燐光)의 조수에 밀려
이제 흰나비는 말없이 이즈러진 날개를 파닥거린다.

하얀 미래의 어느 지점에

아름다운 영토는 기다리고 있는 것인가.
푸르른 활주로의 어느 지표에
화려한 희망은 피고 있는 것일까.

신도 기적도 이미
승천하여 버린 지 오랜 유역
그 어느 마지막 종점을 향하여 흰나비는
또 한 번 스스로의 신화와 더불어 대결하여 본다.[22)

<나비와 철조망>에서와 같이 <나비와 전장>에서의 '흰나비'도 아이러닉한 존재다. '흰나비'는 피묻고 날개마저 이지러졌지만 '신도 기적도 이미 승천하여 버린 지 오랜' '묘지'인 불모지에서 '또 한 번 스스로의 신화와 더불어 대결'하는 희생양이다. 거대한 세계의 질서에 순응되는 것이 아니라 그 질서에 대항하는 약한 존재인 것이다.

'흰나비'는 미래의 '아름다운 영토'와 '화려한 희망'을 바라고 있다. 그러나 현재 '흰나비'는 '말없이 이즈러진 날개를 파닥거'릴 수 있을 뿐이다. '아름다운 영토'와 '화려한 희망'은 보이지 않는다. 그럼에도 불구하고 지속적으로 '흰나비'는 세계에 대해 대결을 한다. 약한 존재가 거대한 세계에 대해 대결하는 것은 아이러니를 자아낸다.

따라서 '활주로'와 같은 거대한 세계는 '흰나비'의 존재로 인해 변화하지 않는다. 그러나 '흰나비'는 '희망'을 향해 폭력적인 세계에 대결한다. 이런 존재에 대해 화자는 연민과 공경이라는 어조와 아이러니를 갖게 된다. 화자의 어조는 학습자와 대화적 관계를 맺으면서 학습자에게도 체화된다. 이러한 관계를 바탕으로 <나비와 광장>에 대한 심적 표상을 다음과 같이 도식화할 수 있다.

---

22) 김규동, <나비와 광장>, 『문학(하)』, (주) 천재교육(제6차 교육과정). 75쪽.

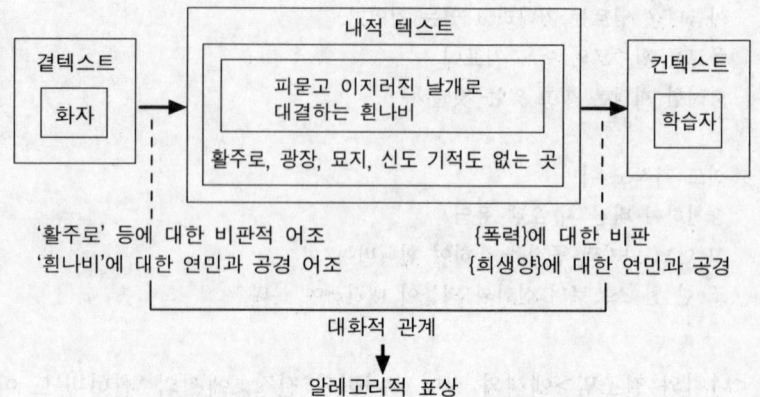

이처럼 <성북동 비둘기>, <바다와 나비>, <나비와 철조망>, <나비와 전장>에서는 모두 폭력과 희생양의 이항대립적 표상이 형성되는데, 이것은 정한모의 <나비의 여행>에서도 마찬가지이다.

한 장 검은 표지를 열고 들어서면
아비규환하는 화약 냄새 소용돌이.
전쟁은 언제나 거기서 그냥 타고
연자색 안개의 베일 속
파란 공포의 강물은 발길을 끊어 버리고
사랑은 날아가는 파랑새
해후는 언제나 엇갈리는 초조
그리움은 꿈에서도 잡히지 않는다.

꿈에서 지금 막 돌아와
꿈의 이슬에 촉촉히 젖은 나래를
내 팔 안에서 기진맥진 접는
아가야,
오늘은 어느 사나운 골짜기에서
공포의 독수리를 만나
소스라쳐 돌아왔느냐.23)

'나비'로 표상되는 '아가'는 자신을 둘러싼 세계인 시공소에 대해 적극적인 대결을 하지 않는다. 뿐만 아니라 '아가'가 경험한 세계는 '꿈' 속이며, '꿈'이라는 것은 '현실'을 전제로 한 개념이다. 현실 속에는 '아가'를 안아 줄 '나'(화자)가 있다. 이 텍스트의 화자는 곁텍스트의 위치를 점유하기도 하지만 동시에 내적 텍스트에서 '아가'가 '날개를 접'을 수 있는 대상으로 기능한다.

'아가'는 '꿈' 속에서 '전쟁'을 경험하고 '공포의 독수리를 만나 소스라쳐 돌아' 왔지만 다시 '꿈'에서 깨어난다. 특히 '아가'는 전쟁 세대를 지나 차세대 주체라는 점에서 미래에 대한 낙관적 전망을 암시하는 존재이다. 이런 점에서 화자의 발화행위는 낙관적이고 희망적 어조로 표상되고 독자의 발화효과행위도 낙관적인 태도로 점철된다.

이 텍스트의 표상 구조를 도식하면 아래와 같다.

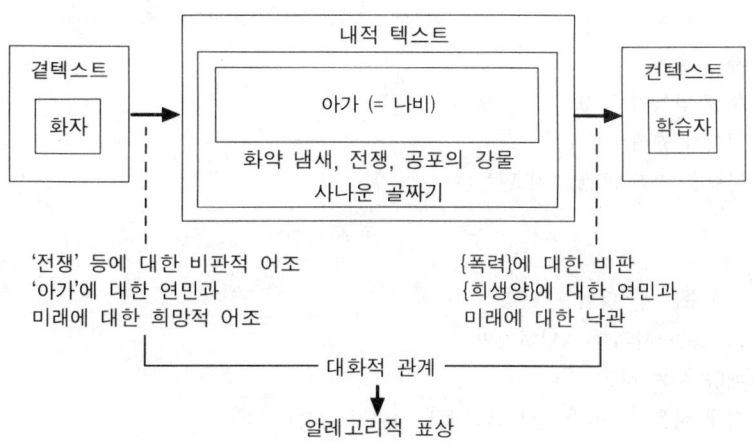

---

23) 정한모, <나비의 여행—아가의 방·5>, 『문학(하)』, (주) 금성교과서(제6차 교육과정).
63쪽.

박남수의 <새>에서는 화자의 발화행위가 낙관적이면서도 역설적으로 나타난다. 이러한 발화행위로 인해 독자의 수행 또한 이중적인 양상을 띠게 된다.

> (1)
> 하늘에 깔아 논
> 바람의 여울터에서나
> 속삭이듯 서걱이는
> 나무의 그늘에서나, 새는 노래한다.
> 그것이 노래인 줄도 모르면서
> 새는 그것이 사랑인 줄도 모르면서
> 두 놈이 부리를
> 서로의 죽지에 파묻고
> 따스한 체온(體溫)을 나누어 가진다.
>
> (2)
> 새는 울어
> 뜻을 만들지 않고
> 지어서 교태로
> 사랑을 가식(假飾)하지 않는다.
>
> (3)
> ---포수는 한 덩이 납으로
> 그 순수(純粹)를 겨냥하지만
> 매양 쏘는 것은
> 피에 젖은 한 마리 상(傷)한 새에 지나지 않는다.[24]

---

24) 박남수, <새>, 『문학(상)』, 대한교과서(제6차 교육과정). 73쪽.
　　＿＿＿＿＿, 『문학(상)』, (주) 한샘출판(제6차 교육과정). 31쪽.
　　＿＿＿＿＿, 『문학(상)』, (주) 동아서적(제6차 교육과정). 72쪽.

<새>에서 행위자는 '새'이며 시공소는 '하늘', '바람의 여울터', '나무 그늘', '포수', '한 덩이 납' 등이다. '하늘, 바람, 나무'는 '새'가 노래하고 사랑하는 장소이지만, '포수'와 '한 덩이 납'은 '새'를 '겨냥하'는 존재이다.

　'포수'가 '겨냥하'는 '새'는 노래인 줄 모르고 노래하고, 사랑인 줄 모르고 사랑하는 '순수'의 존재이다. 이러한 순수한 존재를 겨냥하는 포수에 대해 화자의 발화행위는 비판적인 어조를 띠게 된다. 동시에 '포수'가 쏘아서 얻어 간 것은 '상한 새'에 지나지 않는다는 점에서 '새'의 '순수'는 획득할 수 없었다는 의미를 도출할 수 있다. 이는 <성북동 비둘기>에서 '채석장', '굴뚝 연기' 등에 의해 '비둘기'가 '사랑'과 '평화'를 낳지 못하는 새가 된 것과 다른 양상이다. '비둘기'가 '사랑'과 '평화'를 낳지 못한 데서 화자의 발화는 '비둘기'에 대해 연민의 어조를 띠었으나, <새>에서는 '새'가 상하기는 했지만 결국 '순수'를 잃지 않았다는 점에서 연민과 공경이라는 이중적 어조를 띠게 된다. 동시에 '포수'가 '순수'를 빼앗아가지 못했다는 점에서 '포수'에 대한 냉소적인 어조도 읽을 수 있다.

　독자의 연행은 '새'와 같이, 폭력에 의해 물리적인 상처는 입지만 결국 그 본질은 수호하는 존재에 대한 연민과 공경의 발화효과행위를 실행하는 것으로 표상된다. '새'는 분명 희생양이지만 그 희생을 통해 '순수'를 지켰다는 점에서 그 희생은 실존적이라고 할 수 있다. 실존적이라 함은 극한 상황에 있어서 그 상황에 굴복하거나 좌절하지 않고 자신의 주체적인 의식 속에서 그 상황을 재구성하여 그 상황에 대결하는 의지를 가질 때 성립한다. '새'는 상처는 입었지만 '순수'를 지켰다는 점에서 실존적 의지의 존재이다. 여기서 '새'와 '포수'의 대결에서 '새'의 역설적인 승리

_____

_____, 『문학(상)』, (주) 민문고(제6차 교육과정). 74쪽.

를 읽을 수 있다. 독자의 연행은 '새'의 역설적인 승리로 인한 희망의 발화효과를 지니게 된다.

이러한 표상을 도식하면 아래와 같다.

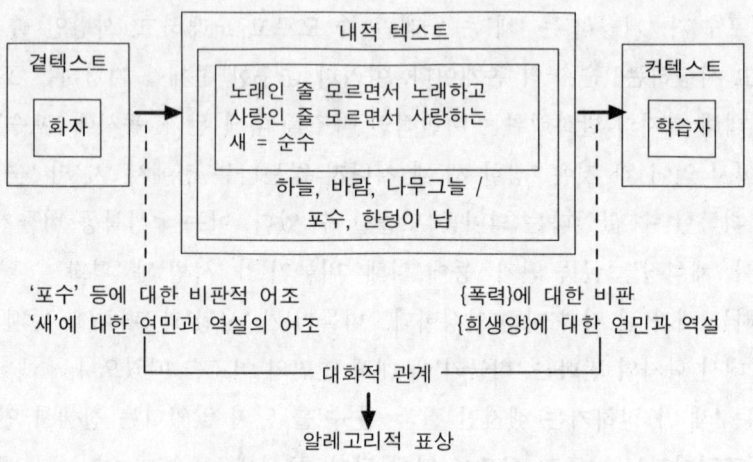

요컨대 앞에서 살핀 텍스트들은 모두 폭력과 희생양이라는 대립적 구조로 표상된다. 희생양은 집단의 폭력에 의해 발생한다. 집단이 그 공동체적 질서를 유지하기 위해 희생양 제의를 감행할 수도 있다. 이 경우 공동체의 구성원으로 소속력이 약한 소외자를 희생시킴으로써 폭력 욕구는 일시적으로나마 해소되고 집단은 안정을 되찾게 되는 것이다. 또 희생양의 희생에 의해서 새로운 세계의 질서가 도래하기도 한다. 희생양은 자신의 희생으로 긍정적인 세계를 구축하는 것이다.

앞에서 살펴 본 텍스트들에 대한 표상의 차이점을 중심으로 해서 텍스트들을 분류할 수 있다.

<성북동 비둘기>, <바다와 나비>는 집단의 질서를 유지하는 차원에

서 폭력과 희생양의 대립 구조로 표상된다. 이로써 화자의 발화와 독자의 수행은 희생양에 대한 연민으로 점철된다.

<나비와 철조망>, <나비와 광장>, <나비의 여행>은 새로운 세계의 질서를 구축하기 위해 자신을 자발적으로 희생하는 행위자로서의 희생양이 표상된다. 이때는 희생양의 무모한 대결과 그로 인한 화자의 연민과 공경의 이중적 어조를 취하게 된다. <나비의 여행>에서는 그 희생양이 차세대로 '아가'라는 표상됨으로써 미래에 대한 희망과 낙관적인 어조를 보이기도 한다.

<새>에서는 희생으로 말미암아 세계의 긍정적인 측면을 유지하는 존재로서의 희생양이 표상된다. 이로써 오히려 희생양의 궁극적인 승리로 인해 역설적인 태도를 띠게 된다.

각 텍스트에 있어서 곁텍스트에서의 화자의 발화와 이의 약호화인 어조, 내적 텍스트의 시공소와 행위자, 독자의 발화효과행위와 컨텍스트를 수반한 알레고리화를 통한 연행 등을 중심으로 요약하면 다음과 같다.

소통요소 / 텍스트	화자의 발화행위 어조	이 미 지		학습자의 수행 알레고리화
		행위자	시공소	
성북동 비둘기	행위자에 대한 연민과 동정	비둘기	새로 생긴 번지, 채석장, 굴뚝연기	{희생양}에 대한 연민과 동정
바다와 나비	시공소에 대한 비판	나비	3월의 바다	{폭력}에 대한 비판
나비와 철조망	행위자에 대한 연민과 공경	나비=기	시린 바람, 철조망, 벽	{희생양}에 대한 연민과 공경
나비와 광장	시공소에 대한 비판	나비	활주로, 광장, 묘지	{폭력}에 대한 비판
나비의 여행	행위자에 대한 연민과 미래에 대한 희망 시공소에 대한 비판	나비=아가	화약냄새, 전쟁, 공포의 강물, 사나운 골짜기	{희생양}에 대한 연민과 미래에 대한 희망 {폭력}에 대한 비판
새	행위자에 대한 연민과 공경, 역설 시공소에 대한 비판	새	이중화: 하늘, 바람, 나무 그늘/포수, 한 덩이 납(반동적 행위자로 기능)	{희생양}에 대한 연민과 공경 {폭력}에 대한 비판 전언에 대한 역설적 태도

위의 도식에서 보듯이 곁텍스트에서 화자의 발화행위는, 행위자에 대해서는 연민 혹은 연민과 공경의 어조, 역설의 어조로, 시공소에 대해서는 비판의 어조로 약호화된다. 내적 텍스트에서는 행위자와 시공소의 대립이 나타나고 이 대립은 이미지로 약호화된다. 특히 위에서 살핀 텍스트들에서 행위자는 주로 '나비'나 '새'라는 기호로 나타나고, 시공소는 인위적인 것이나 근대 합리주의 정신의 산물이 구체화된 기호로 나타난다.

이렇듯 행위자나 시공소에 있어서 상호성을 보이기 때문에 더욱 알레고리적 읽기가 수월하게 된다. 특히 시공소의 상호성은 상호공간성(interspatiality)이라고 할 수 있는데 이러한 상호공간성을 활용하여 텍스트의 연행성을 강조한다면 시 해독은 더욱 활성화될 것이다.

이러한 상호성을 바탕으로 독자는 행위자를 {희생양}으로 시공소를 {폭력}으로 표상하며 전자에 대해서는 연민이나 연민과 공경, 혹은 역설, 후자에 대해서는 비판의 수행을 하게 된다. 이렇듯 독자는 폭력과 희생양의 대립적 표상 속에서 각각에 대한 특정한 수행을 하게 된다.

요컨대, 시 해독은 텍스트를 중심에 두고 두 축에서 이루어진다. 하나는 화자와 독자를 이은 수평적 축이고, 다른 하나는 텍스트와 또 다른 텍스트를 이은 수직적 축이다.[25] 이 두 축을 중심으로 지금까지의 논의를 모두 포괄하는 초텍스트(transtext)를 상정할 수 있다. 이 초텍스트는 독자의 인식 속에서 표상되는 텍스트라 할 수 있다.

---

25) Kristeva, Julia. *Desire in Language: A Semiotic Approach to Literature and Art.* New York: Columbia University Press, 1980. p.69

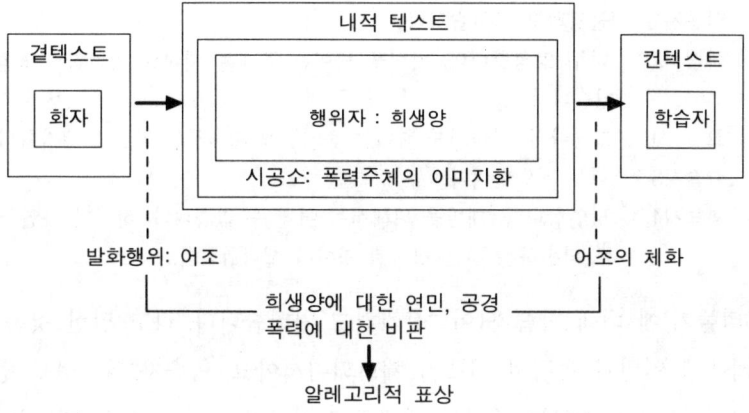

겉텍스트	내적 텍스트	컨텍스트
화자	행위자 : 희생양 / 시공소: 폭력주체의 이미지화	학습자

발화행위: 어조   어조의 체화

희생양에 대한 연민, 공경
폭력에 대한 비판

알레고리적 표상

1.2.2 교육연극적 방법: 배우-관객 대화극, 조화동작극, 독백극의 활용

① 배우-관객 대화극: 배우-관객 대화극을 통해 화자의 발화수반력과 어조에 대한 표상을 활성화시킬 수 있다.

여기서는 배우로서의 학습자 여러 명에 대해, 교사가 관객 중 한 명이 되어 배우로서의 학습자들에게 질의하는 배우-관객 대화극의 방식을 선택하였다. 교사는 텍스트의 표상과 관련된 질의를 적절하게 선택하여 말할 수 있다.

우선 교사는 학습자들에게 화자에게서 들은 이야기(텍스트)를 상기하라고 말한다. 그리고 학습자들에게 그것에 관해 느낀 바를 대화하자고 제안한다.

교　사　　무슨 내용을 들었습니까?
학습자　　비둘기가 성북동에서 쫓겨난다는 내용입니다.
교　사　　그 사건에 대해 당신은 비둘기에 대해 어떤 느낌이 듭니까?

학습자1	불쌍하고 가엾습니다.
학습자2	너무 멍청합니다. 자신을 죽이는 존재를 제대로 파악하지 못하고 있습니다.
교 사	그렇다면, 비둘기를 죽이는 존재들에 대해서는 어떻게 생각합니까?
학습자3	너무 잔인합니다.
학습자4	당연합니다. 개발을 위해서는 어쩔 수 없습니다. 하지만 자연을 너무 파손하는 것은 잘못된 것이라 생각합니다.

'비둘기'에 대해 학습자1이 "불쌍하고 가엾습니다."라고 말한 것은 학습자에게 연민과 동정의 어조가 체화되어서이고, 학습자2의 "너무 멍청합니다. 자신을 죽이는 존재를 제대로 파악하지 못하고 있습니다."는 말은 '비둘기'가 상상계에서 벗어나지 못하고 있다는 것을 학습자가 표상했다는 증거이다. '채석장' 등의 존재에 대한 학습자3의 "너무 잔인합니다."라는 말은 그것에 대해 비판적 어조를 체화했음을 의미한다. 반면 학습자4의 "당연합니다. 개발을 위해서는 어쩔 수 없습니다. 하지만 자연을 너무 파손하는 것은 잘못된 것이라 생각합니다."라는 말은 희생양에 의해 유지되는 사회질서에 대한 표현이다.

<새>에 대해서도 배우-관객 대화극으로 수업할 수 있다.

다음은 관객으로서의 교사와 배우로서의 학습자들 사이에 이루어진 대화를 요약한 것이다.

교 사	어떤 이야기를 들었습니까?
학습자	포수가 총으로 새를 쏘아서 새가 다쳤습니다.
교 사	어떤 새입니까?
학습자	사랑이 무엇인지도 모르면서 사랑하는, 순수한 존재입니다.
교 사	그 새는 사랑과 순수를 잃었나요?
학습자	아닙니다. 포수가 얻은 것은 상한 새에 지나지 않습니다. 새는 순수를 지켰습니다.

교 사	그렇다면 포수와 새의 대결에서 궁극적으로 승리한 것은 포수가 아니라는 말입니까?
학습자	포수는 기껏해야 상한 새밖에 얻지 못한 것이죠. 이것은 바로 순수의 승리라고 할 수 있을 것입니다.

학습자는 '역설'이라는 용어는 사용하지 않았으나, 역설의 개념을 텍스트에 적용시켜 논증하고 있다. 여기에 교사가 '역설'이라는 용어를 제시해 줌으로써 학습자들은 그 용어를 완전히 체화시킬 수가 있다.

② 조화동작극: 텍스트의 이미지, 시공소, 행위자의 관계를 표상하기 위해서 조화동작극을 실시할 수 있다. 방법은 다음과 같다.

> 교사는 학습자들을 여러 명 참여시킨다.
> 교사는 학습자들에게 텍스트에서 느낀 바를 말이 아닌 몸으로 표현해 보라고 한다.
> 학습자들은 배역을 정한다.
> 배역은 '비둘기'와 '성북동 주민들, 채석장 일꾼, 돌, 굴뚝 등'이다. 후자는 전자를 위협한다.
> 비둘기는 점차 힘을 잃어 가지만 자신을 위협하는 존재에 저항하지 않고 오히려 감싸려는 자세를 취한다.

여기서 학습자들이 연행하는 장면은 '비둘기'가 여전히 자신을 위협하는 존재에 대한 두려움을 모르는 모습을 표상했다는 증거가 될 수 있다.

③ 일인독백극에 의한 이야기 구성: 독백극에 의한 이야기 구성으로 텍스트의 상징을 표상할 수 있다. 교사는 학습자들에게 들은 내용에 대해 더 자세히 말해 보자고 제안한다. 학습자는 다음과 같은 독백을 연행한다.

학습자   성북동에 도시화가 진행되면서 비둘기 등 자연이 훼손되었습니다.
         뿐만 아니라 거기에 원래 살고 있던 사람들이 쫓겨나게 되었습니
         다. ---(중략)---더 이상 그곳은 사랑과 평화는 없는, 발전과 개발만
         이 존재하는 메마른 곳이 되었습니다.

이야기 구성을 통한 학습자의 말에서 '비둘기'가 자연이나 소외되는
사람들을 상징하고, '채석장' 등이 도시화나 개발을 상징한다는 것이 학
습자에게 체화되었음을 알 수 있다.

④ 연결독백극에 의한 알레고리 표상: 학습자들마다 자신의 컨텍스트
에 따라 텍스트에 대한 표상이 달라질 수 있는데 그것을 연결독백극을
통해 확인할 수 있다.

교사는 학습자들에게 비둘기와 비슷한 처지에 있었던 경험이 있는지
말해보자고 제안한다.

학습자1   학교는 엘리트들을 위한 곳입니다. 우리같은 학습자들은 소외당할
          수밖에 없습니다. 우리는 엘리트들을 돋보이게 하기 위한 희생양일
          뿐입니다.
학습자2   가난한 사람들은 잘 사는 사람들을 더 행복하게 만들어 줍니다. 이
          들은 부자들에 의해 더 상처받습니다.
(이 외에도 사회 전반에 존재하는 희생양적인 존재에 대한 대화가 이루어진다.)

⑤ 상호적 읽기의 상호적 연행: 앞에서 살펴 본 <성북동 비둘기>, <
바다와 나비>, <나비와 철조망>, <나비와 광장>, <나비의 여행>, <
새>에 대한 상호적 읽기를 바탕으로 상호적 연행을 시도할 수 있다. 이
상호적 연행은 학습자가 여섯 편의 텍스트들을 모두 표상한 다음에 하는
것이기 때문에 텍스트를 표상하는 동안 학습자 자신의 컨텍스트가 적극
적으로 수반된다.

이 상호적 연행은 전체적으로는 통합적 방식의 상호적 연행으로, 그것을 구성하는 연행은 첫째 폭력 주체와 희생양을 상징하는 배우-배우 대화극, 둘째 일인독백극과 조화동작극을 계열적으로 결합시킨 상호적 연행, 셋째 배우-관객 대화극으로 마무리할 수 있다.

배우-배우 대화극을 연행하기 전에 우선 학습자들은 인물을 설정하였다. 학습자들은 폭력 주체와 희생양에 해당되는 인물을 각각 폭력 교사와 요선도학생으로 설정하였다.[26]

다음은 배우-배우 대화극을 연행한 것의 일부이다.[27]

폭력교사　너 무슨 짓 했어?

요선도학생 (아무 말 하지 않고 고개를 숙이고 있다.)

폭력교사　이 자식이! 말로 해선 안 되는 놈이로군. 따라 와. (약간 옆으로 자리를 옮긴다. 요선도학생, 교사를 따라 간다. 폭력교사는 몽둥이를 들고 있다.)

폭력교사　(몽둥이를 마구 휘두른다.)

요선도학생 (처음에는 참는다. 한참을 맞은 후에는 교사가 때리는 몽둥이를 잡는다. 교사가 몽둥이질을 더욱 심하게 하자 무릎을 꿇고 교사에게 빈다.)

폭력교사　그럴 줄 알았어. 이놈들은 패지 않으면 달라지지 않는다니까.

배우-배우 대화극이 끝나고 일인독백극과 조화동작극을 계열적으로 결합시킨 상호적 연행을 실시하였다.

다음은 일인독백극을 한 요선도학생 역할의 학습자가 연행한 내용이다.

---

26) 일반적으로 학교에서는 비행청소년이나 교칙을 위반하는 경우가 많은 학생들을 '요선도학생'으로 규정하고 있다.

27) 실제 수업에서 학습자들은 비속어나 욕설 등을 훨씬 많이 사용하였으나 필자가 채록하는 과정에서 모두 수정했다.

요선도학생:

    날개를 잘려도 새라고 우깁니다.
    날개 대신 더 가벼운 눈물을 달고
    나는, 새입니다.
    목덜미에 상처가 패이고
    그속으로 내 소리가 흘러 들어 갑니다.
    소리는 퍼지지 않습니다,
    스미어,
    또 하나의 내가 됩니다.
    바람이 다시
    내 몸 한 겹을 벗깁니다
    내 몸은 오히려 더 올라가
    이제 별이 보이기 시작했습니다.
    비가 내 몸에 얼음을 꽂습니다.
    나는 투명의 섬세한
    눈의 빛나는 결정으로
    다시 하늘에서 태어납니다.[28]

학습자는 자신을 '새'로 형상화하고 있다. '새'의 대립 세력은 '바람'과 '비'이다. 바람과 비는 '새'를 위협한다. 그것들은 '새'의 몸을 깎아내려 닳게 만든다. 그러나 오히려 그들의 만행으로 인해 '새'는 오히려 몸이 가벼워져 '별'로 다시 태어날 수 있다는 역설을 말하고 있다.

이러한 독백극에 계열적으로 조화동작극을 결합시켜 상호적 연행으로 구성할 수 있다.

실제 수업에서는 위의 일인독백극이 연행되는 중에, 약한 존재인 듯 보이는 학습자 한 명이 여러 명의 학습자들로부터 린치를 당하는 동작을 해 보였다.

---

28) 이 학습자는 시와 유사한 형태로 독백적 발화를 하였기 때문에 본고에서도 시의 형태로 제시하였다.

마지막으로 배우-관객 대화극에서는, 폭력 교사와 요선도 학생의 배우에게 관객들이 여러 질의를 함으로써 폭력과 희생양의 대립관계를 적극적으로 표상할 수 있었다.

1.3 상호적 연행을 통한 자아탐색

1.3.1 연행 전 단계

청소년기는 자아정체성 탐색의 시기이다. 자아정체성은 고정된 실체를 지니고 있는 것은 아니다. 자아정체성은 객관적 실재로서 존재하는 것이 아니라 청소년들의 의식 속에서 성찰적으로 구성되는 것이다. 성찰이란 자기의 내면을 살피는 것이다.

현대까지의 정체성은 외부적으로 또는 타율적으로 정의되어 왔다고 하는 것이 보편적이었지만 급변하는 현대사회에서는 타율적 정체성이 아닌 자율에 의해 재구성되는 정체성 찾기의 필요성도 제기되고 있다.[29] 다원화되어진 현대 사회에서는 사람마다 추구하는 가치관, 사회 정치적 신념, 생활 양식, 기호, 취미 등이 다양한 방식으로 나타나 사람들 간의 공통 분모는 감소하고 대립되는 갈등의 요소가 증가하기 때문이다.[30] 또한 이러한 맥락에서 법 또는 규범의 부재를 의미하는 아노미라는 개념도 우리를 위협하고 있는 요소 중 하나라고 할 수 있다. 자아의 타자에 대

---

29) Freedman, J. 「주관성과 현대성의 다른 측면」, 윤호병 옮김, 『현대성과 정체성』, 현대미학사, 1992. 7-49쪽.
   Giddens, A. 권기돈 옮김, 『현대성과 자아정체성』, 새물결, 1997. 24-34쪽.
30) 권석만, 『인간 관계 심리학』, 학지사, 1997. 17-18쪽.

한 소외의 심리적 조건을 볼 때 그러하다.[31] 현대에 있어 타자는 불규칙성으로 표상되는 불안함의 존재가 되었다. 그들을 단일한 기준으로 분류해 내는 것은 이제 불가능한 일이 된 것이다. 그 결과 타자에 대한 불신이 현대 사회에 만연하게 되었고 타자에 의한 것은 필연적으로 불안정성을 수반하게 되었다. 여기서 자아가 불안해하는 이유는 그것이 바로 타자에 의해 구성된 정체성이기 때문이다.[32]

서정적 텍스트 해독 과정에서도 이러한 정체성 재구성 혹은 자아탐색이 가능하다. 이 자아탐색의 과정은 서정적 텍스트 자체의 해독과 무관하지 않다. 학습자는 텍스트를 해독하면서 텍스트의 화자와 동일시하게 되는데, 이때 동일시가 지속되지 않고 자신의 실제적 자아로의 자리옮김이 불연속적으로 삽입되기 때문에, 텍스트를 표상하면서 자기자신에 대한 탐색을 하게 되는 것이다. 여기서는 실제로 수업 현장에서 학습자들이 자아탐색을 할 수 있도록 구체적인 텍스트와 그것에 대해 학습자들이 연행한 것을 제시하도록 한다.

자아탐색을 시작하기 전에 학습자들을 준비시키는 과정이 필요하다. 교사는 학습자들이 편안한 자세를 갖도록 한다. 서정적인 음악을 들려주는 것도 좋다. 이 음악은 학습자들이 뒤에 들을 서정적 텍스트에 대한 표상을 적극적으로 구성하는 것을 돕는다.

연행 전 단계에서 교사는 시간을 두고 리드미컬하게 발화와 침묵을 반복한다. 발화의 내용은 상황에 따라 달라질 수 있으나 주로 학습자가 자신의 과거나 자신의 내면을 볼 수 있게 하는 내용이어야 한다.

---

31) Orru, M. 임희섭 옮김, 『아노미의 사회학』, 나남출판, 1990. 14-15쪽.
32) Kellner, D. 차원현 옮김, 『현대성과 정체성』, 현대미학사, 1992. 171-175쪽.

1.3.2 텍스트 표상과 연행 단계

자아탐색을 위한 연행은 역동적인 몸짓보다는 언어적인 연행이나 인식론적 연행으로 제한하는 것이 좋다.

자아탐색과 관련된 서정적 텍스트 중 서정주의 <자화상>이 있는데, 우선 교사는 이 텍스트를 낭독한다.

애비는 종이었다. 밤이 깊어도 오지 않았다.
파뿌리같은 늙은 할머니와 대추꽃이 한 주 서 있을 뿐이었다.
어매는 달을 두고 풋살구가 꼭 하나만 먹고 싶다 하였으나……
흙으로 바람벽한 호롱불 밑에 손톱이 까만 에미의 아들,
갑오년(甲午年)이라든가 바다에 나가서는 돌아오지 않는다 하는 외할아버지의
숱많은 머리털과 그 커다란 눈이 나는 닮았다 한다.

스물 세 햇 동안 나를 키운 건 팔 할이 바람이다.
세상은 가도가도 부끄럽기만 하더라.
어떤 이는 내 눈에서 죄인을 읽고 가고
어떤 이는 내 입에서 천치(天痴)를 읽고 가나
나는 아무것도 뉘우치지 않을란다.

찬란히 튀어오는 어느 아침에도
이마 위에 얹힌 시(詩)의 이슬에는
몇 방울의 피가 언제나 섞여 있어
볕이거나 그늘이거나 혓바닥 늘어뜨린
병든 수캐마냥 헐떡거리며 나는 왔다.[33]

---

33) 서정주, <자화상>, 『문학(하)』, (주) 민문고(제6차 교육과정). 97쪽.
_____, 『문학(하)』, (주) 천재교육(제6차 교육과정). 80쪽.
_____, 『문학(하)』, (주) 한샘출판(제6차 교육과정). 179쪽.

화자는 자기자신에 대해 말하고 있다. 우선 자신의 '애비'는 종이었으며, 늙은 할머니만 계시며, '어매'는 산달을 앞두고 '풋살구' 하나도 먹지 못한다. 화자의 외할아버지는 갑오년(동학 농민 전쟁)에 나가서 돌아오지 않고, 외할아버지와 닮은 자신은 그 속에서, 즉 '흙으로 바람벽한 호롱불 밑'에서 자란다. 여기서 갑오년 동학 농민 운동의 역사적 격동기를 배경으로 암울한 현실 속에서도 굴복하지 않는 화자의 당당함을 볼 수 있다.

이러한 화자의 상황은 '바람'이라는 이미지로 나타난다. 바람은 화자의 성장 과정이 누군가의 돌봄없는 고통과 시련의 연속이었음을 의미한다. 이런 고통과 시련의 삶 속에서 화자는 강해진 것이다.

'세상은 가도가도 부끄럽기만 하더라'라는 표현과 '죄인', '천치'라는 이미지를 통해 자신이 받았던 부끄럽고 굴욕적인 삶이 나타난다. 그러나 화자는 그러한 부끄럽고 굴욕적인 삶을 '나는 아무 것도 뉘우치지 않을란다'고 말하고 있는데, 여기서 화자의 뉘우침 없는 태도를 엿볼 수 있다.

이 텍스트에는 현실적 고통을 이겨내려는 화자의 초월 의지도 나타난다. 그것은 '아침'과 '시'로 표상되는데, 화자는 그 속에 '몇 방울의 피가 언제나 섞여 있어'라고 말함으로써, 생명의 상징인 '피'를 흘리지 않는 나태한 삶의 자세로는 현실적인 고통을 이겨낼 수 없음을 나타낸다. '볕이거나 그늘이거나 혓바닥 늘어뜨린 / 병든 수캐마냥 헐떡거리며 나는 왔다.'라고 하는 데서는 화자의 힘겨움과 고달픔, 흥분과 우울, 피로를 읽을 수 있으며, 세상의 온갖 시련 속에 삶을 찾아 헤매는 화자의 모습을 표상할 수 있다.

이러한 텍스트는 학습자들에게 아래와 같이 표상된다. 학습자들은 자신의 컨텍스트에 따라 다양한 표상을 형성하므로 아래에서 제시한 도식은 구체적으로 학습자에게 표상되는 모습이라기보다는 대부분의 학습자들에게 공통적으로 표상되는 것만을 추리한 것으로 전제해야 한다. 이러한 전제 위에서 <자화상>에 대한 표상을 도식하면 다음과 같다.

```
┌─────────────────────────────────────────────────────────┐
│   화자(=병든 수캐): 어조 ─ 시련의 극복, 뉘우침 없는 의지적 태도      │
│ 바람 ➜ 종인 아버지, 가난한 삶,  나를 죄인과 천치라고 하는 세상 사람들 │
│         시의 이슬 ➜ 시련의 극복한 아름다움                      │
│                 피 ➜ 시련의 흔적                            │
└─────────────────────────────────────────────────────────┘
```

〈알레고리: 시련의 극복에 의한 의지적 삶〉

위의 심적 표상 형성 과정에 학습자 자신의 컨텍스트가 발동되어 서정주의 <자화상>과 학습자 사이에 대화적 관계가 성립한다. 학습자들은 그러한 상태에서 일인독백극을 연행한다. 학습자는 <자화상>의 화자를 자신에게로 투사하지만, 자신의 자아를 완전히 버리지 않고 흔적으로 남겨둔다. 이러한 이중적 자아를 갖게 된 화자는 다음과 같은 발화를 한다.

학습자   저의 삶은 바람 그 자체입니다. 저는 바람을 맞으며 살아 왔습니다. 남들은 저에게 손가락질하며 천치, 죄인이라고 합니다. 저는 천치나 죄인이 아닙니다. 힘겹게 살아왔을 뿐입니다.
저는 시를 씁니다. 그 시에는 아름다움이 서려 있습니다. 이슬 같이 맑게 빛나는 시의 서정이 있습니다. 그러나 그 시에는 남들의 시에는 없는 피가 섞여 있습니다. 그것은 제 삶의 고통의 흔적일 겁니다. 그렇게 저는 병든 수캐처럼 살았습니다. 이리 쫓기고 저리 쫓기고 하지만 죽지 않고 볕이거나 그늘이거나 어디를 가더라도 질긴 생명을 지킬 것입니다.

서정주의 <자화상>에서 화자가 뉘우침 없는 의지를 보이고 있다면 윤동주의 <자화상>에서는 뉘우침과 성찰의 자세가 보여진다.

산모퉁이를 돌아 논가 외딴 우물을 홀로 찾아가선 가만히 들여다 봅니다.

우물 속에는 달이 밝고 구름이 흐르고 하늘이 펼치고 파아란 바람이 불고 가을이 있습니다.

그리고 한 사나이가 있습니다.
어쩐지 그 사나이가 미워져 돌아갑니다.

돌아가다 생각하니 그 사나이가 가엾어집니다.
도로 가 들여다보니 사나이는 그대로 있습니다.

다시 그 사나이가 미워져 돌아갑니다.
돌아가다 생각하니 그 사나이가 그리워집니다.

우물 속에는 달이 밝고 구름이 흐르고 하늘이 펼치고 파아란 바람이 불고 가을이 있고 추억처럼 사나이가 있습니다.[34]

화자가 서 있는 공간은 외딴 우물가이다. 화자는 사람이 많은 '마을'이라는 현실을 잠시 떠나 홀로 자신을 되돌아보고 싶은 마음에서 외딴 우물로 간다. 현실에 몸담고 살 때에는 반성적 자의식이 발동하지 않았다가 그 현실에서 잠시 떠나게 되었을 때 비로소 반성의 기회를 가지게 되는 것이다.

우물 속에는 하늘이 들어와 있다. 지상의 우물 속에 천상의 하늘이 고스란히 담겨 있는 것이다. 따라서 우물 속에는 하늘에 있는 밝은 달, 맑

---

34) 윤동주, <자화상>, 『문학(하)』, (주)한샘출판(제6차 교육과정). 179쪽.

은 구름, 푸른 하늘, 파란 바람이 있다. 이들은 모두 밝고 맑고 싱그러운 이미지를 준다. 그것은 그대로 완전히 조화된 자연의 세계이며, 화자가 꿈꾸는 세상이다. 그러한 조화로움 속에서 화자 자신의 모습이 비친다. 그러나 자신의 모습이 비칠 때 이 조화는 깨어지고 만다. 왜냐하면 화자 자신은 지상적 존재이며 부끄러운 자아를 갖고 있기 때문이다. 이러한 자신에 대한 부정 의식은 바로 반성적 자의식에 의한다. 이렇게 분리된 자아의 모습은 현상적 자아에 대한 미움의 의식을 가진 반성적 자아가 제자리를 확보했기 때문이다.

화자는 그 자신이 미워지기는 했지만 자신에 대한 연민의 정이 생긴다. 그 일상적 자아 또한 나의 한 모습이기 때문이다. 여기서 자신을 미워하면서도 불쌍히 여기는 태도 속에서 화자의 아이러니를 엿볼 수 있다.[35]

의식으로는 지향점을 설정했지만 섣불리 자신을 청산하지 못하는 태도는 인간 누구에게나 있을 수 있다. 연거푸 되돌아가는 행위를 통해 번민과 고뇌에서 방황하는 자아의 우울한 모습을 그릴 수 있는데, 그 우울한 그림자가 비친 우물의 그림은 온전한 조화 가운데에 추억처럼 외롭고 쓸쓸한 자아가 깃들여 있는 정경이다.

화자가 부끄러워한 것은 우물에 조화롭게 있어야 할 자신의 모습이 일상적 존재로 화해 버린 모습이 비쳤기 때문이다. 몇 번의 번민 끝에 화자가 보게 된 모습은 옛날의 자기 모습이다. 그러나 그 모습은 잊었던 모습이다. 이 잊었던 모습이 비로소 비치게 되었을 때 '추억처럼' 서 있는 자아의 모습으로 인식될 수 있다. 그가 회복하려는 것도 지난날의 모습이

---

35) 이것을 화자 자신에 대한 양가적 태도라고 할 수 있다.
   김우창, 「손들어 표할 하늘도 없는 곳에서」, 이선영 편, 『윤동주 시론집』, 바른글방, 1989. 97쪽.

다. 그런 면에서 화자는 변증법적으로 자신을 지향하려는 태도를 가졌다
기보다는 지난날의 회복을 갈구하는 태도를 가지고 있다 보아야 한다.

　결국 이 텍스트는 '우물'을 통해 화자가 자신을 반성하게 되고, 잊었던
자신의 옛 모습을 다시금 떠올리게 되는 자아 성찰의 텍스트라 할 수 있
다.

　학습자에게 표상될 양상을 도식하면 아래와 같다.

화자: 어조 ― 성찰, 자기연민

우물 ➜ 자아성찰의 매개체
우물 속의 달, 구름, 하늘, 바람, 가을 ➜ 천상의 순수한 존재
우물 속의 사나이 ➜ 과거의 부끄러운 자아

〈알레고리: 자아성찰, 자신에 대한 부끄러움과 연민〉

　위와 같은 표상을 형성 여부는 다음의 학습자들의 연결독백극으로 확
인할 수 있다. 이 학습자들은 각각 약 한 문장씩 발화한다.

학습자1　우물 속을 들여다봅니다.
학습자2　우물 속은 깨끗합니다. 우물 속에는 달, 구름, 하늘이 있고, 바람도
　　　　있고, 가을도 있습니다.
학습자3　그 사이로 제 모습도 보입니다. 낯섭니다. 다른 사람 같습니다.
학습자4　다른 사람 같은 제가 보기 싫어 졌습니다.
학습자5　보기 싫어져서 그냥 우물을 떠나 왔습니다.
학습자6　가다가 보니까 우물 속에 있었던 낯선 내가 불쌍해졌습니다. 정말
　　　　불쌍해졌습니다. 왜인지 모르지만.
학습자7　그래서 다시 우물로 갔습니다. 그런데 또 미워졌습니다. 그래서 또
　　　　돌아갔습니다.

학습자8　　또 그 우물 속의 모습이 생각이 났습니다. 다시 가 보니 달, 바람, 하늘, 바람, 가을이 모두 있었습니다.

학습자9　　그 속에 저의 추억이 함께 있었습니다. 부끄러웠습니다. 달, 바람, 하늘, 바람, 가을처럼 그렇게 깨끗하게 살리라 생각해 봅니다. 부끄 럽지 않도록.

윤동주의 <자화상>에서 자아성찰의 매개체로서 '우물'이 등장한다면 그의 <참회록>에서도 자아성찰의 매개체가 나타난다.

파란 녹이 긴 구리거울 속에
내 얼굴이 남아 있는 것은
어느 왕조의 유물이기에
이다지도 욕될까

나는 나의 참회의 글을 한 줄에 줄이자
-- 만 이십이년 일개월을
무슨 기쁨으로 살아왔던가

내일이나 모레나 그 어느 즐거운 날에
나는 또 한 줄의 참회록을 써야 한다
-- 그때 그 젊은 나이에
왜 그런 부끄러운 고백을 했던가

밤이면 밤마다 나의 거울을
손바닥으로 발바닥으로 닦아보자

그러면 어느 운석 밑으로 홀로 걸어가는
슬픈 사람의 뒷모양이
거울 속에 나타나 온다.[36]

위 텍스트에서 자아성찰의 매개체는 '거울'이다. 그 '거울'은 '파란 녹이 낀 구리거울'이며, 화자는 여기에 비치는 자신의 모습을 '왕조의 유물', '욕된 것'으로 인식하고 있다. '구리거울'은 화자를 비춰 주는 매개체이지만 그것 자체가 이미 오래 되어 녹이 끼어 있으므로, 그것을 통해 보여지는 자신의 모습이 순수할 리 없다. 또 '무슨 기쁨을 바라 살아왔던가'에서는 이제까지의 삶이 희망도 없는 무의미한 것이었음을 보여준다.

이제 자신에게 요구되는 것은 그 '거울'을 '손바닥으로 발바닥으로' 열심히 닦는 것이다. 이것은 거울을 보는 행위에 수반되는 것으로, 자신에 대한 성찰을 좀 더 적극적으로 하자는 의미를 내포하고 있다.[37]

이렇듯 화자는 역사 속의 화자이다. 이 역사 속의 화자는 역사의 질곡으로 인하여 욕되고 부끄럽지 않을 수 없다. 그러나 이 상황에서 화자가 선택한 것은 '파란 녹이 낀' '거울'을 열심히 닦는 것, 즉 자신을 꾸준히 성찰하는 것이라고 할 수 있다.

거울을 닦으면 '운석 밑으로 홀로 걸어가는 슬픈 사람의 뒷모양'이 거울 속에 나온다고 한다. 이것은 화자가 이미 거울을 떠난 다음의 일이다. 거울을 열심히 닦으며 성찰을 하고 나서야 그는 거울을 떠날 수 있는데, 결국 그의 뒷모습이 거울 속에 비친다는 것은 그의 성찰이 완수되었다는 말이다.

그의 성찰의 완수는 '운석'과도 관련된다. '운석'은 떨어지는 별이다.

---

36) 윤동주, <참회록>, 『문학(하)』, (주) 선영사(제6차 교육과정). 188쪽.
 _____, 『문학(하)』, (주) 한샘출판(제6차 교육과정). 123쪽.
 _____, 『문학(상)』, (주) 동아서적(제6차 교육과정). 51쪽.
 _____, 『문학(하)』, (주) 민문고(제6차 교육과정). 120쪽.
37) <참회록> 이외에 윤동주의 <서시>, <길>, <또 태초의 아침>, <사랑스런 추억>, <쉽게 씌어진 시>, <별 헤는 밤> 등에서도 자아성찰을 하는 화자가 보여진다.
 마광수, 「윤동주 시 연구 서설」, 이선영 편, 앞의 책, 218-219쪽.

자신의 역할을 다 하고 나서 떨어지는 별인 '운석'은 화자의 거울을 닦은 후 그 거울을 떠나는 것과 환유 관계에 놓인다.

이렇듯 이 텍스트에 대해 학습자는 다음과 같은 표상을 형성한다고 볼 수 있다.

```
┌─────────────────────────────────────────────────┐
│   ┌─────────────────────────────────────────┐   │
│   │  화자: 어조 ― 성찰의 의지(거울을 열심히 닦음)  │   │
│   └─────────────────────────────────────────┘   │
│          거울 ➡ 자아성찰의 매개체                  │
│   거울의 녹 ➡ 부끄러운 자아, 역사 속에서 성찰이 필요한 자아  │
│       운석 ➡ 자신의 소명을 다 한 것, 화자와 환유 관계  │
└─────────────────────────────────────────────────┘
```

〈알레고리: 자아성찰의 의지〉

이 <참회록>에 대하여 이번에는 학습자의 컨텍스트가 충분히 수반된 일인독백극을 한 것을 제시하고자 한다.

학습자1   파란 불이 인 나의 본부 옆에 미처 못 피한 일꾼들이 남아있는 것
          은 어느 레이스의 공격이기에 이다지도 열받을까. 나는 나의 참회
          의 글을 한 줄에 줄이자 - 만 두 시간 사십 분을 무슨 기쁨을 바라
          살아왔던가. 내일이나 모레나 그 어느 즐거운 날에 나는 또 한 줄
          의 보너스를 그어야 한다 - 그 때 그 젊은 나이에 왜 겜방(게임방)
          아줌마는 나만 보면 반가워했던가. 밤이면 밤마다 프로토스 실력을
          싱글 플레이어로 모뎀으로 닦아보자. 그러면 어느 캐리어 밑으로
          홀로 걸어가는 슬픈 마린의 뒷모양이 캐첩 되어 나타나온다.

위 연행의 학습자는 게임을 즐기지만 모든 시간을 그 게임에 할애하고 있는 것에 대해 성찰을 하고 있다. 그 성찰 자체가 진지하지 않고 가벼운데 이것은 신세대 학습자들의 특징이라고도 할 수 있다.[38]

그러나 신세대들이 가벼운 것만은 아니다. 그것은 다음의 연행에서 드러난다.

학습자2   거울을 보면 허무뿐인 내 젊은 날이 보인다. 젊은 날을 반성하자. 허무와 공허에 내 젊음을 날려버린 젊은 날을 반성하자. 아무 생각도 아무 행동도 하지 말고 다 타버린 잿더미 위에 앉아 그 후회의 날을 되새기자. 그래 다시 날자. 그 잿더미를 파헤치자. 그 원을 파괴하자. 내 심장을 터트리자. 그 속에 부서진 거울 조각이 보인다.

위에서 학습자의 성찰의 의지와 강렬한 미래지향적인 태도를 알 수 있다. 이것은 윤동주의 <참회록>에 등장하는 화자와는 또 다른 모습이다. 윤동주의 <참회록>의 화자는 강렬한 의지를 가진 소유자는 아니었지만, 위 학습자2는 '다시 날자'는 말과 '잿더미를 파헤치자', '파괴하자', '터트리자'는 강렬한 이미지의 발화를 함으로써 성찰과 함께 미래에 대한 강한 의지를 보이고 있는 것이다.

결국 자신 성찰의 매개체인 '거울'은 부서지고 마는데, 이것 또한 성찰의 완수를 의미한다.

위에서 살펴본 텍스트들에서는 모두 반성적 자아가 나타난다. 이러한 반성적 자아에 대한 표상을 활성화하기 위해서 미술텍스트도 활용될 수

---

38) 교사는 이 학습자에게 자신을 대상화시켜 설명해 보라고 했다. 학습자는 다음과 같이 말하였다. "이 사람은 프로토스 플레이어로, 미처 포톤캐논을 안 만들고 있다가 클록레이스의 기습에 넥서스(기지)를 날려먹고 두 시간 사십 분의 게임을 포기하고 나와야 되는 비장한 상황에 직면해 있음을 알 수 있습니다. 내일이나 모레 보너스를 긋겠다는 말에서 그는 이미 게임을 끝내고 나왔음을 볼 수 있으며, 아줌마가 반가워한다는 말에서 그는 겜방의 '죽돌이'(늘 그곳에 있는 사람)고 따라서 테란을 마스터하고 프로토스로 옮긴지 얼마 안 된 플레이어(player)라는 걸 알 수 있습니다. 캐리어 밑으로 홀로 걸어가는 마린의 뒷모습이 캐첩되어 나타나온다는 말에서 화자는 캐리어에 광적이며 테란에 대해 무한한 복수심을 간직하고 있음을 확인할 수 있습니다."

있다. 다음은 권순철의 <얼굴>39)인데 그림의 얼굴의 모습에서 외면적 자아가 아닌 내면적 자아를 엿볼 수 있다.

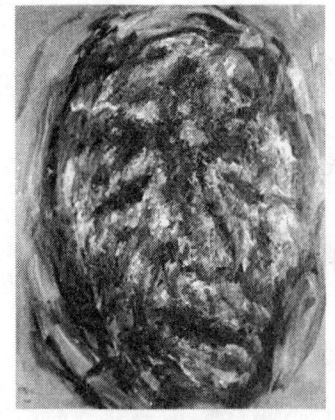

옆의 그림은 실제 보여지는 얼굴이 아니고 인간의 내면이 투영된 얼굴이다. 이 얼굴이 이렇게 일그러진 것은 이 얼굴을 가진 자아가 자기만족적 자아나 나르시스적인 자아가 아니라 불만족의 자아, 자기 반성적 자아이기 때문이라 볼 수 있다. 거친 붓놀림과 겹쳐 칠하기 방식 등은 이 그림이 이러한 반성적 자아의 도상화임을 확인하게 해 준다.

다음 고호의 <자화상>에서도 반성적 자아의 모습이 보여진다.

귀를 자해하고 난 뒤 그린 그림이라는 일화가 남겨진 이 <자화상>은 그 일화 자체가 텍스트 표상에 영향을 미치는 컨텍스트가 된다. 자해한 귀가 함께 표현된 이 그림에서 자아의 타자에 대한 불안감을 읽을 수 있다.

귀는 타자의 발화를 수용하게 하는 매체이다. 귀를 통해 타자의 발화를 해독하고 이에 따라 자신의 발화행위가 이루어지는데, 귀가 다침으로써 이러한 대화적 의사소통은 마비된다. 자아는 자기 자신의 목소리만 갖게 되고 타자는 또 타자대로의 목소리만 갖게

---

39) 권순철, <얼굴>, 캔버스에 유채(162×130cm), 2000.
  이 그림과 이후에 제시되는 그림은 실제 그림과 달리 모두 흑백으로 나타내었다.

된다. 자아와 타자간의 소통은 전혀 없는 것이다.

　이러한 소통의 불가능성이 실제 그림에서는 무채색이 아닌 원색에 가까운 색채로 형상화되어 있는데 이것은 자해된 귀에 대한 뉘우침 없는 자세를 보여준다. 이것은 서정주의 <자화상>에서 보여지는 의지와도 관련이 된다.

　요컨대 교사는 위의 그림들을 함께 제시함으로써 학습자의 자아정체성 탐색의 활성화를 가져올 수 있다.

　김수영의 <사령(死靈)>을 통해서도 자아정체성 재구성을 위한 연행을 할 수 있다.

　　…… 活字는 반짝거리면서 하늘 아래에서
　간간이
　자유를 말하는데
　나의 靈은 죽어 있는 것이 아니냐.

　벗이여
　그대의 말을 고개 숙이고 듣는 것이
　그대는 마음에 들지 않겠지
　마음에 들지 않어라.

　모두 다 마음에 들지 않어라.
　이 黃昏도 저 돌벽 아래 雜草도
　담장의 푸른 페인트 빛도
　저 고요함도 이 고요함도.

　그대의 정의도 우리들의 纖細도
　行動이 죽음에서 나오는
　이 욕된 郊外에서는

어제도 오늘도 내일도 마음에 들지 않어라.

그대는 반짝거리면서 하늘 아래에서
간간이
자유를 말하는데
우스워라 나의 영은 죽어 있는 것이 아니냐.[40]

이 텍스트에서는 '죽은 영혼'이라는 뜻의 제목이 암시하듯 자유와 정의가 활자로만 존재하는 부도덕한 현실에 적극적으로 항거하지 못하고 침묵하는 화자의 영혼을 자책하고 비판하는 자아가 보여진다. 자유와 정의가 실제적인 의미를 갖지 못한 사회는 엄밀한 의미에서 민주 사회라 할 수 없으며, 책 속에서만 존재하는 진리도 참된 진리가 될 수 없다. 이러한 세계에 대해 화자는 소시민적 지식인으로 전락해 버린 자신의 영혼을 죽은 것과 다름없다고 여긴다.

현실의 부도덕성을 누구보다 깊이 통찰하고 있으면서도 무기력할 수밖에 없는 자신에 대한 부끄러움과 분노는 현실과 자아 일체를 부정하는 단계로까지 나아가는데 이 단계는 자아에 대한 냉소를 가져온다. 화자가 파악하는 현실은 자유와 정의가 상실된, 책으로만 위장되어 있는 거짓된 세계이며, 화자는 이러한 현실 세계의 부도덕성을 깊이 인식하고 있으면서도 행동화하지 못하고 무기력할 수밖에 없으므로 결국 자신에 대한 자책과 분노는 현실과 자기 자신 모두를 부정하는 데까지 나아간다. 거짓된 현실 세계 속으로 뛰어들어 자유와 정의를 부르짖겠다고 다짐해 보기도 하지만, 그 행동은 필연적으로 죽음을 수반하는 것임을 아는 화자는 다만 '어제도 오늘도 내일도 마음에 들지 않어라'라며 절망할 뿐이다.

학습자는 자아에 대해 냉소적인 성찰을 하고 있는 화자와 동일시함으

---

40) 김수영, <死靈>, 『김수영 전집』 I, 민음사, 1981. 123쪽.

로써 자신에 대한 냉소도 하게 된다. 냉소는 극복될 때 그 비판적 에너지를 발휘하게 된다. 따라서 대화극을 통해 학습자에게 표상된 자신에 대한 냉소를 극복하게 하는 계기를 마련할 수 있다.

다음은 <死靈>을 읽은 후에 이루어진 대화극의 일부를 제시한 것이다.

학습자1:   나는 비겁한 사람이야. 우리 반 아이가 왕따를 당할 때 그게 분명히 나쁜 짓이라는 걸 알았으면서 나도 왕따를 당할까봐 겁이 나서 아무 말도 못했어. 그냥 숨어 있었어. 아니, 가끔은 왕따 당하는 그 아이를 나도 따돌리기도 했어. 그렇지 않으면 나도 왕따를 당할테니. 나는 정말 비겁한 놈이야. 우습지 않니? 내가 왕따 당할까봐 왕따 당하는 아이를 왕따 시키다니…. 정말 우스워.

학습자2:   자신의 잘못을 인식하고 있다는 것은 앞으로 달라질 수 있다는 말과 같아. 게다가 왕따 당하는 것은 정말 무서운 일이야. 또 그것은 한 개인의 잘못만도 아니야. 교실 안에서 우리가 모르는 힘이 느껴져.

학습자1:   세상은 참 무서우면서도 우스워. 분명 이건 잘못된 건데 아무 일도 할 수 없을 뿐더러, 내가 어떤 일을 했다간 나는 희생양이 되고 말아. 정의는 없는 것 같아.

학습자2:   그래도 이런 생각을 한 사람들이 하나씩 모여서 세상이 변하는 건 아니겠니? 세상의 변화는 천천히 오는 거야. 너무 급하게 생각하지 말자. 너와 나는 어차피 힘이 약한 존재들일 뿐이야. 너무 욕심내지 말고 우리가 할 수 있는 만큼만 하자. 양심에 너무 어긋나는 일은 우리는 하지 않을 거 아니야.

위의 대화극을 보면 학습자는 자신의 컨텍스트를 발동시켜 '왕따'[41] 문제를 거론하고 있다. 학습자1은 자신의 태도를 냉소하고 있지만 학습자2는 그것에서 발전하여 또 다른 방향을 모색하고 있다. 이것은 자아에

---

41) 집단에서 한 구성원을 다른 다수의 구성원이 소외시키는 현상을 의미하는 유행어.

대한 냉소를 극복해 가는 과정이라고 할 수 있다.

아래 고갱의 <자화상>을 보면 자아에 대한 냉소를 통한 희화화를 확인할 수 있다.

실제 그림으로 보면, 자아는 원색의 세계 속에 갇혀 있다. 원색의 세계는 밝음을 의미하지만 그것에 갇혀 있는 얼굴을 통해 그 밝음이 가식적인 것임을 읽을 수 있다.

갇힌 얼굴은 또한 희화화되어 있다. 아래로 내린 시선을 통해 자아가 세계에 대해 적극적인 태도를 취하지 않고 있음을 알 수 있다. 이것은 세계에 대한 자아의 불만족을 의미한다. 이렇듯 불만족의 세계에 대해 자아는 자신을 회화화함으로써 냉소적인 자세를 취하고 있는 것이다.

학습자들은 위의 그림을 통해 부조리한 세계와 그 세계 속의 냉소적인 자아를 엿볼 수 있을 것이다.

다음으로, 앞서 살펴본 윤동주의 <참회록>에 나타나는 성찰의 매개체인 '거울'은 이상의 <거울>에서도 등장하는데, 그 표상에 있어서는 다른 양상을 보인다.

거울속에는소리가 없소
저렇게까지조용한세상은참없을것이오

거울속에도내게귀가있소
내말을못알아듣는딱한귀가두개나있오

거울속의나는왼손잡이오
내악수를받을줄모르는-악수를모르는왼손잡이오

거울때문에나는거울속의나를만져보지는못하는구료마는
거울이아니었던들내가어찌거울속의나를만나보기만이라도했겠오

나는지금거울을안가졌소마는거울속에는늘거울속의내가있오
잘은모르지만외로된사업에골몰할께요

거울속의나는참나와는반대요마는
또꽤닮았오
나는거울속의나를근심하고진찰할수없으니퍽섭섭하오[42]

위 텍스트에서 '거울'은 자아를 알게 하는 매개체이면서 또 그 자아와 영원히 결별하게 하는 역할을 하기도 한다.

거울 밖의 나는 거울 속의 나를 바라본다. 거울 밖의 나는 바라봄의 주체이고 거울 속의 나는 바라봄의 대상이다.[43]

거울을 통해 거울 밖의 자아는 거울 속의 자아를 만난다. 거울 속의 나도 귀가 있지만 거울 밖의 나의 말을 알아듣지 못하는 귀이다. 또 거울 속의 나는 왼손잡이라서 거울 밖의 나는 거울 속의 나와 악수를 할 수도 없다. 악수를 할 수 없다는 것은 합일을 이룰 수 없다는 말이다. 그렇기에 거울 밖의 나는 거울 속의 나를 만져볼 수도 없다.

---

42) 이 상, <거울>, 『문학(상)』, 선영사(제6차 교육과정). 97쪽.
　　＿＿＿＿＿＿, 『문학(하)』, (주) 한샘출판(제6차 교육과정). 114쪽.
　　＿＿＿＿＿＿, 『문학(상)』, (주) 지학사(제6차 교육과정). 108쪽.
　　＿＿＿＿＿＿, 『문학(상)』, (주) 동아서적(제6차 교육과정). 183쪽.
43) 기존의 연구에서 거울 밖의 나는 일상적 자아 및 허위적 자아를, 거울 속의 나는 이상 적 자아 및 진정한 자아를 의미하는 것으로 논의해 왔다.
　　이승훈, 「이상시 연구」, 연세대 박사논문, 1983. 25-30쪽.

그러나 지금까지 지속되어 온, 거울 밖의 나가 바라보는 주체이고, 거울 속의 나가 바라봄의 대상이 되는 타자라는 사실이 5연에서 무너진다. 거울 밖의 나가 거울 속의 나를 보지 않아도 거울 속의 나는 존재한다. 그 거울 속의 나가 무엇을 하는지 거울 밖의 나는 알지 못한다. 단지 거울 속의 나가 외로된 사업에 골몰할 것이라는 말만 할 뿐이다. 이제 오히려 거울 속의 나가 보는 주체이고 거울 밖의 나가 대상이 되는 상황이 벌어진다.

이런 상황에서 거울 밖의 나와 거울 속의 나 중 누가 주체로서의 나이고 누가 타자로서의 나인지 말할 수 없다. 주체는 고정되지 않고 거울 밖의 나와 거울 속의 나 사이에서 지속적으로 자리를 바꾼다고 할 수 있다.[44)]

이러한 학습자의 표상을 도식화하면 아래와 같다.

화자: 거울 밖의 나와 거울 속의 나로 해체됨
거울 ➜ 거울 속의 나를 만나는 매개체 거울 밖의 나와 거울 속의 나를 단절시킴

〈알레고리: 해체되는 자아〉

학습자는 위 텍스트를 통해 진짜 자신의 모습에 대해 탐색하게 된다. 그리고 어느 누구도 진짜 나가 아님을 표상하게 된다. 자아는 여러 개로 해체되어 있으며 여러 개의 목소리를 동시에 지니는 것이라 할 수 있다.

이러한 것을 표상한 학습자는 다음과 같이 조화동작극과 인형극을 연행하였다.

---

44) 한귀은, 『상상력 신장을 위한 시 교육 연구』, 부산대학교 석사학위논문, 1996. 19쪽.

학습자 두 명이 앞뒤로 포개어 서서, 처음에는 거울에 비치는 모습 같이 같은 동작을 하다가 잠시 후 서로 다른 동작을 취하기 시작한다. 한 사람이 분주하면 한 사람은 느릿한 동작으로, 한 사람이 웃는 표정을 취하면 한 사람은 우울한 표정을 지어 보인다.

위 연행을 한 학습자들은, 단일한 목소리를 가질 것 같은 자아가 실은 여러 개일 수 있음을 표상했다는 것을 알 수 있다. 여기서 조화동작극의 연행자는 두 명 이상이 될 수도 있다. 여러 명의 학습자들이 같은 동작을 하는 듯하다가, 서로 각각의 동작을 해 보이고, 또 때로는 같은 동작을 하는 것처럼 연행하면서 자아의 해체된 모습을 형상화하는 것이다.

인형극을 통해 자아해체를 형상화할 수도 있다. 다음은 인형극을 한 장면을 약술한 것이다.

학습자는 종이로 만든 인형을 제시하였다. 그 인형은 사람의 형상을 하고 있었다. 학습자는 인형에 자신을 투사하여 다음과 같이 말하였다. "저는 제가 하나인 줄 알았어요. 제 마음이 하나라고 생각했죠. 그런데 제 마음 속에서 또 다른 저의 모습을 보았어요. 저도 알 수 없는 저를요." 이렇게 말하면서 학습자는 그 종이 인형을 펴기 시작했다. 그 종이 인형은 여러 개의 인형이 붙여져 포개어진 인형이었다. 그 인형을 모두 펴자 갖가지 색채의 인형이 길게 나열된 모습이 되었다.

위 학습자는 인형을 통해서 겉으로 보기에는 하나인 듯하지만 속에 여러 개의 다른 모습을 내포한 자아의 해체된 모습을 제대로 형상화해 낸 것이다.

아래의 <또 다른 고향>에서도 자아해체가 보여진다.

고향에 돌아온 날 밤에
내 백골(白骨)이 따라와 한방에 누웠다.

어둔 방은 우주로 통하고
하늘에선가 소리처럼 바람이 불어 온다.

어둠 속에 곱게 풍화 작용(風化作用)하는
백골을 들여다보며
눈물짓는 것이 내가 우는 것이냐
백골이 우는 것이냐
아름다운 혼이 우는 것이냐

지조 높은 개는
밤을 새워 어둠을 짖는다.

어둠을 짖는 개는
나를 쫓는 것일 게다.

가자 가자
쫓기우는 사람처럼 가자
백골 몰래
아름다운 또 다른 고향에 가자.[45]

　위 텍스트에서 화자는 '나', '백골', '아름다운 혼'으로 해체되고 있다. '나'는 '또 다른 고향'에 '백골' 몰래 '아름다운 혼'과 함께 가려고 한다. 이로써 '백골'은 '나'가 부정하고 싶은 자아라고 할 수 있고, '아름다운 혼'은 화자가 추구하는 이상적 자아라고 볼 수 있다.
　그러나 화자를 따라 '고향'에 온 자아는 '백골'이다. '나'는 '백골'을 들여다본다. '나'가 '백골'을 들여다보는 행위는 '나'가 주체이고 '백골'이 타자라는 인식을 동반한다. 이것은 앞서 '백골'이 '나'를 따라온 것과

---

45) 윤동주, <자화상>, 김태형·정희성 편, 『현대시의 이해와 감상』, 문원각, 1994. 306쪽.

는 정반대가 된다. '나'의 뒤를 '백골'이 따라온
다면 '백골'이 '나'에 대한 시선의 주체가 되기
때문이다. 따라서 우는 주체도 '나'인지, '백골'
인지, '아름다운 혼'인지 명료하게 밝혀지지 않
는다.

　이러한 시선의 문제와 관련하여 주체와 타자
의 관계를 보여주는 그림이 왼쪽 뭉크의 <자화
상>이다. 뭉크의 <자화상>에서는 자아를 바라
보는 또 다른 시선이 천장 위에 표현되어 있다.
이러한 그림은 실제 정면을 응시하고 있는 자아가 개별자의 주체라는
생각에 회의를 갖게 한다. 이것은 이 상의 <거울>에서 거울 밖의 나가
주체라는 의식을 해체한 것과 관련이 있다. 오히려 천장의 또 다른 자아
를 보지 못하고 정면만을 응시하는 자아는 주체라기보다는 타자에 가깝
다. 천장의 자아는 정면을 응시하고 있는 자아에 대해 주체라고 할 수
있다.

　이러한 그림을 통해 학습자는 해체되는 자아정체성을 표상할 수 있게
된다.

　옆의 산드라 스콜닉의 <캐서린>이란 그
림에서도 다중적인 자아의 모습을 엿볼 수
있다.

　그림 속의 인물들은 모두 '캐서린'이란
이름을 가진 여자이다. 분명 한 명이 되어
야 할 사람이 여러 사람으로 형상화되어 있
다. 흰옷을 입은 뚱뚱한 여자와, 그를 중심
으로 하여 검은색 옷을 입은, 쌍둥이처럼

보이는 여윈 여자 두 명, 뒤쪽으로는 아직 미성숙해 보이는 쌍둥이 여자 둘이 보여진다. 이 그림을 통해 하나의 개체가 실은 다중적인 목소리를 가지고 있음을 알 수 있다.

지금까지 살펴본 바와 같이, 자아정체성은 구성되는 것이며, 언제나 자기의 의지에 따라 정체성을 바꾸거나 수정할 수 있다. 특히 익명성과 쌍방향성을 특징으로 하는 가상공간을 또 다른 생활영역으로 설정하고 있는 최근의 학습자들에게 자아정체성의 탐색 기회를 제공하는 일은 더욱 중요성을 띤다.

여기서는 서정적 텍스트를 중심으로 상호적 읽기와 상호적 연행, 미술 텍스트 활용 등의 방법으로 자아정체성을 탐색하는 방법을 제시하였다. 신세대 학습자들은 정체성의 위기를 겪고 있다고 해도 과언이 아니다. 이 책에서는 서정적 텍스트와 미술텍스트에 한정되어 자아정체성 탐색의 방법만을 제시하였지만, 여기에 또 다른 매체의 텍스트들을 상호적으로 읽고 이것이 상호적 연행으로 이어지는 방법을 제시한다면, 수많은 매체에서 다양한 텍스트들을 끊임없이 접하면서 정체성을 재구성해 나가는 신세대 학습자들에게 스스로 정체성을 탐색할 수 있는 길잡이가 될 수 있으리라 생각된다.

2. 서사적 텍스트의 교육연극적 접근

2.1 김동리 <화랑의 후예>의 연행적 지도

2.1.1 텍스트에 대한 심적 표상

고등학교 『국어 상』에 나오는, 서사성이 강화된 텍스트 중 하나가 김동리의 <화랑의 후예>이다.

인물이 욕망을 가지고 그것을 성취하기 위해 적극적으로 행위를 할 때 방해 세력이 개입하면 갈등이 발생하게 된다. 이 갈등의 발생과 해소가 사건의 중심이 되는 경우 텍스트는 서사성이 강화되는 것이다.

김동리의 <화랑의 후예>는 내적 초점화와 외적 초점화가 매개되어 '나'라는 화자가 '황진사'에 대한 이야기를 하는 방식으로 이루어진 텍스트이다. 초점화의 대상은 대부분 '황진사'가 되므로 그의 욕망이 무엇이며, 그것이 무엇으로 인해 방해받는지 검토하기 위해 개요를 제시하면 다음과 같다.[46]

① 숙부는 나에게 관상소에 같이 가자고 하나, 나는 거절한다.
② 숙부가 관상소 사람들을 '조선의 심벌'이라 하는 바람에 나는 그곳에 따라간다.
③ 나는 그곳이 아편굴 같다고 생각한다.
④ 나는 그곳에서 육효를 뽑고 있던 황진사를 만난다.
⑤ 황진사는 살아갈 지모가 나지 않아 육효를 뽑는다고 한다.
⑥ 숙부가 없는 날, 황진사는 '쇠똥 위에 개똥 눈 것'을 명약이라 하며 내게 맡기며 밥 한 끼를 얻어 먹는다(황진사의 방문 1).
⑦ 그 후, 황진사는 친구와 책상을 들고 와 사라고 하여, 나는 할 수 없이 이십 전을 주고, 황진사는 책상을 그냥 들고 가버린다(황진사의 방문 2).

---

46) 개요 구성에는 전체 텍스트에서 부분을 선택하는 문제나 그것의 명제화 과정에서 독자의 컨텍스트가 수반될 수밖에 없으나 이 책에서는 논증을 위해서 이를 최대한 억제하는 방향으로 작성되었다.

⑧ 나는 숙부를 통해, 그의 문벌이 놀랍고, 그가 가벌에 대한 자부심으로 차 있다는 것, 그가 반조롱조의 진사로 불리우게 된 경위를 듣는다.

⑨ 황진사의 "일 오너라." 하는 소리가 마치 '사람 살리우' 하는 소리처럼 들리다.

⑩ 황진사는 나의 집에서 떡을 얻어 먹고, '요조숙녀 군자호구'라는 시전의 한 구절을 외고, 주역을 읽는다(황진사의 방문 3).

⑪ 황진사의 눈에는 언제나 눈물이 있으며, 취했을 때는 혈육이 없음을 한탄하다.

⑫ 숙모가 황진사에게 과부 중매를 서자, 황진사는 분노하고, 이를 숙부가 위로한다.

⑬ 새해가 되자 황진사는 숙부에게 인사해야 한다며 찾아와 매양 음식 대접만 받고 간다(황진사의 방문 4).

⑭ 숙부는 대종교 사건으로 투옥된다.

⑮ 숙부 면회를 다녀 오던 중 황진사를 만나고, 그는 자신이 '화랑의 후예'였음을 자랑한다.

⑯ 나는 숙모와 함께 두꺼비 기름을 만병 통치약이라고 속에 파는 약장사 옆에 이인 행세를 하고 있는 황진사를 본다.

위 개요에서 '황진사'의 행위와 관련 사건들의 원인에서 '황진사'의 욕망을 찾아볼 수 있다. 개요⑥⑦⑨⑬⑯에서는 그의 욕망이 '끼니 해결'이라는 것과 그로 인한 그의 행동이, 개요⑧⑩⑮에서는 그의 욕망이 '가문 과시와 계승'이라는 것과 그로 인한 행동이, 개요⑩⑪⑫에서는 그의 욕망이 '혼인'이라는 것과 그로 인한 행동이 나타나 있다.

'황진사'의 '끼니 해결'과 '혼인'이라는 욕망은 그에게 '천량'이 없다는 점에서 외적 갈등을 유발한다.

그가 끼니를 해결하는 방법은 사기를 치거나 남에게 구걸하는 것이다. 관상소에서 육효를 뽑고, '나'를 속여 '쇠똥 위에 개똥 눈 것'을 '명약'이라고 하거나 친구의 '책상'을 사라고 가져 왔다가 그냥 들고 가 버리기도 한다. 결국 그는 '두꺼비 기름'약을 만병통치약이라고 속여 순사에게 끌려가게 된다. '황진사'에게 능력이 있다면 남을 속이거나 사기를 치거나 해서 끼니를 해결하지 않을 것이다. 따라서 그의 갈등은 돈이 없는 것뿐만 아니라 그의 무능력에서 발생한 것이라 할 수 있다.

그가 가진 유일한 전근대적인 능력인 육효를 뽑는 것도 신통치 않다. '황진사'가 '나'의 관상을 본다고 하지만 그 내용이 이미 '나'의 '숙부'에게서 들은 정보일 가능성이 짙다. '황진사'는 이미 '나'에 대한 정보를 갖고 있으며 그것을 '나'의 얼굴에 적용시키고 있다고 할 수 있는 것이다. 뿐만 아니라 '황진사'가 놓인 곳이 도시의 심장부에 있는 관상소라는 것이 아이러니를 자아낸다.

> 소란한 차마 소리와 사람의 아우성과 입김과 먼지와 기계의 비명이 주야로 쉬지 않는 도시의 심장 속에 ---- 접신, 통령의 간판을 내걸고 손님을 기다리고 있는 <도인>이 있다.
> 방안에는 많은 사람이 있었다. 술이 묻고 때가 결은 옷을 입고 눈에 핏줄들을 세우고 볼에 살이 빠져 광대뼈들이 불거진 불우한 정객, 불평지사들이며, 문학가, 실업가, 저어널리스트, 은행원, 회사원들이 무수히 출입하고, 금광장이, 기미꾼들이 방구석에 뒹굴고 있었다.
> 나는 무슨 아편굴 속에나 들어온 것처럼 가슴이 답답했다.[47]

'도시의 심장부'와 '도인'은 어울리지 않는다. 이 부조화의 시공소 속

---

47) 앞으로 인용되는 김동리의 <화랑의 후예>는 모두『국어 상』(제6차 교육과정), 교육부. 40-56쪽에서 발췌된다.

에 '황진사'가 놓여 있다. 이 부조화의 시공소는 '황진사'라는 인물과 환유적 관계에 놓여 있다고 할 수 있다. 근대적인 사회에서 능력 없고 돈이 없는 '황진사'는 가벌 의식만을 내세우고 있다. 근대 사회에서 가벌 의식은 갈등을 유발할 수밖에 없다. 특히 '황진사'처럼 실질적인 권력을 가지지 못하고 남들이 조롱거리로 붙여준 '진사'라는 꼬리표를 단 사람은 더욱 그렇다. 결국 그는 근대 사회에 맞는 자신의 정체성을 갖지 못하고 浮游하고 있다고 말할 수 있다.

'황진사'의 이런 면이 부각되는 이유는, 이 텍스트의 화자가 '나'이고 초점화 또한 주로 '나'에 의해 실현되기 때문이다. 아래 인용에서 '나'의 '황진사'에 대한 태도가 나타난다.

> 나는 처음 관상소에서 그를 보았을 때부터 <하도 지모가 나지 않아 육효를 뽑아 보았노라> 한 것을 들은 일이 있어서 그가 평소에 얼마나 이 <지략>과 <조화>를 부려 보고 싶어하는 위인인가를 짐작은 할 수 있었지만 이와 같이 언제나 몸에 지닌 솔잎 한줌과 네 귀 모지라진 주역 속에서 우러난 음양 오행의 지모 조화가 겨우 <쇠똥 위에 개똥 눈> 흙가루 약과, 친구에게 책상을 들리우고 다니는 것쯤인가고 생각할 때 나 자신도 모르게 한숨이 새어나왔다.

화자인 '나'는 '황진사'에 대해서 부정적이고 풍자적인 태도를 갖고 있지만, 외적 초점화 측면에서 볼 때 '황진사'의 다른 특성을 살펴볼 수 있다. 예컨대 '숙모'가 '황진사'에게 과부를 중매하자 '황진사'는 분노를 터뜨리는데, 이 부분에서 '황진사'의 자존심이 얼마나 강한지 알 수가 있다.

> "아 규, 규수가, 시방 말씀한 그 규수가 과, 과부란 말씀유?"
> 이렇게 물었다.
> "왜 그류?"

한순간, 침묵이 흘렀다. 황진사의 닫힌 입 가장자리에 미미한 경련이 일어나며, 힘없이 두 무르팍 위에 놓인 그의 두 손은 불불불 떨리고 있었다. 벽에 걸린 시계 소리가 '뚝딱뚝딱' 하고 들리었다. 그는 조용히 고개질부터 좌우로 돌렸다.

"당찮은 말씀유……. 홍, 과부, 과부라니 당치 않은 말씀을 …….."

그는 곧 호령이라도 내릴 듯이 누렇게 부은 두 볼이 꿈적꿈적하며 노기 띤 눈을 부라리곤 하더니, 엄숙한 목소리로

"황후암 육대 종손이유."

하고 다시,

"황후암 육대 손이 그래 남의 가문에 출가했던 여자한테 장갈 들다니 당하기나 한 소리요……? 선생도 너무나 과도한 말씀이유."

과부를 중매한 것에 대해 황진사가 분노하고 있다. 이 분노는, 황진사가 '쇠똥 위에 개똥 눈 약'을 줄 때나, '책상'을 팔 때와 같이 억지를 부리던 모습과 다르다. 평소 보여준 태도가 비굴함과 가벼움이라면 이 때는 무겁고 진지하다. '황진사'는 비록 무능력하고 돈이 없지만 그 자신은 명문가의 후손이라는 자긍심과 이로 인해 자신이 명문가의 여자를 아내로 맞이할 수 있다는 상상계적 믿음을 가지고 있다고 할 수 있다.

그러나 과부를 소개받았을 때, 그것도 '깨끗한 의복에 좋은 음식을 먹을 수 있다'는 것이 혼인의 이유로 떠올랐을 때, 황진사의 상상계적 믿음은 위협을 받게 된다. 즉 그의 현실적 정체성이 일시적으로 떠오르는 것이다. 이것은 '황진사' 자신의 처지와 무능력함을 동시에 인식시키고 결국 자신에 대한 자괴심과 분노를 느끼게 한다. 숙부가 진지한 어조로 '황후암', '황익당'을 다시 재인식시켰을 때, 다시 상상계적 믿음을 갖게 됨으로써 분노와 자괴심에서 벗어나게 되었다고 할 수 있다.

다음 인용에서는 '황진사'가 상상계적 믿음에서 벗어나는 순간의 그의 비애를 알 수 있다.

눈에 고인 물이 눈물이라면 황진사의 두 눈에는 언제나 눈물이 있었다. 그는 가끔 나에게 혈육 없는 것을 한탄하였다. '친구' 집 회갑 잔치 같은 데서 떡국 그릇이나 배불리 얻어 먹고 술기라도 얼근해서 돌아오는 날은,

"아, 명가 종손으로 혈육 한 점 없다니, 천도가 무심하지 그랴."

그의 가문 계승 욕망은 혼인 욕망으로 이어지고 그러나 돈이 없고 능력이 없으므로 그 욕망이 실현되지 못한다. 이것으로 그에게 갈등이 발생하고 그 갈등의 표상이 눈물이라 할 수 있다.

이렇듯 <화랑의 후예>는 서사성이 강화된 텍스트로서 내적 초점화와 외적 초점화를 통해 이야기가 담론화 되고 있다고 볼 수 있다.

이러한 심적 표상을 도식화하면 아래와 같다.

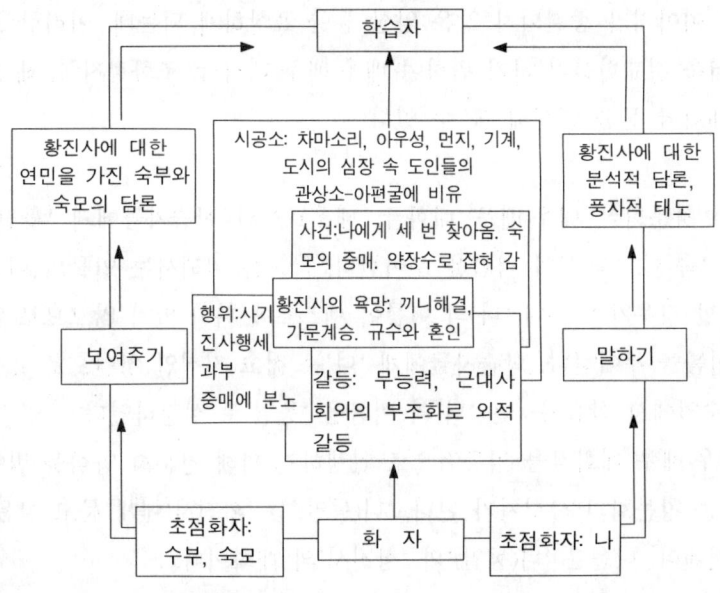

2.1.2 서사적 약호의 표상을 위한 청문회식 배우-배우 대화극, 조화 정지극, 배우-관객 대화극의 활용

학습자의 표상은 '황진사'에 대한 태도로 구성된다. 화자 '나'는 '황진사'에 대한 부정적인 태도로 일관했지만 '숙부'나 '숙모'는 연민의 태도가 더 강하다. 또 '황진사의 눈물'에 초점을 맞추는 부분에서는 그의 인간적인 비애를 엿볼 수 있다.

<화랑의 후예>에서 학습자들은 '황진사'에 대한 초점화자들의 풍자나 연민이라는 다양한 시각, '황진사'가 놓인 시대에 걸맞지 않는 '아편굴' 같은 관상소, '황진사'의 시대·사회와의 갈등, 그의 무능력으로 인한 갈등, 그 갈등이 해소되지 않고 이야기가 끝날 때까지 남아 있음으로 해서 이야기가 종결되지 않은 양상 등을 표상하게 되는데, 이러한 표상을 더욱 정교화하기 하기 위하여 배우-배우 대화극, 조화정지극, 배우-관객 대화극 등을 연행해 볼 수 있다.

① 청문회식 배우-배우 대화극: 배우로서의 학습자들에게 '황진사', '나', '숙부', '숙모'의 역할을 부여한다. 극화를 위해서는 인물의 이름이 필요할 경우가 있는데 '나'의 이름이 텍스트에 나와 있지 않으므로 임의로 이름을 부여한다. 학습자들에게 '나'는 젊고 지적인 청년으로 표상된다. 수업에서 학습자들은 '나'의 이름을 '동일'로 설정하였다.

배우-배우 대화극을 역동적으로 연행하기 위해 청문회 양식을 빌어서 교사는 청문회의 사회자가 된다. '나(동일)'는 '황진사'에게 묻고 싶은 말을 건넨다. 다음은 '나(동일)'와 '황진사'의 대화이다.

사회자   동일군, 황진사에게 질문 하십시오.

동 일	정말 내게 준, 그 개똥 위에 쇠똥 눈 약이 명약입니까?
황진사	(겸연쩍게) 아닙니다.
동 일	왜 거짓말을 했지요?
황진사	배가 고팠습니다.
동 일	나에게 정말 책상을 팔고 싶었어요? 내게 그 책상이 정말 필요할 거라고 생각했습니까?
황진사	미안합니다. 하지만 돈이 필요했어요.
동 일	그렇다면 두꺼비 기름약을 팔다가 순사에게 잡혀간 것도 모두 돈을 벌기 위해 한 짓이란 말입니까?
황진사	그렇습니다.
동 일	당신은 왜 자신의 힘으로 돈을 벌려고 하지 않는 겁니까?
황진사	내가 할 수 있는 거라곤 관상을 보는 것, 육효를 뽑는 것 정도밖에는 없어요. 그것으로는 돈벌이가 안 되죠.
동 일	내가 보기에는 당신의 관상 보는 실력도 별로였던 것 같은데….
황진사	(말이 없다)
동 일	당신의 형편은 내가 잘 압니다. 내가 당신에게 밥을 먹게 해 준 것도 사실 당신이 불쌍해서였어요. 그건 우리 숙부님이나 숙모님도 마찬가지일 거에요.

위 대화에서 학습자들은 '황진사'가 생계를 유지하기 위하여 '똥약'을 '명약'이라고 속이고, '책상'을 팔러 와서 그냥 도로 가지고 가고, '두꺼비기름약'을 팔았다는 것을 표상했음을 알 수 있다. '나(동일)'의 태도는 비판적이었지만 연민의 태도도 없지 않았고, '황진사'는 청문회인 만큼 평소와 다르게 허세 없이 진실한 답을 했다.

'숙부'와 '숙모'도 '황진사'에게 질문한다. '숙부'와 '숙모'의 태도는 호의적이다. '황진사'는 또 호기있게 자신의 가문이 얼마나 높은지 말을 한다. '나(동일)'와 대화할 때와는 또 다른 분위기이다.

숙 모	왜 제가 중매를 섰을 때, 그렇게 화를 내었어요?

황진사	저는 황후암의 후손입니다. 그런 제가 과부와 결혼을 할 수 있겠습니까?
숙 모	그래도 결혼을 하면 걱정없이 먹고 입을 수 있을텐데….
황진사	(화를 내며) 있을 수 없는 일입니다. 어떻게 저 같은 가문의 사람이 과부와 결혼을 할 수 있다는 말입니까?
숙 부	황진사, 진정하시오. 내가 황후암을 모르겠소? 우리가 실수했소.

위의 연행에서 학습자들은 '황진사'의 성격을 표상하였으며, '황진사'에 대한 '숙부'와 '숙모'의 태도도 표상하였음을 알 수 있다.

② 조화정지극: '황진사'가 놓인 시공소가 학습자들에게 표상된 것을 함께 공유하기 위해서 조화정지극을 연행할 수 있다. '황진사'가 놓인 공간은 '소란한 차마 소리와 사람의 아우성과 입김과 먼지와 기계의 비명이 주야로 쉬지 않는 도시의 심장 속에 접신, 통령의 간판을 내걸고 손님을 기다리고 있는 관상소'이다. 그 안에는 '술이 묻고 때가 결은 옷을 입고 눈에 핏줄들을 세우고 볼에 살이 빠져 광대뼈들이 불거진 불우한 정객, 불평지사들이며, 문학가, 실업가, 저어널리스트, 은행원, 회사원들이 무수히 출입하고, 금광장이, 기미꾼'들이 방구석에 뒹굴고 있'다.

이러한 시공소가 텍스트 읽기에서 표상된 후 그것을 조화정지극으로 연행하는 것이다. 배우로서의 학습자들은 '황진사'를 비롯하여 관상소에 있는 사람들인 불우한 정객, 불평지사, 문학가, 실업가, 저어널리스트, 은행원, 회사원, 금광장이, 기미꾼들을 연행한다. 모두 우울하고 지친 표정이거나 혹은 일확천금을 노리는 듯한 눈빛을 하고 있는 경우도 있고, 모두 제각각의 분위기를 자아내지만 시대적인 상황과 대비해 보았을 때 아이러닉하기는 마찬가지이다.

또 다른 배우로서의 학습자는 무대장치로서의 역할을 한다. 즉 도시의

심장부답게 차마, 거리의 바쁜 사람들의 모습을 연행하는 것이다. 이것은
또한 관상소에 있는 사람들과 대조되어 '황진사'의 특성을 부각시킨다.

③ 배우-관객 대화극: 앞서 배우-배우 대화극을 확대하여 관객도 참여
시키는 배우-관객 대화극을 연행할 수 있다.
관객은 '황진사'에게 다음과 같은 질의를 한다.

   ㉠ '쇠똥 위에 개똥 눈 약'이 진짜 명약입니까?
   ㉡ '책상'을 팔러 와서 20전을 받고 다시 책상을 들고 간 이유는 무엇입니까?
   ㉢ '두꺼비 기름약'은 정말 만병통치약입니까? 당신은 일만 가지 병마를 퇴치시
      킬 수 있다고 했는데, 그렇다면 충치로 한 달을 고생한 이유는 무엇입니까?
   ㉣ 숙부님께 새해 인사를 위해 며칠간 계속 찾아 온 겁니까, 아니면 밥을 얻어
      먹기 위해 찾아 온 겁니까?

위 질의는 '황진사'가 끼니를 해결하기 위해 거짓말을 하거나 사기를
치는 부분이다. 그의 동기는 '끼니 해결' 혹은 '생계 유지'이며 이것을 달
성하기 위해 자신의 노동력을 사용하는 것이 아니라 사소한 거짓이나 사
기 행각을 벌인다. 그의 거짓말이나 사기는 누구나 한눈에 알아챌 정도
로 허술하며 '일만 가지 병마를 퇴치'시킬 수 있는 '황진사'가 '충치로
한 달을 앓았다'고 하는 자가당착적인 면까지 보인다.

   ㉠ 젊고 가문 있는 규수를 원하는 이유는 무엇입니까?
   ㉡ '숙모'가 과부와의 중매를 섰을 때 그렇게 분노한 이유는 무엇입니까?
   ㉢ 사람들이 당신을 정말 존중해서 '진사'라고 부른다고 생각합니까?
   ㉣ 자신을 '화랑의 후예'라고 하며 자랑을 했는데, 그 사실이 당신에게 주는 의
      미가 무엇입니까?
   ㉤ 주역을 지략의 조종이라고 하는 까닭은 무엇입니까?

위의 질의는 '황진사'의 동기가 가벌 과시나 유지이며, 이를 위해 스스로를 '진사'라고 칭하지만, 그것이 사람들에게 비웃음을 자아내고 있음을 알 수 있는 질의이다. 그의 가벌 과시 동기는 거짓말을 하거나 사기를 치는 것과 조화되지 못한다. '황진사' 삶의 중심에는 주역이나 육효를 뽑는 일이 놓이는데, 이는 그의 능력이 보잘 것 없다는 것을 보여줌으로써 가벌 과시 동기를 희화화시키고 있는 것이다.

특히 ㉤에서는 '황진사'가 실제 능력이 아니라 요행을 바라고 있다는 것을 알 수 있다. '황진사'에게 중요한 것은 가벌 유지이지만, 그것을 능력을 통해 성취하려고 하는 것이 아니라 요행을 통해 획득해 보려는 의도가 숨겨져 있다 하겠다.

㉠ 시전의 시구가 음군이라고 하였는데, 왜 갑자기 그 시구를 들어 말했습니까?

㉡ 혈육이 없는 것을 한탄한 이유는 무엇입니까?

㉢ 당신의 눈에 눈물은 어떤 의미입니까?

㉣ '숙부'와 왜 막역지간이라고 생각합니까?

㉤ '두꺼비 기름약'을 팔아 순사에게 잡혀 가면서 어떤 생각을 했으며, 앞으로 어떻게 살 생각입니까?

위에서는 '황진사'의 혼인 욕망과 가문 계승 동기를 알 수 있다. '관관저구 재하지주 요조숙녀 군자호구'라는 시전의 시구가 음군이라고 하는 데서 '요조숙녀'를 고대하는 '황진사'의 욕망을 엿볼 수 있다. 또 ㉡을 통해 알 수 있듯이 황진사가 혈육을 중시한다는 점에서 그가 지향하는 혼인은 개인적 차원이라기보다 가문을 유지하고 혈통을 계승하기 위한 책무임을 알 수 있다. 그는 이 책무를 이행하지 못하고 혈육이 없는 사람으로 심리적 외상(trauma)을 지니고 있다는 것을 알 수 있다.

ⓓ은 '숙부'의 '황진사'에 대한 어조를 파악할 수 있는 질의이며, ⓜ에서는 '황진사'가 불법적인 행위로 순사에게 끌려가도 그의 가벌 의식은 변함이 없으며, 그의 불법적인 사기 행각에 대해서 어떤 가책도 없다는 것을 알 수 있다. 이것은 '황진사'가 법의 규제 안에 있는 사람이 아니라는 것을 뜻한다.

2.2 이효석 <메밀꽃 필 무렵>의 연행적 지도

2.2.1 텍스트에 대한 심적 표상

고등학교 국어교과서에는 인물의 욕망이나 행동, 갈등, 사건보다 시공성이 더 강화된 텍스트도 있다. <메밀꽃 필 무렵>에서는 인물의 욕망에 의해 갈등이 발생하는 것이 지배소로 떠오르는 것이 아니라 오히려 메밀꽃이 핀 장면이 계기가 되어 과거담이 요약적으로 제시될 뿐이다.

이즈러는 졌으나 보름을 갓 지난 달은 부드러운 빛을 흘리고 있다. 대화까지는 팔십 리의 밤길, 고개를 둘이나 넘고, 개울을 하나 건너고, 벌판과 산길을 건너야 된다. 길은 지금 긴 산허리에 걸려 있다. 밤중을 지난 무렵인지 죽은 듯이 고요한 속에서, 짐승 같은 달의 숨소리가 손에 잡힐 듯이 들리며, 콩포기와 옥수수 잎새가 한층 달에 푸르게 젖었다. 산허리는 온통 메밀밭이어서 피기 시작한 꽃이 소금을 뿌린 듯이 흐뭇한 달빛에 숨이 막힐 지경이다. 붉은 대궁이 향기같이 애잔하고 나귀의 걸음도 시원하다. 길이 좁은 까닭에 세 사람은 나귀를 타고 외줄로 들어섰다. 방울 소리가 시원스럽게 딸랑딸랑 메밀밭께로 흘러간다. 앞장선 허 생원의 이야기 소리는 꽁무니에 선 동이에게는 확적히는 안 들렸으나, 그는 그대로 개운한 제멋에 적적하지는 않았다.[48]

이런 시공소 속에서 '허생원'의 과거담이 '허생원'의 말로써 서술된다.

"날 기다린 것은 아니었으나, 그렇다고 달리 기다리는 놈팽이가 있는 것두 아니었네. 처녀는 울고 있단 말야. 짐작은 대고 있으나 성 서방네는 한창 어려워서 들고 날 판인 때였지. 한집안 일이니 딸에겐들 걱정이 없을 리 있겠나. 좋은 데만 있으면 시집도 보내련만 시집은 죽어도 싫다지…… 그러나 처녀란 울 때같이 정을 끄는 때가 있을까. 처음에는 놀라기도 한 눈치였으나, 걱정 있을 때는 누그러지기도 쉬운 듯해서 이럭저럭 이야기가 되었네…… 생각하면 무섭고도 기막힌 밤이었어."

"제천인지로 줄행랑을 놓은 건 그 다음 날이렸다."

"다음 장도막에는 벌써 온 집안이 사라진 뒤였네. 장판은 소문에 발끈 뒤집혀 고작해야 술집에 팔려 가기가 상수라고, 처녀의 뒷공론이 자자들 하단 말이야. 제천 장판을 몇 번이나 뒤졌겠나. 허나, 처녀의 꼴은 꿩궈먹은 자리야. 첫날밤이 마지막 밤이었지. 그 때부터 봉평이 마음에 든 것이 반평생인들 잊을 수 있겠나."

"수 좋았지. 그렇게 신통한 일이란 쉽지 않어. 항용 못난 것 얻어 새끼 낳고, 걱정 늘고, 생각만 해두 진저리나지. 그러나 늘그막바지까지 장돌뱅이로 지내기도 힘드는 노릇이 아닌가? 난 가을까지만 하구 이 생애와두 하직하려네. 대화쯤에 조그만 전방이나 하나 벌이구 식구들을 부르겠어. 사시 장천 뚜벅뚜벅 걷기란 여간이래야지."

"옛 처녀나 만나면 같이나 살까…… 난 거꾸러질 때까지 이 길 걷고 저 달 볼 테야."

위 '허생원'의 말에서 그의 욕망을 읽을 수 있다. 그의 욕망이라면 "옛 처녀나 만나면 같이나 살까…… 난 거꾸러질 때까지 이 길 걷고 저 달 볼 테야."에서 알 수 있듯이 평생 장돌뱅이를 하면서 '길'을 걷는 것이다. 과거 '성처녀'를 만나 같이 살고자 하는 것은 '같이나 살까'라는 표현에

---

48) 앞으로 인용되는 이효석의 <메밀꽃 필 무렵>은 모두 『국어 상』(교육부, 제6차 교육 과정) 354-362쪽에서 발췌된다.

서도 알 수 있듯이 욕망이라기보다는 과거에 대한 향수와 그리움때문이라고 말할 수 있다. 그가 장돌뱅이를 하면서 '성처녀'와 인연이 있었던 '봉평'을 빠지지 않고 들르기는 하였어도 적극적으로 '성처녀'를 찾아 나서지 않았다는 점에서 '성처녀'는 이미 추억 속의 사람이라는 것을 알 수 있다. 뿐만 아니라 '성처녀'와 '단 한 번의 인연'을 맺을 수 있었던 이유도 평소 '성처녀'를 동경해 와서가 아니라, 그날 밤의 분위기 때문이다. 달빛이 새어들고 물 소리가 들리는 물방앗간, 울고 있는 처녀의 모습에 취하여 인연이 맺어진 것이다.[49]

'허생원'의 평생 장돌뱅이를 하고자 하는 욕망은 다른 세력에 의해 방해받지 않으므로 갈등이 없다. 이 텍스트에서 잠깐 '충줏집'을 사이에 두고 '동이'와 갈등을 일으키기도 하나 이 사건은 이 텍스트의 핵사건이 아니고 '동이'와 '허생원'이 만나기 위한 주변사건이며, 또한 '허생원'과 '나귀'의 관계를 보여주기 위한 촉매 역할을 한다고 볼 수 있다.[50]

> 반 평생을 같이 지내온 짐승이었다. 같은 주막에서 잠자고, 같은 달빛에 젖으면서, 장에서 장으로 걸어다니는 동안에 이십 년의 세월이 사람과 짐승을 함께 늙게 하였다. 가스러진 목 뒤 털은 주인의 머리털과도 같이 바스러지고, 개진개진 젖은 눈은 주인의 눈과 같이 눈곱이 흘렀다. 몽당비처럼 짧게 슬리운 꼬리는 파리를 쫓으려고 기껏 휘저어 보아야 벌써 다리까지는 닿지 않았다. ---(중략)---
>
> "김첨지 당나귀가 가 버리니까 온통 흙을 차고 거품을 흘리면서 미친 소같

---

49) <메밀꽃 필 무렵>의 시공소와 이에 따른 인물의 행위에 초점을 맞추어 텍스트의 구조를 논하기도 한다.
    이상신, 「<메밀꽃 필 무렵>의 기호론적 분석」, 최현무 편, 『한국문학과 기호학』, 문학과 비평사, 1988. 228쪽.
50) 채트에 의하면 사건에는 대안적 선택의 길을 열어 행동을 전진시키는 핵사건(kernel)과, 그 행동을 확대, 확장, 지속 또는 지연시키는 기능을 하는 주변사건(satellites)이 있다(바르트는 이것을 촉매catalyst라 부른다.). Chatman, S. 앞의 책, 69쪽.

이 날뛰는 걸. 꼴이 우스워 우리는 보고만 있었다우. 배를 좀 보지."

아이는 앵돌아진 투로 소리를 치며 깔깔 웃었다. 허 생원은 모르는 결에 낯이 뜨거워졌다. 뭇 시선을 막으려고 그는 짐승의 배 앞을 가리어 서지 않으면 안 되었다.

"늙은 주제에 암샘을 내는 셈야. 저놈의 짐승이."

'허생원'과 '나귀'는 겉모습도 비슷하고 하는 행동도 유사하다. '허생원'이 나이가 들었음에도 불구하고 '충줏집'에 관심을 갖는 것과 늙은 '나귀'가 '당나귀'에게 암샘을 내는 것은 상동 관계에 놓인다. 인간의 욕망을 동물의 욕망에 치환시켜서 병렬적으로 이야기가 엮인 것에서 이 텍스트가 인간 본연의 욕망에 대한 이야기라는 것을 암시한다.

요컨대 '허생원'의 욕망은 평생 장돌뱅이를 하며 '길'을 걷고자 하는 욕망과 인간 본연의 성적 욕망으로 대표된다. 두 욕망 모두 어떤 특정한 목표가 있어서가 아니며 따라서 방해 세력도 구체화되어 있지 않다. 다만, '허생원'이 돈이 없고 얼금뱅이라서 스스로의 열등감 때문에 그 욕망을 실현시킬 수 없다는 해석도 나올 수 있으나 그것으로 '허생원'이 좌절감을 느껴 비극적인 삶을 사는 것이 아니라, 오히려 늘 과거담에 젖어 그 향수를 즐기며 산다는 점에서 갈등을 유발시키지 않는다. '허생원'에게 있어서 달빛에 젖은 길은 바로 과거를 회상시키는 매개이며 현재의 '허생원'은 이러한 시공소 속에서 바로 과거의 '허생원'이 되어 다시 한 번 그 '괴이한 인연'을 경험하는 것이다.

이러한 현재의 이야기와 과거담의 교차는 이 텍스트의 열린 구성과도 관계가 있다. 텍스트의 마지막에 '동이'가 왼손잡이라는 것도 '허생원'의 눈에 띈다. 여기서 초점화자는 '허생원'이고 따라서 왼손잡이가 유전되지 않음에도 불구하고 '동이'가 왼손잡이라는 것이 '동이'가 '허생원'의 아들인 증거인 것처럼 읽혀지는 것도 화자의 말에 의해서가 아니라 초점화자 '허생원'의 관점을 통해서이다. 따라서 '동이'가 '허생원'의 아들이라고 확정할 수 없다. 이렇듯 이 텍스트는 어떤 명확한 결론도 내지 않은 채 열린 이야기로 끝을 맺고 있다.

<메밀꽃 필 무렵>에 대한 심적 표상을 도식하면 아래와 같다.

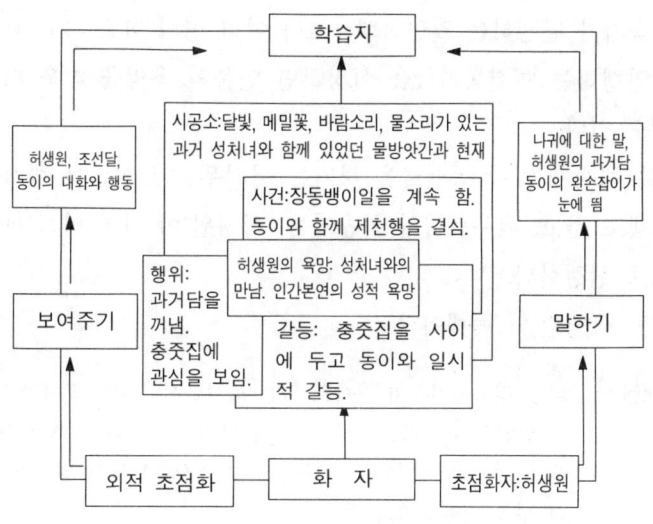

2.2.2 서정적 약호 표상을 위한 연결독백극·상징적 조화동작극·인형극과 영상매체 활용

학습자는 <메밀꽃 필 무렵>에서 '허생원'의 원초적 욕망을 표상해야 한다. 그것이 표상되지 않으면 이 텍스트를 제대로 해독한 것이라고 할 수 없다. 그러나 미성숙한 학습자들에게 그것을 표상하기란 쉬운 일이 아니다. 만일 원초적 욕망이 제대로 표상되지 않고 상업적인 性텍스트와 관련지어 표상된다면 텍스트의 재약호화에 실패하는 것이 된다. 교사는 이런 점에 유의하여 수업을 진행시켜 나가야 한다.

① 인터뷰 형식의 연결독백극: '허생원'의 욕망과 자연 속에서의 삶, 자연과 같은 삶을 표상한 것을 연행하기 위하여 독백극이 용이하다. 한 명의 학습자가 연행하는 일인독백극보다 여러 명의 학습자가 하나의 인물로서 연행하는 연결독백극을 설정하면 인물의 욕망을 더욱 다양하게 표상할 수 있다.

아무런 매개가 없이 독백극을 하기는 어려우므로 인터뷰 형식이라는 것을 전제로 하고, 배우로서의 학습자는 '허생원'이 되어 인터뷰에 응하는 것으로 설정한다.[51]

다음은 '허생원'의 독백이다.

허생원1   나는 장돌뱅이로서 가족도 없는 혈혈단신입니다. 하지만 단 한 번의 인연은 있었지요. 나는 그것을 잊지 못합니다. 그래서 장에서 장으로 이동할 때마다, 특히 예전 그날처럼 달빛이 밝은 날이면 꼭 그 날을 떠올리지요.

허생원2   남들은 나를 여자를 밝히는 사람으로 봅니다. 나는 충줏집에게도 관심이 있었거든요. 하지만 나는 못생겨서 제대로 연애를 해 보지 못했어요. 외모콤플렉스가 있는 것 같습니다. 하지만 내 과거에도 아름다운 인연이 있었습니다. 그것이 내 삶의 이유랍니다. 참, 그리고 외모로 말한다면 내 나귀도 형편 없지요. 하지만 그 녀석도 어찌나 암놈을 밝히는지 나와 똑같아요. 못생긴 것 둘이서 하는 꼴이 우습지요?

허생원3   내 사랑은 아름다웠습니다. 달빛이 흥건하던 물방앗간, 나는 거기

---

51) 원래 인터뷰 형식의 극은 대화극이 될 수 있지만, 질의를 하는 배우를 없애고 '허생원'을 맡은 학습자가 하고 싶은 말을 자유롭게 하게 하는 것은 독백극의 성격이 더욱 짙다.

서 성처녀를 만났죠. 아주 낭만적이었어요. 나는 내가 아닌 것 같았어요. 밤이었고 무엇보다 내 얼굴이 정확하게 보이지 않는다는 게 다행이었어요. 나는 얽음뱅이거든요. 하지만 달빛이 그 얼굴을 부드럽게 감싸 주었죠. 성처녀도 내가 자신을 구해줄 수 있는 왕자처럼 생각했을 거예요. 하지만 그렇지 못했기에 내가 다른 장에 갔다가 돌아왔을 때는 이미 성처녀는 없었죠. 하지만 그녀를 찾아 다닐 수도 없었어요. 나는 얽음뱅이거든요. 가진 것도 없고. 그래서 그 일을 가슴속에 묻어두기만 합니다. 아주 아름답죠. 하지만 이제 서로가 늙었으니 한번쯤 만나 볼 수도 있겠죠. 그리고 어쩌면 동이가 정말 내 자식인지도 모르니까요.

허생원4   나는 가족도 없습니다. 이렇게 세상의 주변에서 소외당하는 것도 모두 운명이죠. 하지만 내겐 달빛과 하얀 메밀꽃이 핀 길이 있어요. 그 길에선 소외고 뭐고, 그런 것 따위는 없습니다. 다만 이십 년 전 그 아름다운 일만 생각난답니다. 이 길에선 과거와 현재 그것의 구별이 없는 거에요. 나는 어느새 이십 년 전으로 돌아가니까요. 그러니까 현재 내 상황이 어떻든 중요하지 않아요. 나는 성처녀와의 그 일을 생각하는 순간만은 잘 생긴 미남자가 되어 성처녀를 만나니까요. 그래서 이 길은 내게 환상을 심어주는 현실의 길이지요.

② 상징적 조화동작극: '허생원'과 '성처녀'의 단 하룻밤의 인연을 연행하기 위해서는 조화동작극이 효율적이다. 그러나 그것은 단순히 처리되어서는 곤란하다. 학습자들을 충분히 이완시켜 텍스트 속 상황을 제대로 표상하게 하는 것이 중요하다. '물방앗간'은 어두침침한 공간이 아니며 터진 틈 사이로 '달빛'과 '물소리', '바람소리'가 흘러 들어와 함께 교감이 되는 공간이다. 즉 밀폐된 공간이라기 보다는 오히려 자연 속에서 조화된 원초적 공간인 것이다. 이 공간에서 '허생원'과 '성처녀'도 자연의 일부로서 함께 교감하였으므로 그 둘의 행위를 상징적으로 표현해 보는 것도 좋다. 그것은 무용동작극(dance mime)이 될 수도 있을 것이다. 학

습자들 중에 무용에 흥미가 있는 학습자들을 배우로 설정하여 무용동작극을 연행하도록 해 본다.

③ 인형극과 영상매체 활용: 상징적 조화동작극이 어려울 경우 인형극을 시도해 볼 수도 있다. 인형극은 학습자들이 인형에 자신의 내면을 투사하여 연행하는 방법이다. 학습자들이 남녀의 교감을 표현하는 것을 어색하게 생각할 경우 이것을 인형에 투사한 언어적 연행을 결합하여 표현한다. 즉 인형에 '허생원'과 '성처녀'를 투사시키고 학습자 자신의 목소리로 이야기를 하면서 인형놀이를 하는 것이다.

영상매체를 활용해 볼 수도 있다. 아름다운 자연의 공간에서 남녀가 서로 교감하는 영상은 많은 영화에서 볼 수 있는 것이다. 학습자들에게 <메밀꽃 필 무렵>의 '물방앗간' 장면과 비슷한 분위기를 자아내는 영화의 장면을 떠올리게 한다. 예컨대 영화 <타이타닉>에서 남녀 주인공이 뱃머리에서 팔을 벌리고 바람을 맞이하며 그 파도소리와 바람과 함께 교감하는 모습은, 인물들을 그 시공소 속에 녹여 버린다. 이러한 장면을 연상하여 조화동작극으로 표현해 볼 수도 있다. 이렇듯 상호적으로 표상되는 영상매체를 활용한다면 효율적이라 하겠다.

2.3 상호적 연행을 통한 성담론 재구성

중고등학교의 학습자들의 성담론은 양 갈래로 극단화되어 나타난다. 여러 대중매체를 통해 왜곡된 성관련 담론들을 접한 학습자들도 있고, 대중매체와 동떨어진 상황에서 성담론 형성 자체가 거의 되지 않은 학습자들도 있다. 이러한 이중적인 학습자들의 성향에 비추어 볼 때 일방향적인 성교육은 오히려 역효과를 불러일으킬 수가 있다.

왜곡된 성담론을 가지고 있는 학습자들은 교사의 일방향적인 성담론 발화로 거부감을 일으킬 수도 있고, 이로써 교사와의 의사소통 자체를 단절시키는 경우도 있다.

반면 성담론에 관해 무지한 학습자들에게는 성담론의 형성 이전에 성적 호기심만을 자극하거나 자신이 가지고 있는 성적 욕구에 대한 죄의식을 불러일으킬 수도 있다.

학습자들이 쉽게 접할 수 있는 인터넷상의 성교육 사이트에서도 오직 학습자들의 윤리의식만을 강조하고 성이라는 것도 생식과 관련된 것만 취급하고 있는 것이 사실이다.[52] 이렇게 되었을 때, 학습자들의 성담론은 바로 성윤리에 제한되어 표상될 뿐만 아니라 여학생들에게는 성폭력 피해 방지라는 소극적인 성담론이 형성될 뿐이다.

본고에서 제시하려는 것은 이러한 성윤리를 강조하는 직설적이고 설득적인 성담론 교육이 아니라, 학습자들 스스로 성담론을 형성하기 위한 예비 단계로서 서사적 텍스트를 통한 성적 아우라의 체화이다.

앞서 논의했던 이효석의 <메밀꽃 필 무렵>도 성담론 재구성의 자료가 될 수 있다. <메밀꽃 필 무렵>에서는 인간의 성적 욕망을 환유와 은유의 확장 원리를 통해 형상화하고 있는데 이것으로 성적 아우라의 체화가 가능하다. 그 구체적인 내용을 살펴보기로 한다.

---

52) 김성애의 성교육-청소년의 사랑과 성(http://my.netian.com/~saintlov/index.html)
성교육과 상담(http://www.haasmedia.com/edunet/sex/CONTENT.HTM)
성교육상담정보(http://ns.pcvan.co.kr/)
한경숙 - 청소년상담실(http://www.shinbiro.com/~consult)
Da-Per(http://myhome.netsgo.com/mega2000)
구성애 - 아름다운 우리 아이들의 성을 위하여(http://mbcweb.mbc.co.kr/sisa_dacu/gusungae/)
우리들의 성(http://www.yangyong-th.ed.kyonggi.kr/html/cyber/gender/index.htm)

이 텍스트의 환유의 시작은 '길'이라는 공간이다. '허생원'은 장돌뱅이이고, 장이 끝나는 저녁부터 밤까지는 언제나 장에서 장으로 옮겨 다녀야 한다. 그 밤길은 단순한 통로가 아니라 '허생원'을 비롯한 떠돌이 주변인인 등장 인물들에게는 정신적 고향이자 안식처이다. 이는 '허생원'의 말에서도 나타난다. "나는 이 길 걷고 저 달 볼테야"가 바로 그것이다. 푸른 달빛에 젖은 메밀꽃이 흐드러지게 핀 밤길, 이 아름답고 낭만적인 자연이 그들에게는 꿈과 같은 환상의 세계이면서 동시에 현실이 되는 것이다. 이렇게 환상과 현실의 경계가 모호해지는 길, 그 길에서 '허생원'은 과거의 이야기를 꺼낸다. 그 이야기를 통해 현재 길을 걷는 상황과 과거의 아름다운 사랑 이야기가 교차된다. 이렇게 이 밤길은 현실과 환상이 해체되고, 과거와 현재가 해체된 공간이 된다.

과거 '성처녀'와 '단 한 번의 인연'을 맺었던 '물방앗간'도 '달빛'과 '물소리' '새어드는' 공간이므로, 이 곳도 완전히 패쇄된 공간이 아니고 오히려 달빛에 의해 개방된, 자연과 동화되는 성향을 지닌 공간으로 환기된다. 이렇게 볼 때, 이 텍스트의 장면은 '과거와 현재의 해체', '현실과 환상의 해체', '길(개방공간)과 물방앗간(패쇄공간)의 해체'가 이루어지는 공간임을 알 수 있다.

동물을 인간의 은유로 형상화하여 인간과 동물의 본능적 애욕을 교묘하게 병치시킨 구성 방식은 이 텍스트의 해체성을 더욱 부각시킨다. '허생원'이 술집에서 '충줏집'을 탐내고 있을 때, 그의 당나귀는 암놈을 보고 발정을 한다. "늙은 주제에 암샘을 내는 셈야. 저놈의 짐승이." 하는 아이들의 말이 '허생원'에게는 자신에 대한 조소처럼 느껴진다. 또, 단 한 번의 일로 강릉집 피마에게 새끼를 보게 했던 나귀의 운명은 성씨 처녀와의 첫날밤이자 마지막 밤이 된 로맨스에서 동이를 얻게 된 그것과도 일치한다(물론, '동이'가 '허생원'의 아들인지 아닌지는 텍스트의 끝까지 분명하게 밝혀지지 않는다). 뿐만 아니라, 당나귀의 까스러진 갈기, 개진 개진한 눈은 허생원의 외양과 흡사하다. 이와 같이 나귀는 허생원의 타 자로서 기능한다.

또 '성처녀'는 '허생원'의 추억 속의 타자로서 '허생원'의 의식 속에서 자주 전경화되는 모습을 보인다. 그러나 '허생원'과 '성처녀'는 만나지 못하며, 그들의 사건은 바로 현존하는 부재로 흔적으로만 남게 되는데, 이것은 또한 유랑하는 인물들의 군상과도 연관된다. 이렇듯 <메밀꽃 필 무렵>은 만남과 떠남이 원심력과 구심력을 이루면서 인간과 동물이 교 묘하게 병치되면서 자연 속에 모두 녹아들게 하여 인간의 성적 욕망을 자연 속에 배치한 텍스트라 하겠다.

이러한 텍스트는 학습자들로 하여금 성적인 욕망을 잘못된 것으로 오 독하게 하지 않고 자연스러운 것으로 받아들이게 하며, 또 아름다운 것 으로 표상하게 한다.

이 성의 아름다움은 김유정의 <동백꽃>에서도 보여진다. <동백꽃> 에서는 열 일곱의 '나'와 '점순'의 이야기가 등장한다.

'나'의 욕망은 '점순네'가 마름인 땅을 계속 부치는 것으로 그러기 위 해서는 '점순'이와 일을 저질러서는 안 된다.

> 열일곱씩이나 된 것들이 수군수군하고 붙어다니면 동리의 소문이 사납다고 주의를 시켜준 것도 또 어머니였다. 왜냐 하면 내가 점순이 하고 일을 저질렀 다가는 점순네가 노할 것이고, 그러면 우리는 땅도 떨어지고 집도 내쫓기고 하 지 않으면 안 되는 까닭이었다.[53]

'나'는 '점순'을 '겪실겪실히 일 잘하고 얼굴 예쁜 계집애인 줄 알았'

---

53) 앞으로 인용되는 김유정의 <동백꽃>은 모두 『국어 상』(교육부, 제6차 교육과정) 157-164쪽에서 발췌된다.

었다는 데서도 알 수 있듯이 '점순'이에 대해 긍정적인 태도를 갖고 있었다. 그런데 '점순'이가 '나'의 '닭'과 자기의 '닭'을 싸움 붙이고, 결국 '나'의 '닭'이 다치게 되어 나는 '점순'이에게 반감을 갖게 된다.

'나'는 '점순'이 '닭싸움'을 시키는 이유를 모르겠다고 '말하기'를 통해 제시하지만 이야기 내용의 순서(order)를 보면 그렇지 않음을 추측할 수 있다. <동백꽃>의 이야기 개요를 제시하면 다음과 같다.

① 오늘도 내가 나무를 하러 가는 길에 점순이가 닭싸움을 시키고 있다.

② 나흘 전 점순이가 주는 감자를 안 받아 먹은 적이 있다.

③ 점순이는 눈물을 흘리고 달아났었다.

④ 그 다음날 저녁부터 닭싸움이 시작되었다.

⑤ 나는 닭싸움에서 이기게 하려고 고추장을 먹였다가 닭을 죽일 뻔하였다.

⑥ 그랬던 걸, 오늘 또 닭싸움을 시키는 것이다.

⑦ 나는 닭을 떼어 놓고 나무를 하러 갔다.

⑧ 나무 하고 오는 길에 다시 점순이가 닭싸움을 시키고 있는 것을 발견한다.

⑨ 나는 점순이의 닭을 때려 죽였다.

⑩ 점순이가 "이담부턴 안 그럴테냐?"라는 물음에 "그래."라고 대답한다.

⑪ 점순이와 나는 동백꽃에 푹 파묻힌다.

⑫ 나는 알싸하고 향긋한 냄새에 정신이 아찔해 진다.

⑬ 점순 어머니의 부르는 소리에 점순이는 산 아래로, 나는 산 위로 치뺀다.

‘나’는 ‘점순’이가 왜 닭싸움을 시키는지 모르겠다고 하지만 그 원인이 나흘 전 ‘나’가 ‘감자’를 받아먹지 않은 데 있다는 것을 알고 있다는 것이, 개요 ①에서 ②로 넘어 가는 데서 암시된다. 즉 화자는 닭싸움의 원인이 무엇인지 모르겠다고 ‘말하기’를 통해 나타내지만, 그 사건에 대해 외적 초점화로 그려진 것을 보면 ‘나’는 그 원인을 알고 있다는 것을 확인할 수 있다. ③에서 ④로 넘어가는 부분에서도 ‘점순’이 눈물을 흘리고 간 다음 날부터 닭싸움이 시작되었음을 말하고 있다. 요컨대 외적 초점화를 통해서 볼 때 ‘점순’이가 닭싸움을 시키는 원인을 ‘나’는 알고 있으나 그것을 직접 말하기를 통해 제시하지 않고 있다. 여기서 아이러니가 발생한다.

‘나’가 감자를 받아먹지 않은 원인도 ‘점순’에 대한 자존심 때문이라는 것을 알 수 있다.

> 설혹 주는 감자를 안 받아먹는 것이 실례라 하면, 주면 그냥 주었지 ‘느 집엔 이거 없지.’는 다 뭐냐. 그렇잖아도 저희는 마름이고 우리는 그 손에서 배재를 얻어 땅을 부치므로 일상 굽실거린다.

‘나’는 원래 ‘점순’네가 마름이고 자신은 소작농이기 때문에 굽실거리는 것이 싫었다. 그런데 점순이가 ‘느 집엔 이거 없지.’라고 말하니 거기에 자존심이 상한 것이다.

요컨대 ‘나’의 욕망은 땅과 집을 떼이지 않는 것과 ‘점순’에 대해 자존심을 지키는 것이다. 이 욕망은 ‘점순’과 일을 저지르지 않는 것으로 실현될 수 있는데, ‘점순’이 ‘나’에게 감자를 주는 등의 호의를 보이기 때문에 실현시키기가 쉽지 않다. ‘나’ 또한 ‘점순’에게 원래 호의를 가지고 있었기 때문에 상황은 더욱 복잡해진다.

'점순'의 욕망은 '나'가 자신의 마음을 알아주는 것이다. '점순'은 '나'에 대해 관심을 갖고 있기 때문에 '나'에게 '감자'를 건넸지만, '나'의 거부로 인해 자존심이 상했다. 그 다음부터 자신의 마음을 알리기 위한 역설적인 방법을 쓴다. 닭싸움을 통해 '나'의 관심을 끄는 것이다. '나'는 오히려 닭싸움에만 관심을 갖고, 결국 '점순' 닭을 때려죽인다. 그러나 '점순'은 닭이 죽은 데 대해서는 별로 개의치 않는다.

> 그리고 뭣에 떠다밀렸는지 나의 어깨를 짚은 채 그대로 퍽 쓰러진다. 그 바람에 나의 몸뚱이도 겹쳐서 쓰러지며, 한창 피어 퍼드러진 노란 동백꽃 속으로 폭 파묻혀 버렸다.
> 알싸한, 그리고 향긋한 그 냄새에 나는 땅이 꺼지는 듯이 온 정신이 고만 아찔하였다.
> "너 말 마라!"
> "그래!"

'나'와 '점순'의 갈등의 해소는 '동백꽃' 속이라는 시공소와 '동백꽃'의 노랗고 알싸한 이미지에 의해 형상화된다. 즉 '동백꽃'[54]은 젊은이들의 풋풋한 사랑을 상징한다고 볼 수 있다. 시공소가 두 사람이 동백꽃에 넘어지는 행위 자체보다 전경화됨으로써 두 사람의 관계를 더욱 순수하고 아름답게 상징화시키고 있다.

다음은 <동백꽃>에 대한 심적 표상의 도식이다.

---

54) 안미영, 「김유정 소설의 문명 비판 연구」, 『현대소설연구』제 11호, 1999. 143-144쪽.

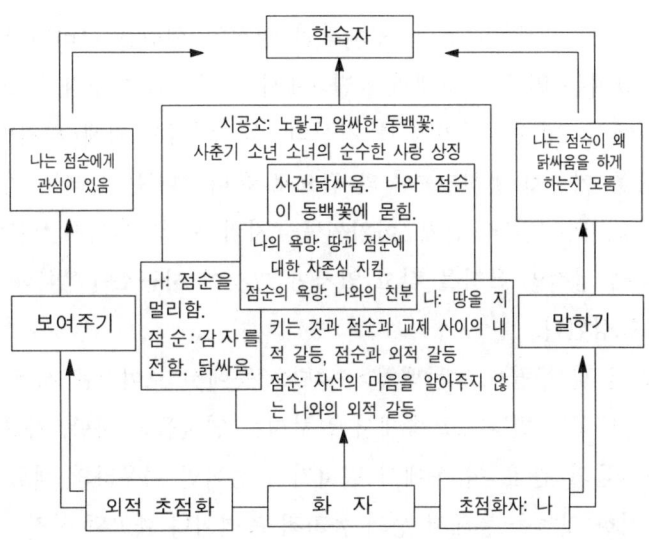

이렇듯 <동백꽃>에서 남녀의 성적인 관계가 서사 구조에 포함되어 있으나, 그것은 이미저리를 통해 아우라를 지니면서, 사랑과 성을 동백꽃의 이미지와 환유 관계에 놓음으로써 학습자들이 새로운 성담론을 재구성하는 데 도움을 준다.

김유정의 <동백꽃>에서는, '노란 동백꽃'이라는 시각적 이미지, '알싸하고 향긋한 냄새'라는 후각적 이미지가 결합되고, 그 속에 남녀가 파묻힌 장면이 하나의 총체적인 이미저리를 형성한다. 특히 여기서 후각적 이미지인 '냄새'는 단순히 '동백꽃'의 실제 냄새라기보다는 주체인 '나'의 의식 속에 내면화된 냄새라고 볼 수 있다. 감각이 내면화되어 다시 재감각화되는 것이다. 이러한 장면 속에서 행위 자체는 무화되고, 인물도 그 이미저리로 결합되면서 상징화되고, 이러한 기호들은 텍스트의 인물들에 대한 환유로 기능하는 것이다.

요컨대 성담론이라는 것은 단순히 성적인 행위에 국한되지 않고 성적인 아우라와도 관련이 된다. 구체적인 성적인 행위는 나타나지 않지만 Ⅱ에서 살펴본 알퐁스 도데의 <별>에서도 성적인 아우라가 보여진다.

<별>에서 '나'는 '아가씨'를 자신의 '울 안'에서 자게 하지만, '아가씨'는 잠을 이루지 못하고 '나'의 곁으로 온다. '나'는 설레는 마음을 주체할 수 없지만 '별'과 함께 '아가씨'를 '지켜 준다'. 여기서 '나'는 '아가씨'에 대해 성적인 욕망을 갖고 있지만 그것이 시공소인 '별'과 함께 순수하게 표상된다.

<메밀꽃 필 무렵>, <동백꽃>, <별> 등에서 보여지는 시공소인 '메밀꽃', '동백꽃', '별'과 그 속에서 펼쳐지는 인물들의 사랑, 자연인 시공소와 인물들의 관계, 이 속에서 펼쳐지는 성적인 아우라의 체화, 학습자들은 이러한 것들을 통해서 성의 윤리적 측면이나 왜곡된 성적 시각에서 벗어나 모호하지만 아름다운 성적인 담론을 갖게 되는 것이다.

다음으로 이러한 텍스트 해독이 확산되어 학습자들의 연행으로 발전된 실례를 보이고자 한다.

학습자들은 체화된 자신의 성담론과 관련지어 우선 인물과 플롯을 설정하고 이에 맞는 양식화(styling)를 하였다. 다음으로 적절한 무대장치를 설정하여 연행에 들어갔다.

이러한 과정과 내용을 요약하면 다음과 같다.

① 인물:
- 미소 - 왕따(따돌림)를 당하여 학교로부터 소외되고, 부모로부터도 사랑 받지 못하는 여고생
- 동욱 - 소외 받는 미소를 이해하려고 하고 정의감도 있으나 성 의식은 불안정함
- 미소의 부모 - 실직 위기에 처해 있는 아버지와 그 때문에 일을

찾아 나서는 어머니

② 플롯개요:
   ㉠ 미소는 부모가 없는 집에 동욱을 데리고 가서 연소자관람불가등
      급의 영화를 본다.
   ㉡ 미소와 동욱은 성적인 행위를 한다.
   ㉢ 미소는 불안해하고 고민하다가 옥상에서의 자살을 결심한다.
   ㉣ 아버지가 실직을 당하고 가정 형편이 어렵게 되자 미소는 자식
      으로서 책임 의식을 갖게 된다.
   ㉤ 동욱 또한 자신의 잘못을 깨닫고 미소와 함께 훌륭한 어른이 될
      것을 약속한다.

③ 양식화:
   위의 플롯을 주텍스트로 하고 이 주텍스트를 감싸고 있는 부텍스트
로서 패널토의식 드라마를 설정한다. 따라서 패널들이 지켜보는 가운
데 미소와 동욱의 극중극이 전개된다.
   플롯㉡ · ㉣ · ㉤을 정지극나 동작극으로 설정함으로써 구체적인 행
위가 아닌 불확정적인 아우라를 보여준다. 이러한 양식화는 연행하는
학습자들뿐만 아니라 관객으로서의 학습자들에게도 거부감을 주지 않
으면서도 학습자들이 의미를 이해할 수 있도록 한다.

④ 무대장치:
   • 원형무대
   • 패널 토의시 필요한 걸상과 플롯㉡에서 필요한 침대, 미소의 자
     살 장면에서 필요한 옥상 등을 모두 교실의 걸상으로 표현함.

- 동욱과 미소는 신문지로 만든 옷을 입는다. 이 옷은 두 인물의 개별성을 무화시킬 뿐만 아니라, 관객으로서의 학습자가 이 인물들에게 동일시되는 것을 막아 관객이 인물과 사건에 대해 거리를 두고 객관적 태도를 견지하게 하는 서사극적인 장치가 된다.
- 플롯ⓛ에서는, 남녀 학습자가 각자 다른 성 역할을 맡는다. 동욱의 과장된 여성 분장과 미소의 역시 과장된 남성 분장을 통해 인물을 희화화시킨다. 성 관계를 상징하는 이불 크기의 얇은 헝겊과 두 학습자를 대신하는 인형도 준비한다. 헝겊은 두 배우가 맞잡고 흔듦으로써 상징적 장면을 연출하고 그 가운데 두 인형이 희극적으로 움직인다. 인형은 '미소'가 자살하려는 장면에서도 그녀를 대신하고, '미소'와 '인형'이 함께 맞잡고 절망적이나 희극적인 춤을 추기도 한다.
- 플롯ⓜ에서는, 남녀 학습자가 플롯ⓛ에서 보였던 헝겊을 반으로 잘라 온몸에 감싸듯이 걸치고 각자의 동작을 하다가 절제된 만남을 암시하는 동작을 보여준다.

⑤ 음향:
- 플롯㉠의 아카펠라 - 관객들에게 '품바품바'를 반복하는 서브코러스를 함께 하고, 배우들은 왜곡된 성 의식을 희극적이고 풍자적으로 개사한 노래를 한다.
- 플롯ⓛ의 삽입 음악 - 성적인 방임이 느껴지는 대중음악 몇 곡을 리믹스하여 혼란스럽게 들려 준다.[55]

---

55) 실제 수업에서 선택된 대중음악은 박진영의 <엘리베이터>, 엄정화의 <초대>, DJ DOC의 <OK? OK!>였는데, 학습자들은 이 노래들이 성적인 방임을 보여준다고 간주하였다.

- 플롯ⓒ의 삽입 음악 - 자살의 내용을 담고 있는 대중음악을 선정하고 이 곡을 최고의 볼륨으로 하여 상징적 반향을 준다. 학습자들은 이 노래가 불안의식과 자살 충동을 보여준다고 간주하였다.[56)

- 플롯ⓜ의 삽입 음악 - 피아노 음악에 랩을 삽입한다.[57)

⑥ 배우-관객 대화극으로 마무리:
연행에서 여러 인물 역은 맡은 배우들과 이를 관극한 관객들이 서로 문제 의식을 공유하며 질의하고 응답한다.

위에서 학습자들이 설정한 원형무대는 관객까지도 텍스트의 적극적인 기호로 기능하게 만들어 이미저리의 카니발적 성격을 배가시킨다.

무대 형태나 무대 장치는 게슈탈트적 기호로서 공간소(choreme)의 역할을 하며, 특히 원형무대에서는 학습자들이 이미 사용된 해석적 약호를 포기하고 모든 코드의 근원이 되는 원약호(urcode)로 되돌아와 그것을 바탕으로 새로운 대안들을 모색하게 되는 계기가 된다.

이렇듯 극 전체가 시각적 기호로서 아우라를 가지게 되고, 여기에 아이러니가 수반되어 다중성이 더욱 확보된다. 남녀 학습자의 성 역할을 바꾸어 과장시켜 분장한다든지, 플롯ⓛ·ⓒ에서 나타나는 인형과 삽입 음악, 희극적인 코러스가 의미의 다중성을 형성한다.

특히 남녀의 성 역할을 바꾼 것에서 학습자들이 남근 숭배(phallicization)에서 벗어나고 있음을 알 수 있다. 또한 이러한 설정은 인물을 희비극(tragiccomedy)적인 인물로 양식화함으로써 심미적인 이원성을 자아내는

---

56) 실제 수업에서 선정된 곡은 대중음악 가수 자우림의 <낙화>였다.
57) 실제 수업에서는 김광민의 <집으로 돌아가는 길에>라는 곡이 선정되었다.

아이러니로도 연결된다. 아이러니는 말하는 바와 의미하는 바 사이의 긴장, 대조, 갈등 속에서 이루어지는 담론의 약호화 방식이므로 담론이 어느 한 가지 의미를 향해 직선적으로 나아가는 것을 끊임없이 지양시키는데, 이러한 특성은 구성 중인 성담론을 지닌 학습자들의 인지 구조에 부합하는 수사적 장치라 할 수 있다.

두 장면에서 사용한 인형은 또한 학습자들의 자의식을 상쇄시키는 매체이다. 인형에 자아를 투사시킴으로써 커뮤니케이션의 장벽이 약화되는 것이다. '성관계 장면', '자살 장면'은 학습자들에게 심리적 부담감을 안겨 준다. 인형은 학습자들로 하여금 목소리와 신체를 분리시키게 하고, '나 아닌 나'라는 아이러닉한 공간을 형성한다. 이때 텍스트에 대한 지배적 약호(mastercode)는 존재하지 않으며, 여러 소립자적인 약호만이 연극이라는 총체적 텍스트를 환유적으로 지연시킨다. 이러한 차연과 보충 속에서 텍스트는 재문맥화(recontextualizing)되며, 인물들의 행위 지표들(acting indices)도 해체 과정에 놓이게 되는 것이다.

인형은 또한 무대 공간을 상호 반영적인 공간으로 구획짓기도 한다. 첫 번째 공간은 인형이 小我로서 기능하는 상상계적 공간이며 두 번째 공간은 실제 인물이 절대 타자로서 기능하는 상징적 공간이다. 이 두 공간의 상호 공간화를 통해 두 남녀 역할을 맡은 학습자들은 자신의 현실적 자아와 허구적 자아가 결합되고 이것이 다시 인형에 투사되고, 다시 그것이 학습자에게로 역전이(countertransference)되는 경험을 하며 해체적인 성담론을 인식하게 된다.

플롯⑩에서 보여주는 동작극에서는 두 인물의 긍정적 변화를 암시하게 된다. 그러나 이 플롯 또한 열려 있다. 변화는 진행 중이라는 개념을 내포하는 것이므로 두 인물의 완벽한 질적 비약을 뜻하지는 않는다. 또한 이것을 더욱 구체화하기 위해 마지막으로 배우-관객 대화극 기법을 사용하였다고 볼 수 있다.

3. 극적 텍스트 교육연극적 접근

3.1 오영진 <살아 있는 이중생 각하>의 연행적 지도

3.1.1 텍스트에 대한 심적 표상

오영진의 <살아 있는 이중생 각하>[58]의 경우, 학습자는 텍스트의 주인공인 '이중생'과 자신을 동일시하지는 않는다. 오히려 '이중생'의 담론에 대한 비판적 담론 생산자인 '김의원'이나 3막의 마지막 '송달지'의 담론을 자신의 담론으로 동일시하는데, 이는 주인공인 '이중생'이 부정적인 인물이기 때문이다.

---

58) 이 극의 표면적 구조는 이중생의 기회주의적 처신과 재산을 지키기 위한 음모, 그 음모의 실패로 인한 자살로 이루어져 있지만, 심층적 구조는 현실풍자를 통한 새로운 사회를 건설하려는 새로운 세대의 소망, 반민족주의자를 청산하지 못한 사회와 배금주의 가치관에 대한 비판을 담고 있다. 이 극에서 이중생은 일제 잔재를 청산하고 새로운 사회를 건설하려는 시대적 소명에 방해가 되는 인물이다. 이중생은 해방 이후에도 자신의 역사적 죄과를 깨닫기는커녕 철저히 자신의 기득권을 유지하고 극대화하려는 기회주의적 인물이다.
이 텍스트에서 가치관의 대립은 주로 아버지와 아들, 구세대와 신세대의 대립으로 나타난다. 이중생과 부인 우씨, 형 이중건, 큰 딸 하주, 변호사 최영후는 금전욕, 배금주의를 표상하는 인물들이다. 이에 반해 여기에 대립하는 자식인 하연·달지·하식은 기득권을 버리고 새 사회의 건설에 앞장서야 한다는 자각을 한다.
김성희, 「오영진 희곡의 대립구조와 그 의미」, 『한국극예술연구』제 6집, 1996.7. 235-236쪽.

'이중생'은 친일반민족주의자로 기회주의적 근성을 가진 사람이다. 해방 후에도 그 욕망을 성취하기 위해 '사기, 배임, 공금 횡령, 탈세, 공문서 위조' 등을 일삼는데 이러한 범죄로 결국 법적인 제제를 받게 되자 가짜 자살 행각으로 이를 벗어나 보고자 한다.

'이중생'의 집 또한 그의 기회주의적 근성의 환유이다. 그의 집은 일본식과 한국식의 절충식이다. 일본제국주의시대에는 일제에 아부하고 해방이 되자 정치권에 아부한 그의 행적과 일치한다.

'이중생'이 거짓 자살 행각을 벌이고 가짜 초상을 치르는 상황도 다음과 같이 제시되어 있다.

> 전막(前幕)에서 3, 4일 후 저녁. 같은 장소. 다다미방에는 거꾸로 둘러친 병풍 한 끈이 보인다. 향연(香煙)이 피어 오르고 북소리와 함께 맹인들의 독경 소리가 높으락 낮으락 들려 온다. 경은 우리들이 일상 레코드로 들어 오던 저 경쾌하고도 유우머러스한 축원경(祝願經)이다. 바깥 사랑과 후원(後園) 정자에서 이따금 들려오는 웃음 소리가 도무지 초상집답지 않다. 막이 열리면 굴건 제복을 한 상주 송달지가 혼자 온돌방에서 꾸벅꾸벅 졸고 있다.[59]

초상집에 경쾌한 축원경과 웃음 소리는 어울리지 않는다. 축원의 대상은 致富일 것이며, 웃음 소리는 그가 치부의 욕망으로 충만함을 의미한다. 그러나 그의 욕망은 '김의원', '송달지'와 믿었던 '최변호사'에 의해 좌절당한다.

'김의원'은 '이중생'을 '사기, 배임, 공금 횡령, 탈세, 공문서 위조' 등으로 법적인 죄과를 치루어야 하지만, 그가 이미 죽었으므로 그의 재산이 사회로 환원되는 것은 당연하다고 말한다. 이에 '송달지'도 '무료병원'

---

59) 앞으로 인용되는 오영진의 <살아 있는 이중생 각하>는 모두 고등학교『국어 하』(교육부, 제6차 교육과정) 110-128쪽에서 발췌된다.

세우기를 희망하여 '김의원'의 의견에 찬성한다.

김 의 원   (달지에게) 조용히 선생을 찾아 말씀드릴 일이지만, 고인의 유지두
그러시다니, 우리두 그 유지를 존중하는 의미루 송 선생의 의사를
충분히 참고하여 행정 당국과 사법 당국에게도 댁에 유리하도록
의견서를 제출할 아량이 있습니다. 돈이라는 건 필요하게 쓰구 유
익하게 써야 하는 것이 아닙니까?

최변호사   아량?

김 의 원   (그냥 달지에게) 보건 시설 같은 것은 어떻습니까, 선생이 의사라구
허시니 말씀입니다만······.

최변호사   보건 시설?

김 의 원   네, 우리 나라처럼 보건 시설이 불충분한 나라도 없지요. (이중생
펄펄뛴다.) 그야 그럴 것이, 지금꺼정은 저마다 도회지서만 개업할
랴 했구 주사 한 대두 돈 있는 이만 맞게 생겼구, 돈 몇 환 있구 없
구루 귀중한 생명이 왔다갔다하지 않았습니까? 무료루 치료해 주
는 국립 병원이 있지만, 아주 시설이 불충분하거든요.

송 달 지   (의외로 흥분해서) 그렇습니다. 내가 의사 공부를 시작한 것두 그런
의미에서 한 것이죠. 의사란 상업이 아닙니다.

이러한 '김의원'과 '송달지'의 태도에 '이중생'이 격분하여 이에 대해
'최변호사'에게 항의하자, '최변호사'도 '이중생'이 더 이상 재산을 찾을
수 있는 방도가 없음을 알고 '이중생'에게 수수료를 청구한다.

이 중 생   자네가 뭘 잘했길래 왜 날더러 죽으라고 해, 응? (면도칼을 휘두르
며) 여보, 최 변호사! 내가 뭘 잘못했길래 이걸로 목 따는 시늉까지
하구 나흘 닷새를 두고 이 고생, 이 망신을 시키는 거냐야! 유서는
왜 쓰라고 했어! 내 재산을 몰수하는 증거가 되라구? 고문 변호사
라구 믿어 온 보람이 이래야만 옳단 말야? 이 일을 다 망쳐 버린
게 누구 탓야, 응? 유서는, 저 사람에게 책잡힐 유서는 왜 쓰랬어!

왜 내 입으로 발명 한 마디 못하게 죽여 놨냐 말야, 나를 왜 죽여!
이 이중생을…….

최변호사 영감, 왜 노망이슈? 누가 당신 서사구, 머슴인 줄 아슈? 누구게 욕
설이구 누구게 패담이야!

이 중 생 에끼, 적반하장두 유만부동이지. 배라먹을 놈 같으니라구! 은혜도
정리두 몰라 보구, 살구도 죽은 송장을 맨들어 말 한마디 못하구
송두리째 재산을 빼앗기게 해야 옳단 말인가!

최변호사 헛헛……. 영감. 말씀 좀 삼가시죠. 영감 가정 일은 가정 일이구,
내게 내 줄 것이나 깨끗이 셈을 하십쇼. 영감 사위께 내 수수료를
청구하리까?

학습자는 '이중생'의 욕망을 시발점으로, 이에 대한 방해 세력인 '김의
원', '송달지', '최변호사'로 인한 갈등, '이중생'이 놓인 장면 등을 표상
하는데, 이를 도식하면 아래와 같다.60)

---

60) 극텍스트의 표상은 그레마스의 행위항 모형과도 유사하다. 발신자/수신자, 주체/대상,
협조자/반대자의 축으로 도식화되는 이 모형이 극텍스트의 정교화된 심적 표상 구조
로 학습자들에게 인지될 경우, 욕망을 가진 인물의 행위와 그것에 의한 갈등의 상황을
구체적으로 표상할 수 있다. <살아 있는 이중생 각하>의 경우에 그레마스의 모형대
로 도식화하면 아래와 같다. 여기서 '최변호사'는 처음에는 이중생의 협조자로 기능하
다가 나중에는 반대자가 되는 기능을 하게 된다. 이렇듯 그레마스의 행위항 모형에서
는 등장인물 한 명이 여러 기능을 수행함으로써 두 개 이상의 행위항이 될 수 있다.

　　　　국가, 사회 → 부, 권력 → 이중생
　　　　　　　　　　　　↑
　　　　최변호사 → 이중생　→ 김의원, 송달지, 최변호사

그러나 이러한 행위항 모형은 극의 진행에 따라 달라진다. 즉 극이 진행되면서 '국가,
사회'는 발신자가 아니라 오히려 반대자가 된다거나, '이중생'도 수신자의 자리에서
물러나게 되는 등의 변화가 생긴다.

Greimas, A.J. *Structural Semantics: An Attempt at a Method.* Trans. Daniele McDowell et al.
Lincoln: University of Nebraska Press, 1983.

```
┌─────────────────────────────────────────────────────┐
│        이중생: (+)치부의 욕망 → 욕망성취의 좌절          │
│                         ↑                             │
│   (+)방해세력: 김의원, 송달지, 최변호사 →외적갈등         │
└─────────────────────────────────────────────────────┘
              | ……… 장면(시각적, 청각적)
        한국식과 일본식이 절충된 집: 당시 과도기적 시대상황,
             이중생의 이중성, 기회주의 근성의 환유
       3막 처음의 웃음소리와 경쾌한 독경 소리: 이중생의 거짓된 죽음,
             이중생의 욕망, 아이러닉한 분위기의 은유
```

이미 살펴본 바대로 <살아 있는 이중생 각하>는 '이중생'의 욕망이 방해세력에 의해 외적 갈등이 유발되고 결국 그 욕망이 좌절당하는 내용이다. '이중생'의 방해세력은 '김의원', '송달지', '최변호사', '이하식' 외에도 이들을 둘러싼 시대적 배경도 포함된다. 즉 일제 잔재 세력이 청산되는 시대인 것이다.

'이중생'의 욕망은 그가 놓인 장면에서도 암시된다. 그의 집은 '한국식과 일본식이 절충'된 양식이다. 이것은 '이중생'의 이중성이나 기회주의적 근성을 암시한다. 그의 이중성이나 기회주의적 근성은 모두 치부 욕망을 달성하기 위한 특성이 된다.

이런 욕망을 달성하기 위해 그는 거짓된 자살 행각을 벌이는데, 그 아이러닉한 면이 음향을 통해 나타난다. 3막 처음의 喪家의 웃음소리와 경쾌한 독경 소리가 그것이다. 이것은 '이중생'의 욕망이 얼마나 강렬하면서도 어처구니가 없는 것인지를 나타낸다.

여기서는 배우-배우 대화극과 배우-관객 대화극을 통해 학습자가 표상한 것을 확인해 보고자 한다.

3.1.2 교육연극적 접근: 마술상점 기법에 의한 배우 – 배우 대화극과 배우 – 관객 대화극의 활용

① 마술상점 기법에 의한 배우-배우 대화극: '이중생'의 욕망을 연행하기 위하여 대화극을 실시할 수 있다. 이 대화극을 더 극적으로 만들기 위해 마술상점 기법을 활용한 것을 제시하고자 한다.

교사는 상점주인이 된다. 학습자들을 각각 '이중생', '김의원', '최변호사', '송달지', '김하식' 등으로 배역이 설정된다. 이들은 마술상점에서 얻고 싶은 것을 사고, 자신이 가지고 있는 것을 팔 수 있다.

다음은 그들의 대화이다.

주 인   (이중생에게) 뭘 사시겠습니까?

이중생   돈을 사겠습니다. 돈만 주시면 뭐든지 다 팔겠습니다. 내 아들 하식이, 내 딸 하주, 하연이, 사위 송달지도 다 팔겠습니다. 아내도 뭐 괜찮습니다. 팔겠습니다. 이 중 뭘 가지시겠습니까?

주 인   (김의원에게) 당신은 뭘 사시겠습니까?

김의원   저는 뭐 특별하게 살 것은 없습니다만, 팔고 싶은 게 있군요. 이중생과 같이 빈민족적 행위를 일삼은 자들을 모두 팔아 버리고 싶습니다. 그것을 다 팔고 나면 정의국가가 실현되겠지요. 누구나 다 자기가 노력한 만큼의 대가를 받아야 하지 않겠습니까?

이중생   (갑자기 김의원에게 달려든다. 멱살을 쥐고 따지는 듯하다. 주인과 최변호사, 송달지가 이를 말린다.)

주 인   (최변호사에게) 당신도 물물교환하고 싶은 것이 있습니까?

최변호사   저야 뭐, 일한 만큼 받는 거죠. 이중생씨를 변호해 주고 수수료를 받는다든지 말입니다. 다 정당한 것이 아닙니까? 합리적이죠. 팔고 싶은 것도 없습니다. 모두 저의 노력으로 얻은 것인데 팔고 싶은 것이 있겠습니까?

이중생   당신이 나한테 뭘 해 줬다고 수수료를 챙겨? 나한테 죽은 척 하라고 해서 자살 소동까지 벌였지만 나한테 온 건 아무 것도 없다고. 일을 그렇게 만들어 놓고 수수료를 받으려고 해? 그게 무슨 정당한 대가야? (최변호사의 멱살을 잡는다. 주인과 김의원, 송달지가 말린다.)

주 인   이중생씨 이러다가 손님들이 다 돌아가겠습니다. 좀 자중해 주십시오. 당신이 얻고 싶은 돈을 주고 당신이 갖고 있는 자식들을 사려는 사람을 찾으려면 조용히 해야 하지 않겠습니까?

하 식   아버지, 정말 저희들을 파실 건가요? 하기야 저는 아버지 때문에 십수 년을 고생했지요. 아버지는 그럴 수 있는 사람입니다. 주인장, 나도 팔고 싶은 것이 있소. 우리나라의 이러한 부조리한 것들을 다 팔고 싶어요. 우리 아버지가 하고 있는 생각들, 그것들을 팔고 싶어요. 아니, 버리고 싶습니다. 사고 싶은 것은 역시 정의입니다.

송달지   저도 마찬가지입니다. 우리나라에는 가난한 환자들이 많죠. 그들을 위한 병원 등 의료시설을 사고 싶습니다.

주 인   이것, 참, 물물교환은 이루어지지 않겠군요. 여러분들이 가진 것과 사려는 것이 서로 교환되기가 어렵겠어요. 어떻게 하지요?

이러한 대화극은 종결을 지향하지 않는다. 여기서 '주인'의 질문으로 끝나더라도 학습자들은 인물들의 욕망을 표상할 수 있다.

인물들의 욕망을 둘러싼 사건과 갈등을 표상하기 위해서는 배우의 행위가 결합된 대화극을 펼칠 수 있다.

위의 대화극을 '주인'의 질문으로 끝낸 후 '주인'은 자연스럽게 다음의 말을 하게 된다.

주 인   그렇다면, 우리가 누구의 욕망을 들어 줄 수 있을 것인지, 과거의 일들을 재연해 봅시다.

그리고 <살아 있는 이중생 각하>라는 텍스트에 나오는대로 연행을 하는데 이 때 대사를 그대로 암기해서 하는 것이 아니라 텍스트를 몇 번씩 읽은 후에 학습자 자신에게 심적으로 표상된 것을 발화한다. 학습자가 말하는 것은 텍스트의 약호들을 재약호화한 결과이므로 이를 분석하면 학습자가 무엇을 제대로 표상하고, 표상하지 못했는지 알 수 있다.

② 배우-관객 대화극: ①의 배우-배우 대화극이 끝나고 나면 배우-관객 대화극으로 각 인물들에 대한 학습자들이 표상한 것을 확인할 수 있다. 이때, 관객의 질문에는 무대장치나 음향 등 장면에 관한 것도 있을 수 있다. 예컨대 관객은 이중생에게 이러한 질문을 한다.

관객1   당신 집은 왜 한국식과 일본식을 섞어 놓았습니까?
관객2   왜 초상난 집에 유쾌한 음악 소리가 있습니까?

관객1의 질문은 무대장치가 시대적 상황이나 인물의 욕망을 암시하는 것과 관련된 것이고, 관객2의 질문은 음향이 인물의 욕망과 사건의 본질, 아이러닉한 분위기를 자아낸다는 것과 관련된 것이다.

관객들이 '이중생'에게 하는 질문들이 대체로 이중생에 대한 풍자적이고 비판적인 경향을 띤다. 이것은 학습자들이 이 텍스트의 희극성과 풍자성을 표상했다는 의미이다.

이렇듯 극텍스트에 대한 수업에 있어, 학생들로 하여금 단순히 극텍스트대로 연행하게 하지 않고 교육연극적 방법을 활용하여 연행하게 하면, 학습자들은 연행을 준비하고 연행을 하는 과정 등을 통해 극텍스트를 적극적으로 표상할 수 있게 된다.

3.2 전통극 <봉산탈춤>의 연행적 지도

3.2.1 텍스트에 대한 심적 표상

전통극은 이미 연행된 것을 채록한 것이다. 즉 대본이 미리 존재하는 것이 아니라 즉흥적으로 연행되기 때문에 무대와 객석의 경계가 없이 관객의 적극적인 참여로 극이 구성된다. 또 일관된 줄거리가 없이 몇 개의 과장으로 되어 있는 옴니버스식(omnibus style)이다. 이러한 특성은 서양극보다 오히려 교육연극적 접근을 용이하게 만든다.

고등학교『국어상』에는 <봉산탈춤>의 '양반춤' 과장이 나와 있다. 이 과장은 '말뚝이'와 '양반들'의 이항대립으로 표상된다.

말뚝이   (가운데쯤에 나와서) 쉬이. (음악과 춤 멈춘다.) 양반 나오신다! 양반
         이라고 하니까 노론(老論), 소론(少論), 호조(戶曹), 병조(兵曹), 옥
         당(玉堂)을 다 지내고 삼정승(三政丞), 육판서(六判書)를 다 지낸
         퇴로 재상(退老宰相)으로 계신 양반인 줄 아지 마시오. 개잘량이라
         는 '양'자에 개다리 소반이라는 '반'자 쓰는 양반이 나오신단 말
         이오.
양반들   야아, 이놈, 뭐야아!
말뚝이   아, 이 양반들, 어찌 듣는지 모르갔소. 노론, 소론, 호조, 병조, 옥당
         을 다 지내고 삼정승, 육판서 다 지내고 퇴로 재상으로 계신 이 생
         원네 3형제분이 나오신다고 그리하였소.
양반들   (합창) 이 생원이라네. (굿거리 장단으로 모두 춤을 춘다. 도령은 때
         때로 형들의 면상을 치며 논다. 끝까지 그런 행동을 한다.)[61]

위 인용문의 대사는 말뚝이의 양반 조롱, 양반의 호통, 말뚝이의 변명, 양반의 만족으로 되어 있고 춤으로 마무리되고 있다. 양반춤 과장은 이 대사의 양식이 패턴화되고 있다. 춤으로 말뚝이와 양반의 갈등이 해소된 듯하지만 춤 이후에도 다시 말뚝이의 조롱과 양반의호통이 이어짐으로

---

61) 앞으로 인용되는 <봉산탈춤>은 모두『국어 상』(교육부, 제6차 교육과정) 171-176쪽에
   서 발췌된다.

써 이 갈등이 완전히 해소된 것이 아니라는 것을 알 수 있다.

다음도 위의 인용문과 같은 패턴이다.

> 말뚝이 쉬이. (반주 그친다.) 여보, 구경하시는 양반들, 말씀 좀 들어 보시
> 오. 쌀따란 곰방대로 잡숫지 말고 저 연죽전(煙竹廛)으로 가서 돈
> 이 없으면 내게 기별이래도 해서 양칠간죽(洋漆竿竹), 자문죽(自紋
> 竹)을 한 발 가옷씩 되는 것을 사다가 육모깍지 희자죽(喜子竹) 오
> 동수복(梧桐壽福) 연변죽을 이리저리 맞추어 가지고 저 재령(載寧)
> 나무리[平野名] 거이 낚시 걸 듯 죽 걸어 놓고 잡수시오.
> 양반들 뭐야아!
> 말뚝이 아, 이 양반들, 어찌 듣소. 양반 나오시는데 담배와 훤화(喧譁)를 금
> 하라고 그리하였소.
> 양반들 (합창) 훤화를 금하였다네. (굿거리 장단으로 모두 춤을 춘다.)

이와 같이 양반과 말뚝이의 갈등은 해소되지 않는다. 이것은 '취발이'
가 등장해서도 마찬가지이다. 말뚝이는 취발이를 죽이지 말고 돈을 빼앗
아 쓰자고 하는데, 이것도 취발이의 돈을 착취하고자 하는 목적에서라기
보다 양반을 속이고 자신과 같은 처지에 있는 취발이를 살리기 위한 것
이라고 할 수 있다.

이렇듯 양반춤 과장의 양식은 간단하다. 말뚝이와 취발이는 양반들과
대립된 상태에서 갈등을 일으키고 있는 것이다. 말뚝이의 욕망은 양반들
을 비웃고 풍자하는 것처럼 보인다. 말뚝이의 욕망은 성취된다. 이것은
양반의 우매함 때문에 가능하다. 양반들은 파자놀이도 제대로 하지 못하
고 한시도 못 지을 뿐만 아니라 생김새조차도 어리석게 보인다.

이것은 희극의 특징과 일치된다. 희극은 비극과 달리 엄격한 도덕적
문제를 제기하지 않는다. 오히려 그것은 사회적 관계 속의 인간에 집중
하여 사회가 가치를 두는 것을 파괴하고자 하는 일탈 행위를 전제한

다.62) '말뚝이'는 양반과 평민이라는 계급적인 서열 관계에 대한 일탈 행위를 통해 양반을 비웃고 풍자하고 있다. 이러한 말뚝이의 역할은 관객들의 욕구와 부합되어 관객의 연극 참여를 더욱 적극적으로 이끌었다고 할 수 있다.

<봉산탈춤>에서는 언어유희(pun)도 많이 나타난다. 언어유희는 전통극에서 뿐만 아니라 여러 종류의 텍스트에서 해학, 풍자적 기법으로 사용되고 있다. 특히 최근의 청소년들은 언어유희를 일상생활에서 많이 사용한다.63)

'양반춤 과장'에서는 동일음에 의한 언어유희, 유사음에 의한 언어유희, 리듬에 의한 언어유희 등이 나타난다.

> 말뚝이　　개잘량이라는 양자에 개다리 소반이라는 반자를 쓰는 양반이 나오신다 그런 말이오.

'兩班'의 '양'자와 '반'자의 동일음을 '개잘량', '개다리 소반'에서 선택하여 대사가 운용되고 있다. 이 언어유희에는 양반에 대한 희화화가 내포되어 있다. 언어유희에 의해 '兩班'의 본래 의미가 아닌, 자의적인 의미가 부각되면서 양반에 관한 새로운 담론이 생산되는 것이다. 여기서의 언어유희는 단순한 놀이가 아니라 풍자적 시각의, 지배담론에 대한 대항담론이라고 할 수 있다.

유사음에 의한 언어유희 또한 양반에 대한 비판적 어조를 내포하고 있다.

---

62) Brockett, Oscar G. 김윤철 옮김, 『연극개론』, 한신문화사, 1997. 67쪽.
63) 90년대 말 유행했던 '덩달이 시리즈'나 '사오정 시리즈', '삼행시'나 '이행시' 짓기도 모두 언어유희에 해당한다. 이러한 언어유희는 일상생활에 활력을 불어넣어 준다는 점에서 효용성이 있으나, 그것이 자칫하면 타인에 대한 무조건적인 비방이 될 수도 있다는 점에서 교육을 통해 정화될 필요가 있다.

> **말뚝이** 마구간에 들어가 노새 원님을 끌어다가 등에 솔질을 솰솰 하여 말뚝
> 이님 내가 타고.

　'노새 원님'에서 '새'를 비음화시키면 '노생원님(老生員님)'이 된다. '말뚝이' 자신을 대상화시키고 격상시켜 '말뚝이님'으로 표현하고, 자신이 '노새(생)원님'을 타고 간다고 말하는 것은 지배 계급에 대한 대항 의식이 반영된 것이다. 언어유희는 아이러니를 발생시키는데, 아이러니는 사건 자체를 유희 대상으로 만듦으로써 갈등을 내면화시키게 된다.
　리듬에 의한 언어유희에서는 동일음, 유사음에 의한 언어유희에 비해 놀이적인 속성이 더 강화된다.

> **말뚝이** 동은 여울이요 서는 구월이라, 동여울 서구월 남드리 북향산 방방
> 곡곡(坊坊曲曲) 면면촌촌(面面村村)이, 바위 틈틈이 모래 쨈쨈이,
> 참나무 결결이 다 찾아다녀도 샌님 비뚝한 놈도 없습디다.

　동일음에 의한 언어유희와 리듬에 의한 언어유희가 동시에 나타나는 것도 있다. 이 경우, 풍자적인 어조와 놀이성이 둘 다 수용된다.

> **말뚝이** 예에에. 아, 재미를 붙을 양반인지 좃반인지 허리 꺾어 절반인지 개
> 다리 소반인지 꾸레미전에 백반인지 말뚝아 꼴뚝아 밭 가운데 최뚝
> 아 오뉴월 밀뚝아 잔대뚝에 메뚝아 부러진 다리 절뚝아 호도 엿 장
> 사 오는데 할애비 찾듯 왜 이리 찾소?

　위 대사에서는 '양반'과 자기 자신의 이름 '말뚝이'를 동시에 패러디하고 있다. 대상의 풍자뿐만 아니라 자신에 대해서도 풍자하는 것이다. 이는 '양반들'에게 이리저리로 불려 다니면서 그들의 명령을 순행하는 자

신에 대한 비하라고 할 수 있다.

자신에 대한 풍자나 비하는 자신의 대상화나 관조에서 발생한다. 관조는 유머의 속성과 통한다.[64] 관조의 시선은 관객들에게도 투사되어 관객들까지 극에 대해 비판적 거리를 두게 만든다. 비판적 거리는 극에 몰입하는 것을 막고 인물과 사건에 대한 소원화를 초래한다.

요컨대 언어유희는 지배적인 언어 운용 방식이라고 할 수는 없다. 메시지의 정확한 전달에 목적을 두는 것이 아니라, 언어 자체의 미를 고려하여 놀이성을 획득하면서 동시에 대상에 대한 신랄한 풍자로 이어지는 것이다. 언어유희에 의해 메시지가 간접화되고 아이러니가 초래되어 갈등이 내면화된다. 메시지를 간접화시키고 갈등을 은폐해야 하는 계급은 피지배 계급이다. 즉 언어유희는 피지배계급의 약호화 방식이다.

언어유희도 놀이성을 띠지만, 실제 연행되는 <봉산탈춤>의 놀이성은 다른 무엇보다도 춤에서 나타난다고 할 것이다. 악공들의 흥겨운 음악과 배우와 관객의 역동적인 춤은 극을 놀이로 만드는 역할을 한다.

3.2.2 교육연극적 접근: 배우-관객 대화극의 활용과 전통극 양식의 공연과 관극

<봉산탈춤>에 나오는 '말뚝이'와 '양반들'의 역을 맡은 학습자들에게 관객으로서의 학습자가 질문하게 함으로써 인물에 대한 표상을 활성화할 수 있다. 이 과정에서 '말뚝이'의 의도를 학습자들이 체화할 수 있을 뿐만 아니라 '양반'에 대한 '말뚝이'의 태도 등을 내면화할 수 있다.

또한 배우-관객 대화극을 청문회극 형식으로 구성함으로써 '양반'들에

---

64) 편집부 엮음, 『미학사전』(문예이론총서 7), 논장, 1988. 403쪽.

대한 비판적인 측면을 더욱 부각시킬 수도 있다.

아울러 <봉산탈춤>과 같은 전통극적인 양식을 학습자의 생활에 적용하여 공연해 볼 수 있다. 대립적 세력 간의 갈등과 갈등의 일시적 해소가 반복되는 양식은 학습자들이 쉽게 텍스트에 대한 표상을 할 수 있게 만든다.

실제 연행해 보는 것과 함께 전통극이 공연되는 모습을 보는 것도 효과적인 방법이다. 따라서 전통극이 공연되는 곳에 가서 직접 보게 한다든지, 그것이 여의치 않으면 녹화된 비디오를 보게 하는 것이 좋다.

혹은 전통극의 놀이성을 충분히 도입한 현대극을 관극하게 할 수도 있다. 영상세대인 학습자들에게 여러 매체를 사용하여 강렬한 인상을 주는 현대극은 그만큼 극에 대한 표상을 적극적으로 구성하게 해 준다.

오태석의 극 <부자유친>은 학습자들로 하여금 전통극의 놀이성을 표상하게 하는 데 적절한 자료가 된다. 학습자들에게 직접 연극을 보게 하거나 연극을 녹화한 것을 보여주면 신세대 학습자들의 흥미도 고려하여 전통극의 놀이성을 체화하게 할 수 있다.

<봉산탈춤>에서 '양반'과 '말뚝이'의 갈등이 나타나듯이 <부자유친>에서는 '영조'와 '사도세자'의 갈등이 나타난다.

A.

나인　우의정 민백삼 대감께서 자결하였다 하옵니다.

내관　아니 그 어른은 왜 또 죽어. 영의정 이천보 대감께서 돌아가신 것이 엊그제 아니오리까. 이 어인 변고이오니까. 동궁께서 수족을 모두 잃으셨으니.[65]

---

65) 인용된 글은 극단목화가 92년도 7. 1 - 16에 문예회관 소극장에서 공연된 대본에서 발췌한 것이다.
　　"http://www.kcaf.or.kr/hyper/Kdrama_main.html"

B.

세자   전하께옵서 죽으라 하오시니 소자의 죄가 과연 죽을 죄가 있는지
          알지 못하겠사오나 소자가 이제 죽지 않고는 아니 되겠사옵니다.
          이제 소자는 죽겠사옵니다. 하오나 성상의 존전에서 감히 흉하고
          더러운 죽음을 보여드릴 수가 차마 없사오니 밤에 나가서 자처하
          겠사옵니다.

영조   저 말을 들어 보라. 어명을 이행치는 아니하고 저 하는 소릴 들어
          봐. 감히 속이려드느냐. 네가 또 누구의 구원을 받으려고 나간다 하
          느냐. 네가 자처하지 않으면 내가 먼저 죽으리라.

세자   전하.

영조   내가 죽으면 삼백 년 종사가 망할 것이나 네가 죽으면 종사는 보존
          될 것이다.

A에서 '동궁'의 '수족'은 '세자'를 보위하는 사람들이라 할 수 있다. 이
렇게 보면 '세자'를 둘러싸고 동일한 정치적 이데올로기를 가진 사람들
의 집단이 있다는 뜻이 된다.

B에서 '영조'가 '누구의 구원을 받으려고'라고 한 데서도 이데올로기
의 대립이 첨예하게 나타난다. 이 대립은 단순한 '영조'와 '세자'의 갈등
으로만 국한되는 것이 아니라 종사와 관련됨을 '영조'의 마지막 대사에
서 알 수 있다. '내가 죽으면 삼백 년 종사가 망할 것이나 네가 죽으면
종사는 보존될 것이다'에서 '영조'나 '세자' 중 한 명은 죽어야 한다는
것이 전제가 됨을 알 수 있다. 당시의 이데올로기와 권력의 대립이 여러
사람을 자결하거나 죽게 만드는 폭력을 낳았고 이 폭력이 희생제의를 요
구했던 것이다. 폭력을 일으킨 책임자로서 '영조'와 '세자'는 이데올로기
대립에서 여러 사람을 죽이는 하마르티아(hamartia)를 초래하게 되고 그
결과로 폭력성은 더욱 첨예해 진다. 이로 인해 '영조'와 '세자' 중 한 명
은 폭력의 희생양이 될 수밖에 없다. '영조'와 '세자' 중의 한 명이 희생

양이 되어야 하지만, 두 사람은 모두 삶의 욕망을 가지고 있기 때문에 갈등이 발생한다.

우선 '영조'는 삶을 유지시키는 방안으로 다시 '세자'를 보기를 원하여 66세의 나이로 15세의 '정순왕후'를 맞이하였다. 자신의 물리적인 나이는 거의 끝이 났으니 또 다른 자신(double, alter ego)을 두어 시간을 지속시키고 싶은 것이다.

또 '세자'는 '영조'가 자신을 뒤주에 넣으려고 할 때 '아버님, 아버님, 잘못하였으니, 이제는 하라는 대로 하고, 글도 읽고, 말씀도 다 들을 것이니 이리 마오소서.'라고 애원하는데 여기서 '세자'의 삶에 대한 욕망이 얼마나 강렬한지를 알 수 있다.

이렇듯 동일한 상황에 놓인 두 사람의 욕망이 같을 때 거울 효과가 나타난다. 서로의 욕망을 모방하게 되는 것이다. 이런 모방 욕망이 가까운 사이, 비슷한 지위에 있는 사람들 사이에서 발생할 때 욕망의 내적 매개가 일어나고, 이로써 두 사람의 욕망은 빠르게 교환된다. 이로써 두 사람 사이에는 폭력이 발생하는 것이다.

결국 '세자'는 당시의 권력의 대립에서 발생된 폭력의 희생양이면서 '영조'와의 내적 매개에서 발생된 폭력의 패배자였다고 할 수 있다. 이 희생양으로 말미암아 폭력은 일시적으로 해소되고 다시 종사는 이어진 것이다.

요컨대, <부자유친>은 폭력적인 갈등 관계가 나타난다고 하겠다. 이러한 관계는 학습자로 하여금 정신적인 놀라움(ilinx)을 불러일으킨다.

이 놀라움은 살인의 장면에서 두드러진다. 양반 살해 장면은 대화없이 인형의 동작으로만 제시되는데 이것의 이미지는 매우 강렬하여 잔혹극 (the theatre of cruelty)의 성격을 띤다. 이러한 이미지는 학습자들로 하여금 놀라움과 경악, 공포 등을 불러일으킨다. 이러한 놀라움은 '세자'가 옷을 거부하는 장면에서 몸을 비틀고 몹시 떠는 장면에서도 유발되고, 무대 뒤나 옆에서 들리는 비명의 큰 소리 등은 학습자들로 하여금 보이지 않는 것을 그 소리의 강력함에 비례하여 상상하게 함으로써 학습자들을 공포로 몰아넣는다.

'세자'와 '빙애'는 토굴 속에서 '영조' 흉내내기한 것을 '영조' 앞에 보이는데 이 장면도 무척 강렬하다. '영조'의 정사 장면을 오이를 사용하여 표현하고, '빙애' 눈빛의 뇌쇄성과 자지러지는 웃음소리는 학습자으로 하여금 놀라움과 약간의 거부감까지 불러일으킨다.

'빙애' 대신 죽을 수밖에 없었던 복례가 귀신이 되어 나타나는 장면은 더욱 잔혹적이다. '복례'는 '빙애'인 양 그녀의 쓰게치마를 쓰고 나타나 빙글빙글 돌면서 '세자'를 혼란스럽게 만든다. 쓰게치마를 벗으면 온몸에 권력의 대립과 폭력으로 죽었던 사람들의 머리가 보여진다. 그 머리들은 물론 인형으로 처리했지만 흉터로 흉칙해진 '복례'의 얼굴과 피로 얼룩진 인형들의 얼굴들, '복례'의 날카로운 웃음소리는 시청각적으로 학습자들에게 공포를 불러일으킨다.

<부자유친>의 마지막 장면 역시 잔혹적 이미지를 띤다. '세자'가 뒤주에 갇혀 죽을 때 다른 시체들도 함께 들어가는데 헝겊 인형으로 된 그 오브제들은 현란한 조명 아래서 무척 강렬한 이미지를 발산한다. '세자'는 끝내 뒤주의 한 틈으로 팔을 내어 밖을 늘어뜨린 상태로 죽게 되는데 이 늘어뜨린 팔과 뒤주에 쌓인 시체들의 모습에서 잔혹함을 느낄 수 있다. '세자'는 '영조'의 말인 '내가 죽으면 삼백 년 종사가 망할 것이나 네가 죽으면 종사는 보존될 것이다'라는 말을 흉내내면서 죽는데, 이 대사 또한 '세자' 자신의 죽음에 대한 고통은 철저히 배제됨으로써 역설적으로 학습자로 하여금 카타르시스를 자아낸다.

<부자유친>에서는 퍼포먼스가 많이 삽입되는데 퍼포먼스 또한 역동

적이고 청각적으로도 강렬하다. 여러 벼슬아치들 역의 남자 배우들이 객석 정면을 향하여 펼치는 역동적인 퍼포먼스는 음향 효과와 작용하여 학습자의 공포를 조장한다.

<부자유친>이 학습자들로 하여금 공포만 유발시키는 것은 아니다. 한 인물의 다른 인물로의 모방 놀이를 통해 씁쓸한 웃음을 자아내기도 한다. 씁쓸한 웃음인 이유는 그 모방이 패러디의 성격을 띠기 때문이다. 즉 단순한 모방 놀이가 아니라 풍자나 비판의 시선이 함께 수반된 모방 놀이이다.

패러디 주체는 주로 '세자'이다. '세자'는 아버지 '영조'의 정사 장면을 '빙애'와 함께 패러디한다.

세자 내게 스물 여덟 먹은 자식이 하나 있는데 이놈이 죽을 병에 들어 살릴 수가 없다.

빙애 무슨 병이오니까.

세자 사람 죽이는 병이다. 경진년 이후 내관 나인 합해서 이놈의 손에 상한 자가 하도 많아서 기억이 잘 되지 않는다. ---(중략)---선희궁 제 어미의 나인도 갔다가 결단을 내고 장도 갔다가 점치라 해서 말을 잘 못하면 죽여 내보내고 의관, 역관, 아이고 하루에도 대궐 밖으로 죽여 내보내는 것이 여럿이 되니 궁 내외 인심이 횡행하여 누가 언제 죽임을 당할지 몰라 벌벌 떠는 지경이라. 내 이놈을 살려둘 수가 없노라.

빙애 그깐 나인 몇을 상했다고 천자를 어찌하겠소. 나리는 하늘이시오.

세자 틀렸다. 장삼을 벗어라. 내 나이가 몇이냐.

빙애 스물 여덟이오.

세자 그건 내 자식의 나이니라. 내게 몹쓸 병이 들어 죽일 놈의 자식이 있는데 그 놈을 죽이고 나면 내가 자식이 또 하나 필요하고 그럼 내가 자식을 낳아야 하는데 내가 연로하여 더 이상 자식을 낳을 수가 없노라. 이 치통한 일을 어찌하면 좋다는 말이냐. 다가오너라. 멈추지 말고 오너라.

'세자'는 '영조'의 말과 성적 욕망, 정사 장면을 패러디 함으로써 '영조'를 비웃고 있다. 특히 '영조'가 자신에 대해 하는 말을 모방함으로써 자기 자신까지 패러디하고 있다.

'세자'의 '영조' 패러디에서 '빙애'는 제 역할을 다 하지 못한다. '정순왕후'를 모방해야 하는 '빙애'의 두 번째, 세 번째 대사에서 보면 '영조'가 아니라 '세자'에게 말하는 것으로 되어 있다. '빙애'가 미미크리의 원칙을 준수하지 않고 있다고 하겠다. '빙애'는 미미크리의 원칙을 깨고 있지만 '세자'는 그것에 개의치 않고 계속 '영조'를 모방하고 있는데, 여기서 '세자'의 '영조'에 대한 풍자 의도가 얼마나 큰가를 알 수 있다. 자식이 죽을병에 걸렸다는 말의 반복에서는 스스로에 대한 풍자 욕망의 정도도 암시 받을 수 있다.

특히 위의 말을 하면서 '세자'는 통곡하기도 하고 웃기도 하면서 매우 정서적으로 불안한 모습을 보여주는데, 이로써 '세자'의 패러디에는 자신에 대한 연민의 태도도 반영되어 있다는 것을 알 수 있다.

죽어 귀신이 된 '복례'가 '빙애'를 모방하는 것에서도 패러디가 발동된다. '복례'는 '빙애'처럼 교태의 몸짓으로 '세자'에게 다가온다. '빙애'의 자지러지는 웃음과 애교스러운 몸짓에 그녀의 치마를 쓰고 나타나는 것이다. 이러한 모방은 '빙애'와 '세자'에 대한 원망이 반영된 것이다. '빙애'와 나이가 비슷하고 닮았다는 이유만으로 '빙애'가 아님에도 불구하고 죽을 수밖에 없었던 '복례'는 죽은 후 자신이 진정 '빙애'라고 생각하며 '세자'에게 접근하는 것이다.

세자　뉘냐.
복례　상청에서 저하를 뫼신 '빙애'이옵니다.
세자　'빙애'라고?

세자   나를 모셨다고 했느냐? 우리 '빙애'를 어찌 하였기로 네가 '빙애'를 자
           청하고 쏴다닌단 말이냐? 너는 뉘집 나인이냐?
복례   상청에서 저하를 뫼신 '빙애'이옵니다.

'빙애'는 '세자'의 생모 선희궁의 나인이었다. '영조'가 '세자'의 나인
'빙애'를 처단하라고 하였으나 '세자'가 이에 거역하자 내관이 부자 간의
갈등을 무마시키고자 복례를 대신 처단하게 된 것이다. '빙애'는 거대한
권력의 대립과 폭력에서 희생당한 인물이라 할 수 있다. 이러한 인물의
영혼이 '빙애'를 모방하며 자신의 한을 역설적으로 달래고 있다고 하겠
다.

요컨대 <부자유친>에서 보이는 놀이성은 잔혹극의 이미지를 띤다.
이러한 강렬한 이미지는 영상세대인 학습자들에게도 충격적으로 다가올
수 있다. 뿐만 아니라 이 연극의 첨예한 갈등 관계 또한 극텍스트의 본
질에 해당된다고 볼 수 있다.

교과서에 제시되는 극텍스트의 수업은 흔히 쓰여진 텍스트만을 자료
로 하지만, 이렇게 실제 공연된 텍스트를 제시함으로써 극텍스트의 특성
을 더욱 효과적으로 표상할 수 있을 것이다. 공연 텍스트는 학습자들의
흥미에 맞는 것이면서 극의 특징을 잘 살린 것이어야 할 것이다.

3.3 패러디 연행을 통한 갈등 표상

극텍스트의 수업은 주로 교육자료로서의 희곡을 대본으로 삼고 그것
을 입체적으로 낭독하거나 연극화하는 방법을 통해 이루어져 온 것이 사
실이다. 이것은 활동중심적인 수업이라고 할 수 있으며, 이 활동을 통해

극텍스트가 연극화되는 과정을 학습하거나, 읽기나 연극에 참여하는 학생들의 의사소통력을 증진시켜 왔다. 그러나 이 활동들은 학생들이 극텍스트를 구성하는 요소들에 대한 이해나 분석을 할 수 있도록 하는 데는 한계가 있다. 이러한 한계점 때문에 실제 학교 현장에서는 아예 극텍스트를 연극화하지도 않고 그것에 대한 지식만을 주입하는 수업 방식을 주로 택하여 온 것도 사실이다. 이것은 모두 극텍스트 수업 방법의 부재로 인한 것이며, 이로 인해서 학교에서의 극텍스트 수업은 다른 문학 수업에 비해 항상 부차적이고 타자적인 것으로 치부되어 온 것이라 할 수 있다.

이러한 문제점을 해결하기 위한 방안이 바로 극텍스트의 패러드라마화(paradramatic activity)이다. 패러드라마(paradrama)는 원텍스트로서의 극텍스트에 대한 극텍스트라고 말할 수 있다. 즉 패러드라마란 원텍스트에 대한 연상과 유추에 의해 새로 만들어진 텍스트이며, 기호학적 관점에서 볼 때 원 텍스트의 약호를 재약호화(re-encoding)한 또 하나의 극텍스트라고도 할 수 있다.66)

패러드라마화를 통해서 학생들은 텍스트의 약호를 재약호화하는 과정을 내면화하게 될 것이다. 즉 단순히 텍스트의 약호대로 연기를 하는 것이 아니라, 적극적으로 희곡을 수용하며 그것의 창의적 오독(creative reading)을 통해 희곡에 대한 인식을 높이게 되는 것이다. 이러한 재약호화

---

66) 'para'는 '이웃, 양쪽, 以上, 以外, 不正, 불규칙' 등의 의미를 갖는다. 의학에서는 '결함, 이상, 의사(擬似), 부(副)' 등의 뜻을 갖기도 한다. 또 화학에서는 '치환체'의 의미를 갖기도 한다. 따라서 패러드라마란 원 희곡에 대해 부차적이면서도 그것과 유사한, 치환되며 병행될 수 있는 드라마를 가리킨다.
패러디(parody)가 원래는 그리스어 paroidia에서 왔으며, 이것은 para-와 oidia(노래)의 결합이며, 흉내내어 불리는 노래라는 의미를 갖고 있었음을 생각할 때, 패러드라마는 흉내내어 만든 드라마, 즉 유추와 연상에 의해 재약호화하여 구성한 드라마라는 의미로 정의될 수 있다.

과정에서 만들어진 패러드라마는 창작 교육과도 연계될 될 수 있다.

제 7차 교육과정에서는 문학 교육에서 창작 교육을 명시하고 있다. 교육과정에서 지향하는 창작 교육은 전문적인 창작인을 육성하기 위한 것이 아니라, 오히려 전반적인 문학적 능력을 향상하기 위함이다. 문학적 능력이란 문학의 적극적 수용과 재구성 능력이라 할 수 있다.

'문학의 수용과 창작'에서는 문학 수용의 원리를 이해하여 문학을 수용하고 창조적으로 재구성하며, 문학 작품을 창작하는 문학 활동이 교수·학습의 중심이 된다.[67]

위의 인용에서 알 수 있듯이 문학의 수용과 창작은 불가분의 관계에 놓인다. 학생들은 문학의 수용과 문학의 재구성, 문학의 창작이라는 활동을 통합적으로 해 나가게 되는 것이다. 문학의 수용과 재구성은 '읽기' 차원이며, 창작은 '쓰기' 차원이라고 할 수 있는데, 이러한 활동의 통합을 통해 궁극적으로 문학과 읽기와 쓰기 활동이 통합된다.

그렇다면 극텍스트의 창작 또한 텍스트의 적극적인 수용과 재구성을 위한 것이라는 관점이 성립한다. 따라서 본고에서 제시하는 패러드라마화는 텍스트의 재구성과 창작이라는 측면에서 창작 교육에도 기여할 수 있을 것이다.[68]

<봉산탈춤>의 지배계급과 피지배계급의 갈등, 피지배계급에 의한 지배계급의 풍자와 조롱, 희극적 분위기, 언어유희에 의한 풍자 등이 학습자들에게 표상된다. 이러한 표상을 그대로 연행하여 말뚝이와 양반들의 대화극으로 구성할 수도 있고, 배우-관객 대화극으로 연행하여 양반들에 대한 풍자적인 태도를 강화시킬 수도 있다.

---

67) 교육부 고시 제 1997-15호, 『국어과교육과정』, 1988. 150쪽.
68) 희곡 창작 교육에 관한 본격적인 논의는 다른 지면을 통해 제시될 것이다.

<봉산탈춤>이 전통극이므로 전통극에 대한 흥미를 높이고 전통극을
현대적으로 수용하기 위해 패러드라마화를 시도할 수 있다.
　　교사는 학습자들에게 <봉산탈춤>의 양반과정에 나오는 양반과 말뚝
이의 관계와 유사한 관계를 갖는 집단(계급, 계층 포함)을 떠올려 보라고
한다. 학습자들은 일시적인 갈등의 해소만 있고 완전한 갈등의 해소는
없는 관계를 지닌 집단들을 떠올리게 된다.
　　다음은 학습자들이 제시한 '말뚝이'와 '양반'의 관계와 유사한 관계를
지닌 집단들이다. A는 <봉산탈춤>에서 '양반'과 비슷한 특성을 가진
층, B는 '말뚝이'와 비슷한 특성을 가진 층이다. A에 속한 집단들은 어리
석고 권위만 내세우는 집단으로 설정되고 B에 속한 집단들은 실제 사회
적 위치는 낮지만 능력이 있고 A층을 비웃고 풍자하는 층이다.

A	B
양반	말뚝이
비리 정치인	국민
비인격적 교사	학습자들
벼락부자	가난한 사람들
무능력한 회사 간부	능력있는 사원

　　학습자들은 각 대립 관계에 있는 집단에서 전자를 '양반'과 같은 풍자
적 인물로, 후자를 이를 비웃고 조롱하는 '말뚝이'와 같은 인물로 설정하
고 양반과장에서처럼 'B의 A에 대한 조롱-A의 호통-B의 A 속임과 변명
-B의 만족-춤'으로 구성한다.
　　'말뚝이'가 관객들에게 말을 건네는 것처럼 B층의 인물들은 관객들에
게 말을 건네 무대와 객석의 경계를 해체시키고 특히 춤 부분에서는 관

객으로서의 학습자들도 함께 참여하게 함으로써 전통극의 특성을 살리도록 한다. 춤에 사용되는 음악은 학습자들의 흥미도를 고려하여 대중음악을 취할 수 있다.

풍자의 효과를 살리기 위해 A층 인물들의 분장을 비정상적으로 할 수 있다. A층의 인물들이 운용하는 언어도 허세로 가득 찼지만 무능력한 면을 보여줄 수 있는 것이어야 한다.

언어유희도 사용할 수 있다. 양반과장에서 말뚝이가 "개잘량이라는 '양'자에 개다리 소반이라는 '반'자 쓰는 양반이 나오신단 말이오."라고 한 것처럼 A층에 관한 언어유희를 해 볼 수도 있다.

이러한 패러드라마화는 전통극의 특성을 표상하는 데 효과적이라 할 수 있다.

4. 텍스트의 경계 해체와 교육연극을 통한 표상 재구성

4.1 인물 표상을 위한 연행

4.1.1 '인간소외'와 관련된 텍스트에 대한 표상

지금까지 주로 살펴본 문학텍스트는 그 경계를 넘어 다른 매체의 텍스트들의 읽기로 나아갈 수 있다. 이것이 가능한 이유는 문학텍스트를 구성하는 약호들이 비문학텍스트에도 존재하기 때문이다.

여기서는 여러 텍스트들의 주요한 약호인 인물들 중, 소외된 인물들이 나타나는 텍스트들을 중심으로 인물이 텍스트에 약호화되는 양상을 교사와 학습자 간의 대화적 방식으로 수업한 것을 제시하고자 한다.

이러한 텍스트 경계 해체와 교육연극에 의한 수업은 정규 교과 시간에도 가능하지만, 특히 제 7차 교육과정에 의거하여 심화 학습이나 특기적성학습을 위한 시간을 할애하는 것이 좋다. 왜냐하면 이러한 학습에서는 학습자들의 특성에 맞는 다양한 활동들을 펼칠 수 있기 때문이다.

인간소외와 관련된 텍스트를 표상하기 위하여, 교사가 먼저 인간소외가 나타난 텍스트를 해독한다. 이때 사용한 학문적 개념에 대해 학습자들은 지적 호기심을 갖게 된다. 교사는 해독이 끝난 후 학습자들에게 질의를 받고, 그 학문적 개념에 대해 설명해 줄 수 있다. 학습자들은 자신들이 문학텍스트를 해독할 때에 교사가 사용한 개념을 사용하게 된다는 것을 발견한다.

교사가 선정한 것은 김승옥의 <서울, 1964년 겨울>이다. 교사의 해독은 다음과 같다.

> 교사의 <서울, 1964년 겨울> 해독: <서울, 1964년 겨울>에서 인간소외는 익명화된 '나', '안', '사내' 간의 의사소통의 실패에서부터 일어난다. 처음 '나'와 '안'의 발화는 '파리', '꿈틀거리는 것'에서 시작해서 서로 공유할 수 없는 과거의 지나가 버린 일회적인 이미지로 한정됨으로써 은유적인 언어 선택의 원리에 의해 운용된다고 할 수 있다. 언어들이 환유적 맥락에서 이탈하여 실제 대상과 언어 사이의 자의적 관계가 부각됨으로써 의사 소통으로부터 이탈하고 서로를 타자화하는 인간소외가 일어나는 것이다.[69]
>
> 그럼에도 불구하고 환유의 고리를 연결하는 매개가 있는데, 그것은 '사내의 아내'이다. 세 사람의 행동을 지속시키는 것은 '돈'이고, 이 '돈'은 '아내'로 인

---

69) 의사소통으로부터 이탈 현상은 도구적 합리성과 계몽의 변증법에 대항하는 서사적 전략의 일종이다.
    Adorno,T.W. 홍승용 옮김, 『미학이론』, 문학과지성사, 1984. 349-353쪽.

해 생긴 것이다. '사내'는 두 사람에게 '비싼 중국 요리'를 시켜 주고, '넥타이'를 사 주며 "내 아내가 사 주는 거야."라고 말한다. 세 사람의 행동이 끝나고 서사가 소멸하게 된 계기도 '사내'가 '돈'을 '불'에 던진 사건이다. 이처럼 서사의 환유가 지속되게 하는 것은 '아내'이지만, 그녀는 이미 죽었다는 점에서 부재하는 현존이라고 할 수 있다. 부재하는 현존, 텅 빈 기호인 '아내'가 이끌어가는 서사체에서, 의사소통마저 단절되는 세 사람은 서로에 대한 타자들이며, 이 점에서 각 인물은 자신 이외의 다른 가치로 환원될 수 없는 궁극적인 단자(monad)로서의 개인이 아니라 서로의 보충적 자아(alter-ego)라고 볼 수 있다.

이들은 '화재'가 일어나는 공간에 함께 놓이게 될 때에도, '화재'를 '화재 자신의 것'이라고 하며 사건을 분자화시킨다. 단지 '사내'만이 '내 아내가 머리를 막 흔들고 있'다고 하면서 '아내'와의 결합을 의미하는 행동으로, '불' 속에 '남은 돈'을 던진다. '돈'을 던짐으로써 더 이상 세 사람의 행동은 외적으로도 공유되지 않으며, 결국 폐쇄적 공간인 '여관의 각 방'으로 흩어진다.

서사체의가 닫히면서 '나'라는 발화자는 '사내'와 '안'을 시각적으로 초점화시킨다. '사내'는 '개미'로 은유화되는데, '나'는 '그 개미가 내 발을 붙잡으려고 하는 것 같은 느낌이 들어서 자리를 옮기는 행동을 취한다. '안'과 헤어지고 난 뒤, '나'는 그가 '앙상한 나뭇가지 사이로 내리는 눈을 맞으며 무언지 곰곰히 생각하고 서 있었'다고 서술한다. '나'는 '개미'로 표상되는 '사내'와의 유대를 거부하고 있으며, '안'이 무엇을 생각하고 있는지 알 수가 없다. 서사체가 종결될 때까지 그들 사이의 소통은 이루어지지 않는다.

위에서 교사가 사용한 학문적 개념은, '이미지, 은유, 환유, 타자(화), 부재와 현존, 텅 빈 기호, 단자, 보충적 자아, 발화자, 초점화' 등이다. 이것들은 모두 텍스트의 약호화 원리이기도 하면서 독자가 사용할 수 있는 해석소라고도 할 수 있다. 학습자들은 이러한 약호화 원리나 해석소에 관해 관심을 갖게 된다. 이 관심에 의해 교사는 적절하게 답해야 한다. 이러한 이해를 바탕으로 학습자의 기대지평은 향상될 수 있다.

해석소에 관한 학습자의 질의에 교사는 다음과 같이 설명한다.[70]

교사의 해석소 설명: 이미지, 텅빈 기호는 모두 기호를 일컫는 용어이다. 기호가 기표(음성)와 기의(뜻)로 이루어져 있다면, 이미지는 기표와 기의가 1:1로 일치하지 않는 기호라 할 수 있다. 기표가 기의와 합치 되지 않기 때문에 기표의 자율성이 주어지므로 이미지에는 다양한 기의를 내포하고 있다고도 볼 수 있다. 기의와 기표의 괴리로 인해 기표는 부유하게 되므로 기의는 규정되지 않는다는 점에서 기호 자체가 흔적이라 할 수 있다. 즉 어떤 이미지라는 기호의 기의가 파악되었다고 믿는 순간, 그 기의는 사라지고 다음 기의가 그 위에 놓이게 되는데, 이렇듯 기의 위에 다른 기의가 계속 놓임으로 해서, 밑에 깔린 기의는 지워지고 흔적이 되는 것이다.

텅 빈 기호는 기표와 기의의 거리가 더욱 떨어져, 기표만으로 이루어진 기호라고 할 수 있다. '아내'는 한 번도 등장하지 않는다. '아내'가 실체가 아니기 때문에 '사내'는 '아내'에게 오히려 많은 기의(의미)를 부여할 수가 있다. 즉 '아내'는 텅 빈 기호이기 때문에 그 구멍에 더 많은 기의를 자의적으로 채워 넣을 수 있는 것이다.

이런 텅 빈 기호는 '부재(absence)'라는 개념과도 관계가 있다. 텅 빈 기호는 기의의 결핍이고, 부재 또한 무언가의 결핍에 의해서 발생하는 것이기 때문이다. 분명 '사내'에게 '아내'가 있지 않다는 점에서 '아내'는 결핍과 부재의 성격을 지니지만, 그 '아내'라는 텅 빈 기호가 '사내'를 지배하기 때문에 그녀는 동시에 현존(presence)한다고 볼 수 있다. 부재와 현존은 단순히 감각적 실체가 존재하느냐 하지 않느냐의 자질보다는, 실존주의적 입장에서 무의미와 의미 사이의 관계 자질이므로 주관적이라 하겠다.

은유와 환유 또한 관계가 있는 개념이다. 은유는 계열 관계에 있는 기호들의 약호화 원리이고, 환유는 통합 관계를 형성하는 약호화 원리이다. 은유는 상호 대치 가능한 기호들의 쌍으로 나타나고, 환유는 대치는 불가능하지만 서로 인접시킬 수 있는 기호의 묶음을 형성한다고 하겠다. '파리'의 행위는 '나'와 '안'의 대화의 산만함을 은유로 약호화한 것이라 할 수 있다. 이러한 은유로 이루어진 계열체들은 또 통합되어 환유 관계를 형성하면서 '나'와 '안'의 대화를 통합시켜 나간다고 하겠다.

타자, 타자화, 보충적 자아, 단자 등의 개념은 '주체'라는 개념과도 관계가 있

---

70) 질의에 대한 답은 더 자세할 수 있으나, 지면상 간략하게 제시하고자 한다.

다. 주체는 발화하고 행위하는 자라고 할 수 있다. 주체의 발화와 행위는 어떤 목적이나 대상을 획득하기 위해 이루어지기도 한다. 자신의 목적이나 대상을 획득하기 위해 다른 것들을 배제하기도 하는데 이때 배제되는 것들이 타자이다. 주체의 목적은 이원화되기도 하는데, 이원화된 목적 중 어느 하나가 중심이 되면, 다른 것은 또 타자가 된다고 하겠다. 이러한 타자는 사물의 개념이기도 하지만, 주체 자신이 자신에 대해 타자가 되는 타자화도 일어난다. 즉 주체가 한 목소리를 내는 것이 아니라 여러 타자로 해체되면서 다성적인 목소리를 내게 되는 경우이다. 주체의 목적은 다층화되고, 이로써 주체도 해체된다고 하겠다.

단자는 유일무이한 주체를 뜻한다. 단자로서 주체는 다른 어떤 존재와도 구별되며 그 자체로 완벽한 존재라 할 수 있다. 반면, 주체가 다른 주체와 거울 관계에 있을 때, 보충적 자아라고 한다. 주체는 다른 주체들에게서 자신의 모습을 발견하게 되는데, 이런 반영을 거울 관계라 하고, 거울 관계에 있는 존재를 주체의 보충적 자아라 할 수 있는 것이다.

'나', '안', '사내'는 서로 의사 소통이 되지 않는다는 점에서 서로를 주변화시키는 타자들이지만, 동시에 모두 타자와의 상호주관적인 대화를 하지 않고 스스로를 단절시킨다는 점에서 공통점이 발견되므로 거울 관계에 놓여 있다고 할 수 있고, 이로써 서로의 보충적 자아임을 확인할 수 있다.

텍스트가 여러 인물들의 다성적 발화체라면, 어떤 인물의 발화가 중심이 되느냐 하는 것이 초점화이다. 초점화는 과거의 시점 문제를 쉽게 해결해 준다. 문학텍스트의 시점(point of view)은 서술자 중심으로 파악되어 온 것이 사실이다. 서술자 중심의 시점 파악은 텍스트의 의미를 서술자 중심으로 일원화시키고, 결국 여러 인물들의 발화를 소외시킴으로써 텍스트의 다성성 해독을 포기하게 만들었다. 초점화는 이러한 오류를 해결한다. 초점화는 인물들의 발화를 소외시키지 않고 모두 인정하여 텍스트 안에서 지속적으로 바뀌게 되므로, 텍스트의 다성성을 획득하는 읽기를 가능하게 한다. 인물의 명시적인 언어적 발화가 아닌 비언어적인 암시적인 발화까지도 파악하게 해 줌으로써 텍스트를 더욱 징후적으로 읽게 해 주는 것이다.

<서울, 1964년 겨울>에서 '나'가 서술자이지만, '나'의 발화가 의미를 결정하는 것이 아니다. 마지막 부분에 '나'의 시선으로 '사내'와 '안'을 포착하고 있지만, 역으로 '사내'와 은유 관계에 놓인 '개미'는 '나'의 '시선'을 놓아주려고 하지 않는다는 점에서 오히려 '사내'가 초점화된다. 또 '나'는 '안'이 무슨 생각

을 하는지 알 수 없다는 점에서 '안'의 내면적 발화가 초점화되고 있다고 할 수 있다.

위 교사의 설명에 의해 학습자들은 여러 학문적 개념을 익히게 되고 이를 자신의 문학텍스트 해독에 응용함으로써 기대지평을 상승시킨다.

다음으로, <서울, 1964년 겨울>과 마찬가지로 인간소외가 나타나면서 상호적으로 읽힐 수 있는 텍스트를 교사가 선정하고 그 중 하나를 학습자에게 제시하여 해독하게 한다.

다음은 김승옥의 <누이를 이해하기 위하여>에 대한 학습자들의 해독이다.

> 학습자의 <누이를 이해하기 위하여> 해독: <서울, 1964년 겨울>에서 엉성한 환유의 고리를 이어가는 것이 부재하는 현존인 '아내'라면, <누이를 이해하기 위하여>에서도 텅 빈 기호인 '누이'가 서사체를 이끌어 가는 동력이 된다.
>
> '누이'는 '도시'에서 돌아온 후 '침묵'한다. '나'는 '어떠한 일들이 누이에게 저런 침묵을 떠맡기고' 갔는지 알 수가 없다. '누이'는 '침묵'하지만, '나'의 행위는 그 침묵에서 비롯되었고, 그러한 행위가 서사체를 이끌어간다는 점에서 '누이'는 부유하는 흔적으로서 환유의 매개 역할을 한다고 볼 수 있다.
>
> 이 텍스트는 '누이'의 '침묵'을 보여주는 「갈대들이 들려준 이야기」와 다른 에피소드들의 단편적 결합으로 이루어져 있다.
>
> ①축전 - ②프로필 - ③갈대들이 들려준 이야기 - ④누이의 결혼 - ⑤日誌抄 - ⑥다시 축전[71]
>
> ①은 '가하 오빠'라는 전보 약호로부터 시작된다. 서술자 '나'가 말하듯이 전보 약호는 '부호'이며 '인연 없는 의사 전달의 수단'이다. '나'는 '누이'에게 쌍방향이 아닌 一方向의 소통만을 할 수 있으며, 그 이유는 ②와 ③에서 밝혀진다.

---

71) 번호는 텍스트에 놓인 순서대로 필자가 붙인 것임.

④에서는 '누이'의 결혼과 '출산'이라는 사건이 요약적으로 제시된다. 그 사건에 대한 어떠한 평도 없으며 사건 자체만을 서술하고 있다.

⑤에서는 '꿈 이야기'가 삽입되어 있다. 삽입된 것의 서술 방식도 문답식으로 앞의 서사체들과 변별된다. 또, ④까지 지속되던 서사적 고리도 단절된다.[72]

이러한 텍스트의 해체성은 ⑥에서도 보인다. ①과 ⑥은 서로 대응하여 거울 비추기 구조(ab-ba)를 형성한다. 그러나 이 구조는 변형된 거울 비추기 구조 (ab-ba′)라 할 수 있다. ①에 '나'는 '축전'을 보내는 자신에 대한 냉소적 어조를 취하고, ⑥에서는 '누이'가 '축전' 속에서 자신의 '기도'를 징후적으로 읽게 하고자 하는 욕망을 비추고 있기 때문이다. 그러나 여전히 '전보'는 同時的 차원에서 一方向性을 띠고 있으므로, '나'의 욕망은 잉여를 남김으로써 아이러니의 효과를 낸다. 이것은 결국 '나'가 '누이'를 이해하지 못했다는 것을 암시함으로써 제목과 연결되어 아이러니의 효과를 배가시킨다.

이런 거울 비추기 구조는 '나'를 보는 자인 동시에 보이는 자로 만듦으로써 '나'라는 자아를 주체와 객체(타자)로 해체시키는 데까지 나아간다. 이러한 해체는 '나' 자신에 대한 소외라고 볼 수 있으므로, 이 <누이를 이해하기 위하여>에서는 '나'와 '누이'의 관계뿐만 아니라, '나'를 이루고 있는 주체와 타자간에서도 소외가 발생되었다고 할 수 있다.

교사는 김승옥의 두 문학텍스트 이외에 다른 차원에서 인간소외가 나타나는 텍스트 해독으로 넘어가 대화를 시도한다. 우선 조세희의 <난쟁이가 쏘아올린 작은 공>을 교사가 해독하고 나면, 이와 유사한 약호화 원리를 취하고 있는 윤흥길의 <아홉 켤레의 구두로 남은 사내>[73)]를 학

---

72) 여기에서 교사는 학습자의 해독에 대해 '자체맥락화'라는 개념을 설명해 줄 수 있다. ⑤는 자체맥락화(self-contextualization)된다고 할 수 있는데, 자체맥락화는 텍스트에 대해 기생자(parasite) 혹은 소음으로 기능하며 그 자신이 곁텍스트(paratext)가 되는 경향이 있다. 여기서 소음이라고 하는 이유는 자체맥락화로 삽입된 텍스트가 원텍스트의 흐름을 방해하기 때문이고, 기생자나 곁텍스트라고 하는 이유는 이 삽입 텍스트가 원텍스트에 종속되거나 원텍스트를 지배하지 않고, 원텍스트의 흐름의 곁가지에 삽입된 형태이기 때문이다. 이런 텍스트 대 초텍스트의 상호적 작용은 엔트로피를 증가시켜 텍스트를 더욱 해체적으로 만든다고 할 수 있다.

73) <난쟁이가 쏘아올린 작은 공>이나 <아홉 켤레의 구두로 남은 사내> 모두 동명의

습자들이 해독하게 하는 것이다. 다음은 교사의 <난쟁이가 쏘아올린 작은 공>의 해석이다.

　　교사의 <난쟁이가 쏘아올린 작은 공> 해독: <누이를 이해하기 위하여>에서 보였던 변형된 거울 비추기 구조, 초텍스트, 아이러니는 조세희의 <난쟁이가 쏘아올린 작은 공>에서도 보여진다. '철거 계고장'과 '아파트 입주 신청용 무허가 건물 철거 확인원'이라는 초텍스트를 양 축으로 하여 거울 비추기 구조를 이루며, 결국 '아버지(난장이)'가 죽고 '영희'는 의식이 상실되는 것으로 끝맺음됨으로써 텍스트 전체가 아이러니의 구조를 취한다.
　　아이러니는 '아버지'에 의해서도 발생한다. '아버지'는 '혀가 안으로 말려'들어가 말을 하지 않는다. 그가 하는 말은 비정상적이고 대부분 소통이 제대로 이루어지지 않는 비일상적인 것들이다. '아버지'는 '삼 년 반' 전에 왔던 '꼽추'를 '어제' 왔었다고 말하면서 그가 또 올 것이라고 말한다. 이웃집 가정교사 '지섭'이 준 <일만 년 후의 세계>라는 책을 읽은 '아버지'는 '하루에도 몇 번씩 달을 왕복'한다. 그에게 있어 일상적인 시간과 공간은 해체된다. '삼 년 반 전'과 '어제'는 다르지 않으며, '일만 년 후'가 바로 '현재' 시점으로, 현실을 떠나 '달'을 자유롭게 왕복한다. 시간의 선조성은 무화되며, 실제와 가상의 경계도 사라지는 것이다. 그러한 '아버지'는 결국 '굴뚝'에 떨어져 죽는데, 이것은 그가 원하던 '우주'로 '공'을 쏘아 올리는 것과 상충되면서 아이러니를 형성하게 된다. 이러한 아이러니는 '아버지'의 내면과 외적 현실 사이에 균열을 만들면서[74], 그를 현실에 대한 영원한 타자로 남게 하여 소외시킨다. '난쟁이'는 현실이라는 일상성과 소통이 불가능하지만, 그 일상성에서 일탈한 '지섭', '주정뱅이'와는 소통이 가능하다는 점에서 '지섭'과 '주정뱅이' 역시 현실의 타자들이라 할 수 있다.
　　'난쟁이'의 가족 구성원들도 현실에 대한 소외된 타자이기는 마찬가지다. 이 소외는 첫째 아들, 둘째 아들, 딸이 차례로 텍스트의 화자가 되면서 더욱 첨예화된다. 어떤 사실이 보고될 때에는 중개자인 화자의 목소리가 있게 마련이다.

　　연작 텍스트 중의 한 편이다. 본고에서는 연작 전체가 아닌, 부분으로서의 텍스트만 살피기로 한다.
74) Schramke, J. 원 희·박병화 옮김, 『현대텍스트의 이론』, 문예출판사, 1995. 156~157쪽.

특히 일인칭 서술 상황은 중개성이 텍스트 속 인물이라는 허구적 영역 안에 한정[75]됨으로써 경험 자아와 서술 자아 간의 긴장을 발생시킨다. 특히 <난쟁이가 쏘아올린 작은 공>에서 보여지는 서술자의 환치는 서사적 힘의 상호작용을 통해 텍스트와 독자의 서사적 계약을 변화시키며 해석을 끊임없이 지연시킨다.

위의 해석에 대해 학습자들은 윤흥길의 <아홉 켤레의 구두로 남은 사내>를 해독하게 된다.

학습자들의 <아홉 켤레의 구두로 남은 사내>의 해독: 윤흥길의 <아홉 켤레의 구두로 남은 사내>에는 계급간의 단절로 인한 소외가 나타난다.[76] 소시민은 권력의 체계에서 주변으로 밀릴 수밖에 없는데, 이것을 '권기용'이란 인물을 통해 보여주고 있다.

'권기용'씨는 대학을 졸업하고 출판사에 다니면서 가족을 먹여 살리는 평범한 소시민이었다. 그러나 그는 광주 대단지에 어렵사리 땅을 구해 내 집 마련의 꿈을 키우면서 서울시와 경기도에 정책 개선을 요구하는 주민대책위원회 간부가 됐다가 시위 현장에 휩쓸린 뒤 폭동사건의 주모자로 낙인찍힌다.

'권'씨가 지식인에서 공장 노동자, 노동 운동가에 이르는 여로는 연속적이지 않다. 그 여로는 선조적인 발전 과정에 있다기 보다는 현실지평의 끊임없는 재구성 속에서 복잡하게 얽혀 있다. 지식인이나 소시민은 권력에 기회주의적으로 타협할 수도 있고, 그것에 대항하며 주변화를 극복할 수도 있다. '권'씨는 전자에서 후자로의 인식론적 전환을 통해 자기를 발견하고 소외를 극복하고자 한다.

인간소외가 극대화되어 현실에 대한 타자이면서 동시에 자기 자신에 대한 타자이기도 한 인물이 나타나는 텍스트도 있다. 이 중 교사는 최인호의 <타인의 방>을 선택하여 학습자들과 대화할 수 있다.

---

75) Stnazel, F.K. 김정신 옮김, 『텍스트의 이론』, 문학과 비평사, 1990. 제 1장.
76) 당시 도시주변부 하층민을 소시민적 지식인의 눈으로 그린 이 텍스트의 밑바닥에는
    70년대 초 경기도 광주대단지에서 벌어졌던 주민과 경찰의 충돌 사건이 깔려있다.

교사의 <타인의 방> 해독: 출장에서 돌아온 '그'는 아내와 사는 자신의 집이 타인의 집처럼 느껴지며, 그 속에서 사물들은 살아 숨쉬는 반면 자신은 사물화되는 경험을 한다.[77]

그는 '아내의 껌이 유일하게 위안'을 준다고 생각하고, '집이란 즐겁고 아늑한 곳'이라고 중얼거리지만, 바로 그 순간, 그 소리가 '타인의 소리'처럼 느껴진다. 하나의 자아로 통합되지 못하고, 타자들의 다중적인 목소리로 이루어진 '그'는 '거울'을 보지만, 그 속에는 '뚜렷한 형상을 가지지 않은 사내가 이상하게 부풀어서 확대'되어 있다. 자신에게조차 그는 하나의 흔적이며 부유하는 기호일 뿐, 실체가 되지 못하는 것이다. 그러다가 집 안의 물건들이 움직이기 시작하고, 반면, 그의 몸은 점점 경직되어 간다. 그것을 그는 '부활'하는 것처럼 느낀다. 그는 자신의 사물화를 보는 객체가 되는 것이다. 이 객체화[78]는 '아내'에 의해 더욱 명확해진다. 집에 들어 온 그녀는 '그'를 '새로운 물건'이라 생각하고, '매우 좋아했던 것'이지만, '나중엔 별 소용이 닿지 않는 물건'이었음을 '알아차리고' 다시 외출을 한다.

<타인의 방>은 자신으로부터의 소외와, '아내'와 '나'라는 가족의 소통 단절로 인한 소외가 상호적으로 나타난다.

자신으로부터 소외는 이인성의 <낯선 시간 속으로>에서도 보인다. 이에 대한 학습자의 해독은 다음과 같다.

학습자들의 <낯선 시간 속으로> 해독: <낯선 시간 속으로>에서는 혼란 뒤에 재구성되는 자아의 모습을 그리고 있다. 즉 자신으로부터의 소외를 극복하는 자아가 나타나고 있는 것이다.

---

77) 문홍술, 『작가와 탈근대성』, 깊은샘, 1997. 135쪽.
78) 교사는 이러한 객체화가 나타나는 다른 텍스트를 제시해 줄 수 있다. 이 상의 <날개>에서도 객체화가 나타난다. '나'는 '아내'와 소통 공간을 마련하지 못하고, '아내'에 의해 철저하게 소외되며 고립된다. 사물화·객체화가 더욱 두드러져 나타나는 것은 카프카(F. Kafka)의 <변신>이다. '그레고르 잠자'는 '꿈에서 깨어났을 때 자신이 한 마리의 커다란 벌레로 변한 것을 깨'닫는다. 이 '벌레'는 <타인의 방>에서의 '새로운 물건'과 같은 소외의 상징물이라고 할 수 있다.

이십대의 오만한 한 인물이 자아를 찾아가는 과정이 주체의 다층적인 분열과 실제와 환상의 해체 등으로 복잡하게 나타난다. 사건들은 인과적 질서에 의해 나열되는 것이 아니라, 인물의 의식 속에서 임의적으로 배열되고 치환되어 의미의 탈중심화를 초래한다.

이러한 해체에 의한 소외는 역시 해체를 통해 극복된다. 젊음의 방황을 통해서, '그'를 사살하고 서서히 돌아서서 아득히 내던져지는 '나'를 바라보면서 천천히 '너'에게로 다가가는 또 다른 '나'는 들어가는 곳을 찾을 수 없는 '미궁' 속에 침잠하려는 '나'의 유혹을 이겨낸다. 이후 훨씬 성숙해진 '나/그'는, 그리하여, '아무 것도 그의 그 삶을 정당화 시켜 줄 수 없음'을 자각하게 되고, 섬뜩하고 급작스러운 낯섦의 '순간'들을 거쳐서, 이제, 성장의 자양분이었던 반항과 부정의 몸짓을 재구성하려고 한다. 이로써 부정형의 질료 상태에 있던 '나'는 보다 완성된 형태의 자아상을 갖추게 되는 것이다.

가족의 파괴로 인한 소외가 나타나는 텍스트는 오정희의 <유년의 뜰>이나 <중국인 거리> 등인데, 이를 통해 사회적 현상인 소외가 혈연 집단인 가족 집단에까지 미쳤음을 확인할 수 있다.

이 외에 신에 의한 인간의 소외가 나타나는 경우도 있다. 학습자들은 신의 절대성에 대해 회의를 가지지 않는 것이 보통이다. 그러나 신에 대한 인간의 소외가 인간에 의해 초래되는 경우가 있다. 이문열의 ≪사람의 아들≫에서 그러하다. ≪사람의 아들≫을 해독하면서 교사와 학습자는 인간과 신의 관계, 소외가 아닌 화해의 차원에서 종교적 믿음 등을 토의해 볼 수 있을 것이다. 다음은 ≪사람의 아들≫을 통한 신과 인간의 관계에 대한 교사의 고찰을 요약한 것이다.

교사의 <<사람의 아들>> 해독: 이문열의 <<사람의 아들>>에서 인간이 신에 종속되어 소외되는 현상이 인간에 의해 초래됨을 보여준다. 인간은 신을 끊임없이 탐구하려고 노력하지만, 언제나 그 중심부로 가지 못하고 중도에서 그만두거나 자기 자신을 배반함으로써 자신을 소외시킨다. 문제는 신이 인간을 소외시키는 것이 아니라, 인간이 신과 인간을 위계 질서상에 놓음으로써 스스로를 소외시키는 것이다.

텍스트의 주인공 민요섭이나, 조동팔, 아하스 페르츠, 예수 모두 선민의식을 가진 사람들이다. 이들은 모두 신을 추구하고 모방하려 하지만 그 거리가 너무 멀어 중개자를 설정할 수밖에 없다는 데서 폭력과 배반이 일어난다.

세례 요한에게 욕망의 매개자가 예수라면, 아하스 페르치에게는 테두스가 욕망의 매개자이며, 조동팔에게는 민요섭이, 민요섭에게는 가가와도 요히코라는 신학자가 욕망의 매개자이다. 이들은 모두 신의 아들이 되기를 원하지만, 사람을 모방함으로써 사람의 아들로서 기능할 뿐이다. 욕망의 매개자를 설정함으로써 자기 자신이 신으로부터 소외 당하고 있다고 할 수 있다.

요컨대 위의 텍스트들은 현실에 대한 타자, 혹은 자기 자신에 대한 타자가 되는 인물들의 상호소통의 단절을 통해 인간소외의 열린 알레고리의 구조를 취한다고 볼 수 있다. '열린' 알레고리라는 것은 서로 다른 문화적 컨텍스트를 지닌 독자들의 자유로운 읽기를 가능하게 한다는 의미에서 사용될 수 있는 개념이다. 즉 위의 텍스트는 산업 사회에서 권력에 의해 소외가 나타나는 것으로 읽힐 뿐만 아니라, 때로는 욕망에 의해서, 때로는 부조리한 현실 자체로 인해, 때로는 실존의 무화로 인해 자기 자신까지도 소외시킬 수 있는 타자들의 군상들을 보여주는, 다양한 이형태의 해석을 가져오는 것이라 할 수 있다.[79]

---

79) 이외에도, 사회 중심에서 주변으로 밀려난 변두리에서 떠도는 인물들(창녀, 목욕탕 때밀이, 개 백정 등)을 그린 조선작의 <영자의 전성시대>, 사람들 사이의 의사소통을 통해 상호 관계를 재구성하는 양상을 보여주는 양귀자 ≪원미동 사람들≫, 경제 성장의 신화 속에서 삶의 터전을 상실한 자들의 모습을 그린 정희성 시집 ≪저문 강에 삽을 씻고≫ 등에서도 인간소외를 형상화하고 있다. 특히 박완서의 <그해 겨울은 따뜻했네>에서는 '여자'가 '동생'을 내버리지만, 실상 그것은 '여자'가 동생을 버릴 수밖에 없도록 만든 중심부 사람들에 의한 주변인들의 소외라는 것을 말하고 있다. 그리고 아예 삶의 터전을 잃어 버린 사람들의 소외를 그린 것으로는, 황석영의 <삼포 가는 길> 등이 있다.

서정적 텍스트에서도 소외되는 화자가 현상적으로 나타나는 경우가
있다.

> 징이 울린다 막이 내렸다
> 오동나무에 전등이 매어달린 가설 무대
> 구경꾼이 돌아가고 난 텅 빈 운동장
> 우리는 분이 얼룩진 얼굴로
> 학교 앞 소줏집에 몰려 술을 마신다
> 답답하고 고달프게 사는 것이 원통하다
> 꽹과리를 앞장세워 장거리를 나서면
> 따라붙어 악을 쓰는 것은 쪼무래기들뿐
> 처녀애들은 기름집 담벽에 붙어 서서
> 철없이 킬킬대는구나
> 보름달은 밝아 어떤 녀석은
> 꺽정이처럼
> 울부짖고 또 어떤 녀석은
> 서림이처럼 해해대지만 이까짓
> 산구석에 처박혀 발버둥친들 무엇하랴
> 비료값도 안 나오는 농사 따위야
> 아예 여편네에게나 맡겨 두고
> 쇠전을 거쳐 도수장 앞에 와 돌 때
> 우리는 점점 신명이 난다
> 한 다리를 들고 날나리를 불거나
> 고갯짓을 하고 어깨를 흔들거나[80]

이 시의 제재인 농무는 일반적 의미에서 축제 속의 유희가 아니라 현
실에 대한 절망감에서, 삶의 허망함에서 나온 하나의 허탈한 거짓 몸짓

---

80) 신경림, <농무>, 『문학(하)』, (주)선영사(제 6차 교육과정), 233쪽.
　　　　　　　　, 『문학(하)』, (주)민문고(제 6차 교육과정), 205쪽.

이다. '답답하고 고달프게 사는 것이 원통하다'고 말할 수밖에 없는 농민의 삶인 것이다. '우리는 점점 신명이 난다 / 한 다리를 들고 날나리를 불거나 / 고갯짓을 하고 어깨를 흔들꺼나' 하는 부분을 두고 정말 신명나는 농무일 것으로 생각하는 사람은 없으리라. 서러워서 추는 춤, 절망감에서 치솟는 오기로 추는 허깨비춤이라는 것을 알 것이다. 다시 말해서 삶이 죽음으로 바뀌는 참담하고 극한적인 장소인 도수장에 와서야 신명이 극에 달하는 눈물겹고 참담한 역설과 반어의 극치가 나타나고 있는 것이다.

여기서 화자는 산업화의 물결 속에서 소외받은 농민이다. 이들의 '농무'는 농민의 슬픔과 한을 더욱 현실감 있게 해학적으로 표현할 수 있는 수단인 것이다.

농무에 관심을 두는 사람들도 아무것도 모르는 쪼무래기, 아니며 킬킬대는 처녀애들뿐이다. 그런 점에서 농무는 이중으로 소외된다. 현실적으로 소외될 뿐만 아니라 마을 사람들에게서도 소외됨을 알 수 있다.

농무가 행해지는 장거리에는 보름달이 밝다. 보름달은 전통적인 농경사회의 경우 삶의 풍요를 상징하던 터라 아이러니를 자아낸다. 이렇듯 화자의 어조는 현실적인 상황에서 벗어날 수 없음에 대한 절망이 신명으로 형상화되어 나타나는 역설과 반어적 어조인 것이다.

다음은 <농무>에 대한 심적 표상을 도식화한 것이다.

화자: 어조 — 반어와 역설적 어조
가난한 농촌 ➡ 농민의 현실
보름달 ➡ 농민의 현실과 대조됨

〈알레고리: 가난한 농민의 비애와 역설〉

인간소외는 영화나 그림에서도 보여진다. 영화나 그림은 학습자들이 일상 생활 공간에서 지속적으로 접하게 되는 매체이다. 따라서 영화와 그림 읽기는 문자언어 텍스트보다 수업 외 공간에서 더욱 활성화될 수 있는 활동이라 하겠다.

여기서는 인간소외가 나타나는 여러 영화와 그림에 대한 교사와 학습자의 대화 내용을 간단하게 제시하고자 한다.

계급에 의한 소외가 보여지는 영화는 박광수 감독의 <아름다운 청년, 전태일>이다. 노동자들은 자신의 노동을 착취당하고 자신의 노동에게조차 소외당하는 양상을 보이고 있는데, 이를 투쟁으로 극복해 나가고자 하는 것이 이 영화의 주 내용이다. 특히 1960년-1970년까지 전태일이 살았던 시대는 흑백필름으로, 그 삶을 기록하는 작가 김영수의 시대는 칼라필름으로 대비하여 다큐멘터리적인 분위기를 연출하여 학습자들로 하여금 '노동자의 소외'가 현실과 환유 관계에 놓인 것임을 느끼게 한다.

<아름다운 청년, 전태일>이 자본가와 노동자의 이분법적 구조 속에서 후자의 소외를 보여주는 것이라면, 최윤의 텍스트 <저리 소리 없이 한 점 꽃잎이 지고>를 영화화한 장선우 감독의 <꽃잎>[81]은 정치 권력에 의한 소외를 보여준다.

<꽃잎>은 5.18 광주의 실체를 직접적으로 묘사하는 것에서 탈피해 격변의 정치적 사건의 와중에 놓였던 어린 10대 소녀의 정신적 상처에 초점을 맞추어 폭력의 허망함과 부당성을 고발해 주는 방법을 택하고 있다.

의문사 당한 친구의 기일을 맞아, 그 가족을 찾아갔지만 '소녀'의 어머니는 이미 죽고(5·18), 하나 남은 혈육인 그녀 역시 사라져 버렸다는 것

---

81) 텍스트 <저기 소리 없이 한 점 꽃잎이 지고>와 영화 <꽃잎>, 이 영화에 삽입된 음악 김추자의 <꽃잎>이라는 노래를 상호텍스트적으로 해독해 보는 것도 교육적으로 의의있는 일이라 생각된다.

을 알게 된다. 부끄럽고 잔인했던 80년의 의미를 찾으려는 듯 '우리'는 소녀를 찾아 헤매기 시작한다. 그러나 '소녀'의 현존은 찾을 수 없고, 오직 '소녀'의 흔적만이 곳곳에 산종되어 있다. '소녀'의 부재는 오히려 '우리'를 지배하는 양상이 된다. 이는 처음에 '소녀'가 권력에 의해 소외당했던 것과 달리 '우리'가 '소녀'로부터 소외당하는 역전을 보이는 것이다.

이러한 소외는 인물이 운용하는 언어에서도 나타난다. '소녀'의 귀로 듣는 것은 의미가 규정되지 않는, 기표의 부유로서 소음에 불과하다. 지속적으로 들리는 웅얼거림은 관객까지도 소외시킬 지경이다. 이러한 언어 운용은 의사소통의 부재에 의한 소외를 보여주는 것이라 하겠다.

<꽃잎>에서는 권력에 의한 소외도 나타나지만, '소녀'의 여성성이 부각되면서 남성에 의한 여성의 소외라는 상징적 의미도 내포하고 있다.

박철수 감독의 <삼공일 삼공이>[82]에서도 여성의 소외가 보여진다. 이 소외는 음식으로 매개되고 이로써 여성의 삶이 조망된다. 301호의 '송희'는 남편의 사랑을 갈구하다 그 좌절된 욕망을 식욕으로 치환시키고, 302호의 '윤희'는 의부에게 강간당하고 이웃집 여자아이의 죽음을 목격한 충격에서 벗어나지 못하고 음식을 거부한다. 한 명은 폭식, 한 명은 거식이라는, 서로 상반되는 듯한 모습을 보이지만, 이 둘은 모두 남성에 의한 과거의 기억 때문에 빚어진 결과라는 점에서 일치한다. 둘은 상반된 것이 아니라 서로의 보충적 자아인 것이다.

이들은 남성으로부터 소외되고, 자신의 육체로부터 거세당한다. 해부학적 성(sex)의 관점에서는 남성과 여성 사이에는 차이가 존재할 뿐이다. 그러나 사회학적 성(gender)의 관점에서는 이 차이가 위계 질서를 조성하

---

82) 이 영화는 연소자관람불가등급으로 규정되어 있다. 그러나 이러한 일반화된 판정은 학습자의 개별적인 특성을 간과할 우려가 있다. 교사는 '학습자'라는 변인을 고려하여 이 영화를 선택할 수도 있고 제외시킬 수도 있다.

여 남성중심주의를 이끌어낸다. 이러한 풍토에서 여성의 육체는 대상화되고 물신화될 수밖에 없는 것이다.

이러한 물신화에 대한 거부를 서사적 언어가 아닌 이미지로 제기하고 있는데, 이것은 '송희'가 '윤희'를 요리하여 먹는 부분에서 나타난다. 이 요리는 두 사람이 하나의 자아로 통합하고 있음을 은유적으로 보여준다.

요컨대, <삼공일 삼공이>는 서사적 환유가 아닌, 이미지를 통해 나타나는 은유를 통해 여성의 소외를 보여주고, 이것의 극복도 상징적으로 시각화함으로써 컬트적인 분위기를 풍기고 있다. 이러한 영화의 약호화 방법 또한 이전 영화에서 중심이 되었던 선조적 서사 구조를 해체함으로써 주변화되었던 이미지나 은유를 부상시킨 것이라 하겠다.

이러한 소외를 어느 정도 극복한 애니메이션이 디즈니 영화 <뮬란>이다. 이전의 디즈니 영화 <백설공주> 등에서 보여지는 여성 신체의 물신화가 <뮬란>에서는 어느 정도 극복되는 듯하다. '뮬란'은 좋은 집안으로 시집가 가문의 명예를 높이길 바라는 가족의 바람에도 불구하고, 훈족의 침입에 맞서 병들고 나이든 아버지를 대신해 남장을 하고 전쟁터로 나가는데, 이는 이전 디즈니 영화의 신데렐라 콤플렉스를 극복했다고 볼 수 있다.

이러한 신데렐라 콤플렉스가 극복되는 모습은, <미녀와 야수>에서 책읽기를 좋아하는 '벨'에 의해, <포카혼타스>의 '포카혼타스'가 결혼 대신 자기 부족을 선택하는 것에서 이미 조금씩 보이기 시작하였다.

여성의 소외를 극복하는 것은 여성이 자신의 정체성을 확립하는 것과 병행한다. 여성이 남성에 의해 실존을 충족시키는, 구멍 난 기호가 아니라, 여성 자체로서 주체성을 확립할 때, 여성의 소외가 극복되는 것이라 하겠다.

여성의 소외와 남성의 소외가 동시에 나타나는 영화도 있다. <라스베

가스를 떠나며>에서 여성의 소외는 '성'의 소외로, 남성의 소외는 가정과 사회로부터의 소외로 형상화된다.

'벤'은 알콜중독으로 인해 가족으로부터 소외당한다. 직장을 잃게 됨으로써 사회로부터도 소외를 당한다. 그 퇴직금으로 라스베가스로 떠난다. 도박과 매춘의 도시 라스베가스의 한 횡단 보도에서 '벤'은 창녀 '세라'를 만난다. '세라'는 자신의 육체를 팔아 번 돈을 포주에게 착취당함으로써 자신의 육체와 노동으로부터 소외당한다. 이렇듯 소외당하는 사람들의 만남, 그 둘은 있는 그대로의 모습을 인정하고 자신에게 맞게 바꾸려고 하지 않는다. 주변에서 중심으로 가려고 하지 않으며, 그 주변에서 영원히 타자로 떠도는 것으로 '벤'은 삶을 마감하고, '세라' 또한 달라진 것이 없는 삶을 회상한다.

언론에 의해 남들에게 영웅으로 추앙 받게 되었지만, 그것은 자신이 의도한 것이 아니며, 여전히 실존은 소외당하는 모습을 보이는 영화가 있다. <택시 드라이버(Taxi Driver)>가 그것이다. 주인공 '트레비스'는 자기 뜻과 무관하게 언론에 의해 영웅이 된다. 즉 인간이 만들어 낸 언론이 오히려 인간을 지배하게 된 양상을 보이는 것이다. 이러한 물신화 현상은 인간의 실존 자체를 위협하는 사물에 의한 인간의 지배 현상으로서 이의 극단적인 형태는 공상과학 영화에서 주로 나타난다.

<데몰리션 맨(Demolition Man)>에서는 기계에 의한 사이버섹스(cybersex)가 보여진다. 금기를 위반한 섹스가 사람의 사물화를 막는다면, 기계에 의한 섹스는 인간성 자체의 상실 위협이라고 할 수 있을 것이다. 기계에 의한 사람의 사물화와 소외는 사물이 오히려 인간화되는 역전 현상으로 나타나기도 한다.

<블레이드 러너(Blade Runner)>는 인간/기계의 서열 관계를 해체한다. 21세기 초 '타이렐 주식회사'는 3D업종에 종사할 '리플리컨트'라는 노예

를 생산한다. 이들은 사람과 모습이 똑같지만 사람보다 체력과 지능이 뛰어나고 수명이 4년밖에 되지 않는다. '리플리컨트들'은 과거에 대한 기억이 없으므로 자신이 기계라는 정체성을 확인하게 된다. 그러나 자라는 그들의 자의식은 반항적인 행동으로 나타나고 반란을 꾀하다가 지구에서 추방된다. '데커드'는 지구에 잠입한 '리플리컨트'를 제거해야 하지만, '리플리컨트'인 '레이첼'을 사랑하게 된다.

'리플리컨트'인 '로이'와 '데커트'의 대결에서 '로이'는 자신의 애인인 '리플리컨트' '프리스'를 죽였던 '데커트'를 살려 준다. 오히려 기계가 인간을 용서하고 우위에 서게 되는 것이다. 이러한 용서는 '데커트'로 하여금 '레이첼'과 탈출하게 하여 사람과 기계의 사랑을 통한 통합의 가능성을 보여 준다. 즉 기계와 인간이 공존할 수 있음을 보여주는 텍스트라 하겠다.

영화에서 소외의 양상이 주로 인물의 중심으로 서사적 구조를 통해 보여진다면, 미술텍스트에서는 시각적인 이미지에 의한 형상화를 통해 소외를 약호화한다. 이미지는 선조적이기보다 동시적인 양식으로 표출됨으로써 훨씬 다층적인 의미를 매개한다.

특히 미술치료 요법은 인간소외 현상을 극복하는 방법이 될 수 있을 것이다. 미술치료는 미술활동을 통해 심리적인 문제나 행동의 장애를 겪고 있는 사람들을 정서적으로 안정시키는 치료 기법이다. 음악이나 놀이, 무용 등을 이용한 예술치료 활동의 한 영역으로 회화요법, 표현요법이라고도 부른다.

미술텍스트를 해석하는 과정에서 이미지를 통한 은유 관계와 현실과의 환유 관계를 파악함으로써 '왕따' 문제에 접근할 수 있을 것이다. 미술텍스트 중 인간소외를 읽어낼 수 있는 것은 뭉크(E. Munch)의 <절규>이다.

<절규>에서는 '시선'을 통해 소외 현상을 약호화하고 있다. 의사소통과 소외는 시선을 통해서 상징적으로 변별될 수 있다. 의사소통이 가능함을 나타내기 위해서는 발화자와 수화자가 상호대면하는 시선으로 형상화되는 것이 자연스럽다. 소외를 나타내기 위해서는 시선을 한 곳으로 초점화시키거나, 서로 등을 돌리고 있는 모습으로 표현할 수 있을 것이다.

<절규>의 경우, 시선이 한 곳을 향하고 있다. 특히 앞에 있는 인물은 뒤에 있는 두 사람을 볼 수 없다. 시선은 권력을 발생시킨다. 뒤에 두 사람은 원근법에 의해 작게 처리되어 있지만, 앞에 있는 사람을 감시할 수 있다. 이러한 시선 처리는 원형감옥에서도 나타난다. 원형감옥 또한 감옥 안에 있는 사람은 간수를 보지 못함으로써 스스로를 소외시키고 스스로 권력에 의해 지배되는 양상을 보이게 되는 것이다.

이 '절규'는 또한 자신으로부터의 소외도 암시한다. 앞의 인물은 귀를 틀어막은 채로 외치고 있다. 자신의 발화를 스스로 듣지 않으려는, 자기로부터 소외라고 할 수 있다. 이 외침은 물론 뒤의 두 타자들에게도 들리지 않을 것이다. 그들의 모습이 불명확하고 역동적이지 않게 형상화되어 있다는 점에서 그들에게는 앞 사람의 발화가 전혀 효과를 발휘하지 못하며, 결국 앞 사람의 발화 수반 행위도 무화되고 있음을 알 수 있다.

절규의 발화 수반 행위가 무화되고 발화 효력이 없는 이유는, 그것이 인물의 내부로부터 발산되기 때문이라 볼 수 있다. 인물은 그것이 자신의 내부로부터 발산된다는 것을 인식하지 못하거나 그 사실을 거부함으로써 자기 자신에 대한 현격한 거리를 가지게 되는 것이다.

시선과 귀를 막고 절규하는 이미지에서 소외가 해독된다면, 미술텍스트의 약호인 원근과 선, 색에 의해서도 소외가 표현된다.

원근에 의한 대담한 화면 구성은 앞 뒤 사람의 거리를 분명하게 표현하고 있다. 특히 원근을 나타내기 위한 사선의 구도는 인물 사이의 속도감을 증폭시킴으로써 결코 닿을 수 없는 극단적인 거리감을 유발시킨다. 이와 더불어 실제 그림에서 확인할 수 있는 붉은 색과 파란 색의 보색 대비는 극복될 수 없는 경계를 상징한다. 역으로, 이러한 거리감과 경계는 인물에게 공포를 불러일으킴으로써 붉은 색의 강렬한 약호화를 유발시키는데, 이러한 이유로 이 그림의 전체적인 색조는 붉은 색을 띠고 있다고 볼 수 있다.

이러한 공포의 눈길이 미술텍스트를 보고 있는 학습자에게 그대로 전달된다. 절규하고 있는 인물의 시선은 다리가 뻗어 있는 쪽으로 향하고 있는 것이 아니라 학습자 쪽으로 향해 있다. <절규>를 보는 학습자는 이 시선에서 결코 자유롭지 못하다. 인물의 공포가 학습자에게 투사되고, 학습자도 이와 유사한 심리를 가지게 하는 효력을 발생시킨다. 텍스트 속 세계와 학습자의 현실 세계가 환유 관계로 설정되어 학습자로 하여금 현실에 대해 성찰하게 하는 서사극적인 효과를 가져온다고 하겠다.

4.1.2 부조리극·심리극·배우-관객 대화극의 상호적 연행의 활용

위에서 해독하고 표상했던 텍스트들을 바탕으로 학습자들에게는 인간소외에 대한 아비투스가 재구성된다. 특히 인간소외 문제는 이미 학교 속에도 존재하는데 흔히 '왕따'라고 하는 것은 다수의 사람들에 의해 따돌려지는(소외당하는) 사람이라는 뜻으로 교실 안에서도 찾아 볼 수 있는 것이다. 따라서 인간소외와 관련된 교육연극을 통해서는 텍스트 표상뿐만 아니라 학습자들로 하여금 인간소외에 대한 아비투스를 재구성할 수 있게 만들어야 한다.

아비투스는 집단 구성원의 인지, 판단, 행동의 성향 체계이다. 문화가 유형의 것들까지 포함하는 개념이라면 아비투스는 집단의 체화된 의식·무의식 구조라는 점에서 무형의 것들을 중심으로 하는 개념이다. 아비투스는 운동성의 자질을 띤, 동적 구조화 상태에 있는 것이라 할 수 있다.

교실이나 교실 밖에서 또래 집단은 지속적으로 아비투스를 재구성하면서 생활한다. 그 집단 안에는 소외를 당하는 학습자들이 있기 마련이다. 학습자들은 인간소외와 관련된 표상을 형성하면서 동시에 자신과 자신이 속한 집단에 대한 성찰을 하게 된다.

이러한 성찰은 교육연극에 의해 활성화된다. 특히 인간소외는 의사소통 부재를 통해 나타나므로 이를 부조리극 양식으로 표현할 수 있다. 부조리극에 의해 무의미한 대화로 서로가 단절되어 있음을 나타낼 수 있는 것이다. 무의미한 말들의 잔치는 의사소통 채널을 소음으로 가득 차게 함으로써 단절의 정도를 더욱 심각하게 보여줄 수 있다.

그러나 교육연극은 학습자들의 아비투스 공유를 목적으로 하므로 단순히 인간소외 현상만 표출하는 방식인 부조리극은 한계가 있다. 소외당하는 사람들의 심리를 심층적으로 파악해 봄으로써 그들의 심정을 자신에게로 투사하고 이를 집단적 차원에서 함께 극복할 수 있도록 유도해야 한다. 이러한 유도는 심리극에서 실현된다. 심리극을 통해 소외당하는 사람들의 심리를 창의적 가정을 통해 이해할 수 있는 것이다.

집단적 역동성을 더욱 활성화시키는 것은 배우-관객 대화극이다. 부조리극과 심리극이 끝나고 나면, 관객들로 하여금 인물들에게 질의를 하게 하여 관객을 참여시키고, 참여자 모두가 아비투스 재구성과 체화에 적극성을 띠게 할 수 있다.

이렇게 극의 양식을 설정하고 나면, 인물을 설정한다. 인간소외는 계급적 위계 질서에 의한 피지배 계급이나 노동자의 소외, 남성 중심의 사고관으로 인한 여성의 사물화, 물신화로 인한 인간의 소외 등 사회적 측면에서 보여지기도 하고, 맹신에 의해 인간이 자기자신을 신으로부터 주변화시키는 측면에서 생성되기도 하고, '공주병', '왕자병' 등 지나친 자기애, 자폐증 등 심리적 측면에서 나타나기도 한다. 또, 무능력함으로 인한 주변화라는 개인의 능력 측면에서 발생하기도 하고, 외모나 청결 등이 문제가 되는 경우도 있다. 이러한 각 원인으로 인해 소외되는 인물의 전형을 인물로 설정함으로써 인간소외의 중층적 성향을 반영할 수 있을 것이다.

아래는 각각의 양상에 맞는 인물을 도식화한 것이다. 인물에 적절한 상징적 명명을 하였고, 인물이 구사하는 언어나 무대장치도 인물과 일관되게 설정하였다.

원 인	인 물	명명	언 어	무대장치
계급적 위계 질서에 의한 노동자의 주변화	지저분하고 몸을 자주 긁는다. 다른 급우들이 불결함에 관해 핀잔을 주는데, 이것 때문에 더욱 의기소침해진다.	꼬질이	구사하는 어휘량이 극히 적고 퉁명스러운 단어를 구사한다.	헝클어진 머리카락, 때가 밀리는 듯한 얼굴, 지저분한 의상
남성 중심의 사고관으로 인한 여성의 사물화	남학생들에게 인기를 끌기 위해 자신의 외모를 부각시킨다. 자기 혼자서는 아무 것도 하지 못하며 언제나 남학습자의 도움을 필요로 한다.	내숭	어조에 과장이 많고 종결 어미를 생략하여 완곡한 표현을 많이 쓴다.	레이스가 많이 달린 원피스

물신화로 인한 인간의 소외	급우들과 대화를 전혀 하지 않는다. 워크맨을 늘 끼고 있고, 컴퓨터 앞에 있을 때가 대부분이다.	워크맨	대사가 전혀 없다. 다른 급우들이 말을 건네도 쳐다보지 않으며 대꾸도 하지 않는다.	워크맨
맹신에 의해 인간이 자기 자신을 신으로부터 주변화시킴	늘 예수를 믿지 않으면 지옥에 간다고 소리친다. 수업 시간에도 성경책만을 보며 음악 시간에는 찬송가만 불러 수업에 참여하지 못한다.	아멘	다른 급우들의 말에 대한 긍정이나 부정의 뜻을 무조건 '아멘'이라고 표현한다. 사용하는 단어 모두 성경책이나 찬송가에 나오는 것들이다. 대화를 하려고 시도하지 않고 자기 말만 한다.	성경책, 찬송가
'공주병', '왕자병' 등 지나친 자기애	거울을 머리에 붙여 다닌다. 묶었던 리본을 스스로 풀고 다른 학습자들에게 묶어 달라고 한다. 묶어 주면 또 풀고 다른 학습자에게로 간다.	리본	'나는 예뻐'와 '리본'이라는 말을 연발하며, 다른 학습자들의 말은 듣지 않는다. 비음 섞인 어조로 말한다.	거울, 리본

인물을 설정하고 나면, 이야기 만들기를 통해 간단하게 줄거리를 구성한다. 줄거리를 몇 개의 장면으로 구분하고 즉흥극을 연행한 후 이를 바탕으로 대본을 작성하고 공연을 하는 과정을 거친다.

학습자들은 설정한 인물을 고려하여 이야기 만들기를 하게 된다. 스타일을 부조리극, 심리극, 배우-관객 대화극으로 설정했기 때문에, 이 단계에서는 부조리극과 심리극과 관련해서 이야기 만들기를 한다. 인물을 비교적 분명하게 구안했기 때문에 선조적 서사가 무화되는 부조리극에서 특별한 사건의 구성이 필요 없다. 심리극도 인물을 고려하여 인물의 내면 심리를 표현하면 되므로 인과적인 이야기 만들기가 무의미하다.

이런 관점을 바탕으로 연행된 교육연극을 요약하면 다음과 같다.[83]

---

83) 본문의 도식에서 심리극에 나와 있는 '무서워'와 '오버맨'은 애초에 인물로 설정되지 않았지만, 연행 과정에서 즉흥적으로 새롭게 설정되었다.

양 식	연 행
부조리극	각 인물들은 다른 사람의 말은 들으려고 하지 않고 자기 말만 한다. 말들의 잔치가 벌어졌다. 음성이 아닌, 음향처럼 소리 지르는 인물도 있다. 각각의 행동도 산발적이다. 몸을 지속적으로 긁는 사람, 리본을 묶어 달라며 교실 전체를 누비는 사람, 워크맨만 들으며 고개 숙이고 있는 사람, 책상에 자꾸 기어 들어가는 사람 등. 이들은 물리적으로 같은 공간에 놓여있으면서도 직접 대면에 의한 의사소통이 정상적으로 이루어지지 않는다.
심리극	1. '꼬질이' - 등 뒤 기법을 활용하여 다른 학습자들이 '꼬질이'에 대해 발언하게 한다. 즉 다른 인물들이 '꼬질이'를 세워두고 그의 등 뒤에서 그에 대한 발언을 하는 것이다. 이런 발언이 비판이라 하더라도 '꼬질이'라는 개체에 관해 타자들이 생각을 하고 있다는 점에서 의사소통 가능성이 있음을 보여준다. 2. '내숭' - 마술상점 기법을 활용하여, '내숭'으로 하여금 자신이 가장 원하는 것이 무엇인지 말하게 한다. 나중에 '내숭'은 자신이 원했던 남학습자의 관심과 사랑보다 자신의 정체성 확립이 더 중요하다는 것을 깨닫게 된다. 3. '워크맨' - 한 번도 자신을 남에게 표현한 적이 없는 '워크맨'은 자신이 지금까지 관계를 맺었던 유일한 이어폰을 귀에서 떼고 그 이어폰에 대고 말을 한다. 그는 이어폰을 늘 끼고 살아야 하는 이유를 내면 속에서 폭발하는 두려움이라고 이어폰에게 고백한다. 여전히 인간이 아닌 이어폰에게 발화하는 것이지만, 자신을 음성 언어로 직접 표현했다는 점에서 부조리극 스타일과는 다르다고 하겠다. 4. '아멘' - 기도의 형식으로 표현한다. 신이 자신을 구원해 주지 않음을 한탄하는데, 이는 다른 사람들에게 자신을 '구원받은 사람'이라고 표현한 것과는 사뭇 다르다. 5. '리본' - 여전히 관객들에게 리본을 묶어 달라고 하지만, 관객이 제대로 반응하지 않자, 자신의 잘난 척(pretending)은 실제로는 열등감에서 발산된 것이라 고백하고, 자신이 매고 있던 리본으로 자살을 시도한다. 6. '무서워' - 언어가 아닌, 몸으로 표현한다. 뭉크의 <절규>에서 받았던 인상을 정지극이나 동작극으로 표현함으로써 공포를 상징적으로 나타낸다. 7. '오버맨' - 관객들을 '썰렁한' 유머로 웃기려고 하지만 반응이 없자, 자신의 무능력함을 한탄하며, 누군가 자신의 유머에 웃어 주기를 바란다.
배우·관객 대화극	각 인물에 대한 질의를 관객들로부터 받아 그 인물로서 일관되게 답한다.

부조리극, 심리극, 배우-관객 대화극은 상호텍스트적인 관계를 이루게 됨으로써, 이 교육연극은 상호적 연극의 성격을 띠게 된다. 이러한 다양한 층위에서의 접근은 인간소외의 복합성을 반영한 것이고, 특히 배우-관객 대화극은 관객을 적극적으로 참여하게 함으로써 타 집단과 아비투스의 공유를 가져온다는 점에서 의의가 있다.

4.2 제재의 비유 · 상징성 표상을 위한 연행

4.2.1 월명사 <제망매가>를 통한 '죽음'의 표상과 교육연극

<제망매가>의 제재는 '죽음'이다. '죽음'과 관련된 것들이 비유적으로 표현되어 있다.

<제망매가>를 통해 '죽음'에 대한 교육연극을 하기 전에 먼저 교사는 텍스트를 해독해야 한다. 이러한 과정을 거쳐야만 연행을 할 때 교사는 학습자의 반응을 예상하고 이에 적절하게 대응할 수 있다.

生死路隱 此矣有阿米次肹伊遣 五隱去內如辭叱都 毛如云遣去內尼叱古	生死길은 예 있으매 머뭇거리고, 나는 간다는 말도 못다 이르고 어찌 갑니까.	A
於內秋察早隱風未 此矣彼矣浮良落尸葉如 一等隱枝良出古 去奴隱處毛冬乎丁	어느 가을 이른 바람에 이에 저에 떨어질 잎처럼 한 가지에 나고 가는 곳 모르온저.	B
阿也彌陀刹良逢乎吾 道修良待是古如	아아, 미타찰에서 만날 나 道 닦아 기다리겠노라.	C

A, B, C는 텍스트를 지향점에 따라 나눈 것이다. A는 누이에게 말을 건네는 청자 지향성을 띠며, B는 사별 그 자체에 대한 발언으로서 화제 지향성을 띤다. C는 어미 '-겠노라'에서도 알 수 있듯이 화자 자신을 지향하고 있다.

A에서 화자는 亡妹의 모습을 형상화하고 있다. 머뭇거리면서 '나는 간다'는 말도 하지 못하고 가는 주체는 亡妹이다. 따라서 발언 주체는 화자이지만, 행위 주체 혹은 인식 주체는 亡妹인 것이다. 따라서 A에서 나타나는 죽음에 대한 미련과 안타까움은 화자의 것이라기 보다 亡妹의 어조라고 볼 수 있다.

B는 화제 지향적이나, 어조는 A와 동일하다. 즉 A와 B는 모두 죽음에 대한 안타까움이 나타나 있다. 뿐만 아니라 A와 B 모두 주어가 제시되지 않고 있는데, 이것은 A와 B의 어조 주체가 화자가 아님을 암시한다. 이는 C에서 '나'라고 분명히 화자가 주체로 제시되고 있는 것과 구별된다. 즉 A, B의 발화 주체는 화자이지만 행위 주체 혹은 인식 주체는 '누이'이고, C만이 행위 주체와 발화 주체가 화자로서 일치하는 것이다. 그렇기 때문에 A와 B는 죽음에 대한 미련과 안타까움의 어조가 나타나고, '아아'라는 감탄사를 경계로 C에서는 죽음을 종교적으로 초월하는 화자의 의지가 나타나 있다. 그렇다면 A와 B에서 C로 갈 때 보이는 비약은 내용 전개상 비약이라기보다는 행위 주체의 차이에서 오는 비약이라고 말할 수 있을 것이다.[84]

이 텍스트의 이미지 또한 화자와 어조에 따라 다르게 나타난다. A와 B는 비유적인 이미지 중심이고, C는 직설적이고 관념적인 표현이 중심이

---

84) 물론, <제망매가>가 '아아'를 사이에 두고 비약적 전개를 보이고 있다고 할 수 있으나, 이런 해석은 필연적으로 화자의 어조 비약, 비유적 표현에서 서술적 표현으로의 갑작스런 변환이라는 것들을 동반하게 되는 맹점이 있다.

된다. A에서는 '生死길'이라는 공간적 거리를 설정함으로써 머뭇거리는 누이의 이미지가 형상화시키고 있다. B에서는 누이가 일찍 죽었음을 비유하는 이미지인 '어느 가을 이른 바람에 / 이에 저에 떨어질 잎'이 제시되고, 남매 관계임을 '한 가지에 나고'에서 비유하고 있다. 모두 죽음에 대한 미련과 안타까운 어조를 환기시킨다.

C에서는 '나'가 '道 닦아 기다리겠노라'고 함으로써 죽음에 대해 미련을 가진 누이에 대해 위로를 하며 함께 극락왕생을 할 수 있도록 기원하고 있다. 즉 A, B에서 보이는 세속적인 안타까움을 종교적으로 일축시키며 죽음을 초월하고 있는 것이다.

그러나 주목해야 할 것은 A, B, C 모두 발언 주체는 화자라는 점이다. A, B의 행위 주체가 누이이더라도 누이는 이미 죽은 사람이다. 화자는 죽은 사람의 말을 대신해 주고 있는 것이다. 그렇다면 화자는 청자와 내면적 대화를 하고 있는 텍스트를 품고 있다고 볼 수 있다. 화자는 무당처럼 내면에서 일어나는 또 하나의 자아와 대화를 하고 있는 것이다. 이런 텍스트의 대화적 성격은 텍스트의 연행적 성격을 더욱 부각시킨다고 말할 수 있다.[85]

수업내용을 도식화시키면 다음과 같이 나타낼 수 있는데, 앞의 시 수업 내용 도식과는 달리 화자에 해당되는 변수항(slot)이 두 부분으로 나눈 것은 행위 주체와 발언 주체가 대화하고 있는 것을 나타내기 위해서이다.

---

85) <월명사 도솔가> 條에 보면, '월명이 일찍이 망매를 위해 齊를 올리고 향가를 지어 제사하다.'라는 부분이 있다. 그렇다면 <제망매가>는 제사 때 지어 부른 노래이다. 제사는 죽은 사람과 산 사람이 함께 모인 공간에서 이루어지는 것이나, 이것은 실제 현실 공간에서 이루어 질 수 없는 일이므로 허구적 성격을 띤다. 즉 산 사람은 죽은 사람이 자신들 앞에 있다고 허구적으로 가정하고 제사를 지낸다고 볼 수 있다. 따라서 그때 불리워진 <제망매가> 자체가 이미 연행적 성격을 띠며, 이 성격은 <제망매가>에서 나타나는 발화 주체와 행위 주체의 차이에서 빚어지는 대화적 성격과도 관련된다.

행위 주체: 누이 - 죽음에 대한 미련과 안타까움의 어조	대 화	발화 주체: 화자 - 죽음에 대한 종교적 초월과 의지의 어조

생사길 ➜ 삶과 죽음의 거리
어느 가을 이른 바람에 이에 저에 떨어질 잎 ➜ 어린 나이에 죽은 누이
한 가지에 나고 ➜ 같은 부모에게서 난 남매

이렇듯 화자가 죽은 이에게 말을 건네고 있다는 것은 둘 사이가 완전히 단절된 것이 아니라는 의미를 환기시킨다. '누이'는 부재하면서 동시에 현존한다. '생사길'은 '예(여기에)' 있다. 생사가 갈리는 지점에 화자와 '누이'는 놓여 있는 것이다. 그 '생사길'을 따라 '누이'가 죽음의 세계로 가면, 화자도 그곳으로 가서 다시 만날 것을 기약하고 있다.

이러한 <제망매가>의 해독을 바탕으로 교육연극을 적용시킬 수 있다. 우선 연행 전 단계에서는 텍스트 낭독이 들어간다.

<제망매가>의 경우, 향찰의 현대역이 교과서에 나와 있기 때문에, 교사가 굳이 텍스트를 다시 쓸 필요는 없다. 따라서 교사가 모범독을 할 때, 학습자들은 자신이 화자라는 창의적 가정에서 이미지들을 풍부하게 상상하도록 한다. 학습자들이 낭송을 할 때에도 죽음에 대한 어조의 차이를 가늠할 수 있도록 충분히 이완된 분위기를 조성하는 것이 중요하다. 특히, 이 텍스트가 내포하고 있는 죽음에 의한 이별은 학습자들이 진지하게 생각해 보지 않는 제재이므로 교사는 학습자들의 창의적 가정 조성에 더욱 신경을 써야 할 것이다.

<제망매가>는 발화 주체와 행위 주체가 일치하지 않는 부분이 있음으로 해서 의미 파악이 어렵다. 학습자들은 주체의 불일치를 이해하지 못하고, 우선 텍스트의 의미 비약에 주목하게 될 것이다. 이 때문에 더욱

배우-관객 대화극이 중요하게 된다. 즉 자신을 화자라고 가정하고 시작하기 때문에, 화자의 입장에서 일관되지 않는 반응은 의아하게 생각하게 되고, 따라서 이를 화자의 발언으로 보지 않을 수 있게 된다.

화자역의 학습자는 다른 학습자들이나 교사로부터 질의를 받으며, 텍스트에 자신을 투사하게 된다. 텍스트는 의미 창출의 모반(matrix)이므로 학습자는 다양한 답변을 할 수 있다.[86] 그러나 텍스트가 잠재적으로 무한한 의미를 갖는다는 것은 모든 해석 행위의 결실이 긍정적이라는 뜻은 아니다. 해석의 한계가 분명히 존재하는데, 그것은 바로 텍스트의 권리라고 볼 수 있다. 따라서 올바른 해석을 정당화시키기 보다는 그릇된 해석에 대해서 교사가 학습자들로 하여금 반성적 사고의 기회를 마련해 주어야 한다.[87] 그럼으로써 학습자와 교사 간의 상호주관성(intersubjectivity)이 성립될 수 있다. 이를 위해 다음과 같은 질의들을 상정할 수 있다.

  ㉠ (화자)당신은 어떤 상황에 빠져 있습니까?
  ㉡ 당신의 감정은 어떤가요?
  ㉢ (㉡에서 학습자들은 '슬프다', '안타깝다' 등의 행위 주체의 반응을 보인다. 이를 재고해 보게 하기 위해 다음과 같은 질의를 한다.) 그렇다면, 당신이 미타찰에서 도 닦으며 기다리겠다는 것은 당신의 안타까운 감정과 모순되지 않나요? (여기서 교사는 학습자들과 함께 실제 공간에 나와 텍스트의 문법적 구조를 살펴보아야 한다.) '미타찰에서 만날 나'에서 나타나는 '나'라는 주어가 앞 부분에는 나타나 있지 않습니다. 그렇다면 앞의 말들에 나타나는 미련과 안타까움은 누구의 것이겠습니까?
  ㉣ 누이는 자신의 죽음을 무엇과 비슷하다고 말하고 있습니까? 왜 그렇게 말합니까?

---

86) 김경용, 『기호학이란 무엇인가』, 민음사, 1995. 175쪽.
87) 독자(학습자)가 텍스트에 대하여 해석한 것들 중에 무엇이 옳은지 말하는 것보다 무엇이 그른지 지적해야 한다.
   Eco, U. 김광현 옮김, 『해석의 한계』, 열린책들, 1995. 17-49쪽.

ⓜ 누이의 죽음에 대한 태도는 어떠합니까?
　　ⓗ 화자의 죽음에 대한 태도는 어떠합니까?

　　㉠은 제재, ㉡은 화자의 어조와 심리를 파악하기 위한 사전 질의, ㉢은 발화 주체와 행위 주체의 대화적 성격, ㉣는 이미지와 비유, ⓜ는 행위 주체의 어조, ⓗ은 발화 주체의 어조에 대한 질의이다. 이런 질의들을 통해서 <제망매가>라는 텍스트가 해독된다.
　　다음으로 <제망매가>에 대한 독백극을 연행해 볼 수 있다.
　　독백극의 경우, 화자와 행위 주체인 누이, 그 각각을 연행하게 한다. 그렇게 함으로써, 전자의 죽음에 대한 종교적 초월과, 후자의 세속적인 미련과 비유적 표현들을 내면화하도록 한다.
　　배우-배우 대화극으로 연행해 볼 수도 있다. 대화극으로 연행하면, 발언 주체와 행위 주체의 죽음에 대한 태도나 어조를 더 확연히 이해할 수 있다. 학습자들은 발언 주체의 죽음에 대한 종교적 초월로 대화를 이끌어 가거나, 행위 주체의 죽음에 대한 안타까움으로 대화를 이끌어 텍스트의 의미화 과정을 반역하는 경험을 할 수 있다. 어느 쪽이든 텍스트를 이해하는 수단이 될 수 있고, 이는 패러디로 연결된다.
　　독백극이나 대화극과 같은 언어적 연행이 아닌 비언어적 연행인 동작극을 연행해 볼 수 있다. <제망매가>의 상황은 '죽음'에 대한 대비적 태도를 보여주는 것으로 설정된다. 따라서 두 집단으로 나누어 죽음에 대한 세속적인 미련, 종교적 초월을 각각 연행하게 하거나 한꺼번에 다초점적으로 연행할 수도 있다. 둘의 분위기를 대비함으로써 텍스트의 잠재적 의미를 더욱 확충할 수 있다.

4.2.2 '죽음'에 관한 텍스트의 상호적 표상과 상호적 연행

교육연극을 통해 텍스트에 대한 표상이 활성화되고 나면 동일한 제재를 갖는 텍스트들을 상호적으로 읽고 표상하는 활동이 더욱 역동적으로 이루어진다. 학습자들이 이미 표상한 텍스트와 상호적 관계에 놓인 또 다른 텍스트 사이의 변이, 확장, 축소를 통해 '죽음'에 대한 담론을 더욱 정교화시키게 되는 것이다. 이러한 담론의 형성은 후에 학습자들로 하여금 패러디를 용이하게 할 수 있도록 함으로써 창작 교육으로 확산될 수 있다.[88]

<제망매가>와 마찬가지로 내세에 다시 만날 수 있음을 믿고 죽음에 대해 차분한 어조를 취하고 있는 텍스트는 박목월의 <이별가>이다.

뭐락카노, 저편 강기슭에서
니 뭐락카노, 바람에 불려서

이승 아니믄 저승으로 떠나는 뱃머리에서
나의 목소리도 바람에 날려서

뭐락카노 뭐락카노
썩어서 동아밧줄은 삭아내리는데

하직을 말자 하직 말자
인연은 갈밭을 건너는 바람

---

88) 제7차 교육과정에서는 '문학의 수용과 창작'이라는 목표를 설정하여 문학 수용의 원리를 이해하여 문학을 수용하고 창조적으로 재구성하며, 문학 텍스트를 창작하는 문학 활동의 중요성을 제시하고 있다. 문학의 수용에서 창작으로 이어지는 중간 단계로 패러디를 들 수 있다.
교육부 고시 제 1997-15호 [별책 4], 『고등학교 교육과정(Ⅰ)』, 1988. 79쪽.

뭐락카노 뭐락카노 뭐락카노
니 흰 옷자라기만 펄럭거리고 ……

오냐. 오냐. 오냐
이승 아니믄 저승에서라도 ……

이승 아니믄 저승에서라도
인연은 갈밭을 건너는 바람

뭐락카노, 저편 강기슭에서
니 음성은 바람에 불려서

오냐. 오냐. 오냐.
나의 목소리도 바람에 날려서.[89]

    화자는 '인연'을 '바람'에 비유하며 '이승 아니믄 저승에서라도' 만날
것을 기원하고 있다. 화자와 죽은 이의 목소리는 '바람'에 불리고 날려서
상대편의 세계에 닿을 듯 말듯하다. 온전히 닿을 수도 없고 완전히 단절
된 것도 아닌 두 세계간의 거리는 삶과 죽음의 이항대립을 해체시킨다.
삶은 죽음에 흔적을 드리우고 있고, 죽음도 삶에 그림자를 드리우고 있
다. '목소리'도 흔적이다. '목소리'를 내는 순간, 그 소리의 실체는 사라
지지만, 그것의 흔적인 메아리는 오래도록 연기된다. 그러한 '목소리'가
실체로서 분명하게 전해지는 것이 아니라 흔적으로 지연되고 있기 때문
에 화자는 안타까운 것이다.
    그러나 흔적인 완전히 지워지는 것이 아니라 지연되는 것이므로, 그
지연의 어느 지점에서 화자는 다시 만날 것을 기원한다. 그곳은 '이승'에

---

89) 박목월, <이별가>, 『문학(상)』, (주) 한샘출판(제6차 교육과정). 31쪽.
                , 『문학(하)』, (주) 천재교육(제6차 교육과정). 42쪽.

가까운 곳이 아니라 '저승'에 가까운 곳이다. 화자가 '저승'을 향해 갈 때, 그곳에 있던 이는 그를 불러 줄 것이다. 죽음으로 인해 둘은 서로를 소외시킴으로써 타자가 되는 것이 아니라 언젠가 그 틈을 메우고 다시 만날 수 있게 되는 것이다.

영화 <편지>의 제재도 죽음이다. 이 영화에서는 남편의 죽음 앞에서 슬픔을 억제하지 못하는 아내가 등장한다. 아내는 슬픔을 억제하지 못하지만, 남편이 죽고 난 다음 남편으로부터 온 편지는 남편의 부재와 함께 현존을 동시에 나타낸다. 아내는 그 편지를 통해 남편을 느끼며, 그의 분신인 아이를 통해 언제나 남편과 함께라는 생각을 한다.

영화 <8월의 크리스마스>에서도 남자 주인공은 불치병으로 죽음을 앞두고 있지만, 그는 격정적이지 않고 늘 잔잔하다. 그가 격정적이었을 때는 한밤중, 주위가 너무나 고요했을 때뿐이다. 그는 그 적막 속에서 죽음을 더 실감했는지도 모른다. 그러나 그의 죽음은 너무나 차분했고, 그가 떠난 자리에는 그의 평소 차분했던 분위기가 흔적으로 남아 있다. 그의 여자 친구도 그의 죽음을 알지 못한다는 점에서 그는 그녀의 마음 속에서 죽은 것이 아니다.

두 영화 모두, 죽음이 삶과 단절된 것이 아니라 흔적으로 남아 있는 것임을 보여주는 텍스트라 하겠다.

이렇듯 죽은 이가 여전히 현실에서 흔적으로 남아 있는 텍스트와는 달리 박목월의 <하관>에서는 두 세계간의 단절이 나타난다.

> 관이 내렸다.
> 깊은 가슴 안에 밧줄로 달아 내리듯.
> 주여, 용납하옵소서.
> 머리맡에 성경을 얹어 주고

나는 옷자락에 흙을 받아
좌르르 하직했다.

그 후로
그를 꿈에서 만났다.
턱이 긴 얼굴이 나를 돌아보고
형님!
불렀다.
오오냐. 나는 전신으로 대답했다.
그래도 그는 못 들었으리라.
이제
네 음성을
나만 듣는 여기는 눈과 비가 오는 세상.

너는
어디로 갔느냐.
그 어질고 안쓰럽고 다정한 눈짓을 하고.
형님!
부르는 목소리는 들리는데
내 목소리는 미치지 못하는,
다만 여기는
열매가 떨어지면
툭 하는 소리가 들리는 세상.90)

  꿈 속에서 '나'는 '그'를 만난다. '그'의 목소리는 들리지만, '나'의 음
성은 그가 있는 곳에 닿지 못할 것이다. 화자가 있는 세상만이 '눈과 비
가 오'고 '열매가 떨어지면 툭 하는 소리가 들린'다. '그'가 있는 세상은
그렇지 않을 것이다.

---

90) 박목월, <하관>, 『문학(하)』, 대한교과서(제6차 교육과정). 72쪽.

이 모든 생각이 화자의 꿈 속에서 이루어진다. 꿈 속에서조차 화자와 '그'의 대화는 단절된다. '그'의 세상에서 '나'의 세상으로는 열려 있지만, '나'의 세상에서 '그'의 세상으로는 닫혀 있는 것이다. 이러한 삶과 죽음의 세계 간 경계의 이중성은 화자를 더욱 안타깝게 만든다.

<하관>이 화자와 죽은 이의 친분관계고 나타나는 텍스트라면, 죽음이 완벽하게 대상화되어 나타나는 텍스트가 있다.

> 구름으로 가득찬 더러운 창문 밑에
> 한 사내가 쓰러져 있다, 마룻바닥 위에
> 그의 손은 장난감처럼 뒤집혀져 있다.
> 이런 기회가 오기를 기다려온 것처럼
> 비닐 백의 입구같이 입을 벌린 저 죽음
> 감정이 없는 저 몇 가지 음식들도
> 마지막까지 사내의 혀를 괴롭혔을 것이다.
> 이제는 힘과 털이 빠진 개 한 마리가 접시를 노린다.
> 죽은 사내가 살았을 때, 나는 그를 몇 번인가 본 적이 있다.
> 그를 사람들은 미치광이라고 했다, 술과 침이 가득 묻은 저
> 엎어진 망토를 향해, 백동전을 던진 적도 있다.
> 아무도 모른다, 오직 자신만이 홀로 즐겼을 생각
> 끝끝내 들키지 않았을 은밀한 성욕과 슬픔
> 어느 한때 분명 쓸모가 있었을 저 어깨의 근육
> 그러나 우울하고 추악한 맨발 따위는
> 동정심 많은 부인들을 위한 선물이었으리
> 어쨌든 구름들이란 매우 조심스럽게 관찰해야 한다.
> 미치광이, 이젠 빗방울조차 두려워 않을 죽은 사내
> 자신감을 얻은 늙은 개는 접시를 엎지르고
> 마루 위엔 사람의 손을 닮은 흉칙한 얼룩이 생기는 동안
> 두 명이 경관이 들어와 느릿느릿 대화를 나눈다.
> 어느 고장이건 한두 개쯤 이런 빈집이 있더군,

이 따위 미치광이들이 어떻게 알고 찾아와 죽어갈까
더 이상의 흥미를 갖지 않는 늙은 개도 측은하지만
아무도 모른다, 저 홀로 없어진 구름은
처음부터 창문의 것이 아니었으니.[91]

위 기형도의 <죽은 구름>에는 대상화된 죽은 '한 사내'가 제시되어
있다. 화자는 이를 거리를 두고 쳐다볼 뿐이다. 그렇지만 화자는 나름대
로 그 '사내'에 대한 해석을 내린다. '사내'의 '성욕', '슬픔' 등을 말하는
것이다. 이러한 것들을 말한다는 것은 화자의 내면이 '사내'에게 투사되
었기 때문이다. 즉 겉으로 보기에는 화자는 '사내'에 대해 객관화된 태도
를 보이는 것 같지만, '사내'의 내면을 초점화하는 것에서 보면 화자는
'사내'에게 자신을 투사했다고 말할 수 있다.
'사내'의 죽음은 어느 누구에게도 관심의 대상이 되지 못한다. 이것은
자신에 대한 냉소적인 태도이기도 하다. 결국 이 '사내'는 하나의 단자적
인물이 아니라 모두의 타자일 수 있다. 결국 이 텍스트에서 말하고자 하
는 것은 타자들의 죽음이 되는 것이다. 다른 사람들에게 관심의 대상이
되지 못하는 타자들의 죽음은 전쟁에서 가장 두드러진다.
이러한 전쟁으로 인한 타자들의 죽음을 그림으로 형상화한 텍스트가
다음 피카소의 <게르티카(Guernica)>이다.[92]

---

91) 기형도, <죽은 구름>, 『입 속의 검은 잎』, 문학과지성, 1991.
92) 1937, 캔버스의 유채, 351X782cm. 1937년초 피카소는 만국박람회 스페인관의 벽화를
의뢰받고, 주제를 구상하던 중 4월26일 바스크지방의 게르니카가 프랑코군에 가담한
나찌스에 의해 무차별 폭격된 충격적인 뉴스(사망654명, 부상889명)를 듣고 크게 분개
하여 5월1일 시작하여 약 4주 동안 이 대작을 완성시켰다.

　전쟁을 소재로 한 이 그림에는 램프, 아이를 안고 있는 여인, 화살표, 부러진 칼, 말 머리, 소, 새 등이 그려져 있다. 이것들은 구별이 없이 모두 엉겨 있다. 사람, 동물, 물건 등이 아무런 차별성 없이 함께 죽어 있는 것이다.

　이것은 미술적 기법인 큐비즘과 평면화법을 통해 나타나 있다. 큐비즘으로 인한 파괴성과 평면화법을 통한 양감의 파괴와 왜곡 등은 타자들의 차별성 없는 죽음을 형상화하기에 적절하다. 뿐만 아니라 백색, 흑색, 회색 등 무채색으로만 형상화되어 있는 것도 차별성을 무화시키기 위한 전략이다.

　학습자들은 위의 그림을 보고 전쟁으로 인한 타자들의 무차별적인 죽음에 대해 표상하게 될 것이다.

　이렇듯 <게르티카>에서는 무차별적인 죽음이 등장하지만, 대부분의 죽음은 개인적이고 따라서 슬픔을 자아낸다. 정지용의 <유리창Ⅰ>도 마찬가지이다. 특히 이 텍스트에는 삶과 죽음의 세계 간 경계로 인해 죽은 이를 다시 보지 못한다는 안타까움이 나타난다.

유리에 차고 슬픈 것이 어른거린다.
열없이 붙어 서서 입김을 흐리우니
길들은 양 언 날개를 파닥거린다.
지우고 보고 지우고 또 보아도
새까만 밤이 밀려 나가고 밀려와 부딪히고,
물먹은 별이, 반짝, 보석처럼 박힌다.
밤에 홀로 유리를 닦는 것은
외로운 황홀한 심사이어니,
고운 폐혈관이 찢어진 채로
아아, 늬는 산새처럼 날아갔구나!93)

'유리창'은 이승과 저승을 이어 주는 교감의 매개체이기도 하면서, 둘을 완전히 이어주지 못하는 운명적 단절이라는 의미를 환기시킨다. 게다가 차가운 '유리창'을 자꾸만 흐리게 만드는 화자의 '입김'으로 '늬'의 형체는 더욱 희미하지만, 또 그 희미함 때문에 화자는 '늬'의 환상을 볼 수 있다는 점에서 역설적이다. 이러한 '유리창'의 이중적 속성 때문에 화자는 '외로운 황홀한 심사'에 젖는 것이다.

'늬'는 '유리창' 밖에서 '언 날개를 파닥거리'기도 하고, '물먹은 별'이 되어 박히기도 하고, '고운 폐혈관이 찢어진 채로' '산새처럼 날아가'기도 한다. '물먹은 별'은 '늬'이기도 하면서, 동시에 화자의 눈물이기도 하다는 점에서 주체와 타자의 거리가 소멸된다. 그러나 그 '물먹은 별'은

---

93) 정지용, <유리창>, 『문학(하)』, (주) 한샘출판(제6차 교육과정). 108쪽.
_____, 『문학(상)』, (주) 지학사(제6차 교육과정). 90쪽.
_____. 『문학(상)』, (주) 동아서적(제6차 교육과정). 54쪽.
_____. 『문학(상)』, (주) 천재교육(제6차 교육과정). 50쪽.
_____, 『문학(하)』, 선영사(제6차 교육과정). 186쪽.
_____, 『문학(하)』, 동아출판사(제6차 교육과정). 142쪽.
_____, 『문학(상)』, 대일도서(제6차 교육과정). 118쪽.

화자가 눈을 한 번 깜박이면 이내 사라져 버린다는 점에서 일시적이다. 그 사라짐을 '산새처럼 날아'간 것으로 말하고 있지만, 또 화자가 유리창을 닦을 때, 그 창 밖에서 '늬'는 '언 날개를 파닥'이면서 화자를 '외로운 황홀'에 젖게 할 것이다.

이러한 이중성이 파괴되면서 이승과 저승의 경계가 무너지는 텍스트가 있는데, 그 중 박두진의 <묘지송>이 있다.

> 북망이래도 금잔디 기름진데 동그란 무덤들 외롭지 않으이.
>
> 무덤 속 어둠에 하이연 촉루가 빛나리. 향기로운 주검의 내도 풍기리.
>
> 살아서 섧던 주검 죽었으매 이내 안 서럽고, 언제 무덤 속 화안히 비춰 줄 그런 태양만이 그리우리.
>
> 금잔디 사이 할미꽃도 피었고, 삐이 삐이 배, 뱃종! 뱃종! 멧새들도 우는데, 봄볕 포근한 무덤에 주검들이 누웠네.[94]

'무덤 속'에 '하이연 촉루'가 빛나고 '태양'도 기약되고 있다. 무덤 속 세계는 더 이상 어둠과 부패가 아니라 빛과 향기로 넘친다. 이런 인식이 계기가 되어 '살아서 섧던 주검 죽었으매 이내 안 서럽고'라는 말이 가능하다.

'태양'이 '무덤 속'에 비친다는 것은 '태양' 아래 삶의 세계와 죽음의 세계가 화해함을 암시한다. 삶/죽음의 서열 관계에 의한 이항대립이 해체되고 그 경계마저 '태양'으로 와해되고 있는 것이다.

<묘지송>이 이승과 저승의 서열 관계를 해체시키고 있다면, <귀천>은 아예 '죽음'이 우위에 서서 '삶'을 바라보는 시각을 취하고 있다.

---

94) 박두진, <묘지송> 전문, 김태형·정희성 편, 앞의 책, 176쪽.

나 하늘로 돌아가리라.
새벽빛 와 닿으면 스러지는
이슬 더불어 손에 손을 잡고,

나 하늘로 돌아가리라.
노을빛 함께 단 둘이서
기슭에서 놀다가 구름 손짓하면은,

나 하늘로 돌아가리라.
아름다운 이 세상 소풍 끝내는 날,
가서, 아름다웠다고 말하리라…….95)

화자는 '하늘로 돌아가'겠다고 말한다. 그렇다면 화자가 원래 존재했던 곳은 '이 세상'이 아니라 '하늘'이라는 말이다. '이 세상'은 잠시 '소풍' 나온 곳일 따름이다. 삶이 아니라 죽음을 중심으로 삶을 해석하고 있다.

'나'는 '이슬', '노을빛'과 함께 '하늘'로 돌아간다. '이슬'이나 '노을'은 잠깐동안만 존재하는 속성으로 인해 일반적으로 허무함을 환기시키는 이미지들이다. 그러나 이 텍스트에서는 '이슬'과 '노을'이 '이 세상'에서 영원히 사라지는 것이 아니라, 원래 있던 자리 즉 하늘로 돌아가는 것이라고 말하고 있다. 허무함이 깃들 곳은 전혀 없다. 여기서 죽음은 완전히 해체되고 있다. 죽음은 삶과 대립되는 것이 아니다. 죽음은 또 다른 삶이면서, 동시에 삶이 아닌 것이라 할 수 있다.

이러한 상호읽기를 토대로 텍스트에 나타난 '죽음'에 대한 학습자들의 심적 표상을 분류해 볼 수 있다.

---

95) 천상병, <귀천> 전문, 김태형·정희성 편, 위의 책, 430쪽.

첫째, 삶과 죽음의 세계는 단절되어 있다 … <하관>
둘째, 무관심한 죽음, 차별성이 제거된 전쟁에 있어서의 타자들의 죽음이 있다
… <죽은 구름>, <게르니카>
셋째, 죽은 이는 부재하면서 동시에 현존하므로 흔적으로 남는다. 그래서 안타
까움이 더 하다 … <유리창>, <편지>, <8월의 크리스마스>
넷째, 죽은 이는 부재하면서 동시에 현존하고 삶과 죽음의 세계는 해체되고 있
으므로 다시 만날 것이다 … <제망매가>, <이별가>
다섯째, 삶과 죽음의 세계는 완전히 해체되어 있다 … <묘지송>, <귀천>

학습자들은 위와 같은 죽음에 대한 표상 분류와 함께 자신의 죽음에
대한 담론을 형성하게 된다. 이렇게 하여 형성된 담론은 후에 죽음과 관
련된 텍스트들을 읽을 때, 그 텍스트에 대한 표상을 활성화하게 해 준다.
이러한 상호적 읽기를 바탕으로 교육연극적 기법을 활용해 볼 수 있다.
학습자들은 우선 자신이 죽음을 앞두고 있다고 창의적 가정을 한 후
에 일인독백극을 연행하였다. 다음은 첫 번째 학습자의 연행이다.

학습자1   그 동안 내가 사랑했던 모든 사람들과 그 동안 나를 사랑해 주었던
모든 사람들에게 미안하다. 하지만 나에게 주어지는 짐들이 자꾸
내 어깨를 눌러 난 일어설 수 있는 힘이 없기에 이 세상에서의 삶
을 포기하려 한다. 나보다 더 힘들어하는 사람들이 있는데도 먼저
떠나려 하는 내가 어리석게 느껴지기도 하지만 그래도 이것이 최
선의 방법이라 생각했다. 나로 인해 아픔을 느꼈던 모든 사람들, 나
를 용서해 주길…세상이 이런 날 용서 해주길….

학습자1은 죽음을 부정적인 태도로 보고 있다. 죽음을 삶의 포기라고
생각하고 있는 것이다. 그러나 다음의 학습자2에서는 또 다른 죽음에 대
한 태도가 나타난다.

학습자2   내게 있어서 죽음이란 휴식과도 같습니다. 이젠 약속된 시간이 다 가왔나 봅니다. 난 후회란 단어와 더불어 그동안 삶을 꾸려왔습니다. 그러나 난 더 이상 후회하지 않습니다. 이제와 그 모든 것들을 후회해도 이젠 더 이상은 소용없는 일임을, 다른 세계로 열리는 문턱에 와서야 깨달았기 때문입니다. 더 이상 미련은 남지 않습니다. 잠시 이 세상에서 '김기원(학습자 이름)'이라 불리었던 이 순간은 저에게 있어 아름다운 순간으로 기억될 것입니다. 전 이제 죽음을 맞이할 것입니다. 그러나 전 이것이 끝이라고 결코 생각하지 않습니다. 전 잠시 이곳에 왔다가 다른 세상, 또 다른 세상으로 다시 돌아가는 것뿐입니다. 집착의 식민지에 빠져 허덕였던 순간도 있었습니다. 그러나 이젠 더 이상 이 세상에 존재하는 단어는 저와 무관합니다. 끝으로 부탁을 몇 가지 하겠습니다. 첫째, 이 세상에서 잠시 사용했던 제 육신, 돌려드리겠습니다. 유용하게 써 주십시오. 둘째, 잠시 이 세상에서 모았던 사회적 가치, 돈, 모든 재산을 사회에 환원해 주십시오. 셋째, '이자정회'라 하였습니다. 우린 또 다시 만날 것입니다. 그러니 제 죽음 앞에 눈물은 흘리지 말아 주십시오.

위 학습자2의 연행에서는 그가 죽음과 삶의 세계를 단절시켜서 표상하지 않고 있음을 알 수 있다.

다음으로, 학습자가 자신을 이미 죽은 사람이라고 가정하고 살아 있는 사람들에게 하는 독백을 해 보게 하였다.

학습자3   언젠가 내가 눈을 떴을 때 하늘엔 별이 반짝이고 있었고, 그 이후 밤하늘은 내 전부가 되었다. 사방이 뚫린 차가운 낮보다 어둠이 둘러싼 따뜻한 밤이 편했고 별이 있어 외롭지 않았다. 눈을 감을 때면 별은 이미 내 맘에 있었고 그것만으로 난 충분했다. 내 삶의 흔적이 땅에 묻힐 때 밤하늘을 맘속에 고이 간직하고 눈을 감았다. 별은 날 맞이했고 금새 난 새가 되어 밤하늘을 날았다.

위 학습자3는 죽음의 세계를 긍정적으로 말하고 있다. 죽음은 더 이상 어둡지 않으며 천상병의 <귀천>에서 보이는 것처럼 또 하나의 세계일 수 있는 것이다.

이렇듯 학습자들은 죽음에 대한 서로 다른 표상을 연행하면서 관객으로 서의 학습자들과 죽음에 대한 담론들을 재구성하는 시간을 가질 수 있다.

4.3 이미지와 시공소 표상을 위한 연행

4.3.1 '안개'의 표상 활성화와 교육연극

문학텍스트의 시공소는 이야기 속의 인물이나 사건에 대해 상징이나 비 유적 관계를 갖는다. 본고에서는 문학텍스트에 자주 등장하는 시공소 중 우선 '안개'가 이야기와 어떤 관련성을 띠며 표상되는지 살펴보고, 이것의 체화를 위해 어떤 교육연극적 방법을 적용할 수 있는지 제시하고자 한다.

'안개'가 시공소로 나타나는 서사적 텍스트에는 김승옥의 <무진기행> 이, 서정적 텍스트에는 기형도의 <안개>가 있다.

김승옥의 <무진기행>의 시공소인 '안개'에 관한 화자 '나'의 발화는 다음과 같다.

> 무진에 명산물이 없는 게 아니다. 나는 그것이 무엇인지 알고 있다. 그것은 안개다. 아침에 잠자리에서 일어나서 밖으로 나오면, 밤사이에 진주해 온 적군 들처럼 안개가 무진을 삥 둘러싸고 있는 것이었다. 무진을 둘러싸고 있던 산들 도 안개에 의하여 보이지 않는 먼 곳으로 유배당해 버리고 없었다. 안개는 마 치 이승에 한(恨)이 있어서 매일 밤 찾아오는 여귀(女鬼)가 뿜어 내놓은 입김과 같았다. 해가 떠오르고, 바람이 바다 쪽에서 방향을 바꾸어 불어오기 전에는 사

람들의 힘으로써는 그것을 헤쳐버릴 수가 없었다.

손으로 잡을 수 없으면서도 그것은 뚜렷이 존재했고 사람들을 둘러쌌고 먼 곳에 있는 것으로부터 사람들을 떼어놓았다. 안개, 무진의 안개, 무진의 아침에 사람들이 만나는 안개, 사람들로 하여금 해를, 바람을 간절히 부르게 하는 무진의 명산물이 아닐 수 있을까!96)

<무진기행>의 시공소는 '안개'이다. '안개'는 사람들을 둘러싸고 있으며, 먼 곳에 있는 것으로부터 사람들을 떼어놓는다. 이 때문에 '나'는 서울에서 '무진'으로 왔을 때 서울에서의 일상적 자아를 벗고 내면의 자아와 만나고 그의 욕망을 풀어놓게 된다.

이 '안개'97) 속에는 '나(윤희중)', '하인숙', '조', '박'의 욕망과 욕망에 따른 행위가 이루어진다. 이들은 서로 대립적 구도를 보이면서 '무진'이라는 곳에서 사건을 만들어간다. 세무서장인 '조'와 학교 교사인 '박'은 인간의 속물근성과 순수성이라는 대립을 보여주고, 서울에 있는 '아내'와 무진의 '인숙'은 '윤희중'의 '현실'과 '도피의 자유'라는 대립을 보여준다. 그리고 이 모든 것들은 무진, 안개, 바닷가, 방죽 등과 같은 시공소들과 엉겨있다. 이를 도식화 해보면 다음과 같다.

```
┌─────────────────────────────────────┐
│                                     │
│   인물의 욕망·성격·행위: 윤희중의        │
│     하인숙과의 행각, 하인숙의 욕망,      │
│      조의 속물근성과 박의 순수성         │
│                                     │
│           시공소: 안개               │
└─────────────────────────────────────┘
```

96) 김승옥, <무진기행>, 이병렬 엮음, 『새교과서에 따른 현대소설 86선』3, (주)문원각, 1996. 146쪽.
97) <무진기행>에서 '안개'는 인물의 의식을 바깥의 현실로부터 분리시켜 내면에 머물게 한다.
이대규, 『문학의 해석』, 신구문화사, 1998. 392쪽.

안개 속에서는 모든 사람이 파편화된다. '윤희중'과 '하인숙'과의 행각
도 숨겨질 수 있고, '하인숙'의 욕망도 은밀하게 행동화될 수 있다. '조'
의 속물근성과 '박'의 순수성이라는 대립항도 공존할 수 있다. 안개는 이
렇듯 모든 것을 포용하면서 모든 것을 감춘다.

이러한 안개의 속성은 기형도의 <안개>에서도 보인다.

다음은 기형도의 <안개>이다.

1
아침 저녁으로 샛강에 자욱이 안개가 낀다.

2
이 읍에 처음 와본 사람은 누구나
거대한 안개의 강을 거쳐야 한다.
앞서간 일생들이 천천히 지워질 때까지
쓸쓸한 가축들처럼 그들은
그 긴 방죽 위에 서 있어야 한다.
문득 저 홀로 안개의 빈 구멍 속에
갇혀 있음을 느끼고 경악할 때까지.

어떤 날은 두꺼운 공중의 종잇장 위에
노랗고 딱딱한 태양이 걸릴 때까지
안개의 軍團은 샛강에서 한 발자국도 이동하지 않는다.
출근길에 늦은 여공들은 깔깔거리며 지나가고
긴 어둠에서 풀려나는 검고 무뚝뚝한 나무들 사이로
아이들은 느릿느릿 새어나오는 것이다.
안개에 익숙하지 않은 사람들은 처음 얼마 동안
보행의 경계심을 늦추는 법이 없지만, 곧 남들처럼
안개 속을 이리저리 뚫고 다닌다. 습관이란
참으로 편리한 것이다. 쉽게 안개와 식구가 되고

멀리 송전탑이 희미한 동체를 드러낼 때까지
그들은 미친 듯이 흘러다닌다.

가끔씩 안개가 끼지 않는 날이면
방죽 위로 걸어가는 얼굴들은 모두 낯설다. 서로를 경계하며
바쁘게 지나가고, 맑고 쓸쓸한 아침들은 그러나
아주 드물다. 이곳은 안개의 聖域이기 때문이다.

날이 어두워지면 안개는 샛강 위에
한 겹씩 그의 빠른 옷을 벗어놓는다. 순식간에 공기는
희고 딱딱한 액체로 가득찬다. 그 속으로
식물들, 공장들이 빨려 들어가고
서너 걸음 앞선 한 사내의 반쪽이 안개에 잘린다.

몇 가지 사소한 사건도 있었다.
한밤중에 여직공 하나가 겁탈당했다.
기숙사와 가까운 곳이었으나 그녀의 입이 막히자
그것으로 끝이었다. 지난 겨울엔
방죽 위에서 醉客 하나가 얼어 죽었다.
바로 곁을 지난 삼륜차는 그것이
쓰레기 더미인 줄 알았다고 했다. 그러나 그것은
개인적인 불행일 뿐, 안개의 탓은 아니다.

안개가 걷히고 정오 가까이
공장의 검은 굴뚝들은 일제히 하늘을 향해
젖은 銃身을 겨눈다. 상처입은 몇몇 사내들은
험악한 욕설을 해대며 이 폐수의 고장을 떠나갔지만
재빨리 사람들의 기억에서 밀려났다. 그 누구도
다시 읍으로 돌아온 사람은 없었기 때문이다.

3
아침 저녁으로 샛강에 자욱이 안개가 낀다.
안개는 그 읍의 명물이다.
누구나 조금씩은 안개의 주식을 갖고 있다.
여공들의 얼굴은 희고 아름다우며
아이들은 무럭무럭 자라 모두들 공장으로 간다.[98]

화자는 안개로 뒤덮인 읍에 대해 객관적 관찰자의 모습으로 서술하려
하지만 그 속에는 반어와 냉소, 도전의 태도가 섞여 있다. '한밤중에 여
직공 하나가 겁탈'당한 것을 '사소한 사건'이라고 하는 것에서나, '취객
하나가 얼어 죽었'으나 그것을 '개인적 불행'일 뿐이라고 한 것 등에서
화자의 냉소적 태도가 드러난다. 여기서 안개의 이미지는 텍스트 전체를
어둡고 쓸쓸한 죽음의 이미지로 나타내는 데 기여한다. 텍스트는 안개가
짙은 읍의 사람들을 행위자로 하여, 그 행위자들과 관련된 사건들 중 '여
직공의 겁탈', '취객의 죽음' 등이 내적 텍스트에 형상화된다. 이 행위자
들을 둘러싸고 있는 시공소는 공단, 안개, 방죽, 쓸쓸한 나무들, 폐수의
강, 노랗고 딱딱한 태양 등이다.
    행위자와 이들을 둘러싸고 있는 시공소만을 도식하면 아래와 같다.

```
┌─────────────────────────────────────────────────┐
│   행위자: 공단 지역의 사람들(여직공 겁탈, 취객의 죽음)         │
├─────────────────────────────────────────────────┤
│   안개(지배적 이미지) ➡ 사람들이 서로 단절된,                │
│                      어둠과 죽음이 지배적인 세상을 상징         │
└─────────────────────────────────────────────────┘
```

이렇듯 <무진 기행>과 <안개>는 상호적으로 표상될 수 있다.

---

98) 기형도, <안개>, 앞의 책, 11쪽.

<무진 기행>에서 안개는 '무진'이라는 고장에 언제나 자욱하게 깔려 있다. 화자는 '안개, 무진의 아침에 사람들이 만나는 안개, 사람들로 하여금 해를, 바람을 간절히 부르게 하는 무진의 안개, 그것이 무진의 명산물이 아닐 수 있을까!' 라고 말한다.

<안개>에서도 이와 비슷한 상황을 찾아볼 수 있다. '아침 저녁으로 샛강에 자욱이 안개가 낀다. / 안개는 그 읍의 명물이다. / 누구나 조금씩은 안개의 주식을 갖고 있다.'라고 화자는 말하는 것이다.

따라서 '무진'과 '이 읍'은 유사한 상황에 처해 있다. 이렇게 안개가 자욱한 두 공간에서 일어나는 사건들은 또한 서로 유사함을 지니고 있다.

<무진 기행>에서는 휴양 차 내려온 '윤희중'이 자신의 현실적 위치를 외면하고, 무진을 떠나고 싶은 욕망으로 가득한 '하인숙'과 관계를 가지게 된다. 그리고는 이내 그녀를 떠나서 서울이라는 현실로 돌아간다.

<안개>에서는 여직공이 겁탈을 당하지만 이내 입이 막히고, 취객 한 명이 얼어죽지만 아무도 관심을 가지지 않는다. 그리고 사람들은 안개 속을 자유로이 걸어다니고, 안개가 걷힌 날이면 오히려 그 낯설음에 당황한다.

이렇듯 두 텍스트 속의 사건들은 어떤 공통 분모를 지니고 있는데 그것은 바로 '익명성'과 '욕망'이다. 두 텍스트의 '안개'는 사람들의 욕망이 분출되는 곳으로서 작용한다. 무언가 불확실하고, 익명들이 누비는 공간에서 사람들은 숨겨진 자신의 욕망을 드러낸다. 그리고 그 욕망 분출의 결과는 이내 암묵적 허용을 통해 덮어진다. 이를 통해 사람들은 허무함마저 느끼게 되는 것이다. 교사는 두 텍스트를 통해, 학습자들에게 '안개'의 상징성을 표상하게 해 줄 수 있다.

표상을 활성화시키기 위한 교육연극적 접근을 알아보자. 이 연행에서 중점적으로 다룰 것은 두 텍스트의 '안개'에 대한 표상이다. '안개'의 표상은 인물의 욕망과도 관련이 된다.

<무진 기행>에서의 인물의 욕망과 시공소에 대한 표상을 활성화하기 위해서 인터뷰 형식의 대화극을 시도해 볼 수 있다. 특히 인물의 욕망과 내면적 자아와 관련해서 인터뷰를 주재하는 사회자뿐만 아니라 심리학자 역의 학습자도 설정할 수 있다.

다음은 '윤희중'과 심리학자, 사회자로 설정된 대화극을 간단하게 제시한 것이다.

사회자	윤희중씨는 무진에서 다시 서울로 돌아왔는데 지금 자신의 심정을 말해 주십시오.
윤희중	무진에서의 나와 서울에서의 나는 서로 다른 사람인 것 같습니다. 무진에서 있었던 일이 까마득하게 느껴집니다.
	나는 아내의 권고도 있고, 현실에서 실패를 맛볼 때의 의례적 습관으로, 이번에도 무진에 내려가게 되었습니다. 무진은 나에게 아득한 장소이며 어둡던 청년 시절을 보낸 곳이었습니다. 그곳에서 한 여자를 만났습니다.
사회자	그 여자에 관해 좀 더 자세히 말씀해 주시지요.
윤희중	그녀는 성악 공부를 했다는 하인숙이라는 음악선생이었습니다. 그녀가 주위의 청에 못 이겨 <목포의 눈물>을 부르는 것을 보고 슬펐습니다. 그리고 그 모습에서 나의 젊은 시절 방황하는 모습의 편린을 보았습니다.
	그녀는 나를, 자신을 서울로 데려다 줄 구원의 존재로 생각하였습니다. 짧은 기간 동안 우리는 깊은 관계에 빠졌지만 사랑한다고 생각지는 않았습니다.
사회자	그러면서 어떻게 그런 관계가 될 수 있었죠?
윤희중	글쎄요, 무진에서만이 가능한 일이 아닐까 합니다. 그곳에는 안개가 있었고 그 안개는 서울로부터 나를 보호해 주었습니다. 서울에서 나를 아는 사람들은 무진 속에 있는 나를 보지 못합니다.
사회자	아내의 전보를 받고는 어떠했습니까?

윤희중	그 전에 하인숙에게 편지를 썼습니다. 그러나 전보를 받고는 그냥 찢어 버렸습니다. 죄책감 때문이라기보다는 왠지 그래야 할 것 같았습니다. 서울로 돌아가야 하니까요. 서울과 무진은 다른 곳입니다. 무진을 벗어날 때 나는 무척 부끄러움을 느꼈습니다.
사회자	박사님, 이러한 윤희중씨의 말들에 녹아 있는 심리를 해석해 주시겠습니까?
심리학자	현대인은 심각한 이중성에 빠져 있습니다. 흔히 내면적 자아와 일상적 자아와의 부조화라고 하지요. 윤희중씨가 서울에 있을 때에는 일상적 자아로 살아가지만 무진으로 오면 내면적 자아로 생활하게 되는 것입니다. 내면적 자아는 욕망대로 살아 갑니다. 따라서 순간적인 욕망이 일어 하인숙씨와도 깊은 관계에 빠지게 되는 겁니다. 윤희중씨가 계속 안개라는 말을 거듭하고 있는데, 그것은 물질적인 것이기도 하지만 윤희중씨 내면의 것이기도 하지요. 무진에서의 안개는 모든 것을 감출 수 있습니다. 그런 안개의 상징성이 윤희중씨의 내면적 자아가 일상적 자아 위로 떠오를 수 있게 해 주는 것이지요.
	다시 무진을 벗어날 때 심한 부끄러움을 느꼈다고 하였는데 그것은 일상적인 자아의 눈으로 내면적 자아를 보았을 때 느끼는 자의식이라고 할 수 있습니다. ---(후략)---

위에서 보듯이 학습자들은 시공소인 '안개'와 인물의 욕망 간의 관계를 적절하게 표상하고 있다. 이러한 연행을 할 때 안개와 상호적 표상 관계에 있는 청각적 매체인 음악을 활용할 수 있다. 이러한 음악은 '윤희중' 역을 맡은 학습자가 그와의 동일시를 하는 것을 용이하게 해 줄 뿐 아니라 관객으로서의 학습자들도 안개를 적극적으로 표상하게 해 준다.

기형도의 <안개> 표상을 위해서는 일인독백극과 조화동작극을 계열적으로 결합시킨 연행을 할 수 있다. 일인독백극의 내용은 텍스트에 나와 있는 화자의 발화를 그대로 할 수 있다. 즉 학습자는 <안개>의 화자가 되어 그 텍스트를 낭독하는 것이다. 이 낭독과 함께 텍스트 내에 있는 행위자나 이미지 등을 조화동작극으로 연행할 수 있다. 안개 속에 가려진 표정 없는 사람들, 강간 · 동사 사건에 대한 무심함, 자신의 고립에 대해 발견한 순간의 경악 등을 학습자들이 연행하는 것이다. 여기서도 적절한 음악을 활용함으로써 시공소를 적극적으로 표상할 수 있게 할 수 있다.

4.3.2 '비'의 표상 활성화와 교육연극

'비'가 텍스트의 주요한 시공소로 나오는 텍스트는 손창섭의 <비오는 날>이다. 이 텍스트에서 끊임없이 흘러나오고 있는 것은 추적거리며 흐르는 빗물소리이다. 온몸이 축축하게 젖어 끈적거리는 듯한 지루한 장마비의 암울하고 답답한 분위기는 이 텍스트의 모든 인물과 그들의 행위와 사고 위에 전경화되는 시공소이다.

> 안개비 속으로 바라보이는 창연한 건물은 금방 무서운 비명과 함께 모로 쓰러질 것만 같았다. ---<중략>--- 원구는 흠칫 놀랄 듯이 몸을 떨었다. 창문 안에 드리운 거적을 캔버스 삼아 그림자처럼 선명히 떠올라있는 흰 얼굴이 눈에 띄었기 때문이다. 그것은 동옥의 얼굴임에 틀림없었다.[99]

이 텍스트의 인물인 '동욱'은 독실한 기독교인이었으며 대학 영문과까지 나왔으나 전쟁통에 고향을 떠나와 지금은 여동생이 그리는 미군의 초상화를 팔아 연명한다. '동옥'은 미군의 초상화를 그려 주면서 불구와 고독 속에서 자폐적인 삶을 살아간다. '원구'는 '동옥' 남매와 비슷한 처지

---

99) 손창섭, <비오는 날>, 이병렬 엮음, 앞의 책, 196-197쪽.

로 피난지의 한 거리에서 좌판으로 생계를 이어간다. '동욱'과 '동옥'은 피난지 부산에서 비참하고 암담한 비정상적인 삶을 이어나가고 있다. 이들은 비만 오면 새는 집에서 앞날에 대해 걱정하면서도 실질적으로는 세속적 가치와 관습을 거부하고 아무런 현실적 노력은 해 보지 않고 스스로 자폐적인 공간으로 칩거하고, 극도로 무력한 상태에 빠져 냉소와 자조, 실의와 체념으로 살아가는 인물들이다. 이들은 삶에의 의지가 없기 때문에 어떤 욕망을 가지고 있지도 않으며, 욕망이 있다하더라도 그 성취를 위해서 특별한 행위를 하지 않는다.

'동욱'은 지금의 답답한 상황을 벗어나 새로운 삶을 찾고 싶어하지만 무기력함에 휩싸여 심리적 갈등을 겪으면서 자신을 억누르는 동생에 대해 연민을 느끼면서도 자신이 어떻게 하지 못하는 것 때문에 '동옥'과 갈등을 겪는다. '동욱'은 '원구'에게 동생을 맡기고 싶어하는 욕망을 가지고 있다. 그래서 '원구'를 만날 때마다 '원구'에게 '동옥'과 결혼해 주기를 은근히 비춘다. '원구'는 그러한 '동욱'의 생각을 선뜻 받아들이지 못한다. 한편 '동옥'은 '원구'를 처음에는 경계하고 이유 없이 반감을 가지지만 '원구'가 몇 차례 그들의 집을 방문하면서 서서히 '원구'를 인정하게 된다. 그런데 이 인물들은 그들 사이에 존재하는 갈등을 해결할 적극적인 행동을 취하지 않기 때문에 어떤 특별한 사건은 전개되지 않는다. 그들이 보여주는 갈등은 오히려 그들의 무기력함과 자조, 체념을 더 부각시키는 기능을 할 뿐이다.

'원구'가 '동욱'과 '동옥'을 방문할 때마다 항상 비가 왔으며 그들의 집을 방문하고 돌아오는 '원구'의 마음도 비에 질척거리는 듯하다고 한다. 비오는 날의 음산한 이 풍경은 텍스트 전체의 분위기를 장마철의 눅눅한 분위기와 같은 끈끈한 불쾌감, 우울함, 끈적거림의 느낌을 텍스트 전체에 흐르게 하고 있는데 이러한 음산한 풍경은 텍스트 전체의 분위기

뿐 아니라 작중인물의 심정 즉 무기력, 우울, 절망, 불구성과 관련을 맺고 있다.

이 텍스트에서 자기만의 세계에 갇혀 사회에 적응하지 못하고 절망적인 삶을 사는 인물들의 모습은 폐가나 다름없는 '동욱' 남매의 '무덤 속 같은 방안'을 통해서도 생생하게 보여진다. '동욱' 남매가 살고 있는 '무덤 속 같은 방안'은 비오는 날의 음산하고 어두운 분위기와 어우러져 전쟁이라는 극한 상황에 내몰려 희생당한 인간들의 무기력한 삶을 나타낸다.

결국 이 텍스트 텍스트는 전후의 피폐한 삶과 인물들의 무기력과 절망 같은 정서를 어떤 사건에 의해서가 아니라 텍스트 전체에 전경화된 '비'라는 시공소를 통해 선명히 드러내고 있다. 이 텍스트가 인물들이 펼쳐내는 사건이 없으면서도 전후의 어두운 삶의 모습을 생생하게 그려낼 수 있었던 것은 바로 비가 뿜어내는, 텍스트 전체에 걸쳐 있는 이 음산하고 을씨년스러운 분위기 때문이다. 그런 의미에서 이 텍스트의 진정한 주인공은 '40일이나 계속된 긴 장마'라고 말할 수도 있을 것이다.

이러한 '장마'가 텍스트의 주요한 시공소로 등장하는 것에는 윤흥길의 <장마>도 있다. 장마가 계속된 어느 날 밤 우리 집에 국군인 외삼촌의 전사소식이 전해온다. 외할머니는 외삼촌의 전사 통지를 받고 빨갱이들은 다 죽으라고 저주하는 바람에 빨치산 삼촌을 생각한 할머니의 분노를 사게 되었다. 한편 할머니는 '아무 날 아무'에 아무 탈없이 돌아온다는 점쟁이의 말을 철석같이 믿고 있었다. 그날 이 가까워지면서 우리 집은 장마에도 할머니의 성화 때문에 대단히 바빴다. 드디어 그 날, 대신 나타난 것은 커다란 뱀이었고, 할머니는 기절한다. 그때 뱀을 삼촌의 현신으로 생각한 외할머니가 잘 수습하여 무사히 내보낸다. 할머니는 뱀을 잘 보내준 할머니에게 고마움을 표현하면서 화해하고 세상을 떠난다. 그리고 정말 지루했던 장마는 끝이 난다.

친할머니와 외할머니의 갈등은 그들의 아들이 살아있기를 바라고 그 적들을 물리치기를 바란다는 상반된 소망 때문이었다. 며칠째 계속되는 장마는 이야기의 어느 한 부분에서만 전경화되는 것이 아니라 인물들의 갈등과 대립을 뒤덮고 있다.

요컨대 <장마>에서 시공소로 기능하는 장마는 친할머니와 외할머니의 대립·갈등 속에 존재하며 이 대립과 갈등이 끝나면서 장마도 끝이 난다.[100]

이러한 '비'라는 시공소를 표상하는 데는 동작극이나 정지극을 활용해 볼 수 있겠지만, 교실의 모든 학습자들이 역동적으로 표상을 형성할 수 있도록 하기 위해서는 음악을 이용해 보는 것이 좋다. 그리고 이 음악에서 비라는 표상을 형성하면서 비의 우울한 분위기를 자아내는 발화를 해 볼 수 있다.

4.4 서사적 텍스트 화자 표상을 위한 읽기 · 쓰기 교육과 교육연극의 결합

4.4.1. 화자와 초점화자에 대한 표상

제 7차 국어과 교육과정에는, 화자 문제를 단순히 시점 문제에서 벗어나 초점화 문제로 확장시키고 있음이 확인된다. 예컨대, 8학년 문학 수업 내용에 '작품이 누구의 눈을 통하여 전달되고 있는지를 파악한다'라는

---

100) 이 밖에 현진건의 <운수 좋은 날>에서도 '비'가 등장한다. 이 두 텍스트 속에서 '비'는 음산함, 인물들의 바람직하기 못한 상황을 드러내 주기에 충분하다.

항목이 나오는데,[101] 이것은 '누가 말하는가'라는 화자의 문제에서 '누가 보는가'라는 초점화자의 문제로 화자의 범위를 넓힌 것이라 할 수 있다. 즉 '초점화'나 '초점화자'라는 용어 자체는 쓰고 있지 않지만, 그 개념은 이미 교육과정에 교육 내용으로 설정되었다고 말할 수 있다. 따라서 실제 교육 현장에서는 '초점화'라는 용어는 쓰지 않더라도 '보는 주체'가 누구인가라는 수업 내용은 설정될 수 있는 것이다.

여기서는 화자와 초점화자에 대한 학습자의 심적 표상을 활성화 시키는 방안으로 서사적 텍스트 읽기·쓰기 교육과 교육연극을 결합시키고자 한다.

서사적 텍스트의 화자에 대한 연구는 플라톤, 아리스토텔레스로 거슬러 올라간다. 이들은 이야기의 방법으로 디에게시스(diegesis)와 미메시스(mimesis)를 설정하였는데, 이 양분법은 19세기 말 이후 영미 비평계에서 말하기(telling) 대 보여주기(showing), 요약(summary) 대 장면(scene)이라는 새로운 용어의 대립으로 이어졌다.

화자의 위치와 이야기의 참여 정도에 따라 일인칭 주인공 시점, 일인칭 관찰자 시점, 삼인칭 관찰자 시점, 전지적 작가 시점으로 체계화시키기도 한다.[102] 그러나 이 분류법으로는 두 가지 경우를 해결할 수 없다. 즉 삼인칭으로 서술되면서도 시점이 등장인물 안에 있는 경우와, 일인칭 시점이면서도 이야기에 대한 전지적 권위를 가진 화자에 대한 문제들을 해명해 내지 못한다.[103]

---

101) 교육부 고시 제 1997-15호 [별책 5], 『국어과교육과정』, 1988. 93쪽
102) Brooks, Cleanth & Robert Penn Warren. *Understanding Fiction*, New York: Aoppleton-Century-Crofts, 1943. p.589.
103) 삼인칭 화자라는 말도 성립되지 않는다. 말하는 주체인 화자는 '그' 혹은 '그녀'로 나타나는 등의 삼인칭이 될 수 없다. 오히려 말하는 대상인 인물이 삼인칭이라 할 수 있다. 따라서 브룩스와 워렌의 분류에 있어서 문제는 용어 자체에도 내재되어 있다고

첫 번째 문제인, 삼인칭으로 서술되면서도 시점이 등장인물 안에 있는 경우는, 초점화자(focalizor)가 인물이라는 설정으로 해결될 수 있다. 시점이 '누가 말하는가'라는 목소리의 주체를 중시하는 개념인데 반해, 초점화(focalization)는 '누가 보는가'라는 보는 주체 혹은 경험하는 주체를 중시하는 개념이다. 따라서 삼인칭 서술인 경우라 하더라도, 보는 주체가 인물 내부에 있는 경우가 생긴다. 이때 목소리를 가진 주체는 인물이 아니지만, 보는 주체 혹은 경험 주체는 인물이 될 수 있는데, 이러한 주체를 초점화자(focalizor)라고 한다.

초점화는 그것이 이야기와 관련되는 양상에 따라 비초점화, 내적 초점화, 외적 초점화로 분류된다. 비초점화는, 화자가 인물이 알고 이는 것보다 더 많이 이야기하는 소위 전지적 시점이라 할 수 있다. 내적 초점화는 화자가 정해진 인물의 눈에 비친 것만을 이야기하는 소위 제한된 시점으로, 인물에 속박된(character-bound) 초점화, 인물-초점화라고 할 수 있다. 초점화가 한 주체에 의해 실현되면 고정 초점화라고 하고, 여러 주체로 옮겨질 때에는 변동 초점화라고 하며, 한 대상에 대해 여러 주체가 동시에 초점화를 실현시킬 경우 복수 초점화라고 한다. 외적 초점화는 화자가 인물이 알고 있는 것보다 더 적게 이야기하는 경우로서 인물에 속박되지 않은(non-character-bound) 초점화 혹은 화자-초점화라고도 한다.[104]

둘째, 일인칭 시점이면서도 이야기에 대한 전지적 권위를 가진 화자에 대한 문제를 해결하기 위해서는 즈네트의 화자 분류법을 참고로 할 수 있다. 즈네트는 먼저 화자의 이야기 참여 여부에 따라 동종(homodiegetic) 화자와 이종(heterodiegetic)화자로 분류하고, 서술의 수준에 따라 이야기

하겠다.
　　Cohan, Steven & Linda M. Shires. 임병권 · 이 호 역, 『이야기하기의 이론』-소설과 영화의 문화 기호학, 한나래, 1997. 134쪽.
104) Genette, Gérard. 권택영 역, 『서사 담론』, 문예출판사, 1992.

외적(extradiegetic) 화자와 이야기 내적(intradiegetic) 화자로 분류하였다. 이야기 외적 화자는 화자가 자신이 서술하는 이야기보다 상위에 있는 경우로서 일급 화자라고도 칭해지며, 이야기 내적 화자는 화자가 자신이 서술하는 이야기 내의 인물인 경우로 이급 화자라고도 한다.

여기서 일인칭 화자이면서도 이야기에 대해 전지적인 화자를 동종·이야기 외적 화자라고 할 수 있다. 즉 동종·이야기 외적 화자란, 화자가 이야기에 참여하면서도 자신이 서술하는 이야기보다 상위에 있어서 이야기에 대한 전지적인 태도를 취하는 경우로서, 예컨대 일인칭 화자가 자신의 과거 이야기를 회상하는 경우가 여기에 해당된다고 하겠다. 화자가 자신의 과거를 회상하는 경우, 이미 화자는 과거의 사건의 전말을 모두 알고 있기 때문에 일반적인 일인칭 시점의 이야기와는 달라질 수밖에 없다.

이 외에도 다양한 화자의 존재 양식으로 인해 극화된 화자/극화되지 않은 화자, 자의식적 화자/비자의식적 화자, 전지적 화자/제한적 화자, 신빙성 있는 화자/신빙성 없는 화자 등으로 분류될 수 있다.105)

웨인 부스의 분류는 체계적이지는 못하지만 여러 화자의 존재 양식을 고려하였다는 점에서 다른 이론가들이 체계화·구조화를 위해 제외시킨 화자의 존재를 설명해 준다는 이점이 있다.

특히 신빙성 있는 화자와 없는 화자의 대비는 소설의 해독에 있어서 매우 유용하다. 신빙성의 여부는 내포작가·화자·다른 인물·독자의 관계에 따라 설정되는데, 여기서 내포작가는 실제 작가가 특정한 소설을 쓰면서 만들어낸 자신의 제 2의 자아라고 할 수 있으며, 소설 전체의 규범과 의미의 원천으로서의 의미를 함축한다.106) 채트먼의 경우 화자성

---

105) Booth, Wayne C. 이경우·최재석 옮김, 『소설의 수사학』, 한신문화사. 1990. 173-190쪽.
106) 내포작가는 어디까지나 소설의 의미에 대한 연구의 결과물일 뿐 의미의 근원으로 정의될 수 없다. 소설을 구성하는 제 요소들에 대한 독자의 관찰과 추측을 통하지 않고

(narratorhood)의 스펙트럼을 제시한 바 있는데, 여기서 실제작가는 텍스트에 포함시키지 않지만 내포작가는 텍스트에 포함시키는 것을 확인할 수 있다.[107]

화자의 인물 내면 서술 방법이나 이야기에 대한 개입 정도로 소설의 유형을 분류할 수도 있다. 리얼리즘 소설은 화자가 이야기에 깊숙이 개입하여 화자의 담론이 소설의 이야기를 압도하는 소설이다. 반면에 모더니즘 소설은 이야기가 오히려 화자의 담론보다 우위에 있는 경우이며, 특히 인물 스스로 말하게 하는 의식의 흐름 수법은 화자와 초점화자가 리얼리즘의 경우처럼 한 사람의 화자에 의해 통제되지 않고 인물들 나름대로여서 독자는 인물들이 제시하는 관점과 사건을 종합하는 가운데 진실의 상대성을 경험하게 된다. 포스트모더니즘에 오면 담론은 사라지고 이야기만 남는 인상을 보여주는데, 이러한 경향을 띤 것이 누보로망이나 카메라아이 기법에 의한 서술이다.

포스트모더니즘 소설은 소설이 더 이상 현실을 반영하지 못한다는 관점을 취한다. 따라서 어떤 방식으로든 현실을 나타내고자 하는 모더니즘 소설 또한 포스트모더니즘 관점에서 봤을 때는 넓은 의미의 리얼리즘 소설이라 할 수 있을 것이다. 따라서 소설이 현실을 반영하지 못한다는 관점에서 포스트모더니즘 소설은 반소설이라고 부르는데, 이것은 소설이 현실을 더 이상 반영하지 못하고 현실과 허구의 경계가 와해되었음을 의

서 그것이 감지될 길은 사실상 없기 때문이다. 따라서. 내포작가는 선험적이고 고정된 의미가 함축된 '작가의 제2의 자아'로서보다 소설의 모든 성분들로부터 독자에 의해 추측되고 집성된 하나의 구성물이라고도 말할 수 있다.

107) Chatman, Seymour. 한용환 옮김, 『이야기와 담론-영화와 소설의 서사구조』, 고려원, 1997. 179쪽.

실제 작가 ┄┄→ 내포 작가 → 화자 → 수화자 → 내포 독자 ┄┄→ 실제 독자
소설

미한다.108)

　이러한 리얼리즘과 모더니즘, 포스트모더니즘 소설의 구별은 화자가 이야기에 있어서 인물의 내면을 어떻게 나타내느냐 하는 것과도 관련이 된다. 화자가 이야기 밖에서 인물의 심리를 모두 설명하는 것을 심리 서술, 화자가 인물의 내면에 들어가서 인물의 언어로 심리를 나타내는 것을 서술된 독백, 인물 혼자서 말하는 경우를 인용된 독백이라 하고, 여기서 뒤로 올수록 모더니즘, 포스트모더니즘 소설이라고 할 수 있는 것이다. 심리 서술은 화자가 전지적 입장에서 인물의 심리를 화자의 목소리로 독자에게 들려주는 것이고, 서술된 독백은 화자가 초점화자나 인물의 내부로 들어가 그의 언어로 이야기하는 경우로서 이때 화자와 초점화자(인물)는 평등한 관계에 놓인다.109) 따라서 서술된 독백은 내적 초점화자를 설정한 서술 방식과도 유사하다. 인용된 독백은 화자가 소멸된 상태에서 인물 스스로 말하게 하는 서술 전략으로, 의식의 흐름 기법이나 내적 독백의 기법과 유사하다.

4.4.2. 서사적 텍스트 읽기와 교육연극

　화자가 이야기 밖에 위치하는 이종화자이면서, 내적 초점화자가 다양하게 설정되어 변동 초점화를 보임으로써 이야기의 다중성을 확보하는 소설 중의 하나는 고등학교『국어 상』에 나오는 염상섭의 ≪삼대≫이다.

---

108) 소설은 어떤 형식을 취하든 모두 당대의 인식론과 상황을 반영하는 것이라 할 수 있다. 따라서 제 아무리 반사실주의라 하더라도 그것 역시 허구적인 현실을 반영한 사실주의라고 할 수 있다는 점에서 넓은 의미의 리얼리즘 소설을 상정할 수 있다. 즉 소설의 형식은 당대의 삶에 관한 인식론적 추구에 의해 형성되므로, 반소설이라는 것도 당대의 시각이 변함에 따라 그 양식이 변한 하나의 실험이라 할 수 있을 것이다.
109) 권택영,『소설을 어떻게 볼 것인가』, 문예출판사, 1995. 279-280쪽.

(가) 있는 사람을 따라다니며 얻어먹기도 싫다, 화려한 좌석에서 어울리지 않게 놀기도 싫다고 하는 병화의 말이 옳지 않은 것은 아니요, 그 기분을 아주 이해하지 못하는 것은 아니나, 덕기는 자기를 빗대 놓고서나 하는 말 같아서 듣기 싫었다. 그뿐 아니라, 언제든지 뺏어 먹고 쓰고 할 것은 다 하면서 게걸대고 입바른 소리를 툭툭 하는 것이 밉살맞기도 하였다. 있는 사람의 통성으로 자기에게 좀 고분고분하게 굴어 주었으면 좋았다.

그러나 없는 사람이 있는 친구와 어울리면 병정 노릇이나 하는 것 같은 일종의 굴욕을 느끼는 것도 사실이겠고, 또 그렇게 구칙칙하거나 더럽게 굴지 않고 자기의 자존심을 더럽히지 않으려는 것이 취할 모라고, 아직 경력 없는 덕기건만 돌려 생각도 하는 것이었다.

(나) 마담은 꼭 짜인 얼굴판이 좀 검은 편이었으나, 어디인지 교육 있는 여자 같고, 맑은 눈 속이라든지 인사성 있는 미소를 띤 입술을 빼뚜름히 꼭 다문 표정이 몹시 이지적(理智的)인 것을 알 수 있다.

(다) 주부의 눈에 비친 덕기는 해끄므레하고 예쁘장스러운 똑똑한 청년이었다. (---중략---)그러나 한편 손님(병화)을 그 동안 두어 번 보았어도 허술한 위인은 아닌 모양인데, 그런 사람하고 추축이 되면 저 청년(덕기)도 그런 부잣집 귀동아리로만 자라난 모던 보이 같지 않다는 생각도 들었다. (---중략---) 그러면서도 어쩐 일인지 별안간 머릿속에 정자 생각이 떠 올라왔다. 정자란, 조선에 와 있는 ○○ 지방 재판소 오판사의 맏딸이다. 성은 오(吳)가라도 일본말로 '구레'라고 하는 일본 사람이다. 이 주인 여편네가 ○○○ 시에서도 도(道) 자혜 병원에서 간호 부장 노릇을 할 때에 오정자가 무슨 병으로던가 입원한 후로 자연히 가까워졌던 것이다. 그러나 왜 지금 그 정자의 생각이 났는가? 어쩐지 덕기에게서 받은 인상이 그 정자와 남매 같다고 생각하는 것이었다. 남매 ---- 가당치도 않은 생각이다. 민족이 다른 사람이다.

그러나 그보다도 정자가 퍽 새로운 생각을 가지고 사회 비평이나 정치 비평을 도도히 할 때마다 이 집 주인은 늘 웃으면서 다만 귀엽게 들어 주기도 하고, 장단을 맞추어 주기도 한 일이 있었더니만큼, 자기 역시 비교적 신지식에 어둡지는 않다고 생각하는 터이라, 머리 덥수룩한 청년(병화)이 친구들과 와서 일본말로 저희끼리 떠드는 소리를 귓결에 들을 때도 소위 '마르크스 보이'로구나 하고 반은 비웃음 섞인 친근한 감정을 느꼈었기 때문에, 지금 보는 덕기도 한

종류려니 하는 생각도 부지중에 나서 '마르크스 걸'인 정자가 불시에 연상된 듯도 싶다.110)

(가), (나), (다) 모두 화자 자체는 이야기 밖에 놓이지만, 내적 초점화를 통해 이야기가 제시되어있다. 아래 도식에서 보듯이 화자는 이야기 밖에 있으며, 이야기 안에 보는 주체 즉 내적 초점화자와 그 대상이 놓여 있다.

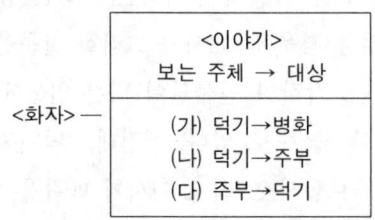

도식에서 보듯이 (가)의 초점화자는 '덕기'이며 초점화의 대상은 '병화'이다. (나)의 초점화자도 '덕기'이며 초점화 대상은 '주부'이다. (다)의 초점화자는 '주부'이며 초점화 대상은 '덕기'이다. (가), (나), (다)의 초점화자가 '덕기'와 '주부'로 변동됨으로써, 이야기를 화자가 전지적으로 이끌어 가는 것이 아니라 내적 초점화자인 인물들에 의해 조정되고 있다.

특히 (다)에서 '주부'는 '덕기'를 '마르크스 보이'라고 생각하고 있는데, 이것은 내적 초점화자의 잘못된 판단이다. 만약 비초점화를 통해 제시되었더라면, '덕기'가 '마르크스 보이'라고 제시되지는 않을 것이다. 그러나 '주부'라는 내적 초점화자에 의해 인물이 제시됨으로 해서 이야기가 사실과 다르게 전달되는 양상을 보이고 있다.

학습자들에게 내적 초점화자에 대한 교육을 하기 위해서는 인터뷰 형

110) 교육부, 『국어 상』(제 6차 교육과정), 224-230쪽에서 발췌 인용.

식의 배우-관객 대화극이 적합하다. 교사는 학습자들이 내적 초점화자로서 발화할 수 있는 맥락을 제공해 줄 수 있고, 여기에 따라 배우와 관객의 대화가 이루어질 수 있다.

교사는 '덕기', '병화', '주부'라는 인물을 설정하여 배역을 정한다. 관객으로서의 학습자들은 배우로서의 학습자들에게 질의를 한다. 질의 중에 '덕기'는 '병화'를 어떻게 생각하는지, '덕기'는 '주부'를 어떻게 생각하는지, '주부'는 '덕기'를 어떻게 생각하는지 하는 등의 것들이 나올 수도 있지만, 그렇지 않을 경우에, 교사가 그러한 질문을 배우들에게 할 수도 있다. 한편, 교사는, 각각의 인물들이 다른 인물에게 하고 싶은 말을 하라고 상황을 제시해 줄 수도 있다. 예컨대, "덕기씨, 병화씨에게 하고 싶은 말이 있으면 해 보십시오."라고 교사가 맥락을 설정해 주면, '덕기' 역의 학습자는 '병화'에게 하고 싶은 말을, 내적 초점화자의 입장에서 말하게 된다. 즉 위의 인용문 중 (가) 부분을 떠올리면서 '병화'에 대한 자신의 판단이나 생각을 말하게 되는 것이다. 마찬가지로, 교사가 실제적인 맥락을 제공하면, 학습자들은 (나)와 (다)를 떠올리면서 내적 초점화자로서 초점화 대상에 대한 발언을 하게 할 수 있다.

이러한 화자와 초점화자에 대한 구별은 이종 화자의 경우에만 발생하는 것은 아니다. 동종화자가 이야기를 서술하는 텍스트에서도 화자와 초점화자는 구별된다.

염상섭의 <만세전>의 경우, 화자는 '나'로서 동종화자이나, 화자가 이야기를 단독으로 이끌어가는 것이 아니라 초점화자인 또 다른 '나'에게 서술의 권한이 넘겨지기도 한다.

즉 이 텍스트는 화자인 '나'가 과거를 회상하면서 서술하는 방식으로 되어 있는데, 이러한 회상으로 인해서 서술하는 자아와 서술되는 자아(경험 자아)가 구별되는 것이다.

조선에 '만세'가 일어나던 전해 겨울이다. 세계대전이 막 끝나고 휴전조약이 성립되어서 세상은 비로소 번해진 듯싶고, 세계개조의 소리가 동양천지에 떠들 썩한 때이다. 일본은 참전국이라 하여도 이번 전쟁 덕에 단단히 한밑천 잡아서 소위 나리킨, 나리킨 하고 졸부가 된 터이라, 전쟁이 끝났다고 별로 어깻바람이 날 일도 없지마는, 그래도 또 한몫 보겠다고 발버둥질을 치는 판이다.

동경 W대학 문과에 재학중인 나는 때마침 반쯤이나 보던 연종시험을 중도 에 내던지고 급작스레 귀국하지 않으면 안 될 일이 생겼다. 그것은 다름 아니 라, 그해 가을부터 해산 후더침으로 시름시름 앓던 아내가 위독하다는 급전을 받았기 때문이었다.[111]

서술하는 자아인 화자로서의 '나'는 이미 삼일운동과 해방까지 모두 겪었고, 서술되는 자아인 경험자아로서의 '나'는 학생이며 이러한 역사 적인 일들을 겪기 전이다. 따라서 서술자아는 경험자아에 비해 훨씬 성 숙되었고 따라서 경험자아와 다른 정체성을 가지고 있다고 할 수 있다. 그러나 이 텍스트에서는 성숙한 서술자아가 이야기를 독점하는 것이 아니다. 즉 경험자아도 내적 초점화자로 기능하며 이야기에 대한 권한을 가지게 되는 경우가 발생하는 것이다.

나는 여기까지 듣고 깜짝 놀랐다. 그 불쌍한 조선 노동자들이 속아서 지상의 지옥 같은 일본 각지의 공장과 광산으로 몸이 팔리어 가는 것이 모두 이런 도 적놈 같은 협잡 부랑배의 술중(術中)에 빠져서 속아 넘어가는구나 하는 생각을 하며 나는 다시 한번 그 자의 상판때기를 치어다보지 않을 수 없었다.[112]

위의 인용에서 보듯이 이야기는 내적 초점화자인 경험자아의 눈에 의 해서 서술되고 있다. 즉 경험하는 자아로서의 '나'가 이야기를 이끌어가

---

111) 염상섭, <만세전>, 류보선 편, 『삼대 외』, 동아출판사, 1995. 541쪽.
112) 염상섭, 위의 책, 579쪽.

고 있는 것이다. 이러한 내적 초점화자의 역할은 텍스트가 진행되어 나가면서 더욱 두드러진다.

> 젊은 사람들의 얼굴까지 시들은 배춧잎 같고 주눅이 들어서 멀거니 앉았거나, 그렇지 않으면 빌붙는 듯한 천한 웃음이나 '헤헤'하고 싱겁게 웃는 그 표정을 보면 가엾기도 하고, 분이 치밀어 올라와서 소리라도 버럭 질렀으면 시원할 것 같다.
> '이것이 산다는 꼴인가? 모두 뒈져 버려라!'
> 찻간 안으로 들어오며 는 혼자 속으로 외쳤다.
> '무덤이다. 구더기가 끓는 무덤이다!'
> 나는 모자를 벗어서 앉았던 자리 위에 던지고 난로 앞으로 가서 몸을 녹이며 섰었다. 난로는 꽤 달았다. 뱀의 혀 같은 빨간 불길이 난로 문틈으로 날름날름 내어다 보인다. 찻간 안의 공기는 담배 연기와 석탄재의 먼지로 흐릿하면서도 쌀쌀하다. 우중충한 남폿불은 웅크리고 자는 사람들의 머리 위를 지키는 것 같으나 묵직하고도 고요한 압력으로 찌긋이 내리누르는 것 같다. 나는 한번 휘둘러다 보며,
> '공동 묘지다! 공동 묘지 속에서 살면서 죽어서 공동 묘지에 갈까 봐 애가 말라하는 갸륵한 백성들이다.'
> 하고 혼자 코웃음을 쳤다.113)

위에서 보면, 경험자아인 '나'의 내면이 직접적으로 인용되고 있음이 보여진다. 또한 '내어다 보인다', '쌀쌀하다', '같다'에서와 같이 현재형으로 서술됨으로써 서술하는 자아 즉 화자의 개입이 전혀 없는 것처럼 제시된다. 이렇듯 경험자아인 내적 초점화자의 적극적 매개를 통해 이야기는 회상체라는 특성이 점점 사라지게 되는 것이다.

일반적으로 회상체 서사적 텍스트의 경우, 서술은 서술자가 기다리고 있는 지점까지 인물을 데리고 가서 마침내 두 개체가 만나 한 몸이 되는

---

113) 염상섭, 위의 책, 640-641쪽.

것으로 되어 있다.[114] 그러나 이 텍스트는 이야기가 종결되어도 서술자아와 경험자아가 만나지 않는다.

> 나는 한 열흘 더 있다가 졸업 논문도 있고 아무래도 학교 일이 걱정이 되어서 떠나고 말았다. 정거장에는 큰집 형님, 병화 내외, 올라 들이 나왔다. 올라는 입도 벌리지 않고 오도카니 섰고, 병화 내외도 플랫폼의 보꾹에 매달린 시계만 쳐다보며 선하품을 하고 섰었다. 그러나 병화의 얼굴에는 그렇게 보아서 그런지 모든 오해를 풀고, 인제는 안심하였다는 듯이 화평한 기색이 도는 것 같았다.
> 차가 떠나려 할 제 큰 집 형님은 승강대에 섰는 나에게로 가까이 다가서며,
> "내년 봄에 나오면 어떻게 속현할 도리를 차려야 하지 않겠나?"
> 하고 난데없는 소리를 하기에 나는,
> "겨우 무덤 속에서 빠져나가는데요? 따뜻한 봄이나 만나서 별장이나 하나 장만하고 거드럭거릴 때가 되거든요!……"
> 하며 웃어 버렸다.[115]

위에서 보듯 이야기의 종결은 경험자아의 목소리로 끝맺게 된다. 즉 성숙하지 못한 경험자아의 이야기 제시는 서술자아의 그것과 일치하지 않는다. 즉 이야기 시작에 있어서 이야기를 이끌어 갔던 서술자아는 분명 경험자아보다 훨씬 성숙하고 역사적인 안목이 있는데, 이것이 경험자아의 목소리에서는 나타나지 않는 것이다.

이 텍스트는 서술자아와 경험자아가 서로 교체되면서 이야기를 이어 나가지만, 전체적으로는 텍스트가 진행되면서 이야기의 권한이 경험자아로 넘겨지는 양상이 보인다. 즉 경험자아가 내적 초점화자가 되어 이야기가 진행되는 것이다. 이러한 서술의 이중성은 화자와 내적 초점화자의 분명한 구별을 보여주는 예라 할 것이다.

---

114) Genette, Gèrald. 앞의 책, 215쪽.
115) 염상섭, 앞의 책, 672쪽.

이와 같이 동종화자의 서사텍스트에서 서술자아와 경험자아의 이분은 김승옥의 <무진기행>에서도 보여진다.

> 그때는 어머니가 살아 계실 때였다. 6.25사변으로 대학의 강의가 중단되었기 때문에 서울을 떠나 는 마지막 기차를 놓친 나는 서울에서 무진까지의 천여 리(千餘里)길을 발가락이 몇 번이고 부르터지도록 걸어서 내려왔고, 어머니에 의해서 골방에 처박혀졌고 의용군의 징발도 그후의 국군의 징병도 모두 기피해 버리고 있었었다. 내가 졸업한 무진의 중학교의 상급반 학생들이 무명지(無名指)에 붕대를 감고 '이 몸이 죽어서 나라가 선다면……'을 부르며 읍 광장에 서 있는 추럭들로 행진해가 서 그 추럭들에 올라타고 일선으로 떠날 때도 나는 골방 속에 쭈그리고 앉아서 그들의 행진이 집앞을 지나가는 소리를 듣고만 있었다. 전선이 북쪽으로 올라가고 대학이 강의를 시작했다는 소식이 들려 왔을 때도 나는 무진의 골방 속에 숨어 있었다. ---(중략)--- '어머니, 혹시 제가 지금 미친다면 대강 다음과 같은 원인들 때문일테니 그 점에 유의하셔서 저를 치료해 보십시오……'116)

서술자아인 화자는 과거 즉 '그때'를 회상한다. 그리고 '그때' 자신의 눈으로 본 것과, 자신이 느꼈던 것을 이야기한다. 즉 경험자아와 서술자아가 구별되는 것이다. 이야기는 내적 초점화자에 의해 매개되고 있다고 하겠다. 이 때문에 '어머니, 혹시 제가 지금 미친다면 대강 다음과 같은 원인들 때문일테니 그 점에 유의하셔서 저를 치료해 보십시오……'와 같이 자신이 썼던 일기장의 한 부분을 그대로 인용할 수도 있다.

또한 아래의 인용문에서는 과거의 상황들이 생생하게 표현되어 있는데, 이것 또한 내적 초점화자인 경험자아로서의 '나'의 눈으로 관찰된 것이라 할 수 있다.

---

116) 김승옥, <무진기행>, 한국현대문학 100년 기념 출판, 『무진기행』, 가람기획, 1999. 134쪽.

어느 해, 나는 그 집에서 방 한 칸을 얻어들고 더러워진 나의 폐(肺)를 씻어 내고 있었다. 어머니도 세상을 떠나간 뒤였다. 이 바닷가에서 보낸 일년. 그때 내가 쓴 모든 편지들 속에서 사람들은 '쓸쓸하다'라는 단어를 쉽게 발견할 수 있었다. 그 단어는 다소 천박하고 이제는 사람의 가슴에 호소해 오는 능력도 거의 상실해 버린 사어 (死語)같은 것이지만 그러나 그 무렵의 내게는 그 말밖에 써야 할 말이 없는 것처럼 생각되었었다.

아침의 백사장을 거니는 산보에서 느끼는 시간의 지루함과 낮잠에서 깨어나서 식은땀이 줄줄 흐르는 이마를 손바닥으로 닦으며 느끼는 허전함과 깊은 밤에 악몽으로부터 깨어나서 쿵쿵 소리를 내며 급하게 뛰고 있는 심장을 한 손으로 누르며 밤바다의 그 애처로운 울음소리에 귀를 기울이고 있을 때의 안타까움, 그런 것들이 굴껍데기처럼 다닥다닥 붙어서 떨어질 줄 모르는 나의 생활을 나는 '쓸쓸하다'라는, 지금 생각하면 허깨비 같은 단어 하나로 대신시켰던 것이다.[117]

위의 인용문에서는 과거 '나'가 느꼈던 것과 상황들이 감각적으로 생생하게 재현되어 있다. 이것은 서술자아에 의해서 설명되어지지 않고 경험자아의 눈을 통해 보여지고 있는 것이다. 그러나 경험자아만이 서술의 권한을 쥐고 있는 것은 아니다.

바다는 상상도 되지 않는 먼지 긴 도시에서, 바쁜 일과중에, 무표정한 우편배달부가 던져 주고 간 나의 편지 속에서 '쓸쓸하다'라는 말을 보았을 때 그 편지를 받은 사람이 과연 무엇을 느끼거나 상상할 수 있었을까? 그 바닷가에서 그 편지를 내가 띄우고 도시에서 내가 그 편지를 받았다고 가정할 경우에도 내가 그 바닷가에서 그 단어에 걸어 보던 모든 것에 만족할 만큼 도시의 내가 바닷가의 나의 심경에 공명할 수 있었을 것인가? 아니 그것이 필요하기나 했었을까? 그러나 정확하게 말하자면, 그 무렵 편지를 쓰기 위해서 책상 앞으로 다가가고 있던 나도, 지금에 와서 내가 하고 있는 바와 같은 가정과 질문을 어렴풋이나마 하고 있었고 그 대답을 <아니다>로 생각하고 있었던 듯하다. 그러면서

117) 김승옥, 위의 책, 156쪽.

도 그는 그 속에 '쓸쓸하다'라는 단어가 씌어진 편지를 썼고 때로는 바다가 암청색(暗靑色)으로 서투르게 그려진 엽서를 사방으로 띄웠다.[118]

위에서는 서술자아가 경험자아에 대해 말하고 있는 것이 보여진다. 즉 비초점화의 태도로 화자는 경험자아에 대해 말하고 있는 것이다. 따라서 <무진기행>도 <만세전>과 같이 서술자아와 경험자아가 교체되면서 이야기를 이끌어가고 있다고 말할 수 있다. 이야기에 내적 초점화자가 매개되는 경우에 한하여 그것을 도식으로 나타내면 다음과 같다.

<이야기>		
<화자> →	보는 주체 →	대상
현재의 '나' →	과거의 '나' →	사건
(서술자아)	(경험자아)	

이와 같이 경험자아와 서술자아가 구별되어 전자는 내적 초점화자로, 후자는 화자로 기능하는 텍스트의 표상을 위해서는 심리극 기법을 도입할 수 있다. 즉 심리극에서는 주인공 이외에 보조적 인물로서 보충적 자아를 둘 수 있는데, '나'라는 한 개체가 서술자아와 경험자아로 분열일 될 경우에 이 심리극적 방법을 활용할 수 있는 것이다. 따라서 배우는 '현재의 나'와 '과거의 나'로 설정이 된다.

교사는 '현재의 나'를 맡은 배우로서의 학습자에게 '과거의 나'에 대해 말해 보라고 한다. 그리고 '현재의 나'가 '과거의 나'에 관해 말하는 도중 교사는 '과거의 나'를 출현시켜 '과거의 나'가 과거의 일에 대해 말하게 하는 것이다. 이렇게 되면, '현재의 나'가 화자가 되어 초점화자 없이 발

---

118) 김승옥, 위의 책, 156쪽.

화하는 양상(비초점화)을 나타낼 수도 있고, '과거의 나'가 말하게 함으로써 내적 초점화자가 사건에 대해서 발화하게 할 수도 있다. 학습자들은 이러한 연행을 통해 '현재의 나'와 '과거의 나', 서술자아와 경험자아, 화자와 내적 초점화 사이의 거리를 체화하게 되는 것이다.

이처럼 이야기는 내적 초점화자의 매개에 의해 발화될 수도 있는데, 여기에서 내적 초점화자란 보는 주체에 머물 뿐이다. 즉 내적 초점화자의 시각을 매개하여 목소리를 갖는 화자는 분명 존재하는 것이다. 그런데 이러한 화자의 개입이 전혀 없는 서술이나 발화도 있을 수 있다. 바로 내적 독백이나 의식의 흐름 기법이 그것이다.

스콜즈와 켈로그에 의하면, 내적 독백이란 어떤 화자도 끼여들지 않은, 한 인물의 무언의 사고들의 직접적이고 즉각적인 표현이며, 그 표준적 자질로서 다음과 같이 다섯 가지를 들 수 있다. 첫째 작중 인물의 자기언급은, 만약에 있다면, 1인칭이다. 둘째 현재의 담론 순간은 이야기 순간과 같다. 셋째 언어, 즉 사투리, 말투, 단어, 그리고 문장의 선택은 화자가 어느 곳에서 끼여들든지 인물의 성격을 증명할 수 있다. 넷째 인물의 성격에 있어 어떤 것에 대한 암시는 곧 인물 자신의 생각 안에서 단지 필요로 하는 설명과 함께 만들어진다. 다섯째 수화자의 무지, 혹은 설명적인 필요에 대한 복종 없이, 생각하는 사람 이외에는 가정된 독자는 없다 등이다.

이러한 내적 독백은 의식의 흐름과 동일한 의미로 사용되기도 하지만 구별할 수도 있다. 즉 내적 독백의 경우, 인식이나 인물의 마음속에서 이미 말로써 표현된 사고의 묘사, 자신에게 소리 없이 말하는 직접적인 묘사에 제한되는 반면, 의식의 흐름은 말로 표현된 사고, 즉 내적 독백뿐만 아니라, 인물의 마음에 의해 생겨났으나 말로 형성되지 않은, 그러나 화자에 의한 내적 분석의 산물은 아닌 감각 인상들까지 포함하는 일종의 자유연상이라 할 수 있다. 즉 의식의 흐름이란 생각이나 느낌들을 의식의 표면을 스치는 그대로 기술하는 것이다.[119]

다음은 내적 독백이 나타나는 <유예>의 일부이다.

> 눈앞이 빙빙 돈다. 그는 마치 저 언덕길을 걸어가고 있는 것이 자기인 것만 같았다. 순간 그는 총을 꽉 움켜쥐었다. 내일을 위해 오늘의 싸움을 피한다는 것은 비겁한 수단이다. 지금 저 눈길을 걸어가고 있는 피해자는 그가 아니라 나 자신이다. 내가 지금 피살당하여 가고 있는 것이다. 쏴야 한다. 그는 사수를 겨누었다.[120]

위의 인용에서 보면, 인물이 '그'로 지칭되어 있는 것으로 보아 분명 화자는 이야기 밖에 있음에도 불구하고, 그 인물이 자신을 지칭하여 '나'로 제시하고 있는 것이 나타난다. 즉 이야기의 대상인 인물이 화자의 개입 없이 자신의 발화를 직접 하고 있는 것이다. 이것을 내적 독백(인용된 독백)이라고 할 수 있다. 뿐만 아니라 화자 또한 이야기를 제시함에 있어 인물의 내면에 들어가 그의 언어로 하고 있는 것이 확인된다. 이것은 서술된 독백이라고 할 수 있을 것이다. 즉 <유예>는 내적 독백이나 서술된 독백을 많이 활용하고 있다고 하겠다.

다음은 의식의 흐름이 나타나는 부분이다.

> 눈에 함빡 싸인 흰 둑길이다. 오오 이 둑길... 몇 사람이나 이 둑길을 걸었을 거냐. 훤칠히 트인 벌판 너머로 마주 선 언덕, 흰 눈이다. 가슴이 탁 트이는 것 같다. 꼭바로 걸어가시오. 남쪽으로 내닿은 길이오. 그처럼 가고 싶어하던 길이니 유감 없을 거요. 걸음마다 흰 눈 위에 발자국이 따른다. 한 걸음 두 걸음 정확히 걸어야 한다.[121]

---

119) 한용환, 『소설학사전』, 고려원, 1996. 115-116쪽.
120) 오상원, <유예>, 『한국소설문학대계36-갯마을, 유예 외』, 동아출판사, 1995, 418쪽.

이렇듯 내적 독백이나 의식의 흐름은 화자의 개입이 전혀 없이 인물 단독으로 자신의 심리를 발화하는 방법이다. 화자가 인물의 내면을 분석적으로 설명하는 것이 아니라 인물 자신의 언어로 자신의 의식 속에서 흐르고 있는 여러 가지 생각의 파편들을 현재형으로 그림으로써 이야기를 제시하는 방식이라 할 수 있을 것이다.

이러한 화자의 비개입은 인물의 대화를 제시하는 것에서도 나타난다.

> 전공 과목은? 왜 동무는 법과를 선택했었소? 어렸을 때부터 벌써 동무는 출신 계급적인 인습관념에 젖어 있었소, 그것을 버리시오.
> 나는 동무와 같은 인물을 아끼고 싶소, 나는 동무를 어느 때라도 맞아들일 마음의 준비를 가지고 있소, 문지방으로 스며 오는 가는 실바람에 스칠 때마다 화롯불이 붉게 번지어 갔다.
> 나는 동무를 훌륭한 청년으로 보고 있소. 자 담배를 태우시오.
> 꾸부러진 부젓가락으로 재 위를 헤칠 때마다 더욱 붉게 불꽃이 번진다.
> 그렇다면 동무처럼 불쌍한 청년은 이 세상에 또 없을 거요. 나는 심히 유감스럽소. 동무의 그 태도가 참으로 유감이오.[122]

인물의 대화가 인용부호 없이 제시되고 있다. 이것은 모든 행위나 사건이 모두 인물의 내면이나 의식 속에 녹아서 제시됨을 의미한다. 즉 여기서도 화자의 개입 없이 인물 스스로 사건을 제시하되 그것조차 자신의 의식 속에서 굴절시키고 있는 것이다.

이러한 화자의 개입 없는 내적 독백이나 의식의 흐름 기법, 인물의 내면 속에서 굴절된 대화의 제시 등을 교사는 학습자들에게 교육연극적 방법으로 체화시킬 수 있다.

이때 특히 학습자들을 충분히 이완시키는 것이 중요하다. 이완된 상태

---

121) 오상원, 위의 책, 119쪽.
122) 오상원, 위의 책, 412-413쪽.

에서 내면을 자유롭게 발화할 수 있기 때문이다.

　우선 교사는 인물(주인공)역을 맡을 학습자를 정하고, 그로 하여금 자신의 내면을 자유롭게 말하라고 한다. 혹은 어떤 상황, 예컨대 <유예>에서처럼 총살 당하기 직전의 느낌을 말하라고 한다. 이러한 상황은 절박하기 때문에 논리적인 인과성을 지닌 발화로 가지 않고 자유 연상에 의한 내적 독백이나 의식의 흐름 기법의 발화로 갈 가능성을 키운다. 학습자는 이러한 상황 제시에 의해 인물로서의 자신의 내면을 자연스럽게 말할 수 있다.

　또한 내적 독백이나 의식의 흐름 기법에 의한 서술을 더욱 분명하게 체화하기 위해서, 화자의 적극적 개입에 의한 서술과의 차이를 느끼게 하는 방법이 있다. 교사는 인물(주인공)이 아닌, 그 주인공을 보는 화자를 설정한다. 그리고 교사는 화자 배역의 학습자에게 인물(주인공)을 본 대로 말하라고 한다. 이런 상황에서 학습자는 인물에 대해 객관적인 시각을 갖게 되는데, 이를 통해 학습자들은 동일한 이야기가 각각 다른 화자에 의해 어떻게 달라질 수 있을지 확인하게 된다.

　신뢰성이 없는 화자의 수업도 교육연극적 방법으로 가능하다. 신뢰성이 없는 화자를 주로 내세운 작가는 채만식인데, 여기서는 <치숙>을 살펴보기로 하자.

　　　우리 아저씨 말이지요, 아따 저 거시키, 한참 당년에 무엇이냐 그놈의 것, 사회주의라더냐, 막걸리라더냐 그걸 하다, 징역 살고 나와서 폐병으로 시방 앓고 누웠는 우리 오촌 고모부 그 양반……
　　　머, 말두 마시오. 대체 사람이 어쩌면 글쎄……내 원!
　　　신세 간 데 없지요.
　　　자, 십 년 적공, 대학교까지 공부한 것 풀어먹지도 못했지요, 좋은 청춘 어영부영 다 보냈지요, 신분에는 전과자라는 붉은 도장 찍혔지요, 몸에는 몹쓸 병까

지 들었지요, 이 신세를 해 가지굴랑은 굴속 같은 오두막집 단간 셋방 구석에
서 사시장철 밤이나 낮이나 눈 따악 감고 드러누웠군요.[123]

화자인 '나'는 '아저씨'를 비난하고 있다. '아저씨'는 사회주의 사상가
이며 지식인이다. 그는 이러한활동 끝에 병을 얻은 사람으로 그려져 있
다. 그러한 '아저씨'를 '나'는 무척 못마땅해 한다. 특히 '말이지요', '없
지요' 등에서처럼 직접 독자에게 말을 건네는 형식으로 되어 있어, 독자
들이 이야기에 대해서 적극적인 태도를 갖도록 만들고 있다. 즉 텍스트
내에 화자의 말을 직접 듣는 수화자를 상정하여 독자가 그 수화자의 위
치에서 이야기를 읽을 수 있도록 하는 것이다. 이러한 서술 기법은 독자
를 적극적인 비판자의 위치에 서게 해 준다.

그러나 이러한 화자의 발화가 믿을 만하지 않다는 것을 아래 인용에
서 확인할 수 있다.

내 이상과 계획은 이렇거든요.
우리집 다이쇼가 나를 자별히 귀여워하고 신용을 하니깐 인제 한 십 년만
더 있으면 한밑천 들어서 따루 장사를 시켜 줄 눈치거든요.
그러거들랑 그것을 언덕삼아 가지고 나는 삼십 년 동안 예순 살 환갑까지만
장사를 해서 꼭 십만 원을 모을 작정이지요. 십만 원이면 죄선 부자로 쳐도 천
석군이니 머, 떵떵거리고 살 게 아니라구요.
그리고 우리 다이쇼도 한 말이 있고 하니까 나는 내지인 규수한테로 장가를
들래요. 다이쇼가 다아 알아서 얌전한 자리를 골라 중매까지 서 준다고 그랬어
요. 내지 여자가 참 좋지요.
나는 죄선 여자는 거저 주어도 싫어요.
---(중략)---그리고 내지 여자한테 장가만 드는 게 아니라 성명도 내지인 성명

---

123) 채만식, <치숙>, 이병렬 엮음, 『새 교과서에 따른 현대소설 86선』2, 문원각, 1996.
253쪽.

으로 갈고, 집도 내지인 집에서 살고, 옷도 내지 옷을 입고 밥도 내지 식으로
먹고, 아이들도 내지인 이름을 지어서 내지인 학교에 보내고……
　　내지인 학교래야지 죄선 학교는 너절해서 아이를 버려 놓기나 꼭 알맞지요.
그리고 나도 죄선말은 싹 걷어치우고 국어만 쓰고요.[124]

　화자인 '나'는 자신의 이상과 계획을 말하고 있다. 그는 일본인이 운영
하는 가게에서 일하고 있으며, 그 일본인이 말하는 것처럼 일본인 여자
에게 장가를 가고, 이름도 일본식으로 바꾸고, 의식주 모두를 일본식으
로 하고, 나중에는 자신의 아이들까지 일본인 이름을 지어서 일본인 학
교에 보내고, 아예 조선말은 쓰지 않겠다고 말을 한다. 이러한 반민족적
인 성향은 독자로 하여금 그의 이데올로기를 의심하게 하거나 그가 역사
와 사회에 매우 무지하다는 인상을 준다. 즉 그가 말하는 이야기를 독자
는 믿을 수 없는 것이다. 따라서 이 텍스트의 화자는 신뢰할 수 없는 화
자가 된다.
　이러한 신뢰성 없는 화자의 교육을 위해 적용될 수 있는 교육연극적
방법은 청문회 방식의 배우-배우 대화극이나 배우-관객 대화극이다.
　먼저, 배우-배우 대화극을 할 경우에, 교사는 '나', '아저씨', '아저씨의
부인', '다이쇼' 등 인물들을 설정하고, 이들에게 여러 가지를 질의할 수
있는 패널들을 설정한다. 이 패널들은 각 인물들에게 질문을 하는데, 특
히 학습자들은 화자인 '나'에게 비판적인 질의를 함으로써 '나'가 신뢰할
수 없는 화자라는 것을 체화하게 된다. 또한 '아저씨'의 말에서 '아저씨'
가 그렇게 비난받을 만한 인물이 아니라는 것을 발견하고 '나'가 더욱
신뢰할 수 없는 화자라는 것을 확인하게 된다.
　이러한 패널들의 질의 권한을 관객들에게 주게 되면, 배우-관객 대화

---

124) 채만식, 위의 책, 259쪽.

극이 된다. 이때 교사는 관객으로서의 학습자들에게 청문회를 한다는 설정을 해 주고 학습자들이 비판적인 의견을 개진할 수 있도록 돕는다.

4.4.3. 서사적 텍스트 쓰기와 교육연극

먼저 학습자들은 서사적 텍스트를 쓸 때 '누가 말하게 할 것인가'에 주목하게 된다. 즉 '누가 이야기하게 할 것인가'라는 것은 '화자가 말하게 할 것인가/보여주게 할 것인가(말하기/보여주기)', '화자를 이야기 속에 넣을 것인가/밖으로 낼 것인가(동종 화자/이종 화자, 극화된 화자/극화되지 않은 화자, 일인칭 화자/삼인칭 화자)', '이야기에 관해 모두 아는 화자를 내세울 것인가/부분적으로 아는 화자를 내세울 것인가(전지적 화자/제한적 화자)', '믿을 만한 화자를 내세울 것인가/믿지 못할 화자를 내세울 것인가(신뢰성 있는 화자/신뢰성 없는 화자)' 등의 설정과 관련이 있고, 특히 화자를 이야기 속에 넣을 것이라면 '나의 이야기를 할 것인가/남의 이야기를 할 것인가(주인공 화자/관찰자 화자)'라는 설정이 이루어지고, 만약 '나의 이야기를 한다'라고 설정이 되면 '나의 현재 이야기를 할 것인가/과거 이야기를 할 것인가(이야기 내적 화자/이야기 외적 화자)'라는 설정을 하게 된다.[125)]

서사적 텍스트 쓰기는 실제 작가로서의 학습자가 내포작가(implied author)가 되어 서사체를 구축하는 것이라 할 수 있다. 내포작가는 실제 작가와 다르다. 실제 작가는 서사적 텍스트의 영역에 포함되지 않는

---

125) 여기서, '나의 현재 이야기'를 하는 경우에만 '이야기 내적 화자'이고 '나의 과거 이야기'를 하는 경우에만 '이야기 외적 화자'라는 의미가 아니고, '나의 현재 이야기'를 하는 화자는 '이야기 내적 화자'에 포함되며, '나의 과거 이야기'를 하는 화자는 '이야기 외적 화자'에 포함된다는 의미이다.

다.126) 즉 서사적 텍스트 내의 발화자(speaker)라 할 수 있는 화자(narrator)
와 직접적인 관계를 맺고 있는 것은 실제 작가라기보다는 내포작가라고
할 수 있다. 따라서 학습자들은 서사적 텍스트를 창작할 때 내포작가의
정체성을 가지게 된다고 할 수 있다. 내포작가의 정체성을 갖고 화자를
설정하여 이야기를 구축하게 되는 것이다. 내포작가는 화자가 아니라 화
자를 창조하고, 특별한 방식으로 이야기를 이끌어 가며, 어떤 일들이 인
물에게 일어나게 하는 원리라고 할 수 있다. 화자와 달리 내포작가는 독
자에게 아무 이야기도 해 줄 수 없다. 즉 목소리가 없는 것이다.127) 따라
서 학습자들은 화자를 통해 이야기를 하게 한다고 볼 수 있다. 즉 내포
작가로서 학습자들은 화자를 창조하여 이야기를 구성해 나가는 것이다.

실제성을 띤 맥락을 제공하는 방법도 중요하다. 학습자들이 이 맥락을
충분히 내면화하여 이를 바탕으로 창작을 위한 발산적 사고를 할 수 있
도록 해야 하기 때문이다. 창작을 위한 발산적 사고를 하게 하기 위해서
는 학습자들을 이완시키는 과정이 필요하다. 이완을 통해 학습자들은 새
로운 사고들을 제지하지 않고 다양하게 많이 생산하게 된다. 학습자들을
이완시키는 방법은 눈을 감게 하거나 음악을 들려주는 방법 등이 있다.
그리고 나서, 교사는 실제적인 맥락을 제공한다.

교사가 제시할 수 있는 실제성을 띤 맥락의 예를 보이면 다음과 같다.

> 지금부터 과거로의 여행을 하겠습니다. 자신이 제일 행복했을 때를 떠올려
> 봅시다. 그때 곁에 누가 있었는지, 무슨 일이 있었는지, 언제, 어디서였는지, 그
> 날 하늘은 어떠했으며, 바람은 어떠했는지 다시 느껴 봅시다. 그 행복했던 순간
> 전에는 어떤 일이 있었습니까, 그 이후에는 또 어떤 일이 있었습니까? ---후략---

---

126) Chatman, Seymour. 앞의 책, 179쪽.
127) Chatman, Seymour. 위의 책, 175쪽.

위의 인용을 통해 알 수 있듯이, 교사가 의도하는 것은 학습자들이 동종·이야기 외적 화자를 통해 이야기를 제시할 수 있도록 하는 것이다. 핵사건인 행복했던 일과 주변사건인 그 이전과 그 이후의 일들을 사후제시 혹은 사전제시의 방법으로 서술하게 하는 전략이라고 할 수 있겠다. 또한 구체적인 '하늘', '바람' 등을 함께 떠올리게 한 것은 학습자들이 사건의 요약하기에 그치지 않고 장면제시를 통해서도 이야기를 제시할 수 있도록 하기 위한 배려이다.

4.5 서사적 텍스트 읽기와 교육연극적 토의의 결합

4.5.1 서사적 텍스트 읽기와 결합된 연극적 토의의 방법

서사적 텍스트 읽기는 토의 활동의 자료로도 활용될 수 있다. 특히 갈등이 나타나고 이것의 해소를 플롯으로 하는 서사적 텍스트의 경우가 그러하다. 뿐만 아니라 토의와 관련되는 다양한 인물들의 내면을 이해하는 데에도 서사적 텍스트가 활용될 수 있다.

토의의 자료로 활용되는 서사적 텍스트는 소설뿐만 아니라 사건이 중심이 되는 신문 보도 자료나 텔레비전 뉴스, 영화, 연극 등이 모두 포함되지만 여기서는 소설과 보도 자료를 중심으로 이것이 어떻게 토의 수업에 활용될 수 있는지 살펴보기로 한다.

토의 수업은 학생들의 국어 사용 능력이나 의사소통 능력을 증진시킨다는 점에서 의의가 있다. 특히 제 7차 교육과정은 국어 교육의 궁극적인 목표를 사고력 신장에 두고 있는데, 토의의 과정은 필수적으로 사고력을 요하게 되므로, 토의를 통하여 의사소통 능력뿐만 아니라 사고력까지 신장시킬 수 있음은 재고의 여지가 없다.

　토의 수업은 국어과 교육과정을 넘어서서 전 교육과정의 목표 달성에도 큰 역할을 담당한다. 제 7차 교육과정에서는 교육을 통해 길러내고자 하는 이상적인 인간상을, 가. 전인적 성장의 기반 위에서 개성을 추구하는 사람, 나. 기초 능력을 토대로 창의적인 능력을 발휘하는 사람, 다. 폭 넓은 교양을 바탕으로 진로를 개척하는 사람, 라. 우리 문화에 대한 이해의 토대 위에서 새로운 가치를 창조하는 사람, 마. 민주 시민 의식을 기초로 공동체의 발전에 공헌하는 사람으로 규정하고 있는데,[128] 토의 수업을 통해 이 목표들이 달성될 수 있다. 그러나 기존의 토의 방식으로는 전인적 성장이나 창의적 능력을 신장시키는 데에 한계가 있다. 따라서 교육과정에서 추구하는 목표들을 좀 더 적극적으로 실현시킬 수 있는 방법을 고안하는 것이 필요하다. 뿐만 아니라 토의의 과정에 학생들을 적극적으로 참여시킬 수 있는 토의 수업 모형이 요구된다.

　따라서 일반적인 토의 수업 모형을 변용(transformation)하여 교육 목표를 달성하고 토의에 학생들이 적극적으로 참여할 수 있게 하는 것이 필요하다. 여기서 일반적인 토의 수업 모형이라고 하면, 특정 교과와 특정 내용에 구애됨이 없이 일반적으로 적용되어질 수 있는 토의 수업 모형이다. 이 부류에 속하는 것으로는 힐(Hill)의 모형, 게이지(GAge)의 모형, 아렌드(Arends)의 모형, 데이비스(Davis)의 모형, 존슨(Johnson)의 모형, 지그소우(Jigsaw)의 모형 등을 들 수 있다. 이들 일반적 토의 수업 모형은 몇 가지 공통점을 지니고 있다. 우선, 학급을 몇 개의 집단으로 나누고, 집단의 구성원들 사이에 신뢰감을 바탕으로 서로 의견을 자유롭게 주고받을 수 있는 대화의 분위기를 중시한다. 또 토의 전 단계와 토의 단계, 토

---

128) 교육부, 앞의 책, 2쪽.

의 후 단계로 나누어서 전개시키기도 하는데, 주로 토의 전 단계에서는 토의할 화제를 선정하고, 토의 단계에서는 의견과 정보를 교환하며, 토의 후 단계에서는 평가 활동을 포함시키고 있다.[129]

이 외에 한국교육개발원이 제안한 토의 수업 모형도 있다. 이 모형에서도 토의 수업의 절차를 주제 설정, 안내, 토의 전개, 정리로 요약하고 있다. 각 단계 별로 구체적인 활동을 정리하면 다음과 같다.[130]

---

129) 힐은 토의 수업 단계를, 사전 준비-어휘(용어와 개념 정의)-내용의 일반 진술-상위 주제와 하위 주제의 설정 및 토의-내용의 응용(통합)-토의 내용을 자신에 적용하기-자료 내용의 평가-집단 및 개인 성취의 평가로 제시하고 있다.

아렌드는 토의 수업 단계를, 수업 목표 제시와 학습 태세 준비-토의에 집중시키기-토의의 전개-토의의 종결-토의의 검토로 정리하고 있다.

지그소우는 토의의 절차를, 집단 구성-학습 과제 세분하여 한 학생이 과제 영역 중 하나의 하위 주제를 책임지도록 하기-학습 과제에 대한 조사-토의와 협동 학습-평가로 제시한다.

존슨은 토의 수업의 절차를, 집단 구성-학습 과제의 집단별 제시와 공동 목표 설정-과제에 대한 학습과 토의-평가로 제시한다.

데이비스는 토의의 과정을 토의 전-토의-토의 후로 나누고, 토의 전에는 토의의 규칙 설명과 토의 준비를, 토의 단계에는 학생들 사이의 질의와 응답과 브레인 스토밍을, 토의 후에는 평가 과정을 제시하고 있다.

게이지 또한 토의의 과정을 토의 전-토의-토의 후로 나누고, 토의 전에는 주제 선정, 배경 지식의 획득, 토의 목표의 구체화 등을, 토의 단계에서는 교사의 적극적 조정에 의한 학생의 토의 참여를 중시하며, 토의 후에는 기록과 보존의 과정을 넣고 있다.

Hill, W.F. *Learning Through discussion*(3rd ed.), Beverly, Hills, Cali: Sage Publications, 1994. pp.1-52

Anderson, E. *The Jigsaw Classroom, Sage,* Beverly Hills, California, 1978.

Johnson, D.W. & F.P. Johnson. *Joining Together, Group Theory and Group Skills,* Englewood cliffs, N.Y.: Prentice-hall, 1975.

권낙원, 『토의 수업의 이론과 실제』, 현대교육출판, 1996. 85-152에서 재인용.

130) 진권장, 윤병희 편, 『대화와 토의, 우리 교실에서는 불가능한가?-대화 토의 능력 향상을 위한 수업 모형』, 한국교육개발원, 1990.

단 계	구체적 활동
주제 설정	토의 목적 확인, 토의 주제(화제) 결정
안 내	토의 방식 결정, 집단 편성 및 역할 분담, 토의에 필요한 준비물 확인, 토의의 구체적 절차 확인(교사의 설명)
토의 전개	집단별 구체적 토의 주제 및 내용 확인, 집단별 구체적 토의 절차 확인, 집단 내에서의 역할 분담, 개인별 사고, 집단 구성원 간의 토의
정 리	집단별 토의 결과 정리 발표, 집단별 토의 과정 반성 및 평가, 학급 토의 결과 종합 정리, 학급 토의 과정에 대한 반성 및 평가

위에서 제시한 여러 토의 수업 모형들은 거의 유사한 절차와 방법을 취하고 있다. 동시에 학생들이 토의에 적극적으로 참여할 수 있는 방안 은 제시하지 않고 있다. 즉 학생들이 해야 할 활동만을 나열해 놓았을 뿐, 그 활동을 유발해 낼 수 있는 성취동기를 제시하지 않음으로 해서 실제 학교 현장에서 토의 수업에 적극적으로 활용되기는 어려운 것이다. 학생들의 성취동기나 흥미를 유발하지 않는 수업 모형은 학생들의 참여 를 높일 수가 없다. 따라서 본고에서는 이러한 일반적인 토론 수업 모형 을 변용하여 학생들의 적극적인 참여와 이를 통해 문제 해결 의지를 고 취할 수 있는 대안적 수업 모형을 마련하고자 한다.

본고에서 제기하는 변용의 매개는 모방 놀이(mimicry)와 경쟁 놀이 (agon)이다. 모방 놀이와 경쟁 놀이는 모두 연극적 상상력을 통한 놀이라 고 할 수 있다.

우선 모방 놀이는 자신을 타자로 가정하는 놀이이다.131) 만약 학생들 이 토의에 참여할 때 자신을 그 토의의 화제와 관련된 인물로 가정한다 면 토의가 추구하는 문제 해결에 관해 적극적인 의지를 갖게 된다. 뿐만

---

131) Caillois, R 이상률 옮김, 『놀이와 인간』, 문예출판사, 1994. 46-52쪽.

아니라 문제에 대한 심리적 거리를 좁힘으로써 학생들은 방관자적 자세에서 벗어나 그것을 자신의 문제로 동화시킬 수 있다. 이 과정에는 비판적이고 추론적인 사고 능력인 인지적 사고 능력뿐만 아니라 정의적 사고 능력도 수반됨으로써, 전인적 성장과 개성 발견, 창의력 신장, 문제 해결을 통한 새로운 가치 창조라는 제 7차 교육과정이 지향하는 목표 달성이 가능하게 된다.

둘째, 경쟁 놀이는 놀이에 참여하는 사람들이 서로 놀이의 주도적인 역할을 담당하고자 경쟁하게 되는 놀이이다.[132] 토의에 경쟁이 매개되지 않을 경우 토의가 활성화되기 어렵다. 그러나 경쟁이 너무 지나칠 경우도 학생들이 토의에 참여하기를 어려워 할 수도 있다. 그러나 모방 놀이와 경쟁 놀이가 결합되면 학생들이 자연스러운 분위기에서 적극적으로 토의에 참여할 수가 있다. 왜냐하면 학생들은 자신의 현실적 정체감을 가지고 토의에 참여하는 것이 아니라 타자의 정체감으로 토의에 참여하기 때문에 부정적인 자아 개념 없이 경쟁 공간에 들어설 수 있는 것이다.[133]

국어 활동은 그것이 이루어지는 실제적 상황 안에서 화자, 청자, 텍스트, 지시 대상들이 복합적으로 작용하는 총체적 과정이라는 관점에서 바라보아야 한다.[134] 토의 수업에서도 이러한 총체성이 강조됨은 물론이다.

---

132) Caillois, R., 위의 책, 39-46쪽.
133) 이 과정은 아동기의 소꿉놀이와 유사하다. 소꿉놀이에 아동은 수동적으로 참여하지 않는다. 즉 아동은 자신을 특정한 타자로 동일시하면서 그 놀이에 적극적으로 참여하게 되는 것이다. 소꿉놀이는 일종의 모방 놀이이지만 그 참여자들이 자신의 역을 중시하려는 점에서, 즉 자신이 행위자(agent)들의 관계에 있어서 주동자가 되려고 한다는 점에서 경쟁놀이의 성격도 강하다.
134) 이삼형, 「사고 교육으로서 국어교육」, 이삼형·김중신 외, 『국어교육학』, 소명출판, 2000. 20쪽.

또한 토의는 의사 소통력을 신장시키기 위한 방법이며, 이 의사 소통은 문제 해결 과정이라 할 수 있으므로,[135] 토의의 과정을 통해 문제를 해결하는 방법을 학생 스스로 탐색하고 이를 통해 전인적 인격을 추구한다면, 이는 단순히 의사 소통 기술의 문제가 아님은 명백하다.

이러한 토의 교육은 구성주의적 교육관과도 연관된다. 구성주의적 교육관에서는 토의의 결과를 중시하기보다는 그 과정을 더욱 중시한다. 따라서 토의는 단순히 한 집단의 의견 일치를 보기 위한 조작적 기제가 되지 않는다. 오히려 토의의 장에서는 집단의 의견을 확충시키고 이를 다원화시키는 민주주의가 지향된다. 이러한 정보의 민주주의와 의견의 다원성을 인정하는 토의의 장만이 창의성을 개발할 수 있는 기반이 되는 것이다.

국가 수준의 제 5차 국어과 교육과정 이후 지속적으로 학생들이 수업에 주체적으로 참여할 수 있도록 하는 과정 중심의 교육과정을 중시하여 왔으나, 그 실천이라 할 수 있는 학교 수준의 교육과정의 경우 평가의 신뢰성 등의 문제로 학생을 수업의 객체로 두고 그 결과만을 중시하여 온 것이 사실이다. 이러한 악순환이 되풀이되어 온 이유는 역시 교수 방법의 부재라 할 것이다. 앞서 현재까지 제시되어 온 대표적인 토의 수업의 모형들을 살펴보았지만, 이 모형들은 학생들은 수업에 적극적으로 참여시키는 방안을 제시하지 못하고 있다. 따라서 토의의 과정에 있어서도 학생들은 언어의 수사적인 측면에 집중하여 말 그대로 언어 내적인 場에 국한된 토의를 주로 하게 된다. 이것은 단순히 언어의 수사적인 기능을 신장시키는 방법밖에 될 수 없다. 문제 해결 과정으로서의 의사 소통력 신장에는 한계가 있는 것이다.

---

135) 교육부, 앞의 책, 126쪽.

물론 언어 내적이고 수사적인 측면을 강조하는 토의 교육도 필요하지만, 7차 국어과 교육과정에서도 지적하듯이 다원화된 사회의 아노미 현상을 극복하고, 폭발하는 정보의 비판적 수용을 위해서는 다른 차원의 토의 방식이 필요하다. 토의를 통해서 학생들이 속한 사회나 집단의 문제를 해결하고 궁극적으로 전인적인 성장이 가능하게 할 수 있는 방법이 필요한 것이다. 이것을 부르디외(Bourdieu, P.)의 용어로 풀면, 아비투스의 재구성을 위한 토의 교육이라는 명제로 구현시킬 수 있을 것이다. 아비투스는 고정된 현실태의 모습만을 하고 있는 것이 아니라 끊임없이 변하는 잠재태이므로, 학생들은 자신이 속한 집단의 문제 해결을 위한 토의를 통해 이 잠재태를 긍정적으로 변화시킬 수 있다.

그렇다면 학생들의 사고력을 신장시키고 아비투스를 재구성할 수 있는 토의의 방식은 어떠해야 하는가. 지금까지 이루어진 토의는, 학생들이 자신의 현실 정체성을 바탕으로, 스키마를 발동시키면서 이를 재구성하여 표출하는 방식으로 이루어져 왔다. 즉 존재론적 측면에서 볼 때는 현실적 정체감, 인식론적 측면으로는 자신의 인지구조 재구성이 토의의 바탕이 되어 온 것이다.

이러한 방식은 참가자들로 하여금 자의식을 발동시켜 자신의 의견을 표출하는 데 장벽(barrier)을 침으로써 토의에 소극적으로 임하게 만들었다. 토의의 장이 자신의 의견을 펼치는 곳이라는 개념 하에서는, 자신감으로 충만한 소수의 엘리트들만이 토의에 참여하게 된다. 평범한 학생들은 자신의 의견에 대해 확신하지 못하며, 의견이 거부당할까 하는 의구심에서 토의에 참여하기를 꺼리게 되는 것이 보통이다.

실제로 인문계 고등학교 세 학급을 대상으로, 학급을 다섯 조로 나누어 일반적인 토의 방식으로 토의를 진행시켜 본 결과, 토의에 참여한 학생 수는 다음과 같았다.

반	1반					2반					3반				
조원 수	8	8	8	8	8	8	8	8	7	7	8	8	8	8	7
참여자 수	5	5	4	3	2	6	4	4	4	3	4	4	3	3	3

　토의가 민주적인 의사 소통 방식으로 자리 잡기 위해서는 토의를 구성하는 사람들이 모두 적극적으로 토의에 참여해야 함에도 불구하고 위의 표에서 볼 수 있듯이 많은 학생들이 토의에 참여하지 않고 있다. 토의에 참여하는 학생들은 토의의 장에서 엘리트로 기능하며 토의의 과정을 지배한다. 반면 토의에 참여하지 않는 학생들은 토의 화제에 관해 생각이 있다 하더라도 그것을 표현하지 않는 것이다. 이러한 학생들의 침묵을 공식적 발화의 현장으로 이끌어 내는 것이 모방-경쟁 놀이에 의한 토의이다.

　모방-경쟁 놀이를 통한 토의는 연극적 상상력을 동원한 놀이 공간에서 이루어진다. 연극적 상상력이란 자신을 타자로 동일시하는 창의적 가정을 수반한다.

　특히 모방-경쟁 놀이는 두 가지 방향의 창의적 가정을 수반하는데, 창의적 가정 그 첫 번째는, 학생이 자신을 이상적인 대화자(ideal speaker)로 치환하는 것이다. 이러한 치환은 이완과 집중의 상호작용에 의해 이루어질 수 있다. 학생들이 충분히 정신적·정서적으로 이완되면서 동시에 이상적 대화자의 모습에 집중함으로써 다른 학생들과의 수평 관계에서 의사 소통을 시작한다. 학생들은 능력에 따라 서열 관계를 이루는 것이 아니라, 모두 차별화된 개체라는 관점을 갖게 된다. 학생 집단에 존재하는 것은 위계 질서가 아니라 서로 간의 차이라는 생각이 공유되는 것이다. 학생들은 자신을 이상적 대화자의 모습으로 가정하고, 이러한 가정은 학생에게 긍정적인 자아 개념을 심어 주고, 이 긍정적인 자아 개념은 학생으로 하여금 토의에 적극적으로 참여하게 만든다.

창의적 가정의 두 번째는, 학생들이 토의의 화제에 대한 다양한 입장을 취하는 인물로 가정하는 것이다. 즉 학생은 자신을 특정한 허구적 자아로 치환한다. 학생은 이 치환으로 이루어진 허구적 자아로서 토의에 참여함으로써, 또 다른 인물로 가정한 학생과의 차이가 발생하게 되고, 이 차이로 인해 토의에 적극적으로 참여할 수 있게 된다. 이렇듯 학생들은 토의 화제에 대해 다양한 입장을 취하는 발화자로 스스로를 동일시함으로써 토의 화제에 대한 다양한 관점을 이해하고 비판하게도 된다.

이러한 모방과 가정의 두 차원은 경쟁을 수반한다. 즉 이상적 대화자로 가정할 경우 학생은 참여자들 중에서 가장 이상적인 대화자가 되기 위해 경쟁하게 된다. 뿐만 아니라 허구적인 정체감을 가지고 특정한 인물로 토의에 참여하기 때문에 그 인물들 중에서 주동적인 역할을 점유하기 위해 경쟁하게 되는 것이다.

그러나 경쟁 놀이는 경쟁심 조장으로 나아가서는 안 된다. 경쟁 놀이는 개인적인 경쟁심(competitive spirit)을 조장하는 것이 아니라 경쟁력(competitiveness)을 추구한다고 볼 수 있다. 경쟁력은 토의의 참여자들끼리의 협동적 분위기를 만든다. 즉 한 문제를 해결하기 위해 참여자들은 서로 협동하게 되는 것이다.

이러한 경쟁력 추구는 놀이에서 강조하는 규칙과도 관련이 된다. 모방 - 경쟁 놀이가 원활하게 이루어지기 위해서는 규칙(ludus)이 준수되어야 한다.[136] 이상적 대화자로서 모방-경쟁 놀이에 참여할 경우, 타자의 의견을 경청하고, 이를 비판적으로 수용하는 분위기를 유지해야 한다.

---

136) Caillois, R. 앞의 책, 58쪽.

허구적 자아로 모방-경쟁 놀이에 참여할 경우는, 그 허구적 자아 개념을 지속시켜 현실적 자아 개념이 개입하지 않도록 해야 한다.

실제로 모방-경쟁 놀이에 의한 토의를 실시해 본 결과, 토의에 참여한 모든 학생들이 토의에 참여하는 양상을 보였다. 이것은 앞서 제시했던 일반적 토의 방식에 의한 수업에 참여한 학생 수를 고려해 볼 때 고무적인 현상이라 할 수 있다. 학생들은 자신이 이상적 대화자라는 긍정적 자아 개념이 섰을 뿐만 아니라, 특정한 인물로 토의에 참여하기 때문에 다른 참여자들과 차이가 발생하게 되고, 이 차이에 의해 참여자들 사이의 능력별 서열 관계는 해체되었기 때문이라고 생각된다.

요컨대, 기존의 토의 방식과 모방-경쟁 놀이에 의한 토의의 차이점은 다음과 같다.

	기존 토의 방식	모방-경쟁 놀이에 의한 토의
참여자	소수 엘리트 중심	수평적 관계에 놓인 집단 구성원 모두
정체감	현실적 정체감	허구적으로 재구성된 정체감
자의식	과도한 발동	발동이 상쇄됨
방 향	토의 경쟁을 통한 승패 가리기	아비투스 재구성과 정보의 민주주의
목 적	언어 내적·수사학적 언어 구사 능력 개발에 치중됨	집단의 여러 문제를 재고하고 해결 방안 모색

기존 토의 방식도 의의가 있으나, 이것으로 해결될 수 없는 문제가 많은 것도 사실이다. 이를 위하여 모방-경쟁 놀이에 의한 대안 토의 모형(alternative discussion model)이 필요한 것이다. 여기서 '대안 모형'이란 용어를 쓴 이유는, 이 모형은 기존의 토의 모형과 대립적 관계에 놓이지 않으며, 오히려 기존의 토의 모형을 변형한 것이기 때문이다. 따라서 이

토의 모형은 집단의 문제를 해결하기 위하여 집단을 구성하는 사람들을 모두 토의에 적극적으로 참여시켜야 할 때, 또 문제 해결이나 사고력 신장을 위해 브레인 스토밍(brain storming)을 할 때 활용될 수 있다. 또 일반적 토의 방식으로는 토의가 잘 이루어지기 어려운 집단에 알맞다고 할 수 있다. 따라서 이 대안적인 토의 모형은 일반적인 토의 방식과 대화 관계 속에서 토의 문화 활성화에 기여할 수 있다고 생각된다.

특히 연극적 토의는, 구체적 상황을 설정하여 준다. 구체적 상황이 결여된 토의의 장은 관념적으로 치우칠 가능성이 많다. 관념적인 토의로는 구체적인 집단의 문제를 해결하기 어렵다. 따라서 토의에 있어서도 맥락과 상황이 주어지는 것이 필요한데, 이것을 조성해 주는 것이 모방·경쟁 놀이에 의한 토의이다. 즉 모방·경쟁 놀이의 토의 수업에서는 학생이 타자로 동일시하는 모방 놀이의 과정이 있음으로 해서, 토의 수업에서 간과되기 쉬운 맥락을 형성시킨다. 진공 상태에서 토의가 벌어지는 것이 아니라 특정한 맥락, 즉 토의가 이루어지는 허구적인 맥락이 설정되고, 학생들은 이 구체적 맥락 속에서 타자의 탈을 씀으로써 토의가 시작되는 것이다.

이렇듯 학생의 타자로의 모방 즉 창의적 가정이 자유롭게 되는 경우는 별 문제가 되지 않지만, 유년기와 다르게 청소년기 학생들은 자신을 타자와 동일시하는 것을 어려워 할 수도 있다. 따라서 모방 놀이를 활성화하기 위해서는 토의 이전에 몇 가지 활동이 필요하다. 또 이 활동은 본격적인 토의의 활성화를 위해서도 필요하다.

우선 학생이 토의의 화제와 관련된 인물이 되기 위해서는 그 인물과 관련된 정보가 있어야 한다. 예컨대 원조교제에 관한 토의를 벌인다고 할 때 원조교제와 관련된 인물들에 관한 정보가 있어야 하는 것이다. 이러한 정보를 획득하기 위해서는 웹 써핑(web surfing)이 용이하다. 웹은 하이퍼미디어(hypermedia) 방식으로 담론 읽기를 유도한다. 하이퍼미디어란 온라인 상태에서 비선형적 유통 상태에 있는 담론들 사이를 자유롭게 이동하면서 사용자 자신의 인식 세계와 융합시킬 수 있다는 의미에서 나온 말이다.137)

학생들은 웹 써핑을 통해 다양한 담론들을 읽을 기회를 가질 수 있다. 즉 웹 써핑은 담론간의 인식론적 여행과 담론들과의 대화를 유도한다. 인터넷상에는 상호주관적(inter-subjective) 입장에 놓인 담론들도 존재하며, 대립적인 입장을 취하는 담론들도 올려져 있다. 이 담론들의 약호화 매체도 언어, 시각, 음악 등 다양하다.

인터넷이 제공하는 시각·청각 등의 매체는 학생의 참여도를 높일 수 있다. 웹 써핑은 실패에 대한 불안감 없이 연상 작용에 따라 노드(nodes)를 이어가면서 타자의 담론들을 재구성할 수 있게 해 주며, 특히 언어 기호뿐만 아니라 다양한 감각적 기호들을 제공한다는 점에서 영상 매체에 적응된 학생들이 적극적으로 활용하기 쉽다.

웹 써핑에 의한 대화에서 교사는 웹과 학생들의 중개자가 된다. 많은 노드 중에서 학생이 무엇을 설정해야 할지 교사가 지적하는 것이 아니라, 항해 방향을 잡지 못하고 있는 학생들이 구조 요청을 할 때 교사는 검색해야 할 내용과 방향을 지적할 수 있다. 학생들이 자유로운 브라우징(browsing)을 할 수 있게 중개하는 것이다. 학생들은 타자의 담론을 접하면서 타자의 관점들을 경유하여 '체험의 객관화', 혹은 '일반화된 타자'를 경험한다. 이로써 담론에 대한 풍부한 해석들이 생산되며 가상공간(cyberspace) 자체가 문화 생산의 민주적인 장이 된다.138)

---

137) 이채연, 「하이퍼미디어를 이용한 국어과 수업 전략」, 『어문학』 제 60집, 1997.2. 495쪽.
138) 가상공간은 횡적인 개방성을 띤다. 가상공간은 과거처럼 권력자, 자본, 언론들이 영

이러한 여러 담론 읽기를 통해 토의 화제와 관련된 정보를 습득하게 되고 이 정보가 내면화되면서 타자로의 동일시로 향하게 된다.

특히 타자와의 동일시를 활성화시키는 토의 전 활동은 서사적 텍스트 읽기이다. 서사적 텍스트는 여러 인물들이 등장하여 사건과 갈등을 일으키며 이야기를 진행시키는 문학 텍스트이다. 더불어 서사적 텍스트에는 화자나 다수의 초점화자가 이야기를 제시하기 때문에 서사적 텍스트가 지향하는 이데올로기는 결코 단선적일 수 없다. 이렇듯 서사적 텍스트는 대화가 이루어지는 장이므로 토의의 화제와 관련된 서사적 텍스트를 읽는 것은 모방-경쟁 놀이에 의한 토의를 활성화시켜 준다. 즉 학생들은 서사적 텍스트를 읽는 과정 중에 의미를 재구성해 나가게 되는데, 이 과정 중에 학생들은 서사적 텍스트 내의 다중적 대화의 참여자들인 화자와 초점화자, 인물들과의 동일시를 하게 되고, 이 동일시는 토의의 선수 과정인 동일시 과정으로 수렴될 수 있다. 이러한 동일시는 타자와의 감정 공유라는 정의적 사고 과정이라 할 수 있다.

또 학생들은 서사적 텍스트의 플롯에서 갈등이 해결되는 양상을 살피면서 토의에서 제기되는 문제 해결의 전략을 발견하게 된다. 이것은 플롯의 논리성과도 관련이 되는데, 서사적 텍스트의 플롯이라는 것이 인과성을 바탕으로 하기 때문에 사건을 일으키는 원인으로서의 갈등이 어떻게 해소되는지 살피는 것은 학생들의 인지적 사고 활동으로 이어질 수 있다. 이렇듯 토의 수업의 선수 과정으로서의 서사적 텍스트 읽기는 학생들의 정의적 사고와 인지적 사고를 통합시켜 준다.

원불변한 헤게모니를 갖고 있는 것이 아니다. 누구의 홈페이지든 사이버스페이스의 새로운 권력을 창출할 수 있다.
정태영, 『사이버스페이스 문화읽기』, 나남출판, 1997. 245-246쪽.
크리스찬아카데미 편, 『정보화시대 교육의 선택』, 대화출판사, 1997. 269쪽.

이러한 서사적 텍스트 읽기는 학생들의 자유로운 오독을 적극적으로 인정하는 방향으로 나아가야 한다. 학생들은 일반적으로 자신의 컨텍스트을 발동시키며 서사적 텍스트를 읽게 된다. 토의를 위한 읽기이므로 학생들은 서사적 텍스트를 정확하게 읽으려고 하기보다는 자신의 컨텍스트를 어느 때보다 적극적으로 서사적 텍스트 읽기에 개입시킨다. 학생들이 컨텍스트가 매개된 읽기를 알레고리적 읽기라고 할 수 있는데, 이 읽기 방식을 통해 학생들은 자신의 인식론적 바탕(epistemic ground)에 따라 자의적으로 서사적 텍스트의 수사적 장치를 추출해 내고, 이에 따라 자신만의 담론을 구성할 수 있다.139) 학생들은 자유롭게 서사적 텍스트의 해석소(interpretant)를 선택할 수 있기 때문에, 학생 자신의 컨텍스트를 발동시킨 알레고리적 읽기는 서사적 텍스트에 대한 다양한 담론들을 만들어 내는 것이다. 이렇게 하여 오독은 학생들로 하여금 토의 화제에 관한 다양한 사고를 하게 만든다.

오독과 다양한 사고를 더욱 활성화시키기 위해서는 서사적 텍스트 읽기한 내용을 학생들 상호간에 대화로써 증폭시킬 수 있도록 해야 한다. 이러한 대화적 공간으로서의 수업의 장에서는 교사도 대화의 참여자가 된다. 교사가 재구성하는 담론 또한 학생들과의 역동적 대화 속에 他者로 존재하게 된다. 즉 교사의 담론이 학생들과의 대화 관계에서 권위적 위치를 점유하는 것이 아니라, 학생들과 수평적 대화 관계를 형성해야 한다. 교사와 학생은 모두 평등하게 자신의 컨텍스트와 토의 화제에 관한 상호적 대화를 통해 알레고리적인 약호 전이(allgorical transcoding)로 서사적 텍스트의 내용과는 또 다른 새로운 담론을 생산하게 되는 것이다.

그러나 교사와 학생의 관계가 수평적이라 하더라도, 학문적 개념과 원

---

139) Graham, J.F. *Onomatopoetics-Theory of language and literature*, Cambridge Uni. Press, 1992. pp.279-280

리를 담론의 지배적 약호(mastercode)로 이용하는 교사의 발화는 학생들 기대지평의 상승을 가져올 수 있다. 학생에게는 학문적 개념과 원리가 빈약하기 때문에, 교사의 담론에 의해 지적 호기심이 유발될 수 있는 것이다. 교사의 학문적 개념과 원리에 의한 담론과 학생 담론이 지평의 융화를 꾀함으로써 학생들의 서사적 텍스트 읽기에 의한 담론 형성은 더욱 고차원성을 띠게 된다.

이러한 교사와 학생 간 대화의 장벽이 되는 가장 큰 소음은, 교사가 학생의 개별적 특성과 스키마를 인정하지 않으려고 하는 태도이다. 교사가 학생 고유의 인식 세계를 부정하는 것은 암묵적으로 교사 자신의 담론을 중심화시킨다. 이러한 교사 담론의 거대담론화는 이를 전복시키려는 학생들의 대항담론을 만들기도 하지만, 학생의 담론 생산 욕구 자체를 붕괴시킬 수 있다. 이러한 욕구의 붕괴로 학생들의 대화 참여도가 낮아지게 되는 것이다. 따라서 교사는 학생들의 다양한 담론들을 인정하고 수용하는 태도를 견지해야 한다.

이렇듯 웹 써핑을 통한 정보 검색과 서사적 텍스트 읽기라는, 동일시를 위한 선행 활동(pre-discussion) 이후에 본격적으로 모방-경쟁 놀이에 의한 토의 단계(discussion)에 들어간다.

토의 단계는 구체적 상황 설정과 역할 분담으로 시작된다. 상황은 실제 사건 중에서 선택할 수도 있고 가공의 상황을 만들 수도 있다. 상황이 정해지고 나면 그 상황을 구성하는 여러 인물들을 설정하여 토의에 참여한 학생들에게 역할이 분담되어야 한다. 학생들은 자신이 맡은 역할에 따라 토의에 참여하게 된다. 즉 학생들은 맡은 역할에 동일시를 하게 되는 것이다. 역할 분담시 주의해야 할 것은, 학생들의 부정적인 인물로의 동일시를 한 학생이 그 인물에 대해 지나치게 가까운 거리를 취하지 않도록 하는 것이다. 학생이 부정적인 인물로 동일시를 함으로써, 부정적인 인물의 성향이 내면화될 수 있기 때문이다. 이러한 맹점을 극복하기 위하여 역할 분담에 있어서 토의의 화제에 대한 적절한 거리를 취할 수 있는 특수한 역할을 부여하는 것도 필요하다. 예컨대 토의 화제에 대한 전문가나 교사, 상담원 등의 역할을 설정함으로써 토의 화제에 대한 생각들을 객관화시킬 필요도 있다는 것이다. 이렇게 동일시와 더불어 동시에 거리두기를 함으로써 학생들은 토의 화제에 대해 더욱 다각적인 관점을 견지할 수 있다.

토의의 과정에서 교사도 하나의 역할을 맡아서 참여할 수 있다. 이 때 교사는 전문가나 교사, 상담원의 역할을 맡기보다는 부정적인 인물이나 주변적인 인물을 맡는 것이 좋다. 교사가 전문가, 교사 등의 역할을 맡게 되면, 토의가 교사의 담론에 따라 움직일 가능성이 크기 때문이다. 이렇게 되면 학생들의 역동적인 사고 활동에 방해가 될 수 있다.

이렇듯 학생들이 자신을 특정한 인물이라고 가정하고 그 인물로서 말함으로써 토의의 화제에 대한 심층적 사고를 할 수 있다. 예컨대 청소년 성매매에 관한 토의를 벌인다고 할 때 일반적인 토의의 경우 학생들은 청소년 성매매에 관해 일정한 거리를 취하면서 인지적인 사고를 주로 하게 된다. 특히 청소년 성매매에 관해 아무런 정보가 없거나 경험이 없는 학생들은 토의에 수동적이기 쉽다. 그러나 모방-경쟁 놀이를 매개한 토의를 할 경우 학생들은 자신을 그 화제와 관련된 인물로 가정하게 되고 그 문제에 관해 적극적인 태도를 갖게 된다. 따라서 논증적 사고나 비판적 사고 등의 인지적 사고뿐만 아니라 타자로의 동일시를 통한 정의적 사고 또한 하게 되는 것이다. 즉 통합적 사고가 가능하게 된다. 이 통합적 사고를 통해 전인적인 인격이 형성된다고 볼 수 있다.

토의 이후 단계(post-discussion)에 있어서 학생은 토의 단계에서 미진했던 부분을 보충하게 된다. 보충의 방법에는 우선 역할 바꾸기가 있다. 역할 바꾸기를 통하여 학생들은 또 다른 인물로 동일시를 하고 이를 통해 토의 화제에 대한 다각적인 사고를 하게 된다.

또 상위 토의(meta-discussion)도 할 수 있다. 상위 토의는 토의에 대한 토의이다. 즉 학생들은 자신들이 한 토의 내용을 피드백하면서 토의의 성과를 검증하게 된다. 이러한 검증 과정은 작문으로 연결될 수 있다. 즉 토의 내용에 관해 정리를 하면서 학생 개인의 사고를 문자화할 수 있는 것이다.

그런데 위의 토의 단계에 있어 지속적으로 매개되는 것이 있는데, 그 것은 바로 경쟁 놀이이다. 경쟁 놀이는 토의 이전 단계에서 웹 써핑을 할 때, 서사적 텍스트 읽기를 할 때부터 이루어진다. 학생들은 웹 써핑을 할 때 더 풍부한 정보를 내면화하기 위하여 경쟁하며, 서사적 텍스트 읽기에서도 더 자유롭고 창의적인 사고를 하기 위해 경쟁한다. 이러한 경쟁은 일반적 의미의 성적 경쟁과는 다르다. 성적은 정량화되는 경향이 강하다. 즉 객관적인 수치로 나타나는 것이다. 따라서 학생들은 창의적인 생각을 하기보다는 이미 정하여진 획일적인 사고를 요구받게 된다. 그러나 경쟁 놀이에 있어서 경쟁은 오히려 정해지지 않은 사고를 추구하며, 결코 정량화될 수 없는 결과를 산출한다. 이런 놀이의 영역에서 학생들은 쾌락을 느낄 수 있는 것이다.

본격적인 토의 단계에서도 경쟁 놀이는 이루어진다. 우선 학생이 이상적인 화자로 동일시할 경우에 경쟁 놀이가 형성된다. 학생들은 자신을 다른 사람들보다 나은 대화자로 이상화시킨다. 이 이상화를 통해 토의에 더욱 적극적으로 참여하려는 경쟁 의식이 발동하게 되는 것이다.

또 모방 놀이에서 학생들이 자신을 특정 인물로 동일시할 경우에도 경쟁 놀이가 매개된다. 학생은 자신을 타자로 가정하면서 다른 인물들과 상관 관계를 맺게 되는데, 이 과정에서 학생은 인물들 사이에서 주동 인물이 되기 위한 경쟁을 벌이게 되는 것이다.

토의 이후 단계에 있어서 학생들이 역할 바꾸기를 할 때나 상위 토의, 작문을 할 때에도 경쟁 놀이는 지속적으로 영향을 미치게 된다.

이러한 토의의 단계와 방법을 간단하게 도식하면 아래와 같다.

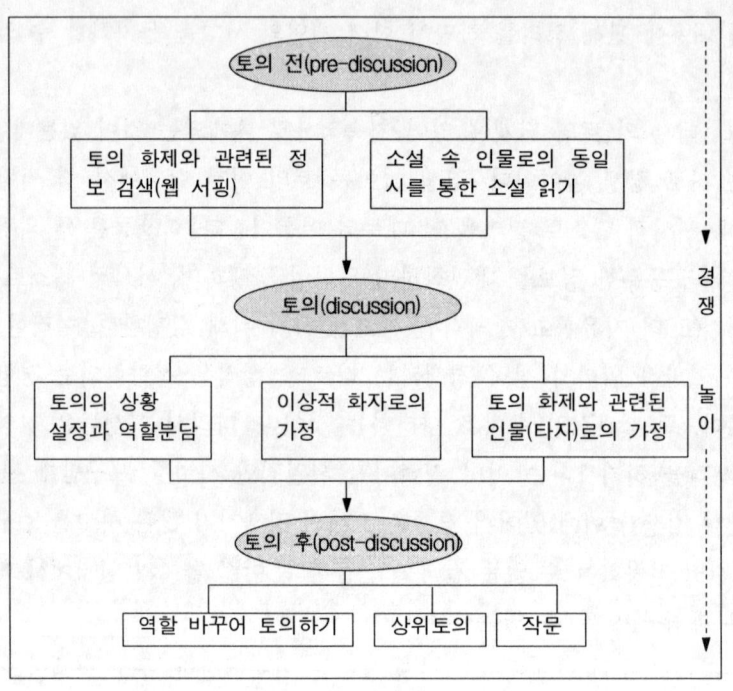

4.5.2 연극적 토의의 실제

이러한 토의의 과정을 바탕으로 실제 토의 수업의 실제를 제시하도록 한다.

본 토의 수업에 참석한 학생은 고등학교 1학년 여학생 15명이었으며, 토의 화제로는 학원폭력이 설정되었다.

전남지방경찰청이 지난 5년 동안의 피해 사례를 토대로 만든 자료집에 의하면, 2000년도 광주와 전남지역에서 발생한 학원폭력은 3천 여 건이라고 하지만, 실제로는 그 세 배는 될 것으로 추정된다는 보도가 있었다.[140] 이 보도를 통해 전국적으로 얼마나 많은 학원 폭력이 난무하고 있는지 추정할 수 있다.

토의에 참여한 학생들이 학원폭력에 얼마나 많이 개입되어 있는가를 알아보기 위하여 간단한 설문 조사를 실시하였다. 교사는 설문 조사 전에 학생들에게 설문 조사의 목적을 밝히고, 설문지에 '학원폭력'이란 학교나 사설 학원, 그 밖에 사회 전반에 걸쳐서 청소년과 관련되어 벌어지는 신체적인 폭력이나 정신적인 폭력(따돌림 포함해서) 전체를 의미한다고 제시하였다.

학생들의 성향을 분석하기 위한 설문 조사의 결과는 다음과 같다.

질의	학생의 답변		
학원폭력을 당해 본 적이 있는가	있다(5명)	없다(10명)	
폭력을 당했다면 어느 정도였는가	심함(2명)	보통(2명)	별로(1명)
학원폭력을 가해 본 적이 있는가	있다(4명)	없다(11명)	
폭력을 가했다면 어느 정도였는가	심함(1명)	보통(2명)	별로(1명)
다른 학생이 학원폭력을 당하는 것을 본 적이 있는가	있다(9명)	없다(6명)	
다른 학생이 학원 폭력을 당하는 것을 본 적이 있다면 그 때 자신의 반응은 어떠했는가	적극적으로 말렸다(2명)	어른에게 알렸다(1명)	방관했다(6명)
자신의 반에 학원 폭력을 당한 학생은 전체 반원의 몇 퍼센트라고 추측하는가	30% 이상(2명)	15-30%(7명)	15% 이하(6명)

---

140) YTN, 2001. 8.2.

위의 설문 조사 결과 대부분의 학생들이 학원폭력에 노출되어 있지만, 다른 학생들의 폭력 사건에는 개입하지 않는다는 점을 확인할 수 있다. 이것으로 학생들은 학원폭력을 개인적으로는 경험하고 있지만 그 문제의 심각성을 절감하고 있지 않다는 것을 알 수 있다. 즉 학생들은 학원폭력이라는 문제 해결에 대한 의지가 결여되어 있다고 할 수 있다.[141]

이러한 학생들의 아비투스를 재구성하고 이 과정에서 학생들이 심층적인 사고를 할 수 있도록 본격적인 토의 이전에 실시한 웹 써핑의 결과를 요약하면 다음과 같다.

- 청소년폭력예방재단의 「학교 폭력 상담의 이해」(http://home.taegu.net /~stump/teen/14.html)
  : 학원폭력에 관한 기본적인 정의와 실태가 나타나 있다. 여기서 말하는 '학원폭력'이란 학교 내외에서 청소년들이 당하는 폭행, 금품 갈취 등을 뜻하며 이외에도 협박, 따돌림과 같은 심리적 폭력, 심부름시키기와 성적인 폭행들까지도 포함한다.
- 학교 폭력 피해자 가족 협의회(http://www.uri-i.or.kr/)
  : 학원폭력 피해자들의 모임이다. 다양한 학원폭력 사례를 제시하고 그 문제점에 관해 일반인들이 공감할 수 있는 대화적 공간을 만들어 놓고 있다.
- 홍익대학교 홈페이지 내(http://school.hongik.ac.kr/~shinkwan/SK2-10.HTM)
  : 교사 및 부모가 발견하는 폭력 피해 징후, 유형 및 대처, 가해 학

---

141) 면접법을 통해 발견한 놀라운 사실은 학생들 중 오히려 폭력을 예찬하는 경우가 있다는 것이다. 이것은 최근의 대중매체에서 보여지는 폭력의 미화와도 관련이 있다. 소위 '조폭 문화 신드롬'이라는 것이 학원가에 불고 있는 것이다. 이런 경우 학생들 간에 갈등이 발생할 경우 폭력으로 해결하고자 하는 문제가 발생한다.

생 지도, 학교에서의 대응책 등을 소개하고 있다.

- 왕따 및 학교 폭력 예방 보고서InKorNet911(http://www.inkornet911.com/alone_main.php3)

  : 학원 내의 전반적인 문제에 관해 논의하고 있다.

- 청소년 참사랑 운동 본부(http://www.youthlove.org/)

  : 청소년이 올바른 가치관과 긍정적 자아정체감을 형성할 수 있도록 청소년 사회 적응 프로그램, 청소년 심성 개발 지원 프로그램 등을 제시하고 있는데, 특히 심성 개발 지원 프로그램의 일환으로 사이코 드라마와 역할극을 오프 라인에서 진행시키고 있다.

이 외에도 다양한 사이트들을 검색할 수 있는데, 학생들은 이러한 웹 써핑을 통해 학원폭력의 심각성을 알게 되고 또 그것을 해결하고자 하는 의지가 발동하게 되었다. 한편, 웹 써핑 도중에 폭력을 예찬하는 사이트를 발견하게도 되는데, 이러한 사이트들도 학생들이 경유하게 됨으로써 위에서 제시한 사이트들의 담론과 서로 대비하면서 읽게 된다. 이러한 과정에서 학생들은 자기 자신의 학원폭력에 관한 담론을 형성하게 된다. 학생 중 폭력 예찬적인 담론을 형성한 경우도 있었는데, 이런 경우 교사는 서사적 텍스트 읽기 단계나 본격적인 토의 단계에서 이러한 담론을 수정·재구성할 수 있도록 유도하였다.

다음으로 서사적 텍스트 읽기를 하였다. 우선 폭력이 언어적·심리적·행동적 영역을 포괄하는 것이라고 할 때, 이문열의 <우리들의 일그러진 영웅>에서는 이 모든 영역의 폭력이 모두 나타나면서 동시에 폭력의 역설적인 측면도 형상화된다. 표면적으로 보기에는, 폭력의 주체는 '석대'이고 객체가 '병태'와 그 외 학생들이며, 새로 온 교사는 민주주의를 교육시키는 역할을 한 것처럼 보인다. 그러나 '석대'는 교사와 학생들에 의해 매장된다. 그는 이전의 독재적인 행위에 대해 해명할 기회를 갖지 못하고 교사와 학생들에 의해 일방적으로 매도되고 소외된다. 그것은 '석대'에게 가해진 집단 폭력이며, '석대'의 이러한 피해 경험은 성장 후에도 지속되어 사회에서 소외된 범죄자로 살아가게 되는 것이다.

'병태'는 이중적인 성격을 지니고 있다. 그는 '석대'에게 공포감을 가지고 있으면서도 대항하고, 갑자기 대항을 그만두고 '석대'의 그늘 안으로 들어가기도 하는데, 이는 그의 자아 정체성이 확립되어 있지 못하기 때문이다. 그는 관념적으로 개혁 의지를 가지고 있으나 행동적으로는 보수주의자이다. 아첨하면서도 절개를 지키는 이중적인 인물이라 할 수 있다. 이러한 기회주의적인 속성은 지식인의 그것이며, 이러한 지식인의 속성이 대중을 상대로 상징적인 폭력을 휘두르고 있다고 볼 수 있다.

학생들은 <우리들의 일그러진 영웅>에서 한편으로는 '석대'를 비난하기도 하면서 동정하기도 하는 이중성을 보였다. 동시에 교사를 비판하기도 하였는데, 이러한 반응은 폭력의 주체가 단순히 청소년 개인에게 있지 않고 성인들 혹은 사회 전반적으로 퍼져 있다는 학생들의 인식을 반영하고 있다고 하겠다.

폭력의 역설이 나타나는 또 다른 서사적 텍스트는 전상국의 <우상의 눈물>이다.

'기표'는 처음에 학생들을 장악하였으나, 담임 교사의 전략에 의해 기표는 철저히 소외된다. 신체적인 폭력을 행사했던 '기표'가 또 다른 폭력으로 공포를 느끼게 되는 것이다. '기표'의 어려운 가정 사정과 재수파들의 일들이 담임에 의해 과장되고 미화되어 알려진다. '기표'는 효자로, 재수파들은 희생적이고 의리가 깊은 친구로 둔갑한다. '기표'의 이야기는 영화화할 단계에까지 이르고, 그럴수록 '기표'는 부끄러움을 잘 타는 아이로 변하고, 아이들은 그를 더 이상 무서워하지 않는다. 가출해 버린

'기표'가 여동생에게 남긴 편지에는 "나는 무서워서 살 수가 없다."라고 쓰여 있었고, 담임은 영화사 사람들을 만나기로 했지만 '기표'가 자신의 계획을 무시켰다며 신경질을 부린다.

권력을 쥐고 있는 사람은 담임과 반장이다. '기표'는 그들의 상징적인 폭력에 의해 힘을 상실한다. '기표'는 이전에 학우들에게 신체적인 폭력을 가했지만, 그의 폭력에 의해 상대가 자아정체감을 상실했다거나 하는 일은 없었다. 반면, '기표'에게 가해진 폭력은 '기표'의 정체성을 상실하게 만들었고, 이로써 '기표'는 공포감을 느끼게 된 것이다.

<우상의 눈물>은 실제 권력을 누가 쥐고 있으며, 이 권력에 의해 어떻게 폭력이 합법적으로 행사되는지를 보여 준다. 그리고 폭력이 단지 신체적인 것에 국한되는 것이 아니라 정신적인 측면으로 특히 정체감을 상실하게 만드는 기제라는 것을 보여주는 서사적 텍스트이라 하겠다.

학생들은 <우상의 눈물>에서도 '기표'나 재수파들에 대한 동정심을 보였다. 반면 담임과 반장에 관해서는 부정적이었다. 동시에 '기표'의 이야기를 영화화하겠다는 사람들에 대해서도 매체의 상업성을 꼬집었다.

요컨대 <우리들의 일그러진 영웅>이나 <우상의 눈물>의 서사적 텍스트를 통해 학생들은 신체적인 폭력을 행사했던 '석대'나 '기표와 재수파'들에 대해서 부정적인 시각에서 차츰 동정적인 시각을 보였다. 반면 '교사'나 사회에 대해서는 비판적이었는데 이러한 시각은 단순히 물리적 폭력을 가하는 주체들에 대한 새로운 시각을 형성하는 계기를 만들기도 하였으나, 인물에 대한 선/악의 대립적 시각은 문제 전체를 전반적으로 보지 못하게 할 수도 있다는 우려를 낳았다. 이러한 문제를 해결하기 위해 본격적인 토의 단계에 들어갔다.

본 수업에서는 2000년 10월에 발생했던 '서지혜양 사망 사건'을 상황으로 설정하였다. 그 사건에 대한 전반적인 설명은 인터넷 뉴스 보도 등

을 참고로 하였다.[142]

이 사건과 관련하여 역할 분담을 위하여 인물을 설정하였다. 인물은 '서지혜'(1명), '부모'(2명), '가해 학생들'(실제는 5명이지만 여기서는 2명), '주위 학생들'(3명), '학부모들'(2명), '옥정중학교 교사'(1명), '의사'(1명)로 우선 설정하였는데, 여기에 사건에 관해 좀 더 객관적인 시각을 갖기 위해서 '정신과 의사'(1명)와 '청소년 상담가'(1명)를 보충시켰고 토의의 전개는 '사회자'(1명)를 두어 진행시켰다. 여기서 교사는 역시 토의에 참여하는 '주위 학생들' 중의 한 명의 역할을 맡았다. 교사가 '정신과 의사'나 '청소년 상담가', '사회자'의 역할을 맡게 되면 토의 전체가 교사의 담론으로 이끌어질 가능성이 많다고 여겨졌기 때문이다.

'서지혜양'은 이미 이 세상 사람이 아니지만 토의에 허구적 인물로 설정하였다. 이러한 허구성이 모방-경쟁 놀이에 의한 토의의 강점이다. 일반적인 토의에서는 설정할 수 없는 참여자까지도 허구적 인물로 참여시킬 수 있는 것이다.

---

142) 서지혜양은 옥정중학교 3학년생으로 2000년 10월 15일(일요일) 오전 12시부터 17시까지 학우 5명에게 폭행을 당하고 外傷 또한 있었으나 공사장 일용직 노동자인 아버지에게 폭행 사실에 대해 말하지 않았다. 그리고 10월 16일부터 지속적으로 등교를 하였으며, 이 외상에 대해서 담임 교사도 아무런 후속 조치가 없었다. 이렇게 방치된 결과 더욱 內傷(간 손상)이 깊어져 병원으로 옮겨졌으나 사망했다. 하지만 현재 가해학생은 5명에서 4명으로 축소되었고, 이들 4명 역시 불구속 처리된 상태이다. 이어 경찰은 지혜의 사인을 '전격성 간염'이라고 주장하고 있다. 즉, 폭행과 죽음이 아무 관계가 없다는 것이다. 하지만 지혜는 평소 병원 출입문도 드나든 적도 없이 건강한 아이였다고 부모는 말한다. 게다가 폭행으로 인해 전격성 감염이 발생한 사례가 한 번도 없었다는 의료계의 평이 있다. 즉 지혜의 사망원인을 전격성 감염으로 볼 아무런 근거가 없다는 것이고, 오히려 사건을 축소, 은폐하려는 의심마저 갖게 만든다. 이 점은 가해학생 5명의 아버지 중에 2명이 경찰서의 경위 등 형사라는 점에서 더욱 그러하다.
http://hanireporter.hani.co.kr/
http://www.uri-i.or.kr/

토의는 사회자의 중개에 의해서 이루어졌는데 요약하여 제시하면 다음과 같다.

- 서지혜(서지혜를 맡은 학생)[143]는 폭력을 당할 당시의 고통, 그 이후의 공포에 관해서 말함. 자신도 누군가를 때려서 보상을 받고 싶었다고 말함. 여러 명 어울려 행동을 같이 함으로써 '함께'라는 느낌을 갖고 싶었다고 함.
- 서지혜의 부모는 그것이 자신들의 책임이라고 말함. 딸에게 좋은 환경을 만들어 주지 못한 자신의 무능을 탓함.
- 가해 학생들 또한 자신의 입장을 말함. 그들은 죄책감도 있었지만 서지혜양에게 폭력을 가하면서 쾌감을 느꼈고 그녀는 충분히 맞을 만했다고 말함. 또 어떤 학생은 스트레스가 해소되는 것 같았다고 말함. 자신은 입시 위주의 교육 제도와 부모님의 성화에 스트레스가 많이 있었다고 말함.

여기에서 서지혜와 가해 학생들의 이중적 태도가 엿보였다. 서지혜는 폭력을 당하면서 공포도 느꼈지만 동시에 폭력을 가하고 싶은 욕망을 느꼈다. 가해 학생들 역시 폭력을 가하고 있으면서도 두려움, 죄책감, 쾌감을 동시에 느꼈다는 점에서 그렇다. 이러한 학생들의 내면을 좀 더 성찰하기 위해서 제 2단계 토의로 들어갔다. 제 2단계 토의는 15명의 학생을, 사회자를 제외하고 각각 7명씩으로 나누어 한 편은 서지혜양의 역할을, 한 편은 가해자 학생들의 역할을 맡게 하였다.[144]

---

143) 이후부터는 학생들의 맡은 역할로 참여자의 이름을 제시하도록 한다. 즉 '서지혜'는 '서지혜를 맡은 학생', '가해자'는 '가해자를 맡은 학생'이지만, 여기서는 편의상 '서지혜', '가해 학생' 등으로 표기한다.

그 내용을 요약하면 다음과 같다.

- 서지혜는 혼자 따돌려지는 것이 힘들었다고 말함. 공부를 잘 하거나 집이 부유하거나 힘을 키워서 주위에 친구들이 많이 있기를 바랬다고 함.
- 가해 학생들 또한 서지혜와 마찬가지였음. 다만 자신들은 친구들과 어울리면서 그 집단에서 제외 당하지 않기 위해서 그들이 하는 대로 따라 했을 뿐이라고 말함.
- 서지혜와 가해 학생들은 서로의 입장이 유사하다는 것을 깨닫고 학원폭력의 근본적인 원인을 찾고자 함.

다시 처음 설정대로 토의를 진행시켜 나갔다. 그 내용을 요약하면 다음과 같다.

- 주위 학생들은 서지혜가 폭력을 당하고 있을 때 두렵기는 하였으나 자신도 역시 그런 처지가 될까봐 섣불리 말리지 못했다고 말함.
- 의사는 서지혜양의 사망 원인을 전격성 간염이라고 주장함.
- 의사의 주장에 대해 서지혜의 부모는 서지혜가 그러한 질환을 앓은 적이 없다고 말함.
- 학부모들은, 가해 학생들을 보호하기 위하여 서지혜양의 사인을 조작한 것이라 말하고 '유전무죄, 무전유죄'를 언급함. 이 사건을 마무리하기 위해서는 그러한 권력 관계가 없이 순수하게 사건의 진상이 밝혀져야 한다고 말함.

---

144) 이 제 2단계 토의는 토의 이후 과정에 넣어도 무관하다. 즉 학생들이 각 인물로의 동일시를 통한 토의를 실시한 후에 서지혜와 가해 학생들의 내면을 성찰하기 위해 토의 이후의 역할 바꾸기 단계에서 실행할 수 있는 것이다.

- 정신과 의사는 최근 과도한 의무감으로 스트레스가 심한 학생들이 많다고 말함. 그 스트레스가 다른 사람에 대한 폭력 의지로 변하는 경우도 있다고 말함.
- 청소년 상담가는 학교에서 폭력이 난무한 이유 중 하나는 대중매체에서 폭력적인 장면을 아무 필터 없이 제시하기 때문이라고 말함. 따라서 대중매체의 청소년에 대한 교육적 역할을 강조함. 또 인성 교육 프로그램을 통해 학생들이 스트레스를 해소할 수 있도록 도와야 한다고 말함.
- 서지혜는 학생들이 서로 대화할 수 있는 자유로운 교실 분위기가 중요하다고 말함.
- 가해 학생들은 자신과 개성이 다른 사람을 이해할 수 있는 마음이 중요하다고 말함.
- 주위 학생들은 폭력 문제가 생겼을 때 그 문제를 교칙이나 법률이 아니라 상담 등으로 해결할 수 있는 전문 단체가 주위에 많이 있어야겠다고 말함.
- 정신과 의사는 학교 사회는 우리 사회를 그대로 반영하는 그림자라고 말하고, 학원폭력을 해결하기 위해서는 사회 전체를 화해로운 분위기로 만드는 것이 선행되어야 한다고 말함.

위에서 볼 수 있듯이, 학생들은 학원폭력의 근본적인 원인을 학교에서의 대화나 상호 이해의 부재, 전문적 상담 인력 부족, 교육 제도의 획일성, 화해가 아닌 갈등이 많은 사회적 분위기 등을 들고 있다. 또, 의사의 사망 원인 진단이 권력과 연관된 점을 지적함으로써 사회의 부조리를 지적하고 있다. 즉 이 사건은 폭력 사건일 뿐만 아니라 권력 관계가 얽혀 있음으로 해서 더욱 복잡해진 사건이라는 점을 들고 있는 것이다. 요컨대, 학생들은 이 사건이 학원 폭력이라는 문제와 권력의 폭력이라는 문제를 모두 함축하고 있고, 학교 사회에서 이러한 문제들이 일어나지 않기 위해서는 학원 폭력의 원인을 제거하고 동시에 권력에 의한 횡포가 없는 사회적 분위기가 형성되어야 한다고 결론을 내렸다.

다음으로 학생 개개인이 토의 화제에 관해 다각적인 사고를 할 수 있도록 역할 바꾸기 토의를 실시하였다. 특히 여러 학생들이 서지혜양의 역할을 맡아 봄으로써 폭력 피해자의 내면을 공감하고 이해할 수 있게 되었다. 또 정신과 의사나 상담자의 역할을 맡아 봄으로써 사건에 관해 보다 전문적이고 객관적이 입장을 가져 볼 수 있도록 하였다.

뿐만 아니라 토의에 대한 토의인 상위토의를 함으로써 토의의 문제점을 제기하였다. 본 수업에서는 앞서 진행시킨 토의의 문제점으로, 첫째 서지혜양의 사건만을 설정함으로써 서사적 텍스트 읽기에서 보여준 폭력 문제는 다룰 수 없었다는 점과, 둘째 정신과나 상담에 대한 전문적인 지식이 없으므로 해서 문제에 대한 상식적인 접근에 머물렀다는 점을 지적하였다.

마지막으로 이 토의 과정에서 사고한 것을 바탕으로 개인적으로 작문을 쓰게 하였다. 이 작문은 다수의 학생들이 서로의 의견을 수렴한 것을 정리한 것이므로 엄밀한 의미에서 개인적 글쓰기라기 보다는 협동적 글쓰기라고 할 수 있을 것이다. 본 수업에서는 이 과정을 본격적 협동 수업으로 진행시키기 위하여 글쓰기 한 결과를 서로 번갈아 가면서 읽고 그것에 대한 대화의 시간을 가졌는데 이것은 학생들의 작문 교육에 많은 도움이 되었다. 특히 이 과정에서는 언어·수사학적인 능력이 뛰어난 학생들이 그렇지 못한 학생들을 도와주는 분위기가 형성되었는데, 이것 또한 모방-경쟁 놀이에 의한 토의 수업이 가져다 준 부수적인 교육적 효과였다.

요컨대 모방-경쟁 놀이에 의한 토의 수업은 학생들이 자신을 이상적 대화자·토의 화제와 관련된 인물(타자)로 동일시하게 함으로써 문제 해결 의지를 고취하고 이를 통해 사고력을 신장시킨다는 데 그 목적이 있다. 이것은 제7차 교육과정이 지향하는 바와도 일치한다. 학생들은 놀이에 의한 토의를 통해 자연스럽게 자기가 속한 집단의 아비투스까지도 재구성할 수 있다. 이것은 바로 전인적 인간을 추구하는 교육의 궁극적인 목적과도 일맥상통한다.

그러나 모방-경쟁 놀이에 의한 토의 수업의 한계도 지적될 수 있다. 첫째, 놀이에 의한 토의 수업은 학생들의 언어·수사학적이 측면 즉 기능적 의사소통력을 신장시키는 데는 한계가 있다. 그리고 토의 이전 단계인 웹 써핑이나 서사적 텍스트 읽기에 과도한 노력과 시간을 투자하여 정작 토의에 있어서 흥미를 상실하게 될 수 있다. 셋째, 타자에 대한 무조건적인 동일시는 타자와 학생들 간에 거리를 지나치게 좁힘으로 해서 문제나 사건에 대한 객관적인 시각을 상실하게 할 위험이 있다.

이러한 문제점을 해결하기 위하여 교사는 적극적으로 학생들의 활동을 중개하여야 할 것이다. 즉 교사는 학생들의 위에서 권위를 행사하는 것이 아니라 그들의 활동을 적극적으로 매개해야 하는 것이다. 예컨대 교사 또한 토의 단계에서 자신을 특정 인물로 가정하여 학생들의 의사소통을 원활하게 돕고, 교사 스스로 수준 높은 언어 구사를 해야 할 것이다. 그리고 토의 이후 과정인 작문 단계에서 학생들의 결과물을 평가하고 피드백해 주어야 한다. 또한 학생들이 정보 검색이나 서사적 텍스트 읽기에 과도한 시간과 노력을 투자하지 않도록 시간을 적절하게 제한해야 할 것이다. 본격 토의 단계에서는 다양한 인물의 역할을 설정하여 학생들이 일부의 인물들에 대해서만 너무 가까운 거리를 취하지 않게 해야 한다. 즉 토의가 제기하는 문제에 관해 객관적·전문적 거리를 취할 수 있는 인물을 설정하는 것이다.

IV. 결론

문학교육 방법론에 관한 선행 연구사는 교수·학습 모형을 모색해야 한다는 당위론에서 크게 발전하지 못하고 있다. 이에 본고에서는 실제 수업 현장에서 학습자의 적극적인 참여를 유도할 수 있는 구체적인 수업 방법으로서 교육연극을 제시하였다.

Ⅱ의 1에서는 텍스트 해독의 매체로서의 교육연극의 특성을 밝히고, 텍스트에 대한 학습자의 심적 표상에 의거하여 교육연극을 하위 연행으로 분류하였다. 이러한 분류를 토대로 교육연극의 하위 연행은 텍스트의 심적 표상을 활성화시키는 매체로 기능할 수 있다.

교육연극은 창의적 가정을 바탕으로 하는데, 이 창의적 가정은 타자들과의 동일시를 의미한다. 학습자는 텍스트를 표상하면서 텍스트의 발화자들의 위치로 자리옮김하게 된다. 따라서 텍스트의 발화자가 다수일 경우에는 학습자의 전치는 더욱 역동성을 띠게 된다.

이러한 창의적 가정을 바탕으로 학습자들에게 언어적으로 표상되는 텍스트의 약호에 대해서는 언어적 연행을 매개할 수 있고, 비언어적으로 표상되는 것에 대해서는 비언어적 연행을, 언어와 비언어로 모두 표상되는 것에 대해서는 상호적 연행을 대응시킬 수 있다.

언어적 연행은 언어의 운용이 한 명의 주체에 의한 것인지, 둘 이상의 주체에 의한 것인지에 따라 독백극과 대화극으로 분류되고, 비언어적 연행은 비언어 즉 학습자의 제스처의 운용이 정적인지 동적인지에 따라 정지극과 동작극으로 분류된다. 상호적 연행은 그 운용이 동시적인지 선조적인지에 따라 계열적 방식의 상호적 연행과 통합적 방식의 상호적 연행으로 분류된다.

아울러 독백극은 한 학습자의 참여로 이루어지느냐, 여러 명의 학습자의 참여로 이루어지느냐에 따라 일인독백극과 연결독백극으로 분류되고, 대화극은 대화자의 역할에 따라 배우-배우 대화극과 배우-관객 대화극으로 분류된다. 정지극도 한 학습자의 참여로 이루어지는 일인정지극과 여러 학습자의 참여로 이루어지는 조화정지극으로 분류된다. 동작극도 한 학습자의 참여로 이루어지는 일인동작극과 여러 학습자의 참여로 이루어지는 조화동작극으로 분류된다.

Ⅱ의 2에서는 학습자의 내성보고 분석을 통하여 서정적 텍스트에 대한 학습자의 표상을 유추하고 이를 정교화하여 서정적 텍스트 해독틀을 구성하였다. 아울러 이 해독틀을 활성화 할 수 있는 교육연극적 방법들을 제시하였다.

학습자의 내성보고 분석 결과 학습자들은 텍스트의 실제 발화자를 중심으로 텍스트를 표상한다는 것을 발견할 수 있었다. 즉 학습자들은 서정적 텍스트의 화자가 내적 텍스트에 위치하는 경우에는 텍스트의 화자로 동일시되어 텍스트를 표상하고, 화자가 곁텍스트에 위치하는 경우에는 텍스트의 수화자로 동일시되어 화자와 대화적 관계에서 텍스트를 표상하는 경향을 보였다.

서정적 텍스트의 화자나 화자의 어조와 관련된 표상의 활성화를 위해 독백극을 활용할 수 있다. 학습자들은 텍스트의 화자나 수화자로서의 정체감을 갖고 화자로서의 발화를 함으로써 텍스트에 대한 표상을 더욱 활성화시킬 수 있는 것이다. 독백극의 과정에 있어서 화자를 둘러싸고 있는 이미지나 그 이미지에 대한 은유적·상징적 의미들도 연행될 수 있으나, 특히 이미지는 비언어적으로 표상되는 경우가 대부분이므로 이 비언어적인 표상을 활성화시키기 위해 정지극이나 동작극을 활용할 수 있다. 이러한 비언어적 연행을 통해 학습자들은 이미지가 은유하고 상징하는 의미들도 적극적으로 체화하게 된다.

Ⅱ의 3에서는 서사적 텍스트에 대한 학습자의 표상을 유추하고 이를 정교화하여 서사적 텍스트 해독틀을 구성하고 이 해독틀을 활성화 할 수

있는 교육연극적 방법들을 제시하였다.

서사적 텍스트의 경우 학습자의 창의적 가정에 의한 자리바꿈은 역동적인데, 이것은 서사적 텍스트의 다성성과도 관련이 된다. 서사적 텍스트의 발화는 단독적으로 이루어지지 않기 때문에 학습자의 위치도 화자, 초점화자, 인물들 사이로 지속적으로 옮겨진다. 이렇듯 학습자는 창의적 가정의 대상을 바꾸어가면서 서사적 텍스트의 약호인 화자, 초점화자, 인물, 인물의 욕망, 행위, 갈등, 사건, 플롯, 시공소 등을 표상하게 되는 것이다.

서사적 텍스트의 서사적 텍스트의 화자나 초점화자를 표상하기 위해서는 독백극이 적합하다. 독백극을 통해서 학습자는 심적으로 표상된 어조를 자연스럽게 드러낼 수 있다. 인물과 인물의 욕망에 대한 표상을 정교화하기 위해서는 독백극, 배우-관객 대화극이 효율적이다. 인물로 가정된 학습자에게 자신의 욕망이 무엇인지 말하게 한다. 배우-관객 대화극으로 연행할 경우에는 관객으로서의 학습자와 배우로서의 학습자들이 인물의 욕망과 관련된 질의와 대답의 대화를 할 수 있다. 특히 인물의 욕망을 표상하기 심리극적 방법을 도입할 수도 있다. 서사적 텍스트의 인물의 행위, 갈등, 사건, 플롯 등의 표상을 정교화하기 위해서는 연결독백극에 의한 이야기 구성과 배우-배우 대화극이 적합하다. 특히 배우-배우 대화극은 인물 사이의 관계와 갈등을 표상하기에 알맞다. 시공소에 대한 심적 표상은 정지극이나 동작극으로 할 수 있다. 이 과정에서 이미지, 시공소, 시공소가 내포하는 은유나 상징적 의미를 자연스럽게 체화할 수 있다.

Ⅱ의 4에서는 극적 텍스트의 표상과 이 표상을 활성화할 수 있는 교육연극적 방법들을 제시하였다.

극적 텍스트의 경우 학습자의 창의적 가정은 텍스트의 발화자인 인물에 대한 공감여부에 따라 다르게 나타난다. 인물이 학습자의 컨텍스트에 비추어 공감적일 경우 학습자는 인물에 대해 창의적 가정을 하게 되지만, 인물이 비공감적일 경우 거리두기를 취하게 된다. 거리두기는 학습자들이 인물을 풍자하거나 비판하게 한다. 이렇듯 학습자는 공감적 인물이 발화자일 경우에는 그와의 동일시를 통하여 극적 텍스트의 약호인 인물, 인물의 욕망, 행위, 갈등, 사건, 플롯, 장면 등을 표상하고, 비공감적 인물이 발화자일 경우에는 그 인물에 대해 소원화를 취함으로써 텍스트의 약호들을 표상한다.

극적 텍스트의 인물과 인물의 갈등에 대한 표상을 활성화하기 위해서는 배우-배우 대화극이 적절하다. 특히 비공감적 인물에 대한 표상을 활성화하기 위해서는 배우-관객 대화극을 활용할 수 있다.

Ⅲ에서는 Ⅱ에서 검증된 것들을 바탕으로 실제 수업에서 연행된 사례를 제시하였다. 실제 수업 사례에서는 학습자들의 심적 표상과 연행의 활성화를 위하여 텍스트의 경계를 해체한 상호적 읽기와 상호적 연행의 방법이 주로 활용되었다.

Ⅲ의 1에서는 텍스트의 화자가 내적 텍스트에 위치하는 김소월의 <진달래꽃>과 화자가 곁텍스트에 위치하는 김광섭의 <성북동 비둘기>를 중심으로 상호적 표상에 따른 상호적 연행의 방법을 제시하였다. 또 서정적 텍스트의 상호적 연행을 통한 자아탐색의 방법도 제시하였다.

Ⅲ의 2에서는 서사적 약호가 전경화된 김동리의 <화랑의 후예>와 서정적 약호가 전경화된 이효석의 <메밀꽃 필 무렵>을 중심으로 상호적 표상에 따른 상호적 연행의 방법을 제시하고, 학습자들의 상호적 연행에 의한 성담론 재구성 수업 사례를 보였다.

Ⅲ의 3에서는 오영진의 <살아 있는 이중생 각하>와 전통극 <봉산탈춤>의 연행적 지도 방안과 패러디 연행을 통한 극텍스트 지도 방법을

살펴보았다.

Ⅲ의 4에서는 텍스트의 경계를 넘어 나타나는 공통적 약호인 인물, 제재의 비유와 상징, 이미지와 시공소 등을 중심으로 상호적 연행의 방법들을 살펴보고, 아울러 서사적 텍스트의 화자를 중심으로 텍스트에서 화자를 표상하는 교육연극적 방법과, 학습자가 내포저자가 되어 서사적 텍스트를 쓰는 교육연극적 방법을 알아 보았다. 또 서사적 텍스트 읽기 활동과 연극적 토의 활동을 결합하는 방안도 강구하였다.

이러한 교육연극을 바탕으로 문학교육의 이론을 체계화하고 실제 문학 수업에 적용한 결과, 본 연구에서 다음과 같은 문제점이 발견되었다.

첫째, 교육연극으로 문학텍스트의 모든 약호들을 활성화시키기는 어렵다. 예컨대 파편화된 이미지만으로 약호화된 서정적 텍스트나 극도의 해체성을 내포한 문학텍스트의 경우 이에 대한 심적 표상을 활성화할 수 있는 교육연극적 방법을 매개하기 힘든 것이다. 이것은 이와 같은 텍스트들 자체에 대한 심적 표상의 구성이 학습자마다 다양하기 때문이기도 한데 심적 표상이 추리될 수 없으면 교육연극적 방법을 매개시키기도 어렵다고 할 수 있다.

둘째, 학습자들의 자의식은 다양한 교육연극적 방법들을 활용하기가 어렵게 만든다. 특히 학습자들의 신체가 자유롭지 못하기 때문에 비언어적 연행을 실시하기가 어렵다.

이러한 문제점들을 해결하기 위하여 앞으로 교육연극론적 연구는 텍스트의 다양한 약호들을 활성화시킬 수 있는 보다 다채로운 방식의 하위 연행들을 개발하는 방향으로 나아가야 할 것이다. 또 학습자가 자신의 자의식에서 자유로운 연행 방식들을 제시하는 연구가 지속되어야 할 것이다.

참고문헌 ────────────────────────────────

1. 기초 자료

교육부, 『중1 국어』(제 6차 교육과정).

교육부, 『중2 국어』(제 6차 교육과정).

교육부, 『중3 국어』(제 6차 교육과정).

교육부, 『국어(상)』(제\6차 교육과정).

교육부, 『국어(하)』(제6차 교육과정).

기형도, 『입 속의 검은 잎』, 문학과지성, 1991.

김승옥, <무진기행>, 한국현대문학 100년 기념 출판,『무진기행』, 가람기획, 1999.

김수영, <死靈>,『김수영 전집』I, 민음사, 1981.

김태형·정희성 편,『현대시의 이해와 감상-교과서에 나오는 시, 교과서에 나오지 않는 시 243편』, (주) 문원각, 1994.

『문학(상)』, (주) 금성교과서(제6차 교육과정).

『문학(상)』, (주) 대일도서(제6차 교육과정).

『문학(상)』, (주) 대한교과서(제 6차 교육과정).

『문학(상)』, (주) 동아서적(제6차 교육과정).

『문학(상)』, (주) 민문고(제6차 교육과정).

『문학(상)』, (주) 선영사(제6차 교육과정).

『문학(상)』, (주) 지학사(제6차 교육과정).

『문학(상)』, (주) 천재교육(제6차 교육과정).

『문학(상)』, (주) 한샘출판(제6차 교육과정).

『문학(하)』, (주) 금성교과서(제6차 교육과정).

『문학(하)』, (주) 대한교과서(제6차 교육과정).

『문학(하)』, (주) 동아출판사(제6차 교육과정).

『문학(하)』, (주) 민문고(제6차 교육과정).

『문학(하)』, (주) 선영사(제6차 교육과정).

『문학(하)』, (주) 천재교육(제6차 교육과정).

『문학(하)』, (주) 한샘출판(제6차 교육과정).

박봉우, 『나비와 철조망』, 미래사, 1991.

염상섭, <만세전>, 류보선 편, 『삼대 외』, 동아출판사, 1995.

오상원, <유예>, 『한국소설문학대계36-갯마을, 유예 외』, 동아출판사, 1995.

이병렬 엮음, 『새 교과서에 따른 현대 텍스트 86선』, (주)문원각, 1996.

황동규, 『삼남에 내리는 눈』, 민음사, 1975.

2. 참고 논저

2.1 국내 논저

강은주, 이정모, 「두뇌 기능 지도화와 정보 처리 과정 이해」, 『電子工學會
　　誌』, 27권 7호, 2000. 7.

강준만, 「피에르 부르디외, 왜 중요한가?」, 한국사회언론연구회 편, 『한국사회와 언론』제5 호, 한울, 1995.

경규진,『반응 중심 문학 교육의 방법 연구』, 서울대 박사 학위 논문, 1993.

고소웅, 「낭만주의」, 이선영 편,『문예사조』, 민음사, 1987.

교육부 고시 제 1997-15호[별책 5],『국어과 교육 과정』, 1998.

교육부고시 제 1997-15호[별책 4],『고등학교 교육과정(I)』, 1998.

구인환 외,『문학교육론』, 삼지원, 1992.

권낙원,『토의 수업의 이론과 실제』, 현대교육출판, 1996.

권석만,『인간 관계 심리학』, 학지사, 1997.

권택용,『소설을 어떻게 볼 것인가』, 문예출판사, 1995.

김경용,『기호학이란 무엇인가』, 민음사, 1994.

김동환, 「현대문학교육의 목표와 방법의 문제」,『민족문학사연구』12호,
    1998.

김성희, 「오영진 희곡의 대립구조와 그 의미」,『한국극예술연구』제 6집,
    1996.7.

김열규,『怨恨, 그 짙은 안개』, 범문출판사, 1980.

김용현, 「희곡 교육에서의 공동 창작 및 연극 공연에 관한 사례 연구」, 공주
    대학교 교육대학원, 1988.

김우창, 「손들어 표할 하늘도 없는 곳에서」, 이선영 편,『윤동주 시론집』, 바
    른글방, 1989.

김중신,『소설감상방법론 연구』, 서울대 출판부, 1995.

김희정, 「연극의 교육적 활용-국어교육을 중심으로」,『초등국어교육』6, 서울
    교대, 1996.2.

문홍술,『작가와 탈근대성』, 깊은샘, 1997.

민병욱, 「교육연극의 기본 원리」, 민병욱·심상교 편,『교육연극의 이론과
    실제』, 연극과 인간, 2000.

박찬기, 「문학의 독자와 수용미학」, 박찬기 외,『수용미학』, 고려원, 1992.

방인태, 「초등국어과의 연극교육」,『국어교육』83·84, 1994.6.

서창원, 이재호, 장윤희, 「덩이글의 외현적 정보와 내현적 지식이 추론과정에 미치는 효과: 대명사 참조해결과 스크립트 지식」, 『한국심리학회지: 실험 및 인지』, 9. 1997.

안미영, 「김유정소설의 문명비판연구」, 『현대소설연구』 제11호, 1999.

양왕용, 『현대시교육론』, 삼지원, 1997.

여홍상 엮음, 『바흐친과 문학이론』, 문학과지성사, 1997.

오탁번, 「현대문학의 이해와 교육방법」, 『교육논총』 14, 고려대 교육대학원, 1984.

윤여탁, 「문학교육 연구사의 비판적 검토와 전망」, 『문학교육학』창간호, 1997.

이대규, 『국어교육의 이론』, 교육과학사, 1988.

이대규, 『문학의 해석』, 신구문화사, 1998.

이삼형, 「사고 교육으로서 국어교육」, 이삼형 · 김중신 외, 『국어교육학』, 소명출판, 2000.

이상섭, 『文學批評用語辭典』, 민음사, 1976.

이상신, 「<메밀꽃 필 무렵>의 기호론적 분석」, 최현무 편, 『한국문학과 기호학』, 문학과 비평사, 1988.

이선영 편, 『윤동주 시론집』, 바른글방, 1989.

이수동, 「시 교육의 연극적 방법 적용 연구」, 서울교육대학교 교육대학원, 1999.

이숭원, 「시의 교수 · 학습 방법과 문제점」, 구인환 편, 『문학 교수 · 학습 방법론』, 삼지원, 1998.

이승훈 편, 『한국 문학과 구조주의』, 문학과비평사, 1988.

이어령, 중앙일보, 1982. 9.22.

이인성, 「연극학 서설」, 『연극의 이론』, 청하, 1988.

이정모, 「글 이해의 원리: 심리학적 모델」, 『인지과학 소식』, 1988.1.5.

이정숙, 「소설의 교수 · 학습 방법과 실천논리」, 구인환 편, 『문학 교수 · 학습 방법론』, 삼지원, 1998.

이채연, 「하이퍼미디어를 이용한 국어과 수업 전략」, 『어문학』 제 60집, 1997.2.

정구향, 「문학교육의 방안」, 『교육개발』 7권 1호, 한국교육개발원, 1985.

정대현, 『한국어와 철학적 분석』, 이화여자대학교 출판부, 1987.

정태영, 『사이버스페이스 문화 읽기』, 나남출판, 1997.

조명한 외, 『인지과학: 마음, 언어, 계산』, 대우재단학술총서 인지과학서설, 민음사, 1997.

진권장, 윤병희 편, 『대화와 토의, 우리 교실에서는 불가능한가?-대화 토의 능력 향상을 위한 수업 모형』, 서울: 한국교육개발원, 1990.

진위교·김충희·변영계 공저, 『교육방법·교육공학』, 정민사, 1998.

최순열, 「문학교육을 어떻게 할 것인가」, 『경기어문학』 7, 1986.

최인자, 「희곡의 교수·학습 방법: 극본 읽기의 경우」, 구인환 편, 『문학 교수·학습 방법론』, 삼지원, 1998.

최지현, 「문학감상교육의 교수학습모형 탐구」, 『선청어문』 25집, 서울대학교 국어교육학과, 1999.

크리스찬 아카데미 편, 『정보화시대 교육의 선택』, 대화출판사, 1997.

텍스트연구회 편, 『텍스트언어학』, 서광학술자료사, 1994.

편집부 편, 『미학사전』(문예이론총서 7), 논장, 1988.

한귀은, 「고전시가교육의 상호텍스트적 네트워크」, 『어문교육논집』 16, 1988.

한귀은, 「교육연극에 의한 시텍스트의 연행적 표상 활성화」, 『한국극예술연구』 11, 한국극예술학회, 2000.4.

한귀은, 「상호적 읽기와 창의적 연극을 통한 인간소외 재인식」, 『한국극문학』 1, 한국극문학회, 1999.6.

한귀은, 「소설교육의 카니발적 방법과 실제 적용 방안」, 『문학교육학』 2, 1988.

한귀은, 「시의 알레고리 표상을 위한 교육연극」, 『국어교육』 102, 한국국어교육연구회, 2000. 6.

한귀은, 「유스 씨어터를 통한 담론의 해체와 재구성」, 『한국문학논총』23, 1988.

한귀은, 『상상력 신장을 위한 시 교육 연구』, 부산대학교 석사학위논문, 1996.

한완상, 김성기, 『現代資本主義와 共同體이론-恨에 대한 민중사회학적 試論』, 한길사, 1988.

한철우, 「문학 영역의 교수·학습 모형」, 『선청어문』23, 서울대학교 국어교육과, 1995.

한용환, 『소설학사전』, 고려원, 1996.

황정현, 「말하기 교육에 있어 감정소통방법 연구-교육연극적 방법의 활용을 중심으로」, 『한국초등국어교육』13, 서울교대, 1999.

2.2 번역 논저

Adorno, T.W. 홍승용 옮김, 『미학이론』, 문학과지성사, 1984.

Benjamin, W. 차봉희 역, 『현대사회와 예술』, 문학과지성, 1994.

Booth, Wayne C. 이경우·최재석 옮김, 『소설의 수사학』, 한신문화사, 1990.

Bourdieu, P. 홍성민 옮김, 『문화와 아비투스』, 나남출판, 2000.

Brett,   R.L. 심명호 역, 『공상과 상상력』, 서울대학교출판부, 1987,

Brockett, Oscar G. 김윤철 옮김, 『연극개론』, 한신문화사, 1997.

Caillois, Roger. 이상률 옮김, 『놀이와 인간』, 문예출판사, 1994.

Chatman, Seymour. 한용환 옮김, 『이야기와 담론-영화와 소설의 서사구조』, 고려원, 1997.

Childers, Joesph. Gary Hentzi. *The Columbia Dictionary of Modern Literary & Cultural Criticism*, 황종연 옮김, 『현대 문학·문화 비평 용어사전』, 문학동네, 1999.

Cole, David. 허동성 역, 『연극이벤트의 미학』, 현대미학사, 1995.

Duran, G. 진형준 옮김, 『상징적 상상력』, 문학과지성, 1994.

Eco, U. 김광현 옮김, 『해석의 한계』, 열린책들, 1995.

Eco, U. 서우석 · 전지호 옮김, 『기호학과 언어철학』, 청하, 1987.

Freedman, J. 윤호병 옮김, 『현대성과 정체성』, 현대미학사, 1992.

Freud, Sigmund. 1953. 김인순 옮김, 『꿈의 해석』, 열린책들, 1997.

Genette, G. *Narrative Discourse*, 권택영 옮김, 『서사담론』, 교보문고. 1992.

Giddens, A. 권기돈 옮김, 『현대성과 자아정체성』, 새물결, 1997.

Hamburger, M. 이승일 옮김, 『현대시의 변증법』, 지식산업사, 1993.

Bloom, Harold. *The Anxiety of Influence : A Theory of Poetry*, 『시적 영향에 대한 불안』, 윤호병 옮김, 고려원, 1991.

Homes, Paul. 송종용 옮김, 『현대 정신분석과 심리극』, 백의, 1998.

Kellner, D. 차원현 옮김, 『현대성과 정체성』, 현대미학사, 1992.

Leibniz, Gottfried Wilhelm. 정종 · 최재근 옮김, 『라이프니쯔와 단자 형이상학』, 원광대학교 출판국, 1984.

Link, Jürgen. 고규진 외 옮김, 『기호와 문학』, 민음사, 1994.

Maclean, M. 임병권 옮김, 『텍스트의 역학: 연행으로서 서사』, 한나래, 1997.

May, R. 백상창 옮김, 『자아를 잃어버린 현대인』, 문예출판사, 1994,

Orru, M. 임희섭 옮김, 『아노미의 사회학』, 나남출판, 1990.

Pavis, Patrice. 신현숙 · 윤학로 옮김, 『연극학 사전』, 현대미학사, 1999.

Saint-Denis, Michel. 윤광진 옮김, 『연기 훈련』, 예니, 1997.

Scholes, Robert. 김상욱 옮김, 『문학이론과 문학교육-텍스트의 위력』, 하우, 1995.

Schramke, J. 원 희 · 박병화 옮김, 『현대텍스트의 이론』, 문예출판사, 1995.

Lanser, Susan Sniader. 김형민 옮김, 『시점의 시학』, 좋은날, 1998.

Stnazel, F.K. 김정신 옮김, 『텍스트의 이론』, 문학과 비평사, 1990.

Strasverg, Lee. 하태진 옮김, 『연기의 방법을 찾아서』, 현대미학사, 1993.

Turner, Vitor. 이기두 · 김익두 역, 『제의에서 연극으로』, 현대미학사, 1996,

Vater, Heinz. 이성만 옮김, 『텍스트언어학 입문』, 한국문화사, 1995.

2.3 국외 논저

Austin, J.L. *How to Do Things with Words*. 2nd ed, London, Oxford & New York: Oxford University Press. 1975.

Barker, Andrew P. Bringing drama into the teaching of nondramatic literature: A report on classroom research in role-playing, The Leaflet(New England Association of Teachers of English), 87(2), Spring 1988.

Barker, Andrew P. Bringing drama into the teaching of nondramatic literature: A report on classroom research in role-playing, The Leaflet(New England Association of Teachers of English), 87(2), Spring 1988.

Barnes, Douglas. *Drama in the English Classroom*, Champaign, Illinois: National Council of Teachers of English, 1968.

Barthes, Roland. *S/Z*, trans. Richard Miller. New York: Hill and Wanh, 1974.

Benjamin, W. *The Origin of German Tragic Drama*. Trans. John Osborne. London: New Left Books, 1977.

Bolton, Gavin. Changes in thinking about drama in education, Theory Into Practice, 24(3), Summer 1985.

Bower, G. H. J.B.Black & T.J.Turner, Scripts in memory for text. Cognitive Psychology, 11, 1979.

Bruner, J. *Narrative and Paradigmatic Modes of Thought*, in Eisner, ed., Learning and Teaching the Ways of Knowing: Eighty-fourth Yearbook of the National Society for the Study of Education, Chicago: University of Chicago Press, 1985.

Carpenter, Patricia A. *The Psychology of Reading and Language Comprehension*, Allyn and

Bacon, Inc. 1987,

Clift, Rene. High school students' responses to dramatic enactment, Jorunal of Classroom Interaction, 21(1), Winter 1985.

Combs, Charles E. Theatre and drama in education: A laboratory for actual, virtual or vicarious experience, Youth Theatre Journal, 2(3), Winter 1988,

Conard, FranCina. *The arts in education and a meta-analysis,* Ph.D. dissertation, Purdue University, 1992.

de Man, P. *Blindness and Insight*, Univ. of Minnesota Press, 1983,

Deacon, David. Michael Pickering. Peter Golding & Graham Murdock. *Researching Communications: A Practical Guide to Methods in Media and Cultural Analysis.* London: Arnold. 1999.

Derrida, Jacques. *The Earof the Other*, trans. Peggy Kamuf and Avital Ronell. New York: Schocken Books, 1985.

Erickson, E.H. *Toys and reasons.* New York: Norton. 1977.

Fiske, John & John Hartley. *Reading Television.* London: Methuen. 1978.

Girard, René. *Violence and the Sacred.* Trans. Patrick Gregory. Baltimore: Johns Hopkins University Press. 1977.

Goodwyn, A. *English Teaching and Media Education*, Open University Press, 1992,

Gourgey, Annette F. et al. The impact of an improvisational dramatics program on school attitude and achievement, American Education Research Association, 1984.

Graham, Joseph F. *Onomatopoetics: Theory of language and literature*, Cambridge Uni. Press, 1992.

Greimas, A.J. *Structural Semantics: An Attempt at a Method.* Trans. Daniele McDowell et al. Lincoln: University of Nebraska Press, 1983.

Heathcote, Dorothy and Phyl Herbert. A drama of learning: the expert, Theory Into Practice, 24(3), Summer, 1985.

Kenzari, M. Bechir. Deconstruction as a construction, Architectural Science Review,

July 1994.

Kristeva, Julia. *Desire in Language: A Semiotic Approach to Literature and Art*. New York: Columbia University Press, 1980.

Mckoon, G. & R. Ratcliff. Inferences during reading. Psychological Review, 99, 1992.

Lacan, Jacques. Ecrits: A Selections, trans. by Alan Shevidan, Taristock, 1977.

Paz, O. *Children of the Mire*, Harvard Univ. Press, 1974.

Piaget, J. *Play, dream and imitation in childhood*. New York: Norton. 1951.

Robert, Edgar V. *Writing Themes About Literature(4th ed.)*, Prentice-Hall, Inc., Englewood Cliffs. New Jersey, 1976.

Pavel, Thomas G. *Fictional Worlds*. Cambridge, Mass: Harvard Uni. Press, 1986.

Schank, R. & R. Abelson, *Scripts, plans, goals and understanding. Hillsdale*, NJ: Erlbaum, 1977.

Sharkey, A. J. C. & N. E. Sharkey. Weak contextual constraints in text and word priming. Journal of Memory and Language, 31, 1992.

Sharkey, N. E., & A. J. C. Sharkey. What is the point of integration? The loci of knowledge-based facilitation in sentence processing. Journal of Memory and Language, 26, 1987.

Sharkey, N. E., & D. C. Mitchell. Word recognition in a functional context: The use of script in reading. Journal of Memory and Language, 24, 1985.

Stam, Robert. Robert Burgoyne & Sandy Flitterman-Lewis. *New Vocabularies in Film Semiotics: Structuralism, Post-Structuralism and Beyond*. London: Routledge. 1992.

Stillings, N. A. S. E. Weisler, C. H. chase, M. H. Feinstein, J. L. Garfield & E. L. Rissland. *Cognitive Science: An Introduction* (2nd Ed.). Cambridge, MA: MIT Press, 1995.

Turner, Graeme. *British Cultural Studies*. New York: Routhedge, 1992.

Walter, Benjamin. *Illuminations,* trans. Zahn, Harry. New York: Schocken Books, 1968.

2.4 웹사이트

김성애의 성교육-청소년의 사랑과 성
"http://my.netian.com/~saintlov/index.html,"
성교육과 상담"http://www.haasmedia.com/edunet/sex/CONTENT.HTM,"
성교육상담정보"http://ns.pcvan.co.kr/"
한경숙 - 청소년상담실"http://www.shinbiro.com/~consult"
Da-Per"http://myhome.netsgo.com/mega2000"
구성애 - 아름다운 우리 아이들의 성을 위하여
"http://mbcweb.mbc.co.kr/sisa_dacu/gusungae/"
우리들의 성
"http://www.yangyong-th.ed.kyonggi.kr/html/cyber/gender/index.htm"
한겨레 인터넷 사이트 http://hanireporter.hani.co.kr/
학교 폭력 피해자 가족 협의회 http://www.uri-i.or.kr/
연극정보검색 "http://www.kcaf.or.kr/hyper/Kdrama_main.html"